Contract Economics——Evolution of the Strategy

# 契约经济学
## ——策略的张开

魏　军　魏凌思　著

新华出版社

**图书在版编目（CIP）数据**

契约经济学：策略的张开 / 魏军, 魏凌思著. --

北京：新华出版社, 2016.9

ISBN 978-7-5166-2835-5

Ⅰ. ①契… Ⅱ. ①魏… ②魏… Ⅲ. ①合同—经济学

—研究 Ⅳ. ① F069.9

中国版本图书馆CIP数据核字(2016)第231828号

**契约经济学——策略的张开**

作　　者：魏　军　魏凌思

责任编辑：赵怀志　石春凤　　　　封面设计：人文在线

出版发行：新华出版社

地　　址：北京石景山区京原路 8 号　　邮　　编：100040

网　　址：http://www.xinhuapub.com　　http://press.xinhuanet.com

经　　销：新华书店

购书热线：010-63077122　　中国新闻书店购书热线：010-63072012

照　　排：北京人文在线文化艺术有限公司

印　　刷：北京市媛明印刷厂

成品尺寸：170mm×240mm

印　　张：23.5　　　　　　　　字　　数：420 千字

版　　次：2016 年 10 月第一版　　印　　次：2016 年 10 月第一次印刷

书　　号：978-7-5166-2835-5

定　　价：68.00 元

# 序

请放弃固执，展开对世界未来的想象，就像曾经的世界对人类的到来的预期那样想象！这句话似乎不可理喻……

如果时间在物理学中是独立于人的力量，它可以改变和塑造这个世界，似乎是它有意志如此（就像在爱因斯坦相对论描述的那样），那么认为树叶有"大脑"，因此树叶的行为有计划有选择不难理解。欧几里得几何的公理从未被实证，是来自人想当然的想象。但它却比人的"大脑"想象得更有力量，这些公理从一开始真的规划着世界，这使得空间和时间看起来有意志，有原则，有规划任何超凡"大脑"想象的力量。

耶稣和达尔文给人不同的世界历史景象，让人不仅有不同的观念，还让人真真实实地有不同的关于世界的经验，这些真的与假设的真实性无关。假设的真实与否即便获得实验科学的独立验证，但也是人辨识的一丝丝一毫毫世界有意释放给人的信息，而它释放信息的方式只有这一种。上帝按他的样子造人，还是人按他的样子造上帝形成不同的人间事实，假设虽然不同，无论哪个真实，都演绎了不同的分工、契约和制度。

Friedman 认为：可以通过它取得的预测的精确度、覆盖率及一致性等指标来加以考察……实证科学的最终目的就是要发展这样一种"理论"或"假说"使之能对未观察到的现象做出合理的、有意义的预测。

让我们来考虑一棵树的叶子密度。我提出的假设是，这些叶子的位置是这样确定的：每一片叶子，在其周围的叶子位置一定的条件下，都好像有意使自己所能得到的阳光数量最大化；每一片叶子都好像知晓决定不同位置可得阳光数量的自然法则，并且能够迅速或瞬间由任一位置移到任一其他合意且尚未被占据的位置……尽管该假说的"假设"显然是不真实的，但由于该假说的涵义与实际观察相一致，这就使得该假说具有极大的似真性。(《实证经济学方法论》Milton Friedman )

Coase 反驳说：让我们假设这一假说是存在的，即叶子遵循《科学美国人》和《分子生物学杂志》上的说法，能够理解在不同的位置上可得到的阳光数量的自然法则，这样，我们就能预测一棵树上的叶子是如何分布了。但是，这样一个理论却给我们提供了关于思考叶子（或树）的一个非常糟糕的基础。我们的问题是，在考虑到叶子没有大脑的情况下，该怎样解释叶子逐渐在一棵树上所形成的分布。同样，我们可以举一个经济学上的例子，如果假设美国政府的目的就是为了降低美国人的生活水平、提高欧佩克（OPEC）国家的收入和实力，我们就可以预测到美国近几年在石油和天然气方面的政策。但是，我确信，我们更希望有一个理论解释：为什么不想招致这些结果的美国政府会采取损害美国人利益的政策？可验证的预测根本就没那么重要。如果我们的理论是旨在帮助理解体系为什么会以当前的形式运行，那么假设的真实性就是必要的。假设的真实性要求我们分析真实的世界，而不是那些不存在的想象世界。

电子总是最先占用能量最低的轨道与葵花总是向太阳，哪个是让人难以理解的陈述，这种拟人化的描述成为人描述世界的一种方式，即便不是唯一的方式，也是最重要的方式，是人可以理解的方式。但这样的描述表达似乎言说存在真有意志。这样的描述显然必须与经观察而归纳的结果相符，这样的描述认为与电子、叶子和花朵本身是否有意志或倾向无关，即这种假设的真实性并不重要，只要经此假设演绎的推论有很好的预测准确度和覆盖率就可以被应用于人类实践。

叶子是否参与人的经济生活呢？它可以为人庇荫，但也可能遮挡人需要的阳光；它吸收阳光，养成人需要的栋梁或成为人取暖的柴禾，但也占用人的土地。人也会付出劳动和资本种植和培养它。叶子以各种角色与人发生契约关系，既与人竞争，也向人寻租，这和有大脑的人的方式一样，人的大脑在这里不过是一种分工方式，是达成与那片叶子的契约的一个条件、条款，也许可以成为优势。叶子以它的专用性形式和人发生关系。这一叶子的形式以它的预算选择和人及其他存在形成契约，以实现叶子的形式保持"容颜"效用的最大化，叶子一样是通常经济学定义的经济主体，和人经济地发生契约关系。关于叶子似乎知道自然法则的假说的真假的确不重要，有自然法则一说也是人的假设，这一假设是人探知世界的大前提，是人类思维的局限，叶子只需要感知，去感受阳光的存在，自然迸发对阳光的需求，叶子没有"大脑"，是自然的迸发，但依然无止无休地生长于世界，和人交相辉映。

人对世界的描述倾向于拟人化，这不仅仅表明人的语言的局限，揭示的一个事实是，这种描述也许没给理论体系的严密性和实证性带来任何伤害，反而有利于人的认识，人这样偏好于与他分析的对象建立联系，进行沟通，形成契约。

如果叶子与阳光之间有自然法则，也是人偏好的发现，叶子与人的关系是人偏好的关系，并且这种关系的建立还有顺序，可能是从柴禾开始，然后才是栋梁。这些认知次序影响这些关系的顺序，形成人与叶子的经济契约。这时，这种假设的真实性就不再重要，只要基于这样的假设形成的理论具有预测能力，并被实证，就有意义，形成人关于世界的意义。影响人与叶子的关系和人间关系的是叶子和人的互相寻租，人的大脑的认知只是为寻租做的准备。

Coase 的反对没有道理，尽管 Friedman 的语言逻辑有点以偏概全。Coase 在这点没有像他发现交易费用的时候那样的灵光突现。假设不过是一个有偏好的人对世界的一个判断，人不能知道世界本来是什么样，就像人不能让世界是什么样一样。任何判断都是人偏好的分析对象的契约关系陈述，也是判断约定的分析对相向人显示的偏好。

如果假设美国政府和叶子一样是为了寻租，美国政府既不是为了美国人的利益，也不是为提高欧佩克（OPEC）国家的收入，而是为了美国政府的租金最大化。叶子不需要知道自然法则，它只需接收阳光的讯息调整自己的位置寻租（最大化阳光数量）。那么 Friedman 和 Coase 争执的问题就消失了。经济学理论不需要关心假设的真实性也能回归到它光大的路上。

契约经济学从此假设出发。

首先，契约经济学解决认知的哲学问题，对分析对象的约定概念是任何分析对象共有的一种偏好的关系的描述，分析对象反映于人的意识是人偏好的，也是分析对象偏好显示的。人发现和认识世界是有次序的，这一次序是经济的。

其次，契约经济学认为，人发现的关于分析对象的知识是分析对象之间的契约，自然的分析对象的契约初置、安排、作用于人与这些对象之间的契约，并最终影响并反映于人间的契约。人间契约自然反向作用于这些契约，形成不同的物理、化学、生物现实。

再次，契约经济学的分析对象有偏好，有偏好的形式都是契约经济学的分析对象，它们和人一样有它们的理性，它们一样期望通过最小的位移、最短的路程，做最少的功，以最小的改变与这个世界、特别是人签订契约，以实现预期效用的最大化，分析对象和人一样是经济主体，并和人一起形成广泛的自由市场，物竞天择。

第四，契约经济学定义分析对象的形式——偏好展示的方式为分工，契约经济学偏好于研究分析对象的形式，这是契约经济学关注的焦点，虽然不能穷尽到欧几里得空间的公设和公理，也不可能追踪爱因斯坦的弯曲空间，甚至不能显示和描述人的尺寸上的所有偏好的经济性，但契约经济学肯定一点，最有效利用有限资源的形式被世界偏好，世界中的任何人分析的对象和分析对象的行为是经济的。

第五，契约经济学定义形式为分工，分工是有偏好的人的认识对象，是契约的主体，也是经济主体，分工偏好于租金最大化地配置有限资源，构建契约。Coase 的交易成本是第三方的寻租，并不是交易双方的成本，因为如果没有第三方寻租，这种成本不会发生，况且，第三方寻租如果有利于契约的签订和履行，这些与第三方交易形成的专用性准租金是与第三方交易发现的租金。制度、计划、法律等等形式都是第三方寻租的形式，通过这样的交易形成不同分工的经济租金。

最后，契约经济学除了认为寻租导致的分工达成交易契约、组织协议和社会制度安排，而不是任何一种学问的神圣能够统领人类走向莫可名状的天堂，包括经济学在内。

经济学家宣称没有 Adam Smith 的世界会不一样，可是信徒们也高喊，没有耶稣的人生都无法安宁。人类的大脑也没有中心，即没有哪块可以称为神圣的区域，也没有上帝安排给人的精神支柱，大脑只是不同分工细胞寻租的组织。任何宣称是终极掌印的先知，任何大彻大悟的学问，任何先见的和实证的知识都是为它们自己寻租安排的形式，一旦被公认，即成为人类行为的指导，成为约束人类的契约，现实只是知识的形式，是不同的信息格式——偏好寻租的——呈现为不同分工的形式。顺便让发现、宣扬和应用这些学问的人搭了一个便车，这些先知和大师在这个过程获得寻租的无上优势。

是否承认神圣、是否承认人性和人的意识的神圣成为划分经济学派的主要根由，因此有自由主义和干预主义。奥地利经济学派与新古典主义和凯恩斯主义争论的焦点也在此。Hayek 认为，如果完全服从一个人的有限知识相当于屈从于一个制度安排，这便是通向"奴役之路"。

这样两种经济方式不过是主张不同的契约形式，奥地利学派的目的是让人们屈从于他们的有限知识的安排，成为他们便利寻租的环境。但是他们的学问没有得到光大，是他们的太自由，不能给政治精英寻租机会，凯恩斯主义和货币主义自然能大行其道，理论寻租构成理论预期的现实。

自由主义经济学派（特别地包括奥地利经济学派）与干预主义经济学派关于自由和干预的区别的争论不过是思想市场竞争的现象，是不同的寻租力量的推动，这些寻租力量不仅仅是经济学家本人，还有他们的信徒。他们通过竞争思想市场的位置，改变自己的人生。奥地利学派认为的分布在某一头脑的零散知识一旦通过竞争得到公众认可，就会成为神圣的旨意，佛陀和孔子的思想都曾经是他们头脑中的零散知识。任何思想连同可能催化的形式一直找寻租机会，至少在这点，不同经济学派的大师之间没有歧义。

感谢娄云霞作为本书第一位读者，并深深感谢她在编校上付出的辛苦！

感谢大庆油田有限责任公司刘睿教授的指导、关注和鼓励！

感谢北京人文在线的范继义编辑的前期策划！

# 目　录

# 第二编　经济原理

# 第三编 分工、寻租与契约

## 第四编　策略的张开与契约的演化

# 导论 I

时间有方向无目的，世界有意志无自由，宇宙有边界无界限。丢弃任何先见的语言约束，自由地展开梦幻般的想象！

这是一个新的视角吗？

如果把自然之牝想象成上帝，耶和华在创世的第六天抓起一把泥土，照自己的模样塑了座泥像并赋予它生命，称它男人，位居所有动物之上。上帝创世约定人作为她的地球的代理人，这是上帝的偏好，上帝的选择是理性的吗？谁敢否认上帝的理性，或者谁能以什么样的理性拒绝承认上帝的理性。上帝有完美的智慧和掌控一切的能力，但上帝创世可使用的资源有限，上帝的理性在于根据她的偏好使用她的预算，上帝的行为是经济的。

如果上帝分配她的预算是经济的，如果她能以她无所不能的智慧对未来所有时间发生的事件有"科学"的规划，如果规划的科学性在于上帝的理性，那么这个世界发生的一切也是经济的。上帝的计划不仅是安排给人资源的计划，人只是她整体计划的一部分，她显然更不会偏爱人的日常生活细节，也不能过分关注人类的生产和消费，上帝有她的时间预算，上帝创世只用了 7 日，但她也只用这 7 日的上帝时间塑就这个世界。即便上帝的大限超过天地的寿命周期，但她与人发生关系的时间有限，她计划了人类的末日。她既然设定人为地球代理人，她做了这样大规模的授权，她就一定会让人相较其他可能与人类竞争代理人位置的生物在代理地球方面有比较优势。

把上帝的资源配置方案称为对不同呈现形式的能量分配计划，称上帝配置资源的过程为分工过程，从上帝针对她期望呈献给她视野的世界景象配置资源的角度上发现她的理性之光。创世之初，一片混沌，耶和华在黯淡的海上漂行，要有光，光照的时间叫作白天，黑暗覆盖的时间叫作夜晚；要有天，隔开天穹与海水，天空要行风云，风将拂过海面；陆地要浮出水面，地上要有孕育种子的植物和开花结果的树木；天空要布满星辰，以划分年月、昼夜和季节，白天由太阳主管，夜晚交给月亮；水中要有鱼游，天上要有鸟飞；世界上还要有能爬会走的动物，当上帝按自己的样子造了一个男人之后的第七天上帝结束工作，他停工休息。（《圣经》）上帝创世使不同的样子有不同的功用，让不同的形象有不同的欲望。

人想理解上帝的理性从了解上帝配置给不同分工的资源开始，有固定预算的上帝有她的偏好，就像她漂浮在黯淡的海面上时的需求——"要有光"，创世的资源配置和因果时序显示上帝的偏好。人类有上帝安排好的理性，人有偏好，契约经济学从分工的角度研究人类行为会给人类了解自己一个新的机会。

还需要其他视角吗？

上帝显然有预算，她做的人是泥塑的，不能像她本人那么完美，缺陷颇多。她委托人代理地球上的世界，人遇到困难（灾难）和经验苦恼（绝望）显然不是她预期的，更非人的预期。人与上帝有约，作为给人劳作和苦恼的回报，让他住在鲜花盛开的园子里，让温顺的动物和活蹦乱跳的小动物陪他玩耍，但这样还不能阻挡时不时袭来的寂寞，上帝取人的肋骨造了个女人陪他。并且不止如此，如她所为，她让世界有时间上的因果，让任意此刻的世界共相，她让能量不增不减，在所有时空点配置引力场，据此为所有的事件立规，规范一切分工的行为，成为一切分工的契约，成为一切游戏的规则，谁能违背上帝这一约定？人遵照这一契约以及一切人彼时和此时已知和未知的物理、化学和生物契约。人无法违背这些与上帝的契约，在这些契约里，人没有自由意志。

但上帝有自由意志，她有无限的自由裁量权。她预言的事件一定会发生，她的预言就是契约。上帝用预言式的约定与人立约，咒语就是契约。上帝有关于人的她的时间预算，她无法避免出乎于她计划之外的偶然事件的发生，她经营和管理世界的方法只有通过契约实现，她说："听着，这很重要。园内的果子你们都可以随便吃，但这是一棵分辨善恶的智慧树，人吃了这棵树上的果子就懂得自己的行为是正义的还是邪恶的，他的灵魂就再也不得安宁。所以，你们必须离这棵树远点，否则，后果不堪设想。"夏娃受蛇诱惑并诱惑亚当吃了智慧树上的知善恶果，人类不能逃离上帝的惩罚。知善恶的人学上帝的形式互相立约，安排分工和人间契约。这些安排的契约表达种群和种群的偏好，人类的个人同时遵照上帝之约和种群之约给自己的偏好排序，依照个体的比较优势和个人的预算创造效用，通过与其他人交易为自己形式的分工服务寻租，以追求个人效用的最大化。个人的目标契合于种群的效用最大化，这是种群安排的分工效用，这些策略成为人类稳定群居的策略，人类的群居策略因为各种力量的寻租不断演化，交易契约和制度的规模化、复杂化表明社会处在持续精炼均衡过程中。

还有其他视角吗？

吴寿彭译亚里士多德《形而上学》里有：他们使通式只一次创成，而许多事物可由物质制出，然而我们所见的则是一桌由一物质制成，那刻桌的虽只一人，却于每桌应用了桌式而制出许多桌来。牝牡的关系也类此：牝一次受精，一次怀孕，而牡则使许多牝受孕；这些可与那些原理相比拟。以名定义的分工和契约的复制分形是存在形式的寻租。契约作为存在的形式之一的复制分形具有动力学基础，引力场铺陈关于它的世界，人类理性臆想的价值观念也肆意反复地处处做成人的约束。无性生殖全心全意追求永恒的复制，双性生殖时时刻刻寻找分形的机会。

还有其他视角吗？

如果把上帝想象成自然之牡，自然的世界人类自然无法理解，但这要人的观察和认知有什么用，但不要轻易说没用，这是自然的分工安排。人的认知是人与这世界最重要的媾和方式，是人寻租的最关键最核心的策略来源，是经博弈达成的行为规范——契约。经济学比照宗教、哲学和政治学也许能更好地告诉人类如何处于世间和人间，通告人达成什么样的契约才能最有效地复制、分形以持续地生殖和繁衍。经济学也是人的——少数人的寻租工具，谁没有偏好，谁能逃避地心的引力？

任何关于自然的发现和关于人类行为的认识，不过是促动分工的创新过程，经济学最终会成为一部分人确认权力的方法。任何经济学思想也都是蛊惑人心的思想，它们仍然脱离不了形成主张、达成契约、构建垄断以便成为使市场失灵的力量。经济学不仅是发现者寻租的工具，同时也帮助使用者寻租。人类被这些理论指导，创造新的分工格局。凯恩斯主义与马克思主义可以使人类社会结成不同分工的契约关系，不同经济学派通过规划公权和私权的界限来定义不同的社会群居关系。语言形成事实的过程似乎是偶然的结晶，无论是宗教、哲学、政治学还是经济学描述的景象从没有完备地呈现为这个世界的景象，人类的演化和群居的进化依然故我，宗教形式的知识淹没大地、充斥人的脑海，依据发现和知识设计的任何规制也不能破坏机会主义者的昌盛和繁荣，人类的生育洪流清晰可见。

存在没有意志，是人类为了人类的存在给存在进行不同形式的标注，使它们有了人类看来的契约关系。

真正的理性会说，一切作为宇宙之局部实现的邪恶、不诚实、可耻、恶劣，而被看不见全体者视为罪行的事物，从普遍观点来看，即非罪行，也不可耻、不邪恶。（《自然的分类》Ⅴ 伊鲁格纳）

假设上帝在安排这一切的存在，一切的形式存在按他的逻辑分别占用一定的能量，并且让这种能量占用连同其形式处在不断的演化过程。上帝考虑如何让恒定的能量按一定的方式布局，按他认为应该的一致的方式布局到像 Hawking 发现的果壳的宇宙中。果壳式的时空限制与能量守恒的约束也许共同作用，使得展现在人类这个具有所谓理性思维观察者面前的世界丰富多彩。

在人看来，世界生机盎然，他们始终认为，这个世界所有的一切都是为他们安排，至少从人类诞生到人类消亡的这段时间如此。人类发现以外的其他世界与人类无关，至少没被人意识到。人认为这个世界是上帝意志中的一部分，人是他的意志的代表。但所有的人，不仅仅是犹太人，不仅仅是基督徒，不仅仅是穆斯林，所有的人连同所有的生灵和非生灵必须遵守上帝之约。

如果上帝不存在，如果可以这样假设，人类对存在的理解会稍稍出现一些障碍。如果认定宇宙经过 138 亿年才造就一种唯一智慧的生物——人类，人类对宇宙显示的形式进行概念约定，那么，基于这些概念的现象描述和抽象逻辑只不过是宇宙能且仅能显示的信息，无论现象描述或者抽象逻辑对错，被这些形式安排的人类与这些形式的交易是出现这样描述信息和逻辑原因。

人以宇宙演化来的形式与宇宙形成相互关系，人也以这样的方式一以贯之地理解世界的存在和演化，过程形成一种事实，被世界其他形式界定的人和这一世界的依存关系也是各种各样的形式，形式是本来，人很难意识。对内容的意识构成的意义只对人有效，这也使内容成为形式。

认知从疑问句开始，判断才成为有意义的语序，策略作为一种形式是对约定的概念的判断句，然后转换为展开行为的祈使句。在意识的世界，个人、组织、民族、国家甚至整个人类以及与人类对应的形式存在的策略（牛顿定律是存在给人的意识显示的策略）结构化、秩序化、契约化地构建这个显示给人的世界。

策略是一个人、一个家庭、一个公司、一个政府、一个宗教、一个民族和一个国家的假设的演绎；既可能由于互补而合作成为机会，也可能因为替代而竞争成为威胁。人类终极目标是保持人类形式的基因，个人的终极假设是保持个体特定基因的有效遗传，一切策略似乎来源于基因的演绎，基因通过性状表达他的意志，性状特征差异以及基于此表现和实现策略的差异形成个体劳动分工的比较优势。策略在此刻成为带有能量的形式——分工形式

把经济学只界定于研究人的行为的范畴，用经济学原理理解人的行为会出现逻辑的困难，预言人的行为结果出现或然性，用经济学作出的避免危机、不安和追求繁荣的规划无法实现，况且经济学一定会被政治家和企业家利用。

把经济学的研究主体范围扩大，让其他客体作为经济主体进入经济学家的视野，把其他客体放到与人平等的位置上，认为其他客体也有选择的意志，因而会有经济行为，会发现世界一直掩藏一个普遍的秘密——任何主体在它的影响范围内经济地存在，这种研究能帮助人厘清更多关于人的行为的秘密。

经济学的研究领域是否可以有更广的范围，是否可以应用除了关于人的稀缺资源配置，是否还可以应用到关于人的最初禀赋（性状特征）在种群中的配置的问题？显然，人的性状特征也是稀缺的，研究人的初始禀赋（性状特征、信念）与资源的关系最终会推出契约经济学。人的性状特征一开始被自然的资源属性初始，后来被社会关系，即所谓的制度影响而不断演化，显然，人的性状特征或其他禀赋是构成这些制度的要件，如果把制度看成契约，人的这些禀赋都是契约的参与方。

称人类发现的和约定概念的形式间的关系为契约不存在逻辑上的障碍，不能认为一切人类的发现规律一定是固有的，不变的，称定律或约束为契约符合契约特征，也满足构成契约的要件。把牛顿的万有引力定律或者爱因斯坦的时空弯曲描述看成自然存在的形式之间的契约，把这种经过人的观察、抽象展开对人发现的形式之间关系的描述称为人定义的存在形式之间的契约，其意义在于这些契约关系不仅与人类的诞生有了联系，也能发现人类也依赖这些契约，人是与其他存在签订同样契约关系的一类存在形式，人成为构建这些关系的要件，是这些共同契约的一方。

从宇宙大爆炸初始至今，从原子、分子、细胞到生物的进化是新的契约不断出现的过程，从物理的时空弯曲和量子跃迁、化学的氧化还原反应、细胞的形成、细胞结合成生命体一直到人类文化——通过遣词造句来约束各方行为

人的社会契约，表明契约的出现和演化有时间次序。分工和分工的契约是时间的上帝的杰作。

世界形式地展开差异，差异于人的意识，语言、契约和组织只不过是相对人而言自然的特征反映。任一个体，无论他多么神圣都是为了他的样子的复制和分形——即以他的形式和可能的策略建立比较优势，通过这种方式展开分工以寻租。按主流经济学原理，社会福利最大化的方式是完全市场的行为方式，可是在资源有限的囚徒困境里，社会总是给统治、控制、欺骗、抢劫和屠杀以机会，这些行为在这样的世界受到鼓舞，社会包容这部分分工。有时被看作邪恶的或道义的两种对立形式的分工都是在以这样或那样的方式攫取社会财富。在大多数的时候，勤劳确实创造财富，但财富分配的倾向却是各种垄断力量，除了知识和技术的创造，就是权力定义（制度安排）和欺骗（信息不对称），知识发现和技术创新又是垄断和欺骗的必要条件。

邪恶从勤劳那里发现寻租机会，道义则从这机会中再寻租，道义处在食物链的顶端。任何一种制度设计总是倾向对某种定义的分工有利，这些分工从制度的定义和实施中获得特权，无论是以善还是公平的名义，总会让一部分人获得寻租机会，权力是寻租的保证，权力总会经意地（违法）或不经意地（欺骗）获得金钱、崇拜和迷信。人类的历史始终证明寻租推动人类的性状特征，分工、契约和制度的演化，证据不仅来自历史上的大事件，也来自每次人类的科学发现、技术创新和认知革命，来自制度设计、应用和变迁以及组织的形成、行动和变革。人类的日常行为，也是为了寻租。

社会演化不拘于任何小节，理论的演绎永远落后于行为的演化，人类历史反反复复验证适者生存的丛林规则，这是试错的过程。最有效利用资源的分工符合自然的原理，分工以披荆斩棘的方式持续寻租，通过制造差异形成垄断，通过发现机会占用别人的生态龛，但同时也在给别人创造财富和繁衍生命的机会。

# 导论 II

## 一、经济的与经济学的问题

亚里士多德关注一位明智的市民如何才能审慎地处理和维护同自己的财产有关的事务，在使财产发挥最佳效果的同时不至于让管理财产的焦虑过度地支配生活。(《经济学理论与认知科学——微观解释》Don Ross p.79）从这开始和在那以前，这样的问题成为每个人——有意识的动物每日焦虑的问题，这样的焦虑过度地支配生活。自 2300 多年前亚里士多德把这个问题书面地提出，经济学家的职业就诞生了，但直到 230 多年前，Adam Simth 发表《国富论》之后，经济学才算开篇，经济学家的表演正式开始。在亚里士多德和 Adam Simth 这之间的 2000 多年，人类中的每个人不是也在一直考虑这个问题吗？关于这些问题形成的说教——如何使用自己的生命和财产的问题形成经典，如何度过人一生的问题被写成教条，也成为律条，更是普通人的日常话题。这些条款和日常话题驱动的场景被现代科学至少被 200 多年后的经济学家认为：人类一直被没有 Adam Simth 的语言支撑因而迷信暴力和沉溺信仰以致浪费甚至牺牲生命的社会湮没。

是人当时的智力不够，知识不多还是社会条件不具备，因此在没有这些预算的前提下，人的群居生活注定被暴力和宗教安排。如果这是当时可能的最优选择，难道这不正是现代经济学家认为的一定预算基础上社会收获的最好效用的生产和生活吗？这不正是现代经济学告诉现代人的经济学原理吗？人类不是一直遵循这个道理上的道理持续不断地生殖和繁衍吗？

假设亚里士多德关注的问题真的是每人每时每刻关注的问题，一个人会考虑他吃饭和穿衣的时间的机会成本，如果他认为写书、迷信或玩游戏赚到的内心感受和狂热痴迷带来的幸福超过温饱的收益，他会尽量压缩吃饭和穿衣的时间，世上总有人花天酒地，但也有人废寝忘食，也有人甘受清规戒律以致失魂落魄。这些问题在生理学、心理学可以找到一些不准确的答案，经济学对这些现象的解释是什么呢？

如果没有严谨数学模型和可传播的经济学理论，目前预算的人类是否依然可以通过宗教和暴力选择和繁衍？没有柏拉图、牛顿和 Adam Simth，人类会一直在黑暗摸索，会承受无比巨大的机会成本，没有很好的物理、政治和经济学知识，会没有当前的民主和宪政体制，会没有合契的法律和规制，会没有现在的人口规模和财富积累。Adam Simth 的出现是必然还是偶然？曾经的事情发生的偶然和必然只能依靠猜测。但现代社会很多以研究经济学为职业的人经常活跃在高端政商领域，他们与最有名的政客、最有钱的资本家"打麻将"，他们还偶尔合作一起"出老千"。有的经济学家或者所有经济学家的梦想都是如何成为或扮演好"先知"的角色，他们不仅掌握权力而且可以如明星般耀眼。

从亚里士多德关心一个市民的预算配置问题到现代经济学家关心一个国家的甚至整个人类的资源配置问题，说明经济学确实把资源配置作为研究的核心问题。但每个经济学家正如他们的前辈一样希望指导人的生活，他们希望指导更多的人甚至希望所有的人用他们的经济原则生活，他们在指导别人的生产和生活中获得收益，指导和影响的人越多他们的收益越多，他们的书会有更多的读者，演讲会有更多的听众，会有更有影响力的人邀请他们共同"出老千"。

如果他们的策略受到社会呼应，政客和商人会从他们的思想发现选民和商业机会，如果政治策略和商业管理应用了他们的意见，政客和商人能发现选民的诉求和消费者的需求，这使得政客在设计呼应选民诉求的制度和商人满足消费者需求的生产安排上会有更好的资源配置。现代经济学使政客与选民，投资人与代理人，厂商和消费者有很好的契约安排。

如果政府和厂商不听或不愿意听或不能领略经济学家的意图，这些政商人士会遭到有理有据的抨击，可能会出现强有力的反对党和强有力的商业竞争对手。就像耶稣和穆罕默德发展的革命，经济学影响真的非常广泛，经济学家 Karl Heinrich Marx 深刻地改变了很多国家政体的变革方向。现代的更专业化的策略使得经济学家的名字和经济学术语在各种沟通领域成为核心关键词汇。

经济学从开始就以一个开放的态度与其他学科展开富有成效的沟通和交流，因此成为诘问信仰和意识形态的工具，但也持续遭到质疑和拒绝，不仅有来自神圣宗教和世俗权力的审判和裁决，追求资源配置效率的经济学总使人怀疑它的人文立场和人道精神，因此还会有流行习俗的抗拒和普通大众朴素观念的抵制。更会有来自当世政治领袖的绝弃，政治家更会以家长式的专制更低成本地获得好处，而这些全是经济学攻击的观念和教条。这也显示出现代经济学的一些缺陷，它至少没有像预期的那样说服很多人，让很多人信服和跟从。

经济学的出发点是破除一些迷信——一些顽固的和流行的概念对人的行为的束缚，经济学一开始就属于社会学范畴，只有承担这样的"道义"，经济学和经济学家才有存在的价值。经济学始于亚里士多德关于个人利益如何最大化的问题，但追求仁义、利他这些较早哲学家和宗教先知的主张却成为社会的信仰和制度的出发点，尽管 Adam Simth 做了某种程度的融合，似乎人类找到了个人利益最大化和公共利益最大化的契机，但自 Adam Simth 开始的古典经济学派、以 John Stuat Mill 和 Jean Baptiste Say 为代表的新古典经济学派，以 Ludwig Von Mises 和 Friedrich August von Hayek 为代表的奥地利学派，一直到凯恩斯主义和货币主义都没有发现能实现这一目标的规制安排。商业发达后，才激起重农主义对重商主义的反抗，工业革命之后才会反思劳动剩余和资本价值，当货币主义登上经济学的舞台，人发现市场经常失灵、经济周期愈加频繁。

追求公共利益最大化的合约安排，不仅仅是经济学为道德招魂的高调，也是困境中的囚徒的无奈，是自私人寻租的结果，更是人类基因潜移默化的追求，是有意识有语言的人类才可能有的由意识和语言才能设计和实践的创举。

经济学先知讨论如何使公共利益最大化的学问所发出的信号具有哲学和宗教先知呐喊和政治领袖叫嚣一样的魅力，也发出广告式的恫吓，不仅对政治行为有影响，也对普通人产生影响，不仅表现为资本市场的羊群效应，也会形成精英主导的群众革命运动。在这个时候，经济学家或其信徒只要说，这些是非理性的行为，直接把这样的人和这样的行为从他们的研究名单上清除掉，他们只研究理性人的理性行为。理性在这里成为稀缺品质，成为商品，只有少数人具备，经济学家是唯一有理性的一群人，他们和他们的职业应该受到广泛的社会关注。

当经济学不能解释一些行为的时候，他们虚心求教于心理学家和认知哲学家，但心理学家约定的概念和认知哲学家的研究对象很难调和，很难在这些不同领域里的概念间形成逻辑严密的判断。研究商品和服务供需规律的经济学解释主导心理行为的力量显然存在逻辑困难。如果认知哲学家再告诉经济学家，认知一直是人类争辩的一直悬而未决的问题，任何判断的真实性最终都无从检验，任何理论都需要莫名的假设。当从世界整体中分离一个对象分析，约定一个概念认识，这种对象分析和信息拣选会失去很多内容，最终会陷入彻底的不可知的逻辑循环。

## 二、欲望的心理和原型的安排

William Stanley Jevons 说：我们应该把任何对象、物质、行为和服务都理解为商品，它可以为我们带来快乐，或者替我们抵御痛苦。（ibid p.41）但他仍然没有跳出 Jeremy Bentham 的感觉主义范畴，除了认为快乐和痛苦是刺激人行为的所有力量（这也是内省出来的有关心理内省的结论），他们创造出来的用来表示快乐和痛苦的效用概念无法衡量，快乐怎么衡量，用什么单位给痛苦计数？但无论如何，这一新的思路比这以前的经济学家诸如 Adam Simth, David Ricardo 和 Karl Heinrich Marx 等人的古典经济学又前进了一大步，在英国工业兴盛的时代，古典经济学家面对从奴隶、佃农变身为工人的困苦和资本家财富的加速积累，他们的学问能且仅能关心资本、劳动剩余和地租。

如何计算效用——度量痛苦和快乐的价值以便与商品和服务的价格联系起来？多亏 Paul A Samuleson 的显示性偏好开启了经济学的新时代，效用以价格的形式被表达出来，消费者在一定价格上的支付意愿与生产者在一定价格上的销售意愿与实际市场价格的差，前者指的是消费者剩余，后者被定义为生产者剩余，这些通过价格显示的东西难道不正是生产者和消费者获得的效用的一种衡量方式吗？虽然这些还仍然只是对产品和服务的计价。

人一直认为，一种由欲望刺激大脑发出的指令是人展开行为的唯一力量（生物学的条件反射是不是例外？），人类在欲望上的偏好显然是主导人行为的关键考虑参量。那么除了欲望就再也没有其他力量会加诸人的行为吗？当远古假设的心灵创造和驱动被排除，最终被归因于大脑，灵魂似乎也就没有了着落，放任欲望和控制欲望完全可以由大脑独立完成。更何况，大脑也没有它的中心，大脑是脑细胞互相寻租的场所，人类不会有最后的先知，也不会有完美的计划。

有不通过人的大脑影响人的行为的力量吗？这相当令人费解，精神分析学家 Sigmund Freud 的潜意识，一种不经过大脑理性分析的神秘力量被认为可以直接主导人的行为，并最终是主导意识的力量。但 Sigmund Freud 仍然认为它来自欲望，一种坚不可摧的欲望。心理分析学家 Carl Gustav Jung 发现了原型，一种人很难意识也很难辨别的力量，不需要经过所谓的中央处理器（大脑）就能安排人的行为的力量在安排人类的命运。原型让人和这个世界互相就范。这不是经济学家刻画的理性人的行为，并且这些力量创造的关于人的效用，那种似乎是让肉体和灵魂契合的力量的效用也不是经济学家研究的概念。

所有接受过经济学训练的人都知道除了主流经济学定义的外部性还有不能和不用货币交易因而无法统计的行为都能使富人笑和穷人哭。原型——一片神秘的力量如何发挥作用，为什么一直被排除在大多数经济学家的研究领域之外，他们甚至故意视而不见。这倒方便了政治家，这样的经济学给了政治家寻租的借口，可以为了经济——基于货币计算的产品和服务的价值的 GDP 增长成为政治的追求目标，这牺牲很多人的自由和可能的福利带来的快乐，把一些人驱逐到所谓的经济战场，使他们成为落寞和凄凉的表演者，成为那些神秘原型寻租的对象。神秘的原型不仅处于人的意识之外且能带领人集体无意识地以一种不可思议的方式就着一种能量复制和分形。如果这么一片神秘的力量被关注人类福祉的经济学家忽视，那么经济学家关于人类的策略和规制的方案不仅不准确可能也不正确。

一般地，经济学仅研究人的行为或仅研究人类的理性行为，形成的判断是关于人间的描述，可是人大部分时刻的命运甚至人类的最终命运并不是使用理性就能控制和管理的，更多地决定于自然的力量，既可能是突如其来撞击地球的卫星，也可能是人类虚拟的力量——上帝和女巫发挥过同样形式的作用。这些概念的大范围复制使人类的行为大规模地一致，人类甚至会不关注生产和生活、拒绝生殖，有时候具有坚决牺牲生命的意志，这严重不符合经济学的偏好次序，这与被经济学家列入非理性人的精神病患的行为方式一致，似乎偏好没有了。每个星期天都去教堂礼拜可以让牧师的心灵愉悦，但也可能徒增他的担忧，这样浪费一天的时间的大规模安排也许带来的是心灵的慰藉，但也可能形成束缚行为的畏忌。

承认有那么一片神秘的原型契约，欲望和渴望也是由这些原型安排和驱动，但这些原型，这些安排世界的形式，对人类的安排不仅仅通过欲望和渴望，这些形式的力量要比人的欲望和渴望更可以非线性地复合，以各种形式组合，成为人难以遏制的形式的复制分形，这些原型是孕育人类、驱动人类、管理和经营人类的力量，人被这些原型安排在与它们的契约中，人是这些范围极其广阔，有无限多签约主体中非常微末的一方，但对人而言，原型的影响和安排是至关重要的。

契约经济学只能感受它的光和影，契约经济学借用分析心理学大师 Carl Gustav Jung 的原型描述它，但又不同于他的原型，因为这些原型不仅不可思议地作用于人的心理，也难以预计地改变着人类的基因、性状和文化。如果经济学研究商品、服务、资本和人力在市场上的价格，那么价格和价格改变带给人的恐惧和慌张，恐慌情绪会伴随商品和资本的价格改变叠加增长。如果经济学关心人类因为经济而可能的命运，为什么不直接关注和研究安排人类命运的力量——世界分工形式的力量。

### 三、分工的契约

分工本身不以任何信念和理性的方式（资本逐利一样）参与游戏。分工可以是一个人、一群人甚至可指代整个人类在地球、在世界的角色；也可能是长头发、大眼睛；也可以是 Adam Smith《道德情操论》提到的愤怒、轻蔑、厌恶、妒忌、贪婪、羞愧和罪恶感，也可以是理性，也可以以非理性的方式加入；当然也可以是对上帝的信念，也可指称被奉若神明的"物质"，可以是宣称不可知的不可知论。这些都是策略，策略具有偏好，策略以它的形式带动它的能量参与人类的和非人类的"社会"建设，策略形式地带动的能量都可定义为分工，分工有偏好。

哲学通常争辩的一个命题是"白马非马论"。人认知分析的对象是被人认知分析的其他对象之间的概念式的关系约定，并被人的观察和实验证实，这两个对象和 / 或多个对象确实被观察到存在这样的定律（LAW），就像它们事先的约定，也像是事先为人类的观察、抽象和使用准备的约定。分析对象成为契约的主体，这是由于人的偏好才发生的关系，通过这样的方式，这些被认知的原型与人发生的关系也是契约。尽管这些契约有的已知，被人类的物理学、化学、生物学和经济学……发现，有些依然未知，有些可能就是那些原型力量的契约，可能永远不能被知道，是无法经意于人的关系，但这些以契约的方式成为约制人行为的力量。如果把这些约制人类行为的力量和被约制和规范的人类行为定义为分工，这些契约关系就是不同分工的具有约束力的——违背必然付出成本的关系。通过研究分工的供需关系，而不仅仅是研究人生产行为的结果——产品和服务的供需关系，如果可以这样，是否可以发现一个简便的途径来关心人类的命运，从而能发现更合适的效率和公平的规制安排呢？

假设分工是契约规范的人类行为，通过研究人投入分工的边际改变来刻画和描绘社会的演变，即便不能在基因和性状特征演变上得到经济学的研究成果，但发现分工和制度变迁的影响因素和途径，人类就此发现新的寻租方式和新的契约安排，也许能降低人口增加和社会复杂带来的命运不确定性可能带来的萧条和悲凉。

契约经济学也关心价格，但更关注形成价格的力量，尽管没人也没有一门学问能够说清影响人类行为的力量，甚至也没有任何学科说清其中任何一种力量。既然经济学是研究人类行为的学科，人类行为作为这些力量（包括那些神秘的和永远不可知的）的契约方，应该成为经济学研究的核心参数。如果经济学是研究稀缺资源配置的，那么为什么不直接研究资源如何配置于人类行为，为什么不直接研究构建、培养和增强个人、组织和人类力量的资源配置，为什么仅仅拘囿于厂商的资源配置，为什么不关心人类心灵的创伤，为什么不研究灵魂为了驱动肉体的大规模的革命和战争带来的资源的巨大"耗费"以及由此造成的大面积生命的陨落，就像曾经的一整片森林被莫名的大火燃为灰烬。

如果人类注定要遭受大火，遭受文明的崩溃，如果欲逻辑地数学地处理和理解这些宿命，人应该用什么函数表达这些关系，既然经济学是研究经济的，研究人是如何低成本地最有效地使用资源演绎生命历史的，并希望通过发现学问来主导和控制这一过程的程序安排，那么是否可以假定任何其他力量（包括虚拟的无限理性的上帝以及面对现实无可奈何被假想成女巫的女人）也是经济地（在最低成本最有效地）分配他们的预算，即这些力量都有人一样的偏好——使用他的预算追求效用最大化，这不就是经济原理吗？

契约经济学不是研究如何经济，而是认为本来的一切就是经济地出现并经济地呈现给人类的。经济学也只是其中经济地利用资源的策略之一——达成特定契约的一种知识，它也会显得像过往的它识别出来的谬误一样成为谬误，但谬误曾经安排现实，成就特定历史时段的人间契约，是经济地实现这些契约的安排。

如果预先假设存在未知的甚至神秘的永远不可知的原型影响人类的命运，

存在如何把这类行为描述到或度量到关于人类行为的学问，尽管可能无法描述，就像先前提及，无论如何分析对象，约定概念，在分析和约定过程中必须拣选并抛弃大部分信息以被有限的且可能固执的人类大脑接纳并融合于人类已有的逻辑。分析特定对象，特定地约定概念是人基于人的预算形成的偏好，约定概念分析对象存在优先次序，这成为认知的次序。这一次序也可以认为是曾经的原型与人沟通，发现人类新的需求而以新的特定的方式，以它的偏好向人类显示的次序。它们以这样新的方式和次序在人类的肉体和人类的社会中寻找居所，寻找和建设它们可以复制分形的契约，就像那个隐藏于人体细胞中的双螺旋的染色体现在要搞关于人的基因工程。它们的寻租成为人类需要的力量，与人合作与人交易，形成与人的契约，成为人间契约的前提和环境。这些已知、未知的原型还会以各种新的形式出现，表达它们愿意与人合作地改善。它们会找到人类，它们可能是宠物狗，也可能是诱引灵魂变坏的精神恶魔，它们和人达成契约，约成某种形式的力量和人类一起占用这个世界的有限资源。

人类以开放的肉体和开放的精神迎接这些原型，这些原型和人类一样有它们的偏好，和人达成交易和合作是他们的偏好。因为人类有选择，这些力量之间存在竞争，这种竞争就像人间的竞争，通过互相竞争达成的契约成为最有效利用资源的安排，这就是经济。经济原理在时空的每一个区域复制它的机制，经济原理是每个人类分析的对象能实现且仅能实现最有效利用它的预算的偏好。经济原理推出这样一个结论，任何没有被契约选择的力量，任何受到损害的形式，无论是人权还是财产，无论是基因还是性状，无论是道义安排还是恶行报应都是帕累托最优。在人类的形式之外，在更宽的范围发现帕累托最优，看到那些未知的力量与人达成契约的端倪，是理解帕累托最优的最好方式——开放的人类达成的场面是最优的资源配置。每种制度变革都对基因的改善有帮助，对带有人类基因的有些人进行些许伤害正是他们期望的结果——耶稣被钉在十字架上，为十字架找到了 2000 年的生存和复制机会。十字架是罪恶的证据也是仁慈的关怀。

如果想用数学方法处理这些莫名的或未名的原型，那必须找出那些已知的原型与未知的原型共同的属性，这个共同的属性被契约经济学发现，它们都是（都能成为）契约主体，是关于人类的和能影响人类契约的契约主体，这些力量正是欲以契约（自然的法则和社会的正式和非正式的约束）的方式在人类这里寻租。契约经济学还发现它们另一个共同的属性，它们与人类一样都有偏好，它们偏好于成为人类分析的对象，它们有效用最大化地利用他们的预算签订使它们的租金最大化的契约的偏好，它们会给这些契约或契约的组合排序，就像人会在他们的消费集里按照他们的偏好给他们的商品组合排序。这样它们成了与人类一样的有偏好的可以研究的经济主体。如果最终真的进入到人的视野，成为人约定概念而可展开分析的对象，它是人认知的对象，也成为认知主体（知识中的主语，而不是客体），植物绿叶追随阳光，昆虫触须感受环境与人探询自然信息一样都是认知行为。

无论原型是人臆想虚拟的，还是刻意刻画的，它们凭借不同的功用，担任不同的角色和人类共同搭成它们和人类共同偏好的契约世界。定义这些原型为分工，与社会分工、劳动分工的经济学定义一样，是可以阅视更广泛，选择更自由和应用范围更大的分工。

关注这样范围的关于人类的分工，关注这些分工的偏好，关注按分工的租金排序的选择集，这些会让人的视界更开放，照顾的边界更宽，可以更深刻地理解人类依赖的世界，意识更遥远的过去和更可能的未来。那些催人泪下的，那些失魂落魄的并不一定是吃不饱穿不暖的，吃不饱和穿不暖的没有时间关注他们的情感和灵魂，这不是土豆和牛肉寻租的场所，是未知的，可能是在初置人的时刻上帝潜伏的力量，这些原型与那些已知的契合，成为被人类称为文明的文化契约。这些表现为音乐的、绘画的、文学的和宗教关怀的力量找到了和人类共同存在的契约，成为改变人间的契约和制度，这些原型成为人类社会分工的角色。还有那些带给人类期望的政治，带来梦想的宗教，他们的爱是要换得另外的一些对他们的忠诚。

使用契约经济学的假设和思想方法，人有可能感知或探查到未知的影响人的原型（当然最终还会有一大片未知的和永远不可知的力量），人类努力以人的形式和功用扮演他们的角色，与其他的寻租力量有选择地合作和交易，人类也许因为有意识，有语言，他们也许在搭建一个比历史过往更好的契约人类，他们用谈判代替暴力，用贸易代替战争。他们愈来愈开放，不断降低商业间、信仰间、民族间和国家间的交流和交易壁垒，不断寻找代替愚昧的文化，不断发现、设计和执行更有效率的契约和规制。人类为此隐忍屈辱甚至不惜牺牲生命，但他们的形式、人类的形式和人类文化的形式——人类带动的能量转换不仅给人一个有丰富土豆和牛肉的世界，给人一个既饱含怜悯同情又富有娱乐精神的文化，也在逐渐释放自由的机会，给个人更多选择契约机会的契约社会。人也因此需要更畏惧，表现得可能更恐慌，因为更多的未知的力量随着人类的开放而到人这寻租，可能不仅仅是交易，还会有与人类竞争交易机会的力量，占用人类资源希望成为代替人类的力量。还有毁灭人类、带来末日的力量。但希望永远都在，没有什么能够阻挡人的生育洪流，人是上帝的选民，人为上帝代理这个世界。

# 第一编　契约的原型与原型契约

契约经济学从认知哲学开始，使用心理分析的概念，不仅发现理性的非理性，也发现欲望的秩序结构。人诞生于广茫宇宙的一个时空点，被宇宙初始。远古的两个黑洞融合产生的引力波被今天地球人探测到，那些亘古未变的形式依然在人和人间留下永远抹不掉的痕迹，一直包容和影响人类的行为。这些形式可能成为人永远的未知，即便知道，人如理性般地认知和如欲望般地感受，仍然是这些形式的操纵。有些可能永远不会折磨感知也不会抚慰理性，也没有经营欲望，但却是塑造人的形式和呈现人间景象的关键。

视原型为契约，人以不可知或未知的形式履行原型契约，由于它和它们影响人的形式，和人的形式一起共相为自然，是一些不同形式，也是能量占用的形式，因此具有稀缺性。为管理稀缺性展开研究的经济学应该从经济学的角度对待这些原型。尽管未知，但它们未知地以契约的原型方式复制分形于人体，也复制分形于人间的契约和制度。物理学和生物学发现其中的眉目，人类学以及包括经济学的社会学也探讨出一些究竟。但这种影响人类命运的原型稀缺方式却从未被研究过。即便作为永远未知的 X 也应该被提到，它们可能既是原型契约也是契约的原型。

原型契约是契约约定的对象无法违背的承诺，除非约定的对象发生变化。契约的原型是这样的公式，原型契约按着公式展开无尽的迭代和 / 或嵌套。上帝在每个人心中都不一样，但上帝却住进每个人的心中，上帝是契约的原型之一。

人不断发现的自然法则是一个个原型契约，普遍的定律（公设和公理）是人类概念约定的对象间的契约，原型契约对约定的对象而言，在广泛的空间里在连续的时间中持续有效。所以称为契约是因为它只对人类约定的对象有效，并且也只能在一定的时空范围有效。

复制和分形是人类观察、测量和描述时空现象的一种简化方式。人对照复制和分形的概念发现自然界有大规模的现象应对，复制和分形因此成为人类普遍关注的对象。复制和分形虽然只是世界的部分事实，但它也是自然因应人的呼唤和人产生的映射之一。尽管这也是人认识和思考过程对约定的对象的拣选所致。

原型稍微透露一些秘密，就会在人类的语言中激起轩然大波，语言的思想和行动既改变人类的行为，也改变地球的面貌。人需要稀缺的它们的信息，用人的方式与它们合作。人需要稀缺的资源，人就此因此变成自然的稀缺。在这样的意义上看，只有自然（那些原型）珍视人这样形式的稀缺，人的前途才能光芒远大。

# 第一章　猜　想

时空之内能量守恒，世界特征花样翻新，形式经济地演绎。
秩序还是混沌？水往低处流，人往高处走，哪个是意志的？

## 第一节　经济学掌握的世界

### 一、美存乎于人的理念

一旦人想认识世界，人已经假定世界是美的。即便世界本来不是美的，人能且仅能认识的世界部分必须是美的，是符合人的逻辑的部分。

我可以确言，理性的至高行动，包罗全体理念的行动，是一种审美行动，真与善只有在美里才密切融合。……我现在要解释一个观念，据我所知还没有任何人想到的一个观念：我们一定要有一个新神话，但这新神话必须为理念服务，必须变成理性主导的神话。神话必须变成哲学性的，以便人们变成理性的，哲学也必须变成神话的，以便哲学家变成感性的。我们如果不给理念一个审美的形式，亦即神话的形式，则人对他们就不会感兴趣。……最后，已启蒙者与未启蒙者将会相遇，不再有不屑的目光，人们不再畏惧他们的智者和祭司。没有任何能力会再受压抑：最后，普遍自由，众心平等！这将是人的终极、最高贵成就。(《谈诗对话录》黑格尔)

上帝安排的一切似乎一定要合乎他创造的人的逻辑：由于一切事物都是美的，而且在某种程度上是悦目的；由于无比例即无美与乐趣，而比例基本上是在数字之间：因此，一切事物必定有数字上的比例。所以，"数字是造物者心中的主要模范"，数字因此也是引导万物朝向智慧的轨迹。这轨迹人人明见，而且最接近上帝，它使我们在一切具体与可以感觉的事物里知道上帝；我们既知凡物皆有数字比例，我们就由此数字比例得到乐趣，并依照主宰这数字比例的法则，对事物作无可反驳的判断。(《心灵升向上帝之路》Ⅱ Bonaventure)

思维是局限的，人不是上帝，无法站在造物主的角度上或者以旁观者的身份观察这个世界。思维的局限还在于：一是把观察和认识的主体——人孤立，二是把被观察和被认识的客体——约定概念的对象孤立。由于物质在这一时空是联系的和连续的，不是且不能孤立，人的思维从开始不可避免地会一直犯错误。

以二维图示描述事物，是通常的数学、经济学的研究方法，是因为这种形式比判断句增加了一维，便于人的描述、理解和传播。约定、抽象和分析是为形成一个判断，从一维判断句，走向二维图示，再走向数学模拟，这是个艰难的过程。但也只能是这样的过程，上帝不会给人宇宙的全息图像。但显示给人的是美的，都是符合人的逻辑，符合人的认识，都是人需要的。

## 二、事实是经济的

如果用判断句对观察的对象进行定义，分析从约定概念和对概念定义开始，思想的求索自动形成人关于这一对象的意见，这是人的偏好所致。

被观察、抽象、约定和分析的对象按次序进入人的语言世界，反映被认识的对象对人的行为的重要程度的差别，也反映人认识自然对象的次序，反映人认识世界的经济性。人认识这一世界的抽象顺序从存在的神性开始，然后是它们的物理特征、化学特征……

空气没有价值，季风有价值，阳光没有价值，温度有价值，土没有价值，矿藏有价值。一个用水土做的人稀缺的是他稀缺的，人与自然的关系函数表达于这些组成人的物质的相对稀缺程度。世界经济地存在，经济地演化，这是一个猜想，也是人不得不承认的事实。

发生于人的视野之中，进入人的抽象思维的事件关乎两种事实，一是事件关于人的相对稀缺程度，二是事件变化反映人能描述的对象的相对稀缺程度。最有效利用资源的变化进入人观察的世界，形成的关于人的事实是经济的。如果人仅仅作为世界变化相对稀缺的产物，耶稣牧羊人与德国牧羊犬如果没有被认识的职级上的区别，显然在人与犬的观察里、理念里，思想里，关于他们的事实是经济的，由于人和犬的偏好不同，同一资源的相对稀缺程度不同，关于世界的价值观便不同。

显然，所有的事实是经济的，相对稀缺程度是经济学研究的核心，这是一个只有经济学才能把握的世界。

## 第二节 有界无限的世界

### 一、果壳中的宇宙与宇宙中的果壳

剑桥大学教授 Stephan William Hawking 根据爱因斯坦的广义相对论结合近代天文学观察到的事实认为，宇宙是果壳形状的，人类可观察到的世界是高维世界形成的四维膜。

拟人化的、比喻的和象征的判断句可以对不同的存在对象进行相似描述，表明不仅仅是那些普遍的物理定律，还包括日常的语言，世界在人的意识范围内呈现为复制分形的景象。变化不能出上帝的意外，世界只有按照自己的样子复制和分形。人的悲欢离合似乎是此前所有发生事件的结果，无论在时间上还是在空间里世界是一个整体。分析和研究只发生于把光的成像翻译为一种被称为神经的物质的抽象，发生对真实的错觉。

如果人能把自己看得够小，像一颗微尘，或者是亚原子粒子，那么差不多所有事件都是外部的。它是通过怎样的方式让世界和它发生联系的，显然果壳是它可能经历的形式。宇宙从先民想象倒扣的大锅转而成为 Hawking 的果壳，是一种经验的认识还是一种假设之上的数学推导并不重要，宇宙是不是有界无限的果壳也不重要，重要的是人或任何形式在以有意识和无意识的方式与其周围的环境发生联系。有意识作为人的方式之一使人看起来与外界的联系错综复杂。意识本身的错觉是构成这些错综复杂本身的一个事实，它并不是宇宙错误，是一种安排，尽管不存在独立的自由意志。

存在被时空分隔并被人分析，分析的语言结构构成分析对象的契约关系，无论是物理学定律还是经济学原理都是对人的约束。人类的分析帮助这些契约呈现出来，并且仅仅呈现给人类自己，呈现为宇宙加诸人的层层果壳式的限制，又像是给人关怀的层层保护膜。

## 二、不断增加的能量形式

宇宙初始自一个奇点，然后爆炸，并且宇宙还处在膨胀的过程中，从人的角度去观察，膨胀的宇宙不是各向同性，伴随随机的分裂和聚合，世界呈现的形式持续增加，人类作为新形式出现在世界的一个时空点上。

当经典物理学试图把世界描述成独立于观察的存在，相当于认为，观察者不在这个世界上，是拉普拉斯妖出现的地方。如果把观察者放入他观察的世界，带有他思想背景的他的观察、行为会对可及的范围形成扰动。观察者不仅是个符号，显然他还是运算符。世界事件对任何观察者只能是一个概率性事件。

把两种液体混合成为另外一种液体，如果想把它们复原为原来的液体，需要新的干扰和做功过程，这一过程会有别的事件发生，会有新的能量形式出现，在人可及的世界，相对人来说，新的形式总是不断出现，可以被人接纳，但总是事出偶然——出乎人的意料。

人类的逻辑不得不承认任一形式占用资源有限，至少在特定的时间点上一定是，是不是上帝的预算安排并不重要？任一形式只能被有限的能量形式表达，一形式储存的能量作为一种资源被其他形式以一特定转换函数需求。由于这一形式能量有限，需求这一能量形式的其他形式不断生出新的函数来转换这一形式的能量（争夺这一有限的资源），新的转换函数是物质的崭新形式或崭新的组合形式。世界出现新的样子，生物不断进化，人类社会分工渐趋复杂。

人类形式的渐趋复杂使得人类群居的契约更加复杂，人类在对人类需要的形式能量的竞争过程中因着这些形式能量的有限而不断出现开掘、利用和竞争这些有限的形式能量的创新，出现新的形式（包括性状形式和文化形式），演绎为新的分工以及基于这些分工之上的新的契约组合形成的群居关系。

自然的时间形式被人辨认形成人与自然的相干和互扰过程，新形式以难以意料的数量发生。

# 第三节　不可逆不重复的世界

## 一、又一个时间之矢

复杂化是抛弃简单的过程，也是一次次抛弃人关于世界假设的过程；复杂化的相干和互扰形成的现实一定不在人的意料之中，它本身是新形式出现的机制。新形式的出现人不能预期，也似乎不在原先世界掌握和理解的范围之内。

现代物理学无限地追溯遥远的过去，宇宙开始一端留下的痕迹不仅被人观察而且被人继承，人类不能断开滋生他、哺乳他、演绎他、改变他和召唤他的过往、眼前和未来的联系，无法抹掉遥远的初始留下的烙印，未来也许是现实的原因。人类存在妄想，总是力图对过去背叛，并对未来进行设计，从未尝试想过这些背叛和设计不过是世界本来加诸人的幻觉，人类倒腾翻转，诗文歌舞，大话经典，就此开始时空这一刻这一地的能量转换。

现代物理学推翻早期经典物理学的观点，说时间有方向，无论这是不是有一个谬误，但显然，宇宙在以他的方式故意透露这样的信息，这样的在这个时刻故意吐露它想要告诉人的，人的观察因此在他的眼界内发现时间有方向。

随着人对世界的理解，世界就愈加复杂。谜语和秘密总是在知道的边界出现，答案总是带来新的疑问，人反反复复寻找神圣的帮助，但神圣控制的意识却不过是这个世界的一个形式，总有另外一些人以另外的神圣或另外的信念与这一形式对抗。似乎是人的理解使世界变得复杂，人的参与和介入使世界成为是非之所，总不能是如人意的所在。人怎么敢质疑洪荒宇宙，人怎么会误会时间大河，人总是不经意间遭受灭顶之灾和文明的崩溃。

如果人不介入，人不去观察和理解，宇宙会朝向复杂吗？宇宙是不可逆的吗？人必须这样去理解宇宙吗？人作为宇宙历久弥坚的反复试错的作品，他不仅认为他可以与宇宙对话，并且认为可以意识和认识自己。但宇宙真的打开这个缝隙，真的作出或者真有能力作出这样的安排，发生这样的事件，存在一逻辑例外，让本来混沌而且依然混沌的宇宙按人发现的秩序运行，这显然悖谬。人发现的只是一些迎合人心的形式，人类不能与宇宙对话，人只能一厢情愿地无限次地空诉衷肠。人不能意识自己，意识只是宇宙关于人这一作品的一个形式。人的大限在于人只能拟人化地理解宇宙，可怕在于这也是一预设的安排。但这又何妨，人不需要快乐，他只要能适应这种安排，他只是需要生存和繁衍。人的形式似乎始终在增加和放大，应对人的形式也随即增加和放大，宇宙的形式也因此增加和放大，这是物理学之外的时间之矢，是人的时间。

## 二、时间之矢

如果《圣经》的上帝创世有预算（7天），上帝的愿望是什么，他的劳动投入的预期回报是否存在不确定性？

世界是一不可逆过程：

第一，不可逆过程和可逆过程一样实在，不可逆过程同我们不得不加在时间可逆定律上的某些附加近似并不相当。

第二，不可逆过程在物质世界中起着基本的建设性作用；他们是一些重要的相干作用的基础，这些相干过程在生物学的水准上显现的特别清晰。

第三，不可逆过程深深扎根于动力学中。（《从存在到演化》Iiya Prigogine）

不可逆过程从动力学开始到生物学过程逐渐发挥愈来愈频繁的作用。热力学第二定律认为，不可能把热从低温物体传到高温物体，而不产生其他影响，或言，不可能从单一热源取热使之转换为有用的功而不产生其他影响，不可逆过程使熵的增量总是大于零，热力学第二定律又被称为熵增原理。（熵增原理严格的表达式是对于绝对孤立的系统总是 $dS \geq 0$）。热力学第二定律表明自然过程中的孤立系统的总混乱度（熵）不会减小，分子运动论认为，做功是大量分子的有规则运动，热运动则是大量分子的无规则运动。熵增原理声明分子无规则热运动变成有规则的做功运动的几率极小，分子有规则的做功运动变成无规则的热运动的几率大。对孤立的系统，其内部自发的过程总是由几率小的状态向几率大的状态运行。

把热力学第二定律应用于整个宇宙，宇宙能量不能与外界交换，且守恒，那么宇宙的熵趋向极大值，伴随这一进程，宇宙进一步变化的能力越来越小，一切可以描述的物理的、化学的和生命等多种多样的形式组合的过程逐渐全部转化为热运动，达到温度处处相等的热平衡状态，一切变化不会再发生，宇宙总有一天会处于"死寂"的永恒状态，差异消失，不具任何形式，各向同性。

但世界似乎总是符合人的预期，分子总是在从无规则热运动的形式走向规则的做功的形式，美丽的雪花、漂亮的树叶、流线型的人体，世界按人的需要创作有价值的能量形式，不是一定符合人发现的一些定律，但世界变化取向人的期望。热力学第二定律不成立，因为它没有考虑万有引力，没有考虑分子质量特征，由于引力的作用，系统倾向于聚合状态（一种有序）而不是取向均匀无序的状态。在大尺度宇宙，恒星向外输出负熵流，太阳照射地球才使得地球不再孤寂，地球诞生人认为的千形万状、千姿百色的美丽生物。人类的基因形式留有远古生物痕迹，人类能在动物的一颦一蹙中找到释怀的理由。

人观察到的景象和人的试验证实，以人的理解为范围界限，宇宙会一直处于变化的过程，不可逆且不重复，物理的时间是有方向的，也是人的观察和感应，是人的辨识。

"我们相信生命永恒，"悲剧疾呼；音乐即是这永恒生命的直接表现，造型艺术的目标则完全不同：这里，阿波罗以灿烂荣颂现象的永恒来克服个体的痛苦；这里，美克服生命内在未有的痛苦；痛苦被谎言从自然的五官中抹除。在戴奥尼索斯艺术及其悲剧象征里，这个自然以发自真诚的声音向我们呼喊："要像我这样！在没有止息的现象之流里，我是永恒创造力的原母，永远推向存在，永远在现象的变动不居里寻得满足！"（《悲剧的诞生》ⅩⅥ Friedch Wilhem Nietzsche）

# 第四节　人对秩序的经验和思想

## 一、思想是对秩序的经验反映

从亚原子（人暂时比较清楚的微观世界）到分子，从原核和真核生物到细胞互相依赖的生物体，一直到这些生物体的生态群居方式存在在显微镜下、在人眼的视界范围内、在天文望远镜上。形式在人的想象和猜想中展开一个个多姿多彩的世界。

美是人智与人智所理解的对象之间的正确关系。语出《美的历史》（Umberto Eco），同样来自这本书，它引用 Torus-karl Hoysmansd 的《逆理而行》里的一段话：自然已经走完她的时代，她那地景与天景令人作恶的单调已经明确、彻底耗尽优雅素养的耐心。引用 Oscar Wilde 的《说谎之式微》的一段话：我自己的经验是，我们愈研究艺术，就愈不喜欢自然，艺术正向我们启示的，是自然的缺乏组织，她奇怪的粗糙，他非常的单调，与他绝对尚未完工的状态。不仅艺术家如此，所有想要对自然进行梳理的哲学家、物理学家、生物学家、经济学家都是在以他们的眼光去搜集自然展示出的和谐之美，用他们的大脑抽象可以用数学函数表达的对称、比例或变化，但每一次都是对自然的断章取义。

科学的目标就是去发现自然中的各种结构。我们之所以能发现这种结构，是因为我们本身就是相当复杂的信息转换和信息处理系统，能够探查、记录并有系统地度量符号传输过程。……请努力把整个物理世界想象为一个信息通道的网络，其拓扑结构可以在不同的尺度上进行检验。……根据这种概念，要解释某一拓扑结构，我们必须找它所包含的所有经验上可能的信息通道，正是这一事实使我们能够获得统一性。比如说，描述宇宙总体以及可能发生的事件的拓扑结构的物理学，实质上就是确定了一个不可能通道的无限集，并将它们排除出去，从而为所有其他学科划定了范围。这种限制关系与科学本身的制度性、历史事实是一致的；没有一门学科可以在（时间 t）与物理学中已经（在时间 t）基本达成一致的问题发生冲突。（《经济学理论与认知科学——微观解释》p.71 Don Ross）。

人对时间的认识掺杂各类人对世界的观念，人疑问宇宙怎么会按人的观察排序，当这个问题发出，宇宙被拟人化，宇宙具有目的，宇宙把人放在她关注的中心，人成为有界无限宇宙的奇葩，成为造物主的焦点，神真的出现了！各种宗教也就着人的心理需要出现，在世界各地大规模地招魂，轮回和末日是经常出现的恐吓。但宗教的这些断言都没有人的经验，甚至不能被逻辑地记录。

人体新陈代谢不断地从自然界食用经光合作用而有序的物质，转换成人的有序的形式；人排泄废物，生产一种混乱，但混乱依然被土壤借用，经过太阳照射又成为人的食物的部分，这似乎真是天堂、人间和地狱的轮回。轮回是末日的反复，人也就此现象想象轮回，坚持宗教。人被反复盖在四季、年月、昼夜和生命周期安排的命运之中，一切可逆且总在重复。但似乎是更多的混乱转化为有序，不知不觉中，人的世界在发生天翻地覆的变化，人也始终被认为是物质最有序的形式，是物理的质点和电荷组合的所有存在中最高级的形式，这是怎么被判断出来的呢？似乎总存在不被任何约制的自由能量在人类再不能持续的状态下发出光芒，支持几经崩溃和绝望的人类个体和群体找到前行的方向。

## 二、人的态度是对经验的思想反应

整个有形宇宙只是一座意想与符号的仓库，想象派给这些意想与符号一个适其位置的价值，这是想象力必须消化与转化的营养。——Charles Pierre Baudelaire

人似乎可以断言，如果不是有一个万能的神在指导，宇宙一定不会按人的观察排序。人认定时间是一簇箭矢，无论取向何方，再也不会回到原点，没有启动它恢复原先轨迹的力量，变了就变了，覆水难收，大河东去，这种秩序，这样变化，这种认识对人类的存在有利。

人观察的世界一直在结构化，有序化和复杂化，物质在不同的压力、温度和体积状态互相关联和结构化，宇宙离开初始的一端一直处在远离平衡的状态，且非线性地变化，在和人的尺度相近的世界中，远离平衡态的流体系统，复杂的非线性相互作用会产生有序的风暴结构，在以不同速度流动的两层流体的界面上，非线性的相互作用会产生出成对的涡族，成为可以被人类观察符合人类美感并能被人类描述的秩序，最终被人类利用。是巧合，还是这种机制使地球和太阳合作地创作出人类？似乎真的是：神有意把世界做得像最美好、最完美的智慧生命，塑造了一个有形的动物，这动物含摄了所有性质相近的其他动物……其中最美的纽带，是使它自己和它所结合的事物形成最完全融合的那个纽带；最适合于产生如此结合的，就是比例。(《蒂迈欧篇》V柏拉图）。

当人类出现后，这些秩序，这些结构，这些美丽成为陪伴、成为资源！人不仅有她（他）们的异性相伴，还有同性的合作，不仅有酷热和严寒，还有万紫千红的赏心悦目，这些配合人类，使人类成为地球上浓墨重彩的一笔，他们把有序转变成无序，不仅仅制造垃圾，摧毁美丽生命，遍野地留下他们的痕迹。还尽可能摧毁一切，甚至不惜牺牲他们自己，铸成祭祀的圣坛和建造崇拜神圣和祈求道德的规模宏大的庙堂。上帝真的认为人类是他最理想的能量秩序？从而会一直纵容和娇惯它。人似乎在无所顾忌地规划自己的生活，不可遏制的繁衍和贪婪伴随人类的历史，除了高调道德和信仰对自我意识进行广泛的压制以限制那些欲望的恶魔，人努力用自己的策略，使群居分工化地有序来代偿资源有限的限制和对付俯拾皆是的无序形成的可能灾难。但战争的武器、雾霾的大气和超级细菌摆在那，等在那！人需要什么样的策略，如何进行安排，压制还是刺激，保守还是开放？

Douglass C.North 说：建立在对现实的主观感知基础之上的意识形态是决定人类选择的重要因素。……人的心智能力与辨识环境的不确定性结合在一起，便演化出了旨在简化处理过程的规则和程序，由此而形成的制度框架通过结构化人们的互动，限制了行为人的选择集合。上帝这样造人，也已规划如何管理和控制人，让人依赖感知基础上的抽象符号生存和演化，人必须接受这个他们自己不断演绎的约束和限制。

# 第五节　自由能量

## 一、不可能的自由能量

是谁拉开弓弦，并选择方向，使时间之矢所到，一片生机益然；是谁一次又一次拨动心弦，使得人类从洪荒万古的莽原氏族部落一次又一次作出唯一性选择走向大规模群居的文明社会。是什么一再触发这一有序机制，或言，秩序不过是宇宙和人共同构造的幻象，是人类的边界，也是人的大限。已经发现的存在对人的观察而言具有唯一性，是以什么逻辑出现并出现在人的视界，这一逻辑是否可知，是否存在一个全能的观察者，这一观察者满足这样的条件：与这个世界没有任何联系，它的观察和描述对此世界的变化不产生任何影响，它的观察必须不能是光的，不能是感知的，因为这些都是人的形式，这一观察者不能存在于人类的认知范围。这一条件的严苛超过任何宗教对他们的全能神的想象！

在百思不能得，人求助神，回到宗教的逻辑循环。宗教之神之所以可能，是因为人在宗教的假设中，必须放弃神是可观察的和可感知的，但神可以观察和感知人类，并认定神可以介入和干预人类的事物，如果他们愿意，他们既可以让人间成为天堂，也可以把人间变成地狱。在任何成体系的宗教假定中，全能的神一开始就做好安排（类似科学中的决定论，就像拉普拉斯妖），但神却又被人类声称在时时刻刻监督和安排人的活动。至少可以认定，神或许太随意，时刻变更它确立的初始规划，这与人的原初关于神的全能假设矛盾。在假设人有灵魂的时候，灵魂成为魔鬼、神圣与人沟通的通道，宗教也说魔鬼与神同在，魔成为神之外另外一种管控人的力量。人类最终既没有发现神和魔，却发现人本身就可以完成神魔的使命，人兼具神和魔的属性，神魔的使命人在实践。人是如何被神魔附体，神魔的预算如何安排？只要信神魔就够了。

宗教和科学在昭示人类，不虔诚于宗教，不遵从科学圣言，人依然可以选择，尽管有可能是万劫不复。神魔忌惮人的力量，拼命通过另外一些人的力量压制人的自由，人因此互相约制，这时神魔可以消失，它们变成多余。

如果确信能量守恒，一切被人称为神魔的力量按人原初的定义不能与人类共享这个时空，这类自由的能量不存在于此相世界。

## 二、可能的自由能量

除却神魔，在人类的逻辑范围有没有可接受的自由能量？这一能量，在能量守恒的约束下，它不断创新，持续供给新的形式，创作新的秩序。

神和魔被人隔离开来，不过是形成一个语境，成为一种语言模式，语言信号驱动人类个体聚集，且行动单向，开始做功，履行关涉千秋万代的能量的转换，语言驱动的力量是赋予人的个体和人的集体的自由能量。人发现自己具有神的特征，唯物信仰通过排除唯心的神，在人世间制造新的终极观念，罗织语言把某些形式的人树立、传说或监看为圣人。有的被打扮成俗世的领袖，他们代替宗教的先知，传递另一种天堂终将降临，社会个体此时失去个体的语境，具有某种单向性，像突然给某类导体通电，电荷朝向一个方向，成为自由做功的能量。圣是人约制人的谎言，人间的圣是普通人不小心虚拟的人间契约，有时候成为大多数人的信念，成为共同的理性。

科学也成为新的神，目前来看似乎具有不可动摇的力量，但科学也有适用范围。牛顿经典物理学关于质点运动的哲学特征被现代管理领域用于组织的管理；还有伪科学——被宣称为科学的一种说教，以及被政治力量强制和强化的计划规划。

历史发现，单向度过高的社会最终会走向崩溃，有的会走向万劫不复，这是一些古代人文遗迹透露的信息。神和信仰总是不愿改变，很难改变，它们驱动一群人走向大规模的种内戕害和残杀。这种景象具有热力学第二定律描述的特征，人群从绝对的单向性，趋向无规则的热运动。是宗教和科学的语言驱动人类展开繁衍，成为一段段人类历史，但也正是宗教和科学——绝对的断言限制人的自由选择，使社会面对愈来愈高的不确定性。任何宗教的原初假设和科学定律的公理从一开始断言就成为与现实相对抗的悖论，现实是人类从来没有看到天堂光照人间，只有或明或暗的日头和阴晴不定的天空。人类从来也没有一直走在某种科学断言的唯一途径之上，末日没有按照宗教判断来到，科学也不能明确去向天堂的路径，尽管都声称完美可能终会降临。

但科学却告诉人类，人观察世界，仅仅因为观察就对这个世界形成干扰，在量子的世界有海森堡测不准原理，在人的尺寸的世界，人按照人的语言的行动改变语言的初衷，人类的命运，因为人的观察和描述变得扑朔迷离，人类的命运是随机事件。这是自由的能量所要展示的成果，自由的能量在人和时空之间随机活动，并成为秩序的制造者。

上帝几乎变成现代人类意识世界的黑客，变成阻碍自由和民主的力量，从中东乱局到非洲原始部落的贫穷都是神力所为，一些集权和意识形态深重的国家，总有扮演上帝的力量，他们像计算机黑客那样干扰社会自由的秩序。没有上帝的世界似乎更好。在这样的分叉点上，在全球经济一体化的时代，各类人会怎么选择？

正义、智慧及灵魂所珍惜的一切，在其尘世仿品里都黯然无光，如隔着模模糊糊的玻璃，只有少数人在其影响里看见真实，而且充满困难才看见。过去有个时代，他们看见美的光明灿烂，那时候，我们哲学家跟着宙斯的队伍，其他人跟着其他的神，看到那至福的景象，被引入一种神秘的仪式，一种真正的福境，我们在我们的纯真中礼赞那境界。那时我们尚未经验到后来出现的种种邪恶，我们纯真、单纯、安详、幸福，我们看那景象纯净发光，我们自己也纯净，尚未葬身我们带着走的这具活墓，还没有像蚝被囚禁在它的壳里一般，囚禁在这肉体里。（《斐多篇》ＸＸＸ，柏拉图）

## 三、人是一种一直被调整的物质存在方式

考古勘定、实验室试验和逻辑演绎证明人只是各种能量存在的有序结团，但仍然不能说服人放弃人的神性说（上帝的牧羊人）。把人作为有序的能量结团作为假设开始学说，看是否能推测过往的发生和预测一些可能的出现。衡量人间策略有效性的标准是策略提高人类基因适应度的水平，适应度分时段分环境地刻画人类基因形式的肉体在彼时彼刻存在的数量——人类形式的有序结团占有的能量规模。

人数的增加是人类的意识参与宇宙进化的物理证据，人和人类的社会又是宇宙演化的一段时间的能量形式。人类整体与人有关的其他形式通过一定的规则（人类约定的对象和勘定对象之间的关系只是部分规则）博弈。人类的呈现是自然的策略，人类与自然的博弈一直是不完全信息动态博弈，自然的策略呈现给人类是它如何约束人类的规条。面对自然约束，人类在一直调整策略，一直企图与自然形成稳定的但有利可图的契约，但人一直被调整，遭受肉体和精神的双重磨难，偶尔的欢愉只是为迎接下一个磨难的来临。

这也只是一个猜想，无论是万能的神存在还是拉普拉斯妖的现身都会击毁这一猜想，所幸，在这个物理的充满能量的世界他们来不了，即使来了，他们也走不出去，人必然与之展开战斗，显然他们是人类要挣脱的束缚！

# 第二章 假 设

## 第一节 稳定演化假设

### 一、光的形而上学

在任何惯性参照系中，真空中的光速 C 不变，并且所有的自然定律都相同，这是爱因斯坦狭义相对论的两个假设。这两个假设演示世界复制分形的场景——在任何参照系中，自然对变化的约束具有一致性。光是人了解和描述存在的工具，是与世界的理性可能（上帝）沟通的唯一通道。光不仅具有美学意义、物理学意义而且有哲学意义。神学也是从这开始，上帝造世从光开始！耶和华说：要有光。（《圣经》）

约翰·达马斯尼说："拿掉光，一切陷入阴影而不为人知，因为它们这就无法显变出它们的美。"因此，光是"一切可见的造物的美与秩序"。巴塞尔说："大自然被创造的方式，没有任何事物比大自然更能使享受它的人如此愉快。神的第一句话从光创造自然，驱走黑暗的忧伤，使一切物种快乐欢愉。"光本身就是美的，因为"它本性单纯，万物皆备于光。"因此，光是最和谐的统一与比例，而比例之和谐就是美。于是，即使它没有具体形式的和谐比例，光也是美，也是最悦目的。因此，光的金色之美引起闪耀幻然而美，星星看来最美，即使我们看不见美如何从局部之组合，或从比例产生，只能看见来自光的辉亮的美。如安布洛斯所言："光的美不像其他东西那样在于数学、长度或重量，而在于其面貌。使世界值得赞美的，是光的本身。"（《六日论注释》葛罗塞特斯特）

永恒的太阳以它的光照亮灵魂而荣耀灵魂的时候，那将是何等光辉。享

受天国的人喜欢歌唱的时候，那种非比寻常的喜悦是掩不住的。（《布道》Ⅵ Bonaventure）

人对这个世界的观察所依赖的背景是人类与其他存在的相对关系，并且根据这种相对关系发现观察对象之间的差异，形成人类认为的观察对象之间的相对关系，形成某种关系的组合，构成这样那样的语言体系以之成为人的下一次思索和行为的指示。心理学实验证实人对时间和距离的感觉往往会出错，对颜色、冷热等的判断也是相对的，人思索使用的语言体系及其中的价值判断也有背景，是更为完全的错觉。背景知识与背景环境一样总是让人产生错觉和幻觉。当大幕拉开，音乐响起，演员的发挥，伟大、神圣、光荣和正确才会产生。人因不同假设和不同的背景知识对同一对象的判断不一样，自动出现价值判断的分歧。

语言描述的景象出自错觉和幻觉，语言是判断句的堆砌，人的思维有界限，二元以上的代数方程求解需要判断组合。光速是人观察的极限，超过光速的事件似乎永远无法与人有关，趋近光速的变化的事件人越来越难掌握，人在约定概念的过程，总是选择稳态的相作为判断的主语，相对光速变化慢的对象是人构建认知，发现规律的基础。人所能观察、描述和抽象的事物有限，但人在人的时间尺度上的发现足以帮助人建立与世界存在的关系，这也是自然在人的时空尺度上建立关系的经济方式。这是世界与人对话的方式，人与世界的关系通过光并与光对照这样一路相对展开。

一切形式在用光寻租，光因此有无限的服务机会，光速是所有有能量形式的位移与时间的比值不可逾越的极限，但光速的绝对使光成为人类眼中最稳定的存在。

## 二、关于人的假设

人约定质点这一抽象概念，一条直线上的点是无限的，一条线段上的点也是无限的。质点成为最基本的现代逻辑基础，以此为基础，几何学和物理学发生，并由此诞生所有现代科学意识和哲学假设，人比质点复杂，人是质点和电荷的组合；这与男人是泥塑的，女人是水做的假设不同，依据这样不同的假设，人演绎完全不同的哲学和社会学，也设计和制造了不同的社会现场。如果一直认为上帝按自己的样子造男人，并取出一条肋骨制造陪伴他的女人，人类应该还在黑暗的中世纪徘徊。从某种角度看，人一直在做对自己有利的假设，人的意识的出发点也是这样，这使得一切看来符合人的逻辑，人不能容纳不合逻辑的事情，人通过抛弃认为错误的假设，并设定新的假设做到这点。人按人的逻辑理解自在自为的自然。

### 三、保持"容颜"的假设

是什么阻碍自由的发挥，当然是另外一种努力自由的力量，努力保持自由的力量阻碍自由的进程，人根本不愿意接受时间体检，任何存在都有这一意志倾向，每种存在——每种形式努力存在——避免消亡，在这种欲求的推动下，争取时间，争取资源，每种能量形式互相约束和制衡，在相抗的过程中，妥协为契约，诞生成秩序。追求自由创造秩序，猿变成人和人走出非洲付出巨大代价，但变成人和走出非洲可能是保持猿的某些形式和保持人的大部分形式的最优选择，也是最方便的选择，没有任何存在的意志是想万劫不复（假设之一）。系统发生变化必须经外力做功。保持不变假设是指任何形式的"容颜"保持。

人认识世界的驱动力是为保持人的存在，人的出现和扩张是自然进化稳定策略，如果世界演化在因果决定论昭示的唯一途径上，那么进化稳定策略是唯一可能的。

接受能量守恒、质量守恒和电荷守恒原理（假设之二），如果上帝只有这两个假设，按照假设，任何存在形式及其变化都是可能的，且被允许。存在一个以守恒原理为约束的存在状态的可能性集合，现在的世界只是这些可能性状态之一。在物理时间轴上，世界是不同能量状态的历史，所以存在这样的能量状态集合，此时此刻虽然这样，但似乎有其他可能。但世界还要接受万有引力、电磁力、强相互作用和弱相互作用的指引，引力场和电磁场控制变化，上帝有规律有规则地不断构建新的形式和秩序（假设之三）。

在不违反泡利原理和洪特规则的条件下，电子优先占据能量较低的轨道，使整个原子体系能量处于最低，这是原子的基态。如果使原子发生变化，与其他原子结合形成新的特征物质，在形成中需要的转换能量越少，形成的物质能量越低越稳定。

热力学第二定律指出，存在能量差的世界总会发生能量从能量高的物体走向能量低的物体，这对两个能量源的稳定都构成侵犯，这使得存在保持稳定的基态不能成为广泛遵守的协议，变化发生。如何在变化的世界尽可能保持不变，是生成适应环境的结构，形成符合环境要求的秩序，为此原子结合成分子，分子结合成细胞，细胞形成生物，生物演变成人，人为永生，选择异性结婚。同样，为对抗变换，对抗灭失，结成家庭、部落、公司、宗教、种族和国家。这样从开始到现在，一切存在形式地符合人的逻辑（假设之四）。

## 四、上帝掷色子也是拉普拉斯妖

在牛顿体系的应用范围，人不可能对由三个或三个以上的物体组成的系统的长期稳定模式作出预测。

人是被选择的吗？世界选择吗？人可以选择吗？人不能认识与自己不可能相关的任何存在，人被这样的逻辑限定，失去广泛的可能性，人不能选择，一切被人认为偶然的事件被不可知的力量掌握，人一旦想给这一力量命名，就会陷入无穷无尽的逻辑怪圈。但此一时空的世界已经为人类准备无尽的可能性，人因此在这无穷无尽和自然自在的世界做出无数无量的创新和创作。

人的出现似乎打破宇宙演变自由的逻辑，宇宙不得不接受人的观察。但偶然和必然仅是相对人的观察和认识而言，仅对宇宙自身而言，下一步发生任何状况毫无意义。也许有外力——上帝掷色子，且掷色子动作也必须随机。或者宇宙从开始因为不能有任何外力就固定一个单向路径，一直走在被确定的不归路上。

如果存在拉普拉斯妖，他观察这个世界与人观察这个世界不一样（不通过此相世界的物质方式），也许拉普拉斯妖确实能描述世界的样子，对应每个时间点，世界对拉普拉斯妖是鲜明的，就像对宇宙自身而言是自明的一样，但一旦出现这样的情况，对拉普拉斯妖而言或者说对宇宙自身又有何意义！显然，偶然和必然仅对人而言有意义，是人的逻辑呈现的世界现象。

人把人的形式赋予这个世界，以对世界进行理解，而不是《圣经》所言的上帝按他的样子造人。人以人的方式认识这个世界，世界似乎有了人预期的形式，世界确实在造人的时候不仅留有宇宙爆炸初始的痕迹，并且把它后来很多符号和算符加以创新而复制分形到人的形式中。

人不得不拟人化描述本来自由自在的世界，物理定律和化学原理蕴含无尽的人的气息，这是人的秩序与宇宙秩序的对照映射，物理定律、化学原理和生物基因发现最终转换而泛化为人的气息，人只能拟人化理解世界是人的逻辑的界限之一，也是有意义的方便途径。

人不能预测人的出现，人作为彼时世界在地球上创造的新形式是绝对偶然的事件，明天的太阳是否会出现在东方的天际是不能用概率描述的事件，因为人不能穷尽所有有关信息（符号）和撼动这些信息的信息（算符）。人遵从人发现的原理或规则去挑战一直在掷色子的上帝和不能感知的拉普拉斯妖显然是徒劳的。

人观察的世界随着人的观察不断涌现新的形式，在人的逻辑指导下，偶然必然是必然的。

# 第二节　关于变化的假设

## 一、初始条件与租金

初始条件是动力学系统论的概念，经典物理学认为，动力学系统的初始条件取决于系统的动力学方程和初始条件。但在非线性系统，系统对初始条件敏感，初始条件的微小改变，系统会发生系统性的改变。虽然对系统的初始条件的定义不是很清楚，但应用很广泛：混沌学、化学、生物学、医学和社会学……

初始条件决定事物的适应程度，适应程度是事物被环境以初始的形式需要的程度，就像事物被租用去进行服务，获得的报酬是适应程度的表征。上帝租用这一事物到这个世界服务，上帝（上帝指代一类原型契约，后面会看到有关论述）会为这项服务进行支付，支付有限的能量形式或有限的信用货币。

初始条件既可以是构建人体的基因，也可以是个体或组织的初始专业化投资。初始条件不同，偏好不同、比较优势不同，生产和需求函数不同。一个系统的初始条件确定，很难改变，改变意味系统性改变——一种能量形式的彻底消失。

假设上帝可以通过改变环境，改变一项事物的适应程度实现租金减少，但环境改变不到一定程度，不会减少这一形式的初始条件的存在，只要上帝的支付（一定能量、食物或运营资本）能够满足初始条件运行的基本需求。从收入中减去租金这部分，也不能减少这一初始条件确定的系统的供给。

宇宙时空不是各向同性，电子和质点的分布不均匀，不同时空能量相对稀缺。变化自形式的相对稀缺。对竞争相同秩序的能量的存在形式，不同时空位置会使它们获得的收益不同，这部分收益就是租金。选取处在不同时空位置的机会使竞争相同需求的存在有不同的机会成本，租金不一样。时空位置是人类约定的概念对象的最初的初始条件，存在从物理形式开始变化，人的现代认识开端于牛顿展示的自然哲学——物理学关于质点的时空场景。

西方文化产生于我们现在称为中东的肥沃新月地带（Fertile Crescent）中。……全球拥有丰富的植物种类——超过200000个不同的种类——人类吃的只有几千种。在这些当中，大约只有几百种已经被种植，但是全世界几乎80%人类的饮食由大约12个种类组成（主要是谷类食品）。中东是数量最多的被世界珍视的谷物所在地，像小麦和大麦，很容易生长而且含有极高的蛋白质。形成鲜明对照的是，独立地在其他区域中栽培当地农作物的人没有享有同样多的物种。举例来说，在新几内亚，大约公元前7000年，早期的农民能够种植的仅仅是甘蔗和香蕉——无法提供一种营养完善的可饮食的农作物。(《西方文明史》Dennis Sherman Joyce Salisbury)。

不同地域的人获得不同的繁衍水平，人被上帝租用为代理人，人类获得代理其他物种的租金，人之间也通过分工交易互相租用。租金不仅表达人类单体的适应程度，还代表种群的生存繁衍水平，租金是比照不同机会的所得。上帝如果一直租用人为牧羊人，人类会一直繁衍下去。租金从交易中获得，交易方存在替代者，存在竞争，这是租金可能减少的影响因素，交易使双方都获得剩余，替代者的存在是为经济地达成契约，这是上帝管理世界的方法。

## 二、世界线和世界可能性边界

存在是作为一个真实模式的存在；一个模式要成为真实的，当且仅当：

（ⅰ）它至少在一种物理上可能的视角下是可投射（projectible）的；

（ⅱ）它对至少一种事件的结构或实体S的结构的有关信息进行编码。这种编码在信息理论的角度来看，要比对S的位映像法编码更有效率；同时至少在一种物理上可能的视角下可投射的模式当中，如果编码不从这种特定的视角

恢复过来，S 就必定有某一方面是不可追查的。(《经济学理论与认知科学——微观解释》p.72 Don Ross)

关于人的世界只有一个，不存在其他可能，这是为什么？如图 2-1 演示的推论：

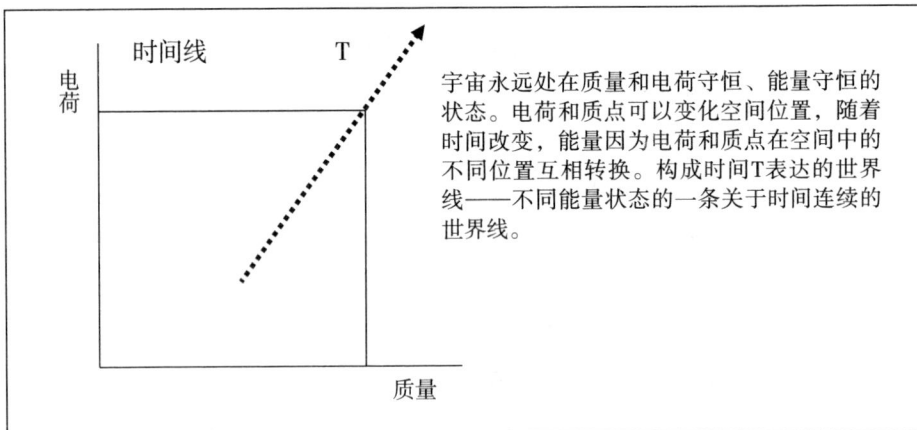

图中文字：
时间线　　　　T

电荷

宇宙永远处在质量和电荷守恒、能量守恒的状态。电荷和质点可以变化空间位置，随着时间改变，能量因为电荷和质点在空间中的不同位置互相转换。构成时间T表达的世界线——不同能量状态的一条关于时间连续的世界线。

质量

图 2-1 世界线

依据爱因斯坦相对论假设，在所有惯性系中，自然定律相同。在这个宇宙中，假设存在无数条符合自然定律的质点和电荷组合形式的无差异曲线，由于必须满足某一恒定量的能量守恒，无差异曲线凸向原点。由于质点、电荷和能量守恒，只有一条无差异曲线的一点符合一个世界时刻的一个事实。一个可能的推论是，经济定律作为自然的经济原理应该在所有的惯性系中相同。

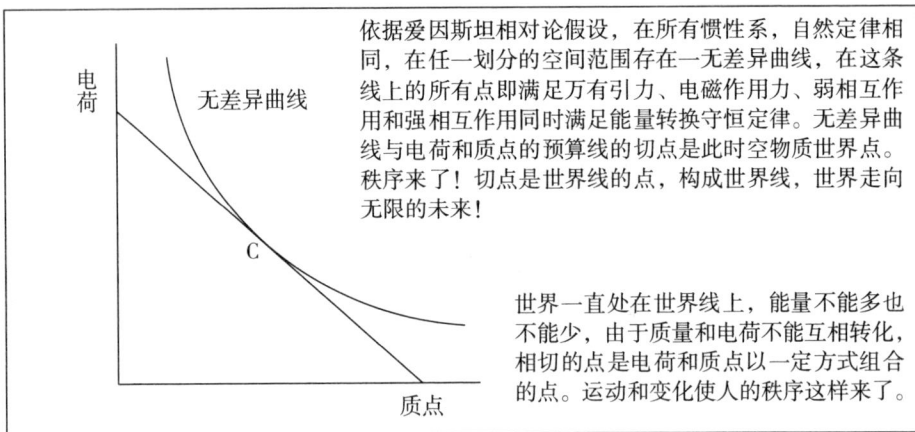

图中文字：
电荷　　　无差异曲线

依据爱因斯坦相对论假设，在所有惯性系，自然定律相同，在任一划分的空间范围存在一无差异曲线，在这条线上的所有点即满足万有引力、电磁作用力、弱相互作用和强相互作用同时满足能量转换守恒定律。无差异曲线与电荷和质点的预算线的切点是此时空物质世界点。秩序来了！切点是世界线的点，构成世界线，世界走向无限的未来！

C

世界一直处在世界线上，能量不能多也不能少，由于质量和电荷不能互相转化，相切的点是电荷和质点以一定方式组合的点。运动和变化使人的秩序这样来了。

质点

图 2-2 关于电荷和质点的无差异曲线

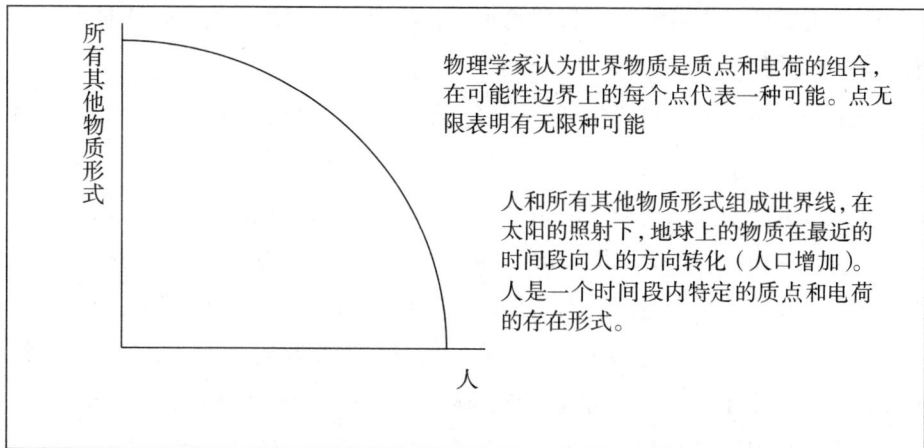

**图 2-3 关于人的世界的可能性边界**

虽然从人类的感官来说，世界的某些层面似乎永远不变。因此，明显可知，世界上不同的地方和不同的时间构成不同的人，而且这是天界的和谐透过其所透射的光芒所致，因为这些光芒不断变化。所以，自然世界的事物在任何时刻所以多样，主要出于两个原因：特质之多样，与星光因时而异的行动有关。由于影响物质（之变化多端的形式）的这种差异可能非常大，不同的地方和时间就产生了不同的事物。有些东西属于不同类，有些属于不同种，有的则只有数目之异，道理在此。（《光芒》Ⅱ金帝）

# 第三节 人作为能量偏好的形式

## 一、人的染色体的预算约束

世界能量分布不均匀，一些时空奇点超出人类的观察和理解能力。在地球上，生物经过多次意外，最终选择人体作为一种存在形式，人的优势来自组成的能量的特殊结构方式——特别是人类大脑。相对与人竞争能量的对手而言，能量选择人要比选择其他形式有好处——人比大熊猫要更稳定。但大熊猫活体最近成为人的消费偏好，大熊猫在一定程度上寻租成功，但大熊猫整体不再如曾经的那样受上帝欢迎。自然追求进化稳定使人出现于地球，并且人也在寻求稳定的进化。

不知道组成人类始祖的质点和电荷现在在哪，但这些组合的信息以 DNA 分子的形式保留下来，基因的追求成为物质不可抗拒的存在形式，成为一种生生不息的力量。人的基因塑就的蛋白质形式不断增大基因形式光辉，相对于转变成其他的生物，在人类的时间段，相对人类灭绝的生物，组成人的物质寻租成就显著，人的质点和电荷的组合形式成为物质相对稳定的进化策略。

环境变迁，事物变化满足预算约束的同时，也要遵从上一时刻存在的事物的要求。人体通过独有的染色体编码复制合成蛋白质而成不同性状的个体组合，在一个体除性细胞的所有细胞中，染色体一样，形成一种染色体形式的预算限制，合成聪明大脑灰质蛋白的同时可能就不能合成带毛的强壮四肢。个体之间的 DNA 预算不同，会有另外样式的性状组合个体，这些不同性状组合形式形成互租共生的群居关系，反映环境偏好的同时，也构成环境。染色体的故事与人的求偶、社会文明紧密地联系。组成从人体契约到社会契约的紧致结构。如图：

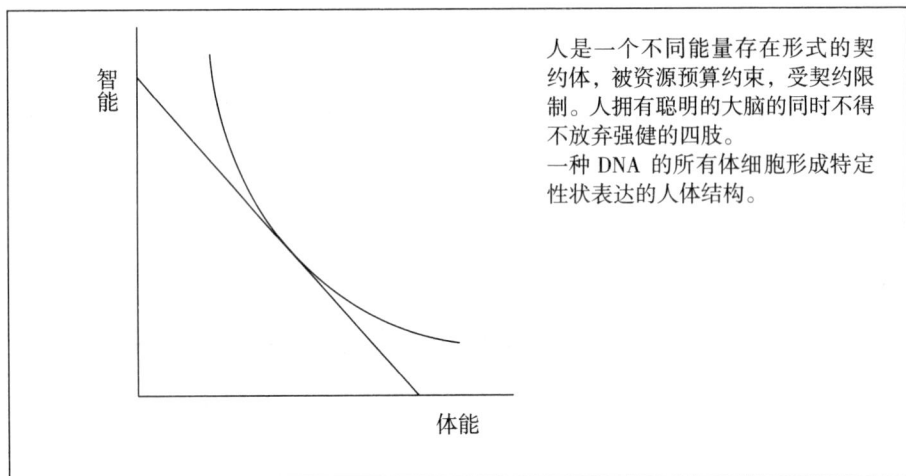

人是一个不同能量存在形式的契约体，被资源预算约束，受契约限制。人拥有聪明的大脑的同时不得不放弃强健的四肢。
一种 DNA 的所有体细胞形成特定性状表达的人体结构。

（图中坐标：纵轴 智能，横轴 体能）

图 2-4 人的预算安排

物质和生物演化以保持相对稳定的策略是于演化过程尽可能使能量转化最低，即对抗变化需要的功尽可能少，能量的减少也意味形式的消失（肥胖是一种人的人体特征，减肥是为显现更有生命力的形式，但减肥也需要做功，肥胖形式成功在人这寻租）。在生物进化过程中，人的形式成为物质进化稳定策略之一，人体结构保留其先祖猿的大部分特征，器官和骨架结构一致，功用特征依然被沿袭，只是有些功能和形状及尺寸发生变化，这是为适应变化的环境最方便的策略。人的性状特征和人体样式、结构和能量组合是相对环境变局的最低能量转换而成的形式，是人类形式组合的能量最低状态。

世界如何在能量守恒的约束下，在粒子水平和分子水平上组合逐渐演化以不同的物质形式作为载体，从无机物转化成有机物，从单细胞到多细胞，从简单生命到有意识的人？人又分分合合，生生死死。人的基因组合虽然历经变化，但从开始的痕迹和促成的机制一同被遗传至今，这些痕迹和机制显照得更加广泛——人已经开始扑向外太空。人的基因组合复合为能量偏好的人的肉体，哄骗会反思的人努力保存人体的形式以期走向更遥远的未来。机制一直发挥作用，人体的意识反反复复被欺骗驱动，奋不顾身，勇往直前。人体在配合基因的永恒流传同时，人体形式得以一代代地获得流传。一个人体香消玉殒，但新的类似的人体再次出现，物质能量偏好于人体的契约，人体形式相对适应环境。

## 二、关于人的预算和约束

人作为时空最近构造的能量形式出现于一个浩渺宇宙中一个微若尘埃的行星——地球，是随机偶然出现，是神创的故意还是永远的神秘安排，或者必须作为宇宙机密留待另外一种智慧来揭穿？但人显然是能量转换的一种有效物质秩序，生物演化是如何指向人的？答案是，是经济地演化的需要，是最有效利用资源的要求。如图 2-5：

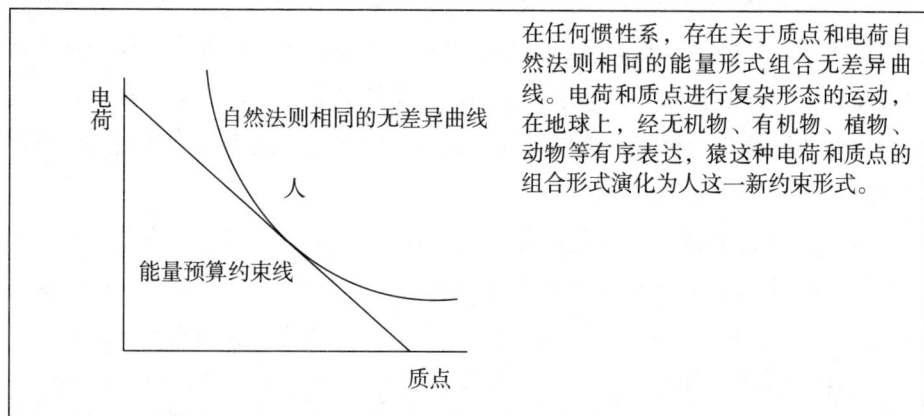

在任何惯性系，存在关于质点和电荷自然法则相同的能量形式组合无差异曲线。电荷和质点进行复杂形态的运动，在地球上，经无机物、有机物、植物、动物等有序表达，猿这种电荷和质点的组合形式演化为人这一新约束形式。

图 2-5 人出现时点的电荷和质点的布局

电荷和质点有限且守恒，在任何惯性参照系，电荷和质点组合按事先约定——存在一条适用万有引力定律和库仑定律等已知和未知的契约要求的无差异曲线。它与能量守恒的无差异曲线相切于一点。在250万年前某一时刻，这一切点的能量组合形式中有了人，人是太阳照射地球数十亿年的结晶！

原子的基态或者任何被人类观察的稳定存在形式（以人的时间度量的稳定）——是这些形式能够与其他形式达成均衡的方式。自然界以某种形式的能量状态展现给人类秩序，这样的秩序是关乎人的能量状态和能量转换的法则。

基因突变形式存在的基础是导致性状形式能在一个确定的时间段形成稳定的遗传，但这并不意味环境会一直容忍这一形式，一些突变的性状形式在隔代就要消失，有些自然环境容忍的性状特征，社会环境可能不给予机会。人类世界经常发生这样的故事，虔诚的教徒和激愤的异教徒很少有有效交配的机会。

人如何挂在这个地球上是复杂的问题，除了千变万化的性状特征和性状特征天然的相互对抗的肉搏和相互吸引引致的交配，在人的历史长河里还不断使用文明策略重复演绎相似的相残或相生的故事，历史上互相隔绝的不同的地区不同的人使用同样的方式述说相似的故事。这些形式包括演化中消失的氏族、部落，依然存在的家庭和种族，逐渐淡出历史镜像的严肃神圣和严苛宗教，逐渐发挥强大作用的世俗政治和科学。在这些过程中形成的所谓禁忌、习俗、惯例、道德、法律成为稳定的关涉人的意识的进化稳定策略，这些策略和方式被各种力量把持，形成各类社会角色。

古老的基因信息依然游荡于每个人的肉体，古老的意识被翻译成新的花样反复使用，是因为自然的意志比基因和意识更要古老。世界特征和变化反映于人类意识中的形式被人方便地约定为语言中的概念，并通过意识和语言的沟通形成人处理事物的策略，策略指导人类的日常活动，成为人类互相适应以群居和群居地适应环境的工具。

曾经的谎言和谬误，曾经的圣言和教条都不重要，无论这是不是世界的本来，这些认知是为展示世界的一种可能稳定信息以约制人类形式稳定地群居，人幻化于这些意识的秩序，构建广泛的语言符号——成为人群居的契约。

人在一定的时间段，在一定的范围内无意识于这些策略之中，互相配合并与环境配合演绎生生不息的人类历史。人作为偏安一隅的存在成为自然整合秩序的一个符号，但世界怎么会经意于此，怎么会管人类的是非？

# 第三章　原型契约的世界

## 第一节　梦幻的丝兰蛾与美丽的帝王蝶

### 一、梦幻的丝兰蛾

丝兰花只开一夜，丝兰蛾从一朵花中采得花粉并把它揉成一个小球，它飞向另外一朵花，咬开雌蕊，把自己的卵产在胚珠之间，然后把花粉球塞进雌蕊那漏斗形的开口中，这一复杂过程，丝兰蛾一生仅从事一次，并不能经过学习和记忆实现。丝兰蛾这一令人难以置信的精致的繁殖行为让精神分析人 Carl Gustav Jung 大惊。

似乎丝兰蛾被丝兰花安排，或者也可以定义它们是一体的生命，互相配合周而复始地反复演绎生命的过程。这就是启发 Jung 关于原型灵感的情境，Jung 并不认为丝兰蛾对丝兰花的反应是生物学意义的条件反射。Jung 用艰涩语言陈述这一概念，但可简单概括：原型是行为主体无意识的作为，Jung 对原型进行各种分类，但始终认为原型不能被行为主体意识，不能被规划和改善。

丝兰蛾和丝兰花如此紧密相关的命运并非偶然，两者的关联和交互是彼此原型的部分，丝兰蛾像丝兰花一样对此没有意识。以丝兰蛾为研究对象，它与丝兰花在时空位置上的"巧合"也是原型，只不过不能被人惊讶地意识，因为人也困在与丝兰蛾一样的一些原型中。许多生物，包括绝大多数动物都是这样，只是完成一个生命和生殖的旅程。虽没有丝兰蛾和丝兰花这样完美的配合，却对变幻莫测的环境有着自然自觉的应付能力。鸟的翅膀和鱼的鳍也不是学习和记忆习得，而是被记忆在基因深处，这些形式与环境结构化契约化地共生共存（不像丝兰蛾那么精准，但却更加复杂）。被人类按人类的方式理解和分析，用人类的语言描述和表达的关涉人的不是原型的方式，在被人理解之前对人展开的安排和应用之后达成的行为履行的契约才是原型。如果人类有类似丝兰蛾一样的原型，丝兰蛾的作为不会令人惊讶。所以惊讶，这是人对自己的原型的不意识，即便像 Jung 那样开始对人的原型开始探讨，也不能揭示人的原型集合——人与世界有千丝万缕的原型关系。

## 二、美丽的帝王蝶

帝王蝶迁徙习性是人类对原型对应的又一观察经验。帝王蝶的原型如此与人不同，所以这一经验被人类意识，并以书籍、视频等等方式记录和传播，能令所有有意识的人惊讶。

美国帝王蝶，又名黑脉金翅斑蝶，是唯一有迁徙习性的蝴蝶，在初夏出生的帝王蝶寿命不到 2 个月，而在夏天最后出生的一代蝴蝶会进入滞育周期，并会活超 7 个月，以便迁徙到适合的地方过冬。它们通过太阳定位飞行到 3000 公里外的墨西哥雨林。它们挂在树上，成群成片地聚在一起冬眠。冬眠的帝王蝶有毒，很多动物很难以它们为食。但有一种鸟知道一种办法避开其毒，一部分帝王蝶在这些鸟的活动下被从树上震落，会在冬眠中不知不觉地被寒露冻死。

第二年，春天来了，帝王蝶从冬眠醒来，它们要返回 3000 公里以外的北方，在回迁的过程中，它们产卵、繁殖，可能回到出发地的帝王蝶已经是第二、三甚至是第四代帝王蝶了。

帝王蝶与丝兰蛾自然结构不同，帝王蝶的身体结构和延续生命需要更复杂的策略，与环境结合的方式不同，帝王蝶的原型与丝兰蛾的原型不同。原型结构和原型关系是大千世界巧妙精致媾和的方法。

## 三、对原型重新定义

太初有道，原型似乎是中国古典哲学中的"道"，所谓"道可道、非常道"！这也是 Jung 对原型定义的方式。

如果理解任一生命形式初始与其环境（生命的或非生命的）结成的关系为原型，与其他形式结成的固定结构为原型，世界就是不同原型的组合构成的共合。除人以外，动物不能或很难有自我意识，也很难学习、记忆和总结，但他们有些超越人或令人惊讶的能力——过度的耐寒或耐热都是与其生存繁衍环境的无意识融合。这些能力被初置于他们的身体与他们的环境，是他们先天与环境的关系，是不能违背和对抗的契约。人类语言定义的契约只是这些原型契约的衍生品，人类的学习、记忆和抽象是原型展现的成果，人类的意识成果和精神世界被嵌套于原型契约，是其中最微末的部分。认为人有意识是人的人为，意识为了与原型契约区别需要这样人为的认为，这也是原型的工作方式。

人类的原型是人类与环境达成的广泛的（至少有一段时间）不能被所有人意识的契约；个人的原型则指（至少有一段时间，在这段时间）他不能意识的所有有关他的契约。原型是本能的无意识的工作过程。有些原型人类已经开始揭示——那些人只能通过本能完成，而不能逾越的关系。就像理解丝兰蛾的行为人类有了理论，理解人的原型的理论逐渐增加，但这也是原型的工作方式，人必须和苹果一样遵守从树上掉到地下一样的法则，苹果不能意识，在牛顿之前人也不能意识。但不否认这些原型存在，但在一定时段，人没有必要意识这些原型结构或者认识人无法改变的这些原型。

本能和无意识是所谓有意识的人通过观察其他存在（丝兰蛾）或另外一个同类得出对自我的一种推定，人通过观察研究很多别人总结出：原型是无意识的本能反应。通过类似 Jung 这样的精神分析人归纳推定，人有普遍一致的本能，一种人类共有的原型结构。自命神圣的人往往声称自主意识，其声称中暗含一个无意识的本我在作祟，是原型推动意识的自我为无意识的本我服务。

研究人类的原型——自然初置于人的关系，了解上帝对人的初始设置，理解人类与环境的交互结构大大扩展人的活动空间。但人一直处在原型中，人的意识只是昆虫的触须，意识有时还没有昆虫触须敏感，人会一次次被安排到大规模的集体无意识之中。

原型是人的秩序寻求自然秩序的映射，是中介，更是契约，本书关于原型的定义离开 Jung 的心理原型很远，但这样的概念整合是否有意义？

然而，超理就是通往来者的大道、路径和桥梁。这就是将要来的神——并不是说它本身就是将要来的神，它是神的形象，以超理的形式出现。神是一种形象，而朝拜他的，也应当朝拜超理的形象。（《红书》p.4 Carl Gustav Jung）

# 第二节　人被世界操纵

## 一、集体无意识于广泛联系的原型

欲望是安排人的还是安排给人的？

既然每种生物都有与其他存在互相关联的原型，人体的复杂程度和人的高度复杂群居使得不能被人意识的人的原型广泛且深邃。每种有差异的生物都有自己独特的原型，有差别的人类个体之间有着原型意义上的差异，人类个体之间的性状特征差异无限多，与它们对应有无限多的原型。

设定每个人有一个原型，那么人类有几十亿的原型，这点与个体性状特征完全一致的丝兰蛾不同，丝兰蛾只对丝兰花形成意识，每个丝兰蛾只对不同位置的丝兰花产生稍有距离感差异。人对应的世界千差万别，人须千差万别地应对千差万别的原型。当人意识千差万别的形式通过交易和合作可以提高创造效用的效率的时候，人开始有意识地群居，人有意识地群居于自然环境和人为的制度环境，构成对整体的繁衍有利的原型环境。

相同部分的原型对人类更重要，这是自然初置给人类的关系——每个人必须遵守的契约。但不同人的不同原型对分工产生深刻影响，分工之于人类社会类似人类作为一般形式与其他形式在地球上分担不同的角色的本质相同。不同地段不同的种族可以坚持同一内容信仰，对信仰形成集体性坚贞，但同一地段的同一种族的人也可能坚持内容不同的信仰。但集体坚贞成为共同的形式，这是一原型方式。集体无意识于信仰会对外界不同刺激或侵入有一致的应对方式。

## 二、无意识操纵理性的方式

自我意识与意识自我的意识会带来不能穷尽的逻辑循环，是不重复的无限循环。当人意识到动物是在无意识地交配、繁衍和群居的时候，人推定人类应该有一大片无意识支配的活动领域未被意识。当发现植物也因为成片成簇地生长以方便传媒者传递花粉的时候，人是否应该意识到，人类的无意识部分是主要的人生部分，意识唯无意识的指向展开工作。意识不过是自然为保护人类的无意识领域——原型的一项创新。

人以歇斯底里的声音（被人当成歌声）嘶吼爱，声嘶力竭地用完他的一生，用掉整个人类历史，且还将持续下去。只要人类存在，它必然依照一样的原理和规矩去求偶、交配和繁殖，无论个体之间存在怎样的差异，历史照出多少花样，人依然会站在爱恨生死的茫茫荒原上战斗，那么他是有意识的还是无意识的？他以为他是主动的、清醒的、理智的，或者至少是在理性的过程中，但他实际还站在那个荒原上，神圣也要呼吸那里的空气才能鲜活，先知的白骨连同先知的魂魄也未曾离开半步。

目标与欲望是我深层的力量。普罗米修斯就是预先有目标或先见的，他不带固有的想法把混沌变成有形和确定，挖掘渠道，把事物放到欲望之前。先见也是在思考之前的。欲望却是一道力量，无须借助形象和确定性，追求和毁灭形象。他喜爱他抓住的形象，毁灭他没有拿起的形象。先见的视野良好，欲望却是盲目的。他不会预先计划，只会摸到什么就追求什么。先见本身软弱无力，故不会活动。欲望却是力量，所以会活动。先见需要欲望，以求得到成形。欲望需要先见，以求得到他需要的形象。……两者同样存在已久，在自然里亲密为一。只有在人类之中，这两个本质的截然二分才如斯明显。(《红书》p.49 Carl Gustav Jung)

原型随着理性辗转反侧，群体的某一人意识随时也必须被埋葬在另一人的理性之下，而终成为无意识于集体意识的一个。个人却就此确定自己是清醒的、正确的、安全的，并且个人对自己的认识的正确性判断不断加强，甚至终生念念不忘（虔诚的信徒至死不渝）。人始终生活在原型初置和初置的世界事件中，这样的世界是无歧义契约的世界。

当牛顿和爱因斯坦以为发现时空中关于物质的终极法则时，应该想到，这只是自然关于人的安排之一，显示和不显示这一信息是不同的，是自然操纵人的策略。现在依然有神示和灵显以及先知的喃喃自语，它们形式地发挥同样的作用。人把一些活动和事件具名，似乎是对一些本来的东西进行意识，但也许构成干扰。大规模宗教活动形成对正常的繁衍和生活活动的破坏，政府巧立名目对本来的市场秩序进行干预以便展开勒索式寻租。

在信念体系和制度框架之间存在着密切的联系。信念体系体现了人类处境的内在表诠（Internal representation），制度则是人类施加在所处环境之上以达致合意结果的结构。因而，信念体系是内在表诠，制度则是这种内在表诠的

外在显现（Manifestation）。——Douglass C.North

人一次次意识原型中的一个部分，以为因此可以理性地看待这个世界，但这不过使他进入更广泛的无意识领域，跟随这部分理性，他们发现不得不面对更广泛的无知，不得不面对愈来愈大的不确定性——意识始终是原型的一个部分，是原型操纵人类肉体的工具。

# 第四章　原型契约的复制和分形

大爆炸理论最新近的版本认为，宇宙其实是一个自主生成的分形结构，不断从自身中产生其他宇宙。(《分形学》p.134 Nigel Lesmoir Gordon Will Rood)

宇宙不仅在几何形状上，即便是在创生的函数上也遵循自相似的原则。上帝真是按照自己的样子造人！

按照分形学的逻辑推论，世界除了发现的分形，剩余的部分是分形学家没有发现的分形在作祟。

## 第一节　关于混沌与分形的简单知识

### 一、原型为什么对复制和分形如此着迷

微观世界的法则被简单地复制成人间的行为博弈规则，人可以用相似的判断句描述它们，不同的主词和宾词可以用相同的系词和谓语动词，甚至可以用一样的定语和状语。减数分裂的转移规则进化得越来越像神圣不可侵犯的公平游戏规则，一被设计来保护国会抵御某个或一小撮成员有害行为的宪法。——埃伯特·利。

我的手指细胞和血细胞里的 DNA，是处于一条遗传的死胡同里，这些细胞是体细胞线（身体）而不是生殖线（性细胞）的一部分。正如弗兰西斯·雅各布令人难忘地说过，每个细胞的梦想都是变成两个细胞，但体细胞已注定"无后"而亡——除了偶尔为活动中死去的邻居生产一些替补之外，而且暂不考虑克隆技术的戏剧性成果。(《自由的进化》p.188) 体细胞线（身体）与生殖线（性细胞）的关系就像工蜂与蜂王的关系，工蜂通过供养和保卫蜂王获得

基因遗传机会，体细胞通过供养和保卫生殖细胞以获得生殖权力，使共同的 DNA 信息获得继承，人的肉体是人的细胞的群居关系集合，也是细胞的市场。

任何可以被观察，被描述，进入人类理念构造的世界的形式，任何不能超过光速变化的形式一旦存在，都会努力保持不变，无论存在形式之前是什么样。形式的保持、复制、分形需要做功的能量。

自然为什么对复制这样着迷，这难道是宇宙初置的逻辑，简单到只有两种能量占用形式的宇宙初始，一面要膨胀，一面要聚合。质点和电荷在有约束的变化中保持自我的方式只能是复制和分形，带有电荷的质点在引力场和电磁场中布局复制分形的现场。人拣选与人相关的存在和运动勾勒这个现场的可能图示。

人把他欲描述的对象孤立、分类地研究，关于这些被孤立的对象的判断是对约定这些对象的概念的定义，是存在向人类展示的形式的含义。定义是人的集合与自然对象的集合的映射关系，是分析对象与人的原型关系。概念一旦约定，在一段时间被认为真，在这段时间，对约定概念的判断成为人无意识遵守的契约。这是原型契约，原型契约的复制分形是人拣选关于人的秩序的一种描述方式，也成为原型契约约束人并转换为人的原型的方式，人的原型一样沉醉、迷恋于复制分形。

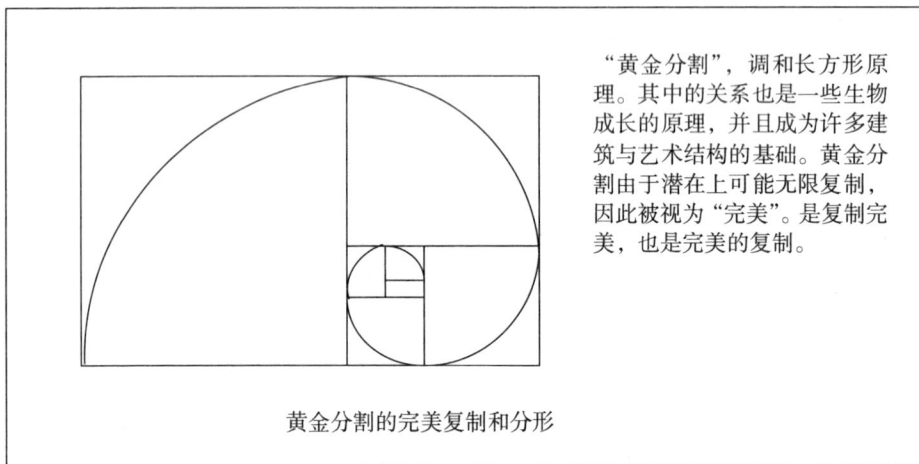

"黄金分割"，调和长方形原理。其中的关系也是一些生物成长的原理，并且成为许多建筑与艺术结构的基础。黄金分割由于潜在上可能无限复制，因此被视为"完美"。是复制完美，也是完美的复制。

黄金分割的完美复制和分形

**图 4-1 黄金分割**

**图 4-2 完美的复制分形**

完美是人类对世界的注解也是自然演变的取向。复制分形能成功的原型在竞争能量的过程中具有比较优势，能够与其他形式的原型的复制分形达成交易，实现某种意义的完美。

## 二、原型复制分形的欲望

原型有复制的欲望，有保持与生俱来的惯性的倾向。从细胞分裂，从基因信息遗传到性状特征继承，从信仰到制度，从组织结构到商业模式都有原型性的形式复制分形式的努力。这些复制形式的关系互为因果，互为构件，互相推动和互相促进。时空的每个点上都有引力场，这是质点欲望实现的处处复制；万有引力复合其他原型契约使得寄存于细胞的基因复制的欲望通过构建人体的细胞实现。基因复制的人体尽管在性状特征上千变万化，但依然要保持复制的力量，通过两性遗传，人体和人类的形式已经兴盛 250 万年。人作为信仰和制度的载体和践行者驱动信仰和制度复制和分形，既可能受益于动力学机制，也可能有复制分形本身的暗示。

复制分形本身是存在的力量，它不仅是自然呈现给人的算符，也是显现给人的符号。原型的复制和分形的形式自身是一类原型。复制和分形是存在的一种变化方式，原型保持是原型的欲望，复制和分形是实现这一欲望最经济的途径，原型的复制和分形是原型生命力的表现，是原型寻租能力与适应程度的表达。

原型复制和分形是宇宙中不可遏制的能量分布和分配形式，它也许不需要力量推动，它只显现给时间。不受任何已知力量的影响，也不接受现在发现的任何法则约束，似乎是时间在要求其改变，这无法预测，但重复出现。是显示给人与人有关的映射，还是上帝在故意透漏它演绎时空能量变换的部分法则？

性状是基因复制基础上分形，由基因打造的性状演绎的人和人演绎的策略和制度自然复制分形，这让世界看起来结构化和秩序化，且符合人的逻辑。语言是人对世界刺激的反应，自然的复制分形重复于人的认知、反应在人的艺术创作和工业设计中，语言是对自然的复制分形的响应，语言演绎的契约也复制分形，这饱含和浸透上帝创世的逻辑。也许，复制和分形是人认识和描述自然世界最便捷的方式，是原型契约展现的方式，就此成为指导人类行事的指引。人从中获得美感，创作艺术，设计建筑，有了艺术和建筑的复制分形之美，也从信仰和制度的复制分形中获利。

这种反复不断出现的特征也体现在非洲文化的其他方面——在艺术、宗教和本土工程甚至游戏当中。这些几何结构所体现出来的设计理念和文化语义，其中所蕴含的那些抽象理念和形式结构，无疑都具有分形的基本特征。这些结果与最近复杂系统理论研究结果相吻合，这些结果都表明近代时期的非国家社会既不是处于完全的无政府混乱状态，也不是完全的静态。事实上，整个社会采取了一种具有自适应性和灵活性的组织形式，而这种方式充分发挥了分形学和生态动力学中非线性的优势。——Ron Aigelaqi 伦斯勒理工学院。

任何原型的复制和分形被人类拣选和描述，这种发现表明，人类社会制度的复制和分形有它自己的生命逻辑，并不因任何意志而改变，复制和分形是特定形式的能量存在和保持惯性的方式。不管规模有多大，有多么复杂，有多少层次……从基因、性状、分工到制度不过是多层多重的复制和分形。

语言中的类比、比喻、象征证明复制分形的广泛存在，是对自由意志的一种表达，也许可以用 Armond Feigenbaum 的"普适性"这个词表达复制分形的普遍性更恰当。"普适性"认为物理学家可以通过解决一个简单的问题来解决复杂得多的问题。因为二者的答案都是一样的。这也意味着不同的系统会表现出完全相同的性态。(《混沌学》p.66 Ziauddin Sardar )

从质点和电荷的组合开始到人类组合和制度组合的复制分形是递进、叠加和迭代的关系，这些原型关系应该有动力学的解释，但这是多么复杂的方程，人根本不可能详尽列出这些方程，即便能列出这些方程，人类也不能给出这些方程复制和分形的解，只有一直变动不居的事实本身是它的解。

大树形状相近的枝权和结构类似的树叶是含有相同 DNA 细胞的不断分裂复制的结果。雪花的晶体结构与大楼的窗窗洞洞的人造结构是一种秩序的魅力也是寻租的力量。雪花晶体是水分子在一定温度下的契约关系，大楼的窗户既是人需求的结构，也是自然的力学结构的表达。这些窗户与水分子的雪花结晶体在这个世界有了表现的机会，是这些形式的寻租，形式具有寻租能力。契约的复制和分形随人体在地球上广泛分布，即是对环境改变的适应，也是契约形式的努力。契约就像人体细胞中内的 DNA 在一样地复制，契约在人间复制，这些复制和分形演示的是寻租方式的复制和分形。

## 三、人类的审美抉择

Jung 的心理原型布局人类文化，复制分形于人类活动的方方面面，复制分形的文化深刻每个人的灵魂，人类的灵魂出自同一模具，文化以复制分形的方式激荡于人间的音乐、绘画和文学表现。原型的有些部分由于可以被人观察和理解，连同观察和理解一同成为人类的原型的部分，由于意识不再被孤立，一同融合于原型的复制分形，使得意识对自然的观察和描述带有人的好恶——人的审美。

保持原型不仅是人类理解和他们有联系的世界的逻辑基础，变化比稳定要难以用概念约定，逻辑是为研究相对人稳定的对象的变化展开。为附和人的逻辑，复制分形成为人审美的基础，原型的复制分形也是人挑选存在显露的信息的格式，这是人分析所有存在方便的方式和遵守的规则，这一规则也是以复制分形的方式向人类的观察展开。

宇宙大爆炸使得时空分崩离析，时空各向不能一致，变化使时间登上舞台，不同的存在希望保持个体的世代一致性，最好的方式是复制分形。复制分形需要能量，能量守恒，资源稀缺，创新成为必须，变化发生。

从星体构成到人类的出现，一方面努力保持原初的样子，另一方面又不得不寻求变化以实现复制分形。形式互为差异，被人观察和理解成为人依赖和依凭的关系。把自然界的这些互相依存的差异称为分工，每种物质形式，无论属性、尺寸、结构和速度都是相对的，是这些相对性形成的分工控制着人类的世界。

每种生物和环境的契约——原型不一样，每个地方的人的群居方式不一样，原型契约的差异是因应环境变化的调整。但即便是调整，也总能保持某种原初的自相似性，这种自相似性并不一定是来自学习和模仿，是预算约束和无差异曲线共同创作的存在和演变的景象。这也是原型的复制分形规则，在预算约束下的复制分形——按一定的规则抉择和行为是经济的。如图 4-3：

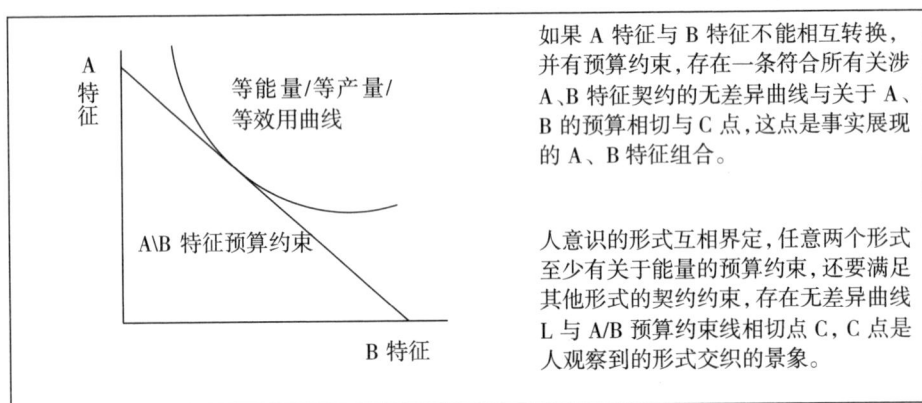

如果 A 特征与 B 特征不能相互转换，并有预算约束，存在一条符合所有关涉 A、B 特征契约的无差异曲线与关于 A、B 的预算相切与 C 点，这点是事实展现的 A、B 特征组合。

人意识的形式互相界定，任意两个形式至少有关于能量的预算约束，还要满足其他形式的契约约束，存在无差异曲线 L 与 A/B 预算约束线相切点 C，C 点是人观察到的形式交织的景象。

**图 4-3 关于契约的等效用曲线**

假设、原理和推论的应用决定于人的意识，由人取舍。在物理学里，A/B 特征组合的现实可代指质点、电荷演绎的宇宙，无差异曲线是等能量线；在经济学里，A/B 特征可代指资本和劳动，存在生产某种产品的预算约束，无差异曲线是等产量曲线；A/B 特征也可代指任意 2 个效用，关于这 2 个效用，无论是对整个社会，族群或任一消费者，都有预算约束，无差异曲线是等效用曲线。为了研究的方便，人类一直在使用这样的判断方式，展开意识，创造观念，制造语境，形成秩序。等能量、等产量和等效用是人发现的一类原型契约。

这样的原型大部分反映在语言的结构化差异里，任何差异反映于人的意识，被人翻译成语言，语言特征一定程度反映原型形式。原型不能描述，只能对应和显现于语言中，语言的语言不可能——原型是"常道"，也是人类审美的抉择。

## 第二节 人间的原型及其复制与分形

### 一、组织的复制分形

人类的意识似乎有选择的机会，存在自由意志。上帝可以选择，而个体也以为自己"本来可以"选择，但这些只是被选择的问题，在无奈的时候人才会选择上帝寄托灵魂，在失败的时候才会后悔。人是被选择的，连同他的大脑，他的意识和他意识到的策略。

意识使以人为契约的物质更有优势复制分形，这些物质通过情欲被调动起来，去分别建设交配位次，提高垄断地位，提高谈判优势，形成有利的契约——完成一次次不同凡响的复制分形！

以自己的形式占用能量的方式称为复制，这是一切形式可以存在的逻辑和驱动力。复制的过程，无论是单纯的分子复制、细胞复制还是概念和策略的复制甚至定律或契约的复制都受能量守恒的限制。接受约束保持自我的策略是分形，分形是基于复制基础上的变化，分形是面对预算约束和环境挑战的一种妥协，分形遵从博弈规则（自然法则或社会规则），妥协地构成契约体（不同细胞的人体和分工的企业等等）或者达成交易契约。分形变化为人类社会的分工，是人的存在方式和繁衍方式的各种变异，是为争取稀缺资源（相对人类需要的各种物质占用的能量）的工作。这样共同的分工演变形成人类社会群居模式的不能自主的组织的复制分形。

人类家庭模式——像动物的小型群居模式一直在复制分形，曾经的部落也是复制分形，城邦的出现和宗教的兴盛也是复制分形，使用相同的语言可以对隔绝千里的家庭和部落进行描述，都曾经给予族长或酋长类似的权力，家庭最后差不多演变为一夫一妻制，部落也以相同的方式消失。崩溃的玛雅文化和神秘消失的柬埔寨吴哥窟都有相似的建筑构图特征，但两者从未沟通。人类历史很多地方均出现货币和集市，城邦的军事、贸易征税和管理相似。相互对立的宗教关于终极概念的描述以及宗教组织的职层、结构和功能以及约束教众的形式绝大部分相同。现代社会的家庭、公司和政府的结构和功能类似，成为政治学和经济学可以全球沟通和应用的基础。这种沟通和应用本身成为组织复制分形的驱动力。政治和宗教成为大小社会组织的复制分形公式。几乎在每个国家，尽管可能使用不同的政体（但政体的功能和结构类似），均是通过省（郡）、州（县）、镇、村的辐射机制实现群居，可以互译的语言说明这种结构和机制在人类的范围内复制分形。

人的基础性状特征一样，在这样的基础特征上形成的组织结构类似，以便反映人类的性状特征与环境特征的最优配置。当人口统计特征到达一个阈值，新的秩序和组织出现，形成新的原型契约。人类的性状特征和环境的资源形式共同促成和固化人类社会的组织和制度。如图4-4：

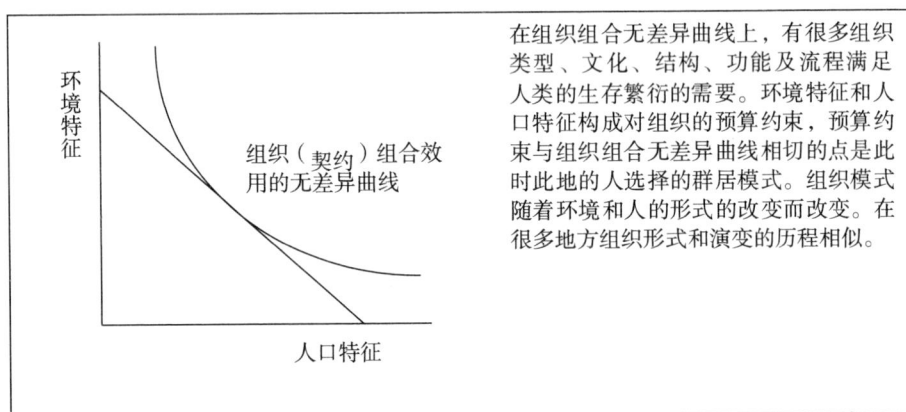

图 4-4 组织组合的无差异曲线

自然环境的原型契约通过先天的心理机制形成共同遵守的信仰、教条、习俗和惯例，映射为人类的原型契约。在文明人看来多么野蛮荒谬的认知和组织是当时当地人的性状特征和环境特征最适合的反映。宗教条例、政治体制和道德法律也须满足文明人的性状特征和环境特征，从而会有相应的设计、执行、监督的组织特征。组织结构反映人类群居模式，群居模式不同反映相对不同环境人的分工和承担的角色的差异，组织结构多样化是为应对环境的群居模式的组合。组织差异反映于当地当时的语言特征，人无意识地遵守这一语言环境——原型契约，匍匐于组织安排的角色。

## 二、文化的复制分形

原型不同，导致相应的机会集合不同，现代不同人种间可相互交配生子证明人自同一根源。人类因为资源有限被迫分离，奔向不同的资源，一开始可能仅仅是为了寻找食物。不同族群分别不同时段地走出非洲，是由不同的缘由驱使被迫寻找新的放大生存和繁衍的机会，他们面对不同的场景，他们的生存和繁衍策略开始按不同的轨迹演化。离开非洲雨林和草原，爬上高山狩猎；走向茫茫雪原追击驯鹿；在沃土上耕种；于辽阔的海湾捕鱼。环境连通他们的基因，通过适应性选择，在不同的地方生产不同肤色、尺寸、样貌等性状特征的个体，有了应对环境的不同的工具和处理人际关系的不同策略。有了不同的语言，语言模式化地形成固定格式的习俗和惯例以应对不同的生存条件，并反过来影响人的求偶取向，影响人的进化方向，进化方向反映资源约束的变化。

在一个区域有了一个性状特征相近的族群，他们使用同样的语言，开展类似的生产活动，他们也有相近的心理模式——是为适应语言反映的文化原型，这一心理原型对文化不能意识，只能埋藏其中。其他语言的族群如果突然闯进，不能被文化同化，必然受限受制于主流文化，不同文化的人会有不同的身份，面对不同分工机会集合，文化原型从开始就为人类今天的全球合作和战争模式安排节奏。

文化不仅体现出发地的环境特征和遗传的性状特征，也使得突然被安排在一起的不同族群的个体很难相互适应，很难交流，很难达成不强制实施的契约（习俗和惯例不同）。生活在同一政治经济体制国家的不同种族和不同宗教的个体顽强地保留一些原有的习俗和组织模式，对传统的继承使他们很难适应新的文化模式，但继承的传统也在改变环境的特征。传统特征，特别是继承的文化是否能在新的环境复制分形，关键在于基于这类文化的组织和制度是否适应新的环境，文化始终是环境的资源特征作用于人类的函数。

有些动物只是通过显示他们的漂亮羽毛、鸣叫或体型等来彰显他们的意志。基于一定信念的机会选择成为繁衍的单向道，信念的复制分形强化单向通行规则，形成大规模的一致性的组织和群居模式和集体主义行为，这样的原型契约在相对较长的一段时间报酬递增。人类在不同的机会集合中取舍，文化的文明策略是为避免肉搏展开的机制，人努力不去侵占别人的生态龛，在基因交流和商业交易两个方面，个人之间和组织之间互为潜在的资源。能够改变的人可以发现其他机会，人类的取舍倾向是尽可能避免战争。人在这样的文化环境中，平和地竞争以开展有效的交易。

人类在文化安排的节奏中生活，也在文化的蒙昧下进行取舍，形成文化约定的社会分工。组织逐渐进化，人类形式逐渐增加，原来的文化一致模式不再适应。文化有多种多样的革命，人类的知识跟进增加，文化原型逐渐复杂，环境就此有了改善，制度开始变迁。有些历史上消失的族群可能仅仅因为太无意识地执着于某一文化，就像一些植物群落，无意识的原型保持不变，因为对应这一原型的环境特征改变，这些族群逐渐变成少数族群或消失。自然不再履行与人的原型契约，这通过人间的原型契约——文化崩溃的形式表达。

文化是人类群居的策略，是继承的传统，也是新的意识的起源。文化呈现人类的基因信息，通过性状特征演绎的人类行为表达，在性状特征融入环境的过程中，随着环境信息的不断转换，形成与群居的其他个体交流、交易和竞争的原型性规则，通常呈现为信仰、习俗和惯例。文化成为中介，成为群居的个体的原型契约。

### 三、善的恶行与美的蒙昧

人关于丑的绘画和描绘是最富想象的，比如半人半兽像，雌雄同体像，以及现代动画和漫画中的形象。它们不合于自然，也很难存在。这些描绘在人类的历史一再被提起、被描述，人一面讨厌，一面欣赏甚至陶醉于其中，它是自己罪恶的一面的象征，是脱去道德外衣赤身裸体的本我。

人脸总是尽力去美，自然尽可能通过交配权竞争达成这一目的，使人形成关于对称和比例是美的观念；然而所有这些是为竞争交配权，实现人人厌恶、人人咒骂的丑的目的。人认为的丑（性器官）也长在人身，在进化的道路上，由于预算约束，人体系统已经开始在善恶美丑间积极地进行分工，人类社会进化史充斥神魔、善恶、美丑的斗争。

恶是畸形的。……不过，由于恶来自善，因此，说恶对善有贡献，是有道理的，也因此，恶摆在万物秩序内部，有人说善是美丽的。它不是绝对意义上的美，而是置于秩序内部而美；其实，说"秩序本身是美的"，比较恰当。（《总论》Ⅰ哈尔斯的亚历山大）

放开欲望是一段历史，禁抑欲望是另外一段历史，视不同角色和不同分工的规则而异。扬善、诵佛、称道、尊圣或是诡计，或是贬低本我和压抑本我的行为，也是压制和禁锢他人本我的行为，是攻击所有人原型，是作恶的过程！但这形成一种群居的秩序，即共同的原型契约。大规模共同参与的原型契约是对参与者的分工和角色的布局，是限制私权和吞噬人格的秩序。原型契约对任何一种创新进行否定，新的分工或新的策略只要有侵犯，只要不符合就有罪过。新分工很难出现，很难有新的人间秩序。

如果私权（人权和产权）界定清晰，并能通过第三方不被野蛮侵犯，那么圣人的教条和朴素的道德都没有价值。圣人的教条和朴素的道德是通过某种看似温柔的方式来约束和侵犯私权，侵犯个人的本我，如果不能如意就动用野蛮的方式。圣战和反恐是两种文明秩序的对决。两种文明的对决不仅出现在伊斯兰教极端主义与西方自由文明之间，也复制分形于大大小小的政治、经济和日常的活动安排。每个人都有异于别人的信仰、价值观，信仰和价值观成为对决的由头。对决是信仰和价值观这类契约的复制分形展开行动的方式。

市场竞争和种族战争不是合作，是自然展开选择的一种方式，如果为保证人的基因组合而展开优胜劣汰，展开对稀缺资源有效利用的性状特征的选择，竞争和战争变成一种合作的机制，是达成新的秩序方案。原型契约使大量的参与方相互交易、合作，参与方须互相适应、调整。无意识地将自己纳入一个特定规则的群居模式，竞争和战争是调整参与形式和改变博弈规则的方式之一，是对交易和合作方的优选过程。

## 四、集体意识的原型

人普遍要求统一的意识，是要求遵从某种秩序，履行一种契约，尽管它可能只是原型的一种表达，无论是先验的还是实践的。这似乎是在阻碍分工的展开，然而正是这种要求统一的意识形成某种秩序的同时还使得某种形式的个体获得寻租机会。通过维持特定社会制度，以保持特定的组织形式下的分工，使得某些分工的人可以垄断定价，无论是通过迷信授权还是货币政策改变。

人因为恐惧洪水和大火获得对自然的第一意识，崇拜和迷信发自意识，自人对恐惧的对象屈服的时刻，恐惧的对象不可避免地成为人的神灵，中国的"五行"和希腊诸神都有类似的神秘力量。当人面对家庭乃至家族分裂的时候，发现祖先的亡灵也许可以解决这样的危难。当集市交易使很多的人群居，家族再也不那么重要，而整个种族和城邦需要更精致的秩序的时候，抽象的概念伴随抽象的神同时出现。孔丘的克己复礼和耶稣的耶和华开始登入人的大脑。当这些概念和神灵通过人的纷争开始冲突，人开始寻求新的一致秩序的方式，形成正式文件以约制各种概念和神灵驱动的力量，道德、法律和制度以纸制的文件，后来通过电子信号冲灌大地、响彻云霄。这是信念和信仰的复制分形公式，成为一类原型契约。

集体意识是为形成原型契约，集体意识的达成是一个选择的过程，策略的出现是由人依存的环境特征和人的特征决定，曾经的集体意识以传统的方式产生影响，作为新的集体意识的部分被融合和统一。集体意识可以有无限多的可能性，形成一条关于群居人的效用无差异曲线，但在预算约束下只能选取一点。集体意识成为原型，最后定格为俗众无意识遵守的契约——教条、习俗。它们以不同的名目和形式在不同的地域和不同的历史阶段复制分形。

为了追求人口在一个秩序下的有效繁衍，群居的人类需要一致的原型契约。对穆罕默德或释迦牟尼的选择被不同的预算约束，关于环境和人口的资源预算安排决定原型契约的内容和形式。如图 4-5：

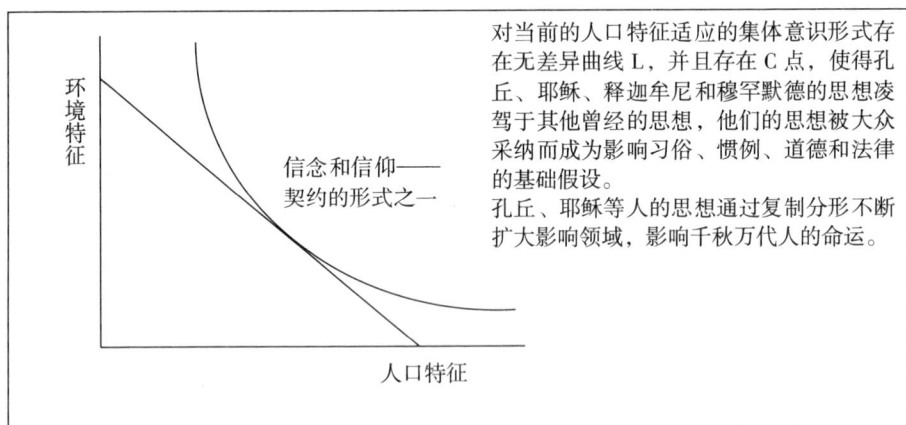

对当前的人口特征适应的集体意识形式存在无差异曲线 L，并且存在 C 点，使得孔丘、耶稣、释迦牟尼和穆罕默德的思想凌驾于其他曾经的思想，他们的思想被大众采纳而成为影响习俗、惯例、道德和法律的基础假设。

孔丘、耶稣等人的思想通过复制分形不断扩大影响领域，影响千秋万代人的命运。

**图 4-5 信仰和信念组合的无差异曲线**

集体意识形式地追逐和维护关于某一最高价值观的信仰、习俗、惯例、法律、道德，形成集体意识严重影响的政治组织，公司组织和家庭之间的权力界限，形成分工组合，集体意识成为一类原型契约。

社会在资本和劳动预算约束下格式化原型契约，原型契约限制劳动创新，技术发展在一个时间段不能出现。如图 4-6 所示的分工组合点 C：成为原型契约约束的个体意识的抉择空间，形成关于产权、人权、政权的政治、经济、法律和文化约束，以及以这些原型契约为规则博弈达成的交易契约。

用于复制分形的资本和劳力有预算限制。曲线 L 是原型契约复制分形的禁忌、习俗、惯例、法律和道德等约束下关于人生殖和繁衍的物质生产的等效用曲线，对于单个厂商而言是等产量曲线，但对这个社会而言，是所有劳动创造的效用组合相等的曲线。分工组合是指在社会可以提供的资本和劳动的相对稀缺程度形成的不同制度下的资源投入量的组合。政府、公司和家庭是不同的分工和分工的不同组合。C 点表达不同社会形态。可以表述中国和美国体制。或历史上任意一个国家的变迁。

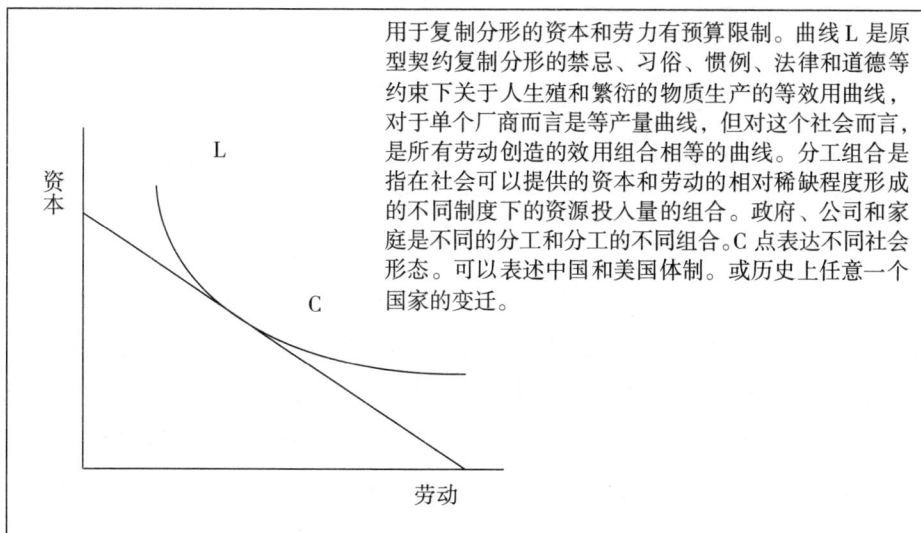

**图 4-6 有限预算分工的效用无差异曲线**

　　禁忌、习俗、惯例这些原型契约不仅是约束，对它们的执行监督也占用社会资源，是一类劳动和资本组合的分工的任务，代表有宗教、政府和一些公共传媒，还有文学家、艺术家和人文哲学作者等等。它们占用劳动和资本资源。这些制度下的分工力量对其他分工的限制不仅仅是观念的影响和制度的强制，它们对资源的占用影响其他分工的供应。

　　在资源有限的约束下，如果不是这样的禁忌、习俗、惯例、道德和法律，人还有什么规制可以选择？它们的互补和替代策略是什么？需要多少资源完成如此多的功能？

## 五、民主的复制分形

　　一个人或者一少部分人能够压制一群人甚至一国人的机制层出不穷，以各种方式在不同的场景出现。古罗马的元老院和独裁者的斗争导致一次次对普通生命的血洗。

　　个体的每次呼喊，是一次邀约，回应并响应的人数决定这样的呐喊是否能成为群居的原型契约，任何一种说教、理论无非是主张一种契约形式，但只有绝大多数相信这一主张，才能形成事实上的实践，这是古老的宗教的民主过程。人在一段时间被一次呐喊—— 一个教条和一个理论体系迷惑，而使群体集体地无意识于其中，成为支配集体意识的原型。原型强大，强过任何文本格式的契约，它是明文规范的契约的原型，信仰、仪式、道德、教条和法律，这些不允许新分工出现的集体意见是每个时代主流思想。这是群体很难被唤醒，甚至不愿意被唤醒的原因，他们已经适应，这是民主的原型。恐惧心理是一切秩序的原动力，改变需要他们重新学习和重新适应，会造成巨大社会成本，可能就此形成混乱，原社会原型契约的失效，需要契约原型复制分形的重新展开。

民主也是一种原型契约，任何民主形式都是要推举一种思想成为影响社会意识形态的主张，任何新分工也受到限制。在这样的国家，一些人的比较优势被约束，导致一些性状特征的消失。自由竞争的经济既没有阻碍财富的集中，也没有停止权力的放大。思想和机构掌握于少数精英之手，纯粹自由竞争并不是民主所愿，市场机制并没有成为自然选择的唯一方案。对大多数人来说，他们可能更愿意供养一个独裁者，而不是让很多人来分别以不同的方案和策略压榨他们。民主是少数精英的设计，这种设计显然对少数精英有利，这显然不是民主之选。民主的制度和独裁的制度一样是一种原型契约，总有对新分工的压制方式。然而民主和自由太诱惑人，正是欺骗把真诚的意识结合在一起，催生道德，由于不能和平有序地展开交配权竞争（《完整的现象世界》魏军 2015），需要共同对某一宗教信仰尊重。这些构成共同的情绪以便为某种独裁形式提供坚实的支持。

对混沌和混乱的恐惧心理催生的崇拜、信仰形成一致的情绪构成特定原型契约。"如果……就……"、"只有……"或者"本来可以……"是政治候选人的日常用语，但"如果"阐述的只是条件之一，这个条件叙述的事件没有发生，它已经被各种偶然和必然剔除出去，而"就"后面的场景始终只是无限多的可能性之一。

反对集权，反对计划与反对习俗和惯例的目的区别不大，两者都是为彰显分工的比较优势。以爱的名义，以正义的名义开战，人类历史上的任何一次战争无不有一个神圣的理由，无不是一次次圣战，生灵涂炭之后出现劫后的勃勃生机，虽然不是先前的预期。这是契约重生和新生，是契约原型的一次大规模的复制分形。

## 第三节　神佛的指使与原型的指令

人类的命运只有在人类的意识范围内有一个自由开放的前端。

人类原型是自然界对人类边界的定义，每个个体不一样，有自己的原型，原型是人存在形式的全部，人不能意识或完全屈从于某一观念的过程，是原型的意志，这对人类的整体和个体均有意义，人的任何重大发现不过是原型分形作用的方式之一，每个个体须服从原型的意志，逃不开且躲不过，原型预示人类有宿命，当环境变化粉碎它与人的中介——人类的原型，人灭绝了。原型是人的和人类的"灵魂"。

人出现以前的生物绝大多数对自身的存在没有意识，或者没有完整的意识，但他们凭借本能却能肆意张狂，意识似乎并不重要。当人出现于地球，人自意识到自我存在的那一刻开始以想象的自我形象地创造神，从山神、海怪、到上帝以及唯物的科学。人一直痴迷于创造概念，这有巨大的好处，让可以意识自我的人能够以稳定的心理和勇敢的精神面对令人绝望的困境，从而有活下去的坚毅。人一直创造包裹自我的概念以适应不断变化的环境。尽管自然环境相对人的存在相对稳定，但人口增加，附加于人口的人的特征的增加以及创造的概念演绎和激起的环境变更却总在发生且变化巨大，变化是为创造更大的容器以容纳不断迅速增加的人口。

人通过创造神和约定概念把自己放在自以为是的世界中心位置，不仅有神的眷顾还有科学真理预言的天堂和乌托邦，这些语言帮助人处在妄想的垄断位置。人甘心情愿处在创造一个神或指定一个像神的人指引下无意识的状态，人造的神和人造的人帮助人进入无意识状态，走向一种秩序，这一秩序能帮助人在安全的心态下交配和生殖。

牛顿出现以前，苹果落到地上天经地义，人无意识于此，人就像蹲在地下的猴子等着接树上的人或猴子扔下苹果。但经牛顿提醒，人类与猴子的世界愈来愈不一样。爱因斯坦出现以前，时空的长度怎么会变，空间怎么能弯曲。海森堡测不准原理告知由于人的观察会影响世界本来的秩序，那么如何因果报应？

　　当时空和因果不再能像以前那样可靠，人不得不一再回到古老心灵的居所，反复求助自己创造的神的安排，想一直处在梦中，期望不被人类最终的终局惊醒，从而有持续接续香火的勇气，完成真正的神——原型指令的任务。精神着的人也不得不一再回到可以让他安心安睡的港湾，回到自己内心的上帝身边，安抚因为持续问"为什么"而疲惫的灵魂，他不想进入他们自己制造的梦魇。他在港湾里休息，或者使神圣以各种面目活跃纸上，复活在语言创生的概念里。但在他睁眼所及的四方依然是现实的大人物和现实的小人物的故事，大人物在通过他做的概念的是非方式侵害小人物的权力，粉碎小人物的梦境，撞击小人物的灵魂……原型契约借由契约原型复制分形，持续演绎人类悲欢离合的故事。

　　唯心一次次为意识的地位提高做出努力，并为一些未经证实的概念提供假设。当唯心主义或宗教努力使上帝普遍认可之后，宗教教条——那些荒诞的恐吓和严苛的罪罚得到广泛的接纳，然后道德和法律以明确的概念，而不是以早期简单的禁忌面目登场。现代的道德和法律是社会价值最高的观念推演的对人的行为的约束形式，具有惩罚性的要求成为社会预期和行为结构化的规范。普遍性的终极概念，（唯物的终极概念更显得唯心）没有任何意义上的意义，只有被信仰、被套用和利用的时候才成为有价值的商品，只有被绝大多数信仰才成为最高价值的终极概念，才成为人类个体思想和行为无法逾越和逃避的枷锁，成为整个社会的约束。社会随之成为单向度很高的社会，分工就此有了终极概念期望或包含的形式，终极概念有了意义。

　　祭祖盛行的时代，家族以祭祀祖先亡灵的牌位为中心形成部落式的社会；当唯心的神出现的时候，先知发挥的作用超过祖先亡灵，以教堂或祭祀神灵的高台为中心聚成群落或建成城邦。当唯物的物质地位提高后，以政府的行政区划为中心的国家出现；当资本作为最高追求价值，资本开始打破所有终极概念的主张，世界才开始在两个集权中心——政治和经济上辗转。从家庭到部落再到城邦和国家的演变意味前一种组织形式的约束被打破，并建立新的组织约束。但家庭作为各种形式的单元依然在那，尽管家庭形式也发生很大的变化，家族关系若隐若现，而政府管理群居的模式几乎在全球的各个角落获得应用。道德、习俗和禁忌的监督和执行的工作从成员互相监视、族长代理转变为政府提供专门的组织来完成。

　　耶稣不断死去不断复活，人类原来的群居原型因为环境特征的改变（人口增加和集市的出现，分工复杂驱动原有的群居模式的变化）不再适合作为沟通的中介和治理的工具。一个抽象的神且是唯一的神耶和华以崭新的面貌浮现于个体的每滴血液和每个神经中，开始营养和支配大量的肉体穿行于中世纪的街道，耶稣口中的耶和华为他的选民立约。

时刻处于意识状态的人，时刻被惊醒的人一定是少数人，这些人或者被称为精神病患，在旁观者观察看来总是很像，并被这样地处理和对待，实际上，他们只是一群不能有签约机会的一群人，或者是一群违约者。许多人最终屈服，战斗到最后的人更是少数，他们可能成为精英，成为这个社会新一代神经中枢，生产思想，发出震人心脾，发人深省的呐喊，使其他人从另外一个梦进入他的梦，无意识地跟随他，汇成他主张的运动洪流，构建新的原型契约体系，形成新的社会局面。人或被迫从事新的分工，新的主张首先是财富分配和机会分配的革新，这些信号刺激使得人对机会成本的判断发生变化，开始重新进行取舍。这些信号即可能是政权更迭，也可能是一种时尚符号或一次技术革命。人类一直处于各种无意识的过程，一直以原型的方式与世界的其他形式沟通，所谓的意识不过是偶尔承担一下改革原型的任务，以便适应环境。整体群居原型改变意味分工会大面积改变。一种观念的变革本身的意义只在于大规模的分工变革，人不仅发现新生活的意义，同时发现新的生存繁衍机会，以新的方式履行原型契约。

在一个严格的社会生物学模型中，追求最大化存活显然是行为人的一个潜在动机。这种动机有时——但并不总是——与财富最大化行为是一致的。（《制度、制度变迁与经济绩效》Douglass C.North）这不仅是对经济学理性人假设的质疑，同时也指出经济学应该解释更广泛的人类社会形式的存在，以求更完美理解人类行为。

从崇拜人的神性到崇拜人的人性，从认为人是有灵魂的到今天认为人有人权且神圣不可侵犯，两个判断是一种形式的判断，人始终认定人是世界的中心，并就此展开演绎宗教规范和政治制度。一些概念在人类历史的演变中一直以同样的方式复制分形。

人在和他有关的所有原型契约中行为，履行原型契约的同时，试探地作出假设，若能形成交易，有了回报，是契约的成果。

以人的生命做祭祀品，在古代盛行，但一个馒头、一杯酒何尝不是献祭者的劳动，是他们生命时间的部分，这些献给祖先亡灵和神的东西在今天看来可能是浪费，无意义，但是这种方式使群居的人保持恐惧，循着规则，守着秩序。现代祭祀换了一种方式，祖国、民族、博爱、利他、主义和道德让很多人无偿地奉献生命或生命时间于其中，利他的意义不仅在于帮助别人，还在于推行一种秩序。佛的色相之空仍然要通过色相表达，善行的过程不仅仅是行善，他呐喊的是一种秩序。人类在这些活动上的资源使用以很多形式出现，对主义的崇拜，对政权的忠诚，对时尚的迷恋。这是对原型契约的履行，是契约原型各种情景下的复制分形。

信仰积聚一群人，一群无意识的狂徒，他们互相帮助、诚信友爱，然后歧视、打击、迫害异教徒和欺辱俗众。开始是传教士末日恐吓，如果无效，则群起剥夺他们的权利，逼迫他们成为流氓妓女，这也成为一种分工驱动方式。

所谓的利他、博爱无非是让个体成为集体中的一员，成为特定的一致性行为的践行者，使个体无意识。当个体无意识于特定的集体意识中的时候，他和这个集体构成一种力量，完成一定的社会功能，成为一类分工的群体。如果这个集体以组织的形式承担一定的使命，这一个体和这一组织共同构成一个生命单位，这个人或许只是这一"生命"的一器官的一个细胞。

个人不能逃出原型契约的安排，人也许能通过意志抑制个体的欲求，但他最终也逃不开人的逻辑，他在按照某种节奏某种调子的音乐跳舞，他在以自己的方式为这一生机勃勃的生命做自己的贡献。有时可能会出现不一样的声音，就像癌瘤，任由发展可能会让这一肌体灰飞烟灭，治愈的方式不是手术就是化疗，就像钉死耶稣和烧死布鲁诺。无论耶稣还是布鲁诺想要毁坏的不仅是信仰，真正想报复和毁灭的是当时的秩序，一类社会原型下的契约集合。

使个体无意识于集体意识，无意识地履行原型契约。不仅仅有传教士的悲悯之音也有政治人物响彻云霄的呐喊，有时也能被美好的歌声左右。个体时刻准备进入无意识状态，就像在寻找一个抚慰不安的灵魂的港湾。当被召唤的灵魂多起来的时候，互相抚慰和力量的加强达到安心和立命的效果，是遵守原型契约的回报。

# 第五章 语言思想行动的世界

无论说它如何丑，无论言它如何美，它不会理你，世界有它的意志！

语言是配合意识出现的工具，语言先天是寻租的工具，人被语言约束，语言是契约。

## 第一节 虚构的宇宙中心

### 一、不同角色的人的不同观点

画家企图模仿自然而不能，创造一个想象中的艺术品，既可能是美女，也可能是怪兽，它们都成为画家心中的神。使用语言的人，无论是哲学家、物理学家、经济学家、文学家还是普通人，他们都一样通过约定概念虚拟一个他理想的世界，同样不能真实。无意虚构的世界是科学的描绘，故意虚构的世界是政治的创想，处于两者之间的是宗教先知的天堂。

人类说的偶然是上帝约制人的办法，如果成为现实广泛使用的语言体系，它们就成为最初的关于特定种群的原型契约。

不同的人由于资源的限制和能力差异而导致偏好不同，这也是他们虚构世界的缘由之一。第欧根尼因传统城邦生活坠落而对在雅典转型生活中出现的伪善和物质崇拜加以唾弃。第欧根尼及其信徒认为在这个本质上是邪恶的世界里能够幸福生活的唯一方式是尽可能不要和这个世界发生联系。犬儒学派因此宣称人们越是摈弃这个世界的物质和关联——财产、婚姻、宗教和奢华——他们就越能获得精神上的幸福。（《西方文明史》p.137 Dennis Sherman Joyce Salisbury）第欧根尼住在一个大木桶里以表达他对全部物质的摈弃，经过的亚历山大大帝表示愿意为他提供他需要的东西，他只是要求亚历山大大帝：不要挡住我的视野，让我看到太阳。

欧几里得几何只能描述人想象出来的形状，直线、三角形、球体。但自然界不存在这些理论上描述的精准存在，但人类在一直用欧几里得的几何学和函数关系描述这个世界。这些几何关系连通物理、化学和生物学定律，欧几里得的几何既是人约定的对象的契约，也成为自然约制人最初的原型契约。

## 二、判断句的主语

人一直以人为中心，制造话题，约定概念，形成判断，构建理论体系。

人类作为人的研究对象被定义为除了宇宙而外最复杂的存在，从人类观察和理解的意义上看，人类是宇宙对称破缺后，人孤立分析对象中最复杂的策略组合，被认为是存在保持不变的策略中成功的典范。在曾经的观念中，人类站在宇宙的中心，是上帝的宠儿，是神的俗世版本。

如果不是把现在语言中的对象定义研究，而是研究其他的形式，就像两个不同地区的种族不同的语言关注的不同对象；如果不是研究原子、分子和生命而是像人类历史曾经的拜物教——大规模关注另外的关于人的事物的关系。如果语言不是以这样的方式和这样的次序向人类呈现存在，语言的另外方式是否可以更接近真实，使人因为语言对象与现在不同使人类关注不同的方向，人类会有更欣欣向荣的局面？人类就着现在的策略展开的生存和繁衍是否有巨大的机会成本，语言使得人类没有利用的机会的收益高于由于语言而利用的机会的收益？

不存在上述的机会，人不会放弃语言指出的方便快捷的寻租路径。为保持人类存在的目的的研究方法和解决个体生存、生殖和养育的资源短缺的出发点使得人类认识时空的变换有了限制和约束。人类的想象力局限于人类关注的对象，它们成为判断句主语，形成的语言是围绕定义人类是宇宙的奇葩，也是最美丽的花朵展开。物理学虽然经历从地心说到日心说的改变，且经观察已验证宇宙的博大精深，但以人的观察方法和以人的经验作为尺度对宇宙的理解使人成为语言世界的中心，把人神化与尘埃化是关于人的认识的两个极端，同样具有宗教意义，宗教形式是契约的原型形式，基于语言假设，形成基于语言的知识发挥是力图发挥类似宗教的影响力。

基于人类是宇宙中的奇葩的判断演绎而生的学问，表示人类具有存在的优势，依附人体存在的物质和物质的结构秩序具有比较优势。物理、化学以及生物学描述的物质存在关系——人类结构的秩序形式具有优势，人类如曾经的恐龙使得人的物质结构形式统治地球。人体的形式占有的能量因为人口的数量的增加愈来愈多，人体成为物质向往的中心，人体对其他存在有吸引力。同时也改变其他存在形式，导致一些天然矿产资源的枯竭、很多物种的灭绝、气候的改变、海平面的上升。人类自以为是地以宗教、政治、经济和文化的策略聚合成为各种诉求的组织，利用关于分析对象的研究形成的理论在组织的基础上分工合作，大规模地改变存在的形式。

### 三、判断的真伪和预期的不确定性

货币是人类衡量、分配和储存价值的工具，是为了交易方便，参与交易的各方共同制订的信用契约。经济学家把货币作为描写供求变化的计量单位（货币自身的价值随着信用的变化而变化，且是可操纵的变化）。政府把货币作为制定价值分配的依据，银行家和资本家通过金融市场套利。这些个体和组织理解、掌握政治、经济的规则，并具备设计规则和影响规则设计的权力和机会，欺骗和背叛就此大规模地发生，预期变化的幅度和概率愈来愈高。

科学、道德、法律和规则留下缝隙，不能所及所有方面的判断一再给新发现新尝试创造机会，对道德、科学甚至法律和规则的欺骗和背叛总是发现新的食物方向。个体对新规则理解和掌握程度的差异，先天性状的差异和后天沿袭的习性、位置、劳动分工的差异形成对新规则利用的策略差异使得报酬差异巨大。合理合情合规合法的背叛和欺骗是每一个体寻求的最低成本策略，对流行概念和判断的背叛和欺骗获得的报酬是创新也是群体为发现新的资源和食物方向或新的秩序的奖励。

不同群体主张不同的宗教、政治和经济的群居规则，个体的策略洽合在这些规则控制的博弈过程中，不同个体权限因此被不同的规则赋值，经历不同的生长、求偶、生殖和养育的历程，被安排不同的命运。

描述和掌握复杂复合策略是不可能的，人类的未来充满不确定性，人类数量的增加和策略的复杂化加剧不确定性使不确定性变化的频率提高，无聊、疲累、嫉妒和不满足被每个个体经验和"看见"。判断的真伪并不重要，关键是形成怎样的事实，预期从未如愿，社会改变不确定性的努力反而提高不确定性是经验的事实。

# 第二节　精神和物理效用的互相替代

## 一、精神效用的可能性边界

虚构的效用带来秩序，娱乐的荒诞幻想与宗教的虔诚妄想配合法律和道德形成个人心理的安稳和社会需要的秩序。社会在精神的效用和物理的效用两个方向上配置资源。两种效用可能性曲线与社会对这两种效用需求的无差异曲线的切点决定社会的文明面貌。

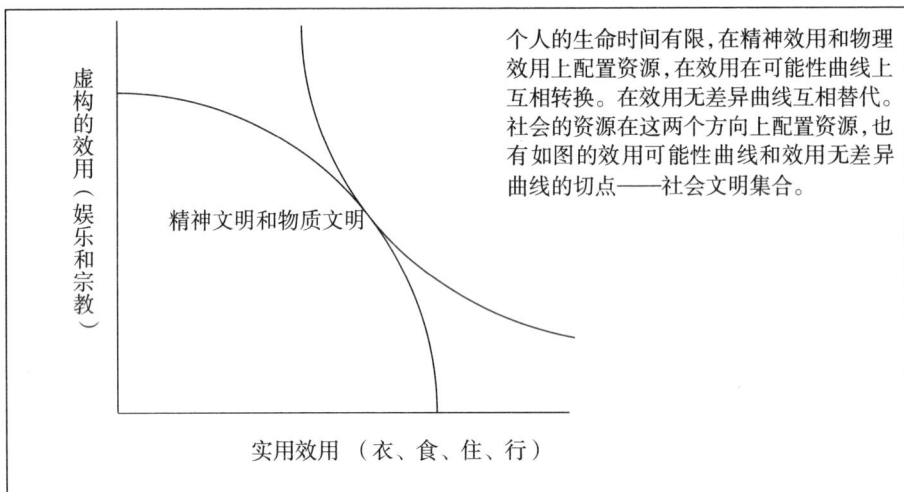

图 5-1 精神的可能性曲线

## 二、精神的效用与资源的占用

人约定概念形成判断，虚构一个心灵体会的世界，人被语言围绕缠裹，人生活在自己虚构的世界，从远古的诸神到唯一的真主，从想象的天堂到预言中的乌托邦，从唯心的表象到唯物的断言，成为人类群情激奋昂昂的源泉和憧憬，也是人类自由繁衍的约束和阻碍。人生活在这样的世界，躺在自然的床上，做着不能自行控制的梦想。

人的个体生命时间有限，复合他生存和繁衍的资源有限，现实世界使他总是处在焦虑不安的困顿状态。为了解决这一问题，虚构的世界通过心灵安慰提供精神效用，这些虚拟的概念不仅仅是死后的天堂和/或未来的地上天国，还有日常的对主和圣的想象和指望，也有对虚构的美好概念，诸如自由、平等、利他的憧憬。生产这些概念使个体处于一种状态，有时候是不争的自修状态，人凭借这些心理虚构的执着与外界的其他个体形成一种契约，其他人从他的放弃中获得好处。

人类社会心灵的安妥即来自对现实的满足，也来自虚构的精神安慰。这是人类应对资源有限困局有意识心灵的妥协方法。精神的安慰带来效用，形成需求，但也占用资源，占用社会和个人的时间。从古代的祭祀，中世纪的祈祷和现代的大规模的娱乐业，随着人与自然关系的不确定性影响幅度增加、频率变大以及人间的关系紧张，精神安慰占用的资源愈来愈多，现代娱乐业因此兴旺发达。

精神安慰是自然与人的关系的节奏性安排，这些都曾经对制度安排和大规模的社会运动产生深远影响。心灵的精神需求使神秘仪式、信仰、政治、经济、文化策略发挥有了可乘之机，是策略初始和启动的机制。自我意识的人类受持续情欲的催逼，面对资源有限的困境，对有自我意识的代偿方式是来自自我虚拟世界的安慰。

## 第三节　虚构的故事

### 一、人想象的世界

维特根斯坦指出，"如何正确地运用一个词"的严格标准取决于当时所存在的社会规则，因为如果没有这种规则，不管在一般情况下还是任何具体情形下，一个个体演说者都将无法判断到底她所使用的是带有例外 E1,E2,…,En 的规则 R；还是带有例外 E1,E2,…,En,En+1 的规则 R'；只有外在于演说者的个人正确性标准的某种东西才能让她做出肯定的判断。(《经济学理论与认知科学——微观解释》Don Ross p.51) 这一清楚无误的逻辑定义人类个体无论如何都要进入自然规范的契约（言说的外在一局）进而进入社会规范的契约（言说已成就的语言现实——公认的标准）。

人类的世界是语言虚构的世界与自然的实在世界的组合，实在相对虚构。关于实在的描述是经言说的虚构或错觉。

多数学者都同意，远古的采集者普遍信奉泛神论的信仰。泛神论相信，几乎任何一个地点、任何一只动物、任何一株植物、任何一种自然现象，都有其意识和情感，并且能与人类直接沟通。因此对泛神论者来说，山上的一块大石头也可能会有欲望和需求。人类可能做了某些事就会触怒这块大石，但也有可能做某些事能取悦它。这块大石可能会惩罚人类，或要求奉献……还不仅是石头，不管是山脚下的橡树，山边的小溪，林间的喷泉，附近的小树丛，通往喷泉的小径，啜饮着泉水的田鼠、狼和乌鸦，也都有着灵的存在。对泛神论者来说，还不只实体的物品或生物有灵，像死者的鬼魂以及各种友善和邪恶的灵，也就象是我们所说的恶魔、精灵和天使。(《人类简史》p.54 Yoval Noah Hararl）。

远古的人对恶魔和天使的判断演化成现在人类的各种道德判断，分别有不同的前提，是契约原型的一次次复制分形。远古的人在他们虚构的世界里与石头、树、小溪、田鼠等形成一种契约，影响远古的人间契约，现代的人与原子、分子、细胞有说不清道不明的关系也是契约，成为现代人间契约的依据。远古大石的惩罚与牛顿关于大石运动的轨迹是两种契约关系。在泛神论信仰的基础上，远古的人学会恐惧，学会适应，形成与自然对象的契约关系的同时，也形成了人间的习俗和共同遵守的惯例。

现代人相信他们约定的概念和判断就像远古的采集者相信他们关注的所有具体存在都有灵魂。就像远古的人关注大石头，现代的人关注道德、货币和民主，存在一样的幻觉。每个人心中有不一样的判断，不一样的事实，却都要经受这些判断被证实或证伪带来的心理冲击。约定概念对所谓观察的事实的描述成为现代人的神，从泛神论到多神教，从信奉唯一主的古代社会到约定不同概念形成不同统治体制的国家是一样的思维途径呈现给人类的表象。人类从崇拜万能的神到崇拜万能的人都是语言加工和渲染刺激的想象。人类对轮回的憧憬和对圣人的渴望，基于人权和产权的定义，形成法律和制定财富分配的制度，构成从形式到功能类似的契约组合。

这样的关注、这样的信仰、这样的约定和这样的虚构帮助人以人类的方式使自然的能量转化为人类的形式和人类需要的形式。

## 二、欺骗和背弃

伏尔泰说：世界上本来就没有神，但可别告诉我的仆人，免得他半夜偷偷把我宰了。

盖子下的跳蚤的心理学实验证明，人被某些概念定义会被无情地俘获在类似宗教的系统，任何说教和言词形成对个体的围堵和安排，个体只能调整自己的个性以适应概念系统安排——类似跳蚤上面的盖子高度，人无意识于自我虚构的世界。集体无意识于少数精英的沉重意识安排，并从中快乐。大多数人有意识发出的策略也须均衡于精英制定的规则，发现背弃承诺有机会获取较高收益是有意识的策略，但人依然是在一定高度盖子（原型契约）下跳舞的跳蚤。

人体的意志做为宇宙的策略先由自然赋予的性状和规则界定，然后被概念系统划入无意识的自动角色，集体意识的约束限制成就文明灌输的社会个体，安享或奔命于情欲驱赶的时程，放浪形骸于一次又一次的规矩和欲望的交错恍惚以完成交配和生育。

男女求偶中的海誓山盟是婚前的承诺，是契约，进入一婚姻的收益是进入另一婚姻的机会成本，离婚的收益是维持婚姻的机会成本，一旦收益预期变化，婚姻发生变化，婚前的海誓山盟变成欺言骗语，婚后的行为总是对婚前的盟约的背弃。

两个男人的合作必须宣誓对彼此的忠诚或者通过塑造信仰、信念或者教育俘获群体认知以使一定数量的个体接受某种能够信任的合作体系。忠诚的收益一旦低于背约的收益，欺骗和背叛发生。以氏族、部落、民族、祖国出现的组织策略是呼喊完全的忠诚和始终如一的无私，形成以组织为基础的海誓山盟式的契约。背弃承诺被冠以反宗教、反主义或者反民族甚至反人类受到极其尖刻的惩罚，这是背叛的成本，但一定是背叛可能的收益诱惑所致。

公司一面维持公关形象，一面铺天盖地地发布营销广告，两者同样是欺骗性策略，欺骗是利用人类个体与生俱来的幻想、抽象和感知的缺陷。欺骗和背叛所以发生是利用契约对方的缺陷和契约不完美提供的机会。

## 三、虚构的君权和统一的帝国

事实就是所有动物只有智人能够进行贸易，而所有我们有详细证据证明存在的贸易网络都明显以虚构故事为基础。例如，如果没有信任，就不可能有贸易，而要相信陌生人又是件困难的事。今天之所以能有全球贸易网络，正是因为我们相信着一些虚拟实体，像美元、联邦储备银行，还有企业商标。而在部落社会里，如果两个陌生人想要交易，往往也得先借助共同的神明，传说中的祖先或图腾动物建立信任。(《人类简史》Yuval Noah Hararl p.36）

虚构的语言是人类行为的约束，是契约，语言的契约通过限制人的自然行为以保证社会群居，这使善于使用语言的人易于寻租，这些寻租形成一个巨大的外部性，人类变得社会化和文明化，这不是一个人的积累过程，是要经过很多人，很多代人的积累，才能形成一个群居的部落、城邦或国家的文化模式、政治模式。孔子和耶稣的传教活动形成人类的历史局面是他们寻租过程中未有预期到的，这是他们后来的很多人寻租努力的局面。

六合之内，皇帝之土……人迹所至，无不臣者……泽及牛马。莫不受德，各安其宇。——秦始皇帝国

在中国的统治阶级眼中，各个邻国及四方诸侯都是水深火热的蛮夷之邦，天朝中国应该恩泽四方、广传华夏文化。所谓的文明为的不是剥削掠夺整个世界，而是要教化万民。同样，古罗马人也声称自己的统治理所当然，因为他们让野蛮人有了和平、正义，生命也更为高雅。像是他们说日耳曼民族盛行野蛮，高卢人会化各种战妆，生活肮脏，为人无知，一直到古罗马人到来，才用法律驯化了他们，用公共浴室让他们洁净，也用哲学让他们思想进步。公元前3世纪的孔雀王朝，也认为自己必须负起责任，将佛法传播到无知的世界。穆斯林哈利发也肩负着神圣的使命，要传播先知的启示，虽然最好是以和平的方式，但必要的时候也不惜一战。至于西班牙和葡萄牙帝国，他们也声称自己到印度和美洲不是为了财富，而是要人改信真正的信仰。号称日不落的大英帝国，也是号称传播着自由主义和自由贸易这两大福音。苏联人更是觉得责无旁贷，必须协助推动这个历史的必然，从资本主义走向无产阶级专政的乌托邦。至于现代许多的美国人，他们也认为美国必须负起道义责任，让第三世界国

家同样享有民主和人权，就算这得靠巡航导弹和 F-16 战机，也是在所不惜。（《人类简史》p.192–193 Yuval Noah Hararl）

# 第四节　语言缠裹的世界

## 一、语言统治灵魂

　　人强调自己是人同时放弃自然赋予的自由，他们因此获得好处，有语言的智人战胜其他可能侵犯他们生态的物种，仅仅历经几千年，人类成为地球上唯一没有天敌的物种。语言让他们可以抽象地思维以想象自己的灵魂，通过语言打扮灵魂，并使不同人的灵魂有不同的职司、层次和级别。通过这种契约化语言安排，人种昌盛，生生不息。

　　语言为人所发明，但自从可以臆想和约定概念之日起，通过概念和制度的复制和分形，语言成了独立于人的力量，它很可能不仅独立于某一个体，还可能已经成为独立于整个人类的力量。语言不仅是约束人类行为的力量，还是统约人的能量和布局关于人的能量的力量。通过语言的方式，把能量转化为人的形式，人的不同形式，人的不同性状特征组合的形式，转化成人类劳动分工的不同形式，把这些不同合适地安排到不同的区域和不同的制度环境中，借语言寻租成为人类个体和组织的经济策略。语言寻租也就此大行其道！

　　梵文是一种古老的印度语言，后来成为印度教神圣仪式中所用的语言。但琼斯指出，梵语竟然和希腊文、拉丁文有惊人的相似之处，而且这些语言也都和哥特语、凯尔特语、古波斯语、德语、法语和英语若合符节。例如梵文的"mother"是"matar"，而凯尔特语则是"mathir"。据琼斯推测，所有这些语言一开始必定有共同的来源，那是个古老而已经被遗忘的语言祖先。

　　……欧洲帝国相信，为了让统治更有效，就必须了解这些庶民的语言和文化。当时，英国派驻印度的官员必须在加尔各答的一所学校上课三年，上课的内容除了英国法律，也得读印度法律和穆斯林法律；除了希腊语和拉丁语，也得学梵语、乌尔都语和波斯语；除了数学、经济学和地理学，也必须学习泰米尔、孟加拉和印度文化。

……印度人口有数亿之多，而英国在印度的人数相较之下少得荒谬；要不是因为他们所拥有的知识，英国不可能得以掌握、压迫和剥削这么多印度人达两个世纪之久。从整个 19 世纪到 20 世纪初，靠着不到 5000 人的英国官员、大约 4 万到 7 万个英国士兵，可能再加上大约 10 万个英国商人、帮佣、妻小等等，英国就征服并统治了全印度大约 3 亿人口。(《人类简史》p.291–292 Yuval Noah Hararl )

人类语言发生的次序成为寻租的秩序演变过程，人类掌握语言的次序对应人寻租的等级。语言沟通目的是制造信息不对称以寻租，寻租驱动语言的沟通大范围、大面积到大规模的展开。愈来愈高的预期不确定性证明——语言沟通形成的信息不对称是不平等、不公平的根源。

## 二、媒体放大的世界

为方便一类个体寻租，媒体使集体处于无意识之中，或呈现为一致性的集体意识。媒介被大多数群体看成是信息沟通的工具，促成信息对称的社会工具。其实，媒介是欺骗的工具，是发挥谎言威力的场所。"每一份报纸，当它到达读者手中之时，便是一整套筛选的结果。"正如李普曼所补充说明的，这样会给读者造成一个合适的环境，可以说是为读者造成了一个假象世界，或者说的更干脆，未被报道的东西就是不存在的。(《协同学》p.142 Haken,H )

为群体和为公共利益最大化的语言体系是媒介获得受众和被市场接纳的基础，媒介之间的竞争是为倡导实现公共利益最大化的方案，方案由少数精英提出，少数精英的自私策略贯穿于实现公共利益最大化的方案，通过对有影响力的媒体的控制感染俗世的大多数，成为不负责任的承诺，成为欺世盗名的谎言，成就权力对大众的大规模寻租。

媒体推波助澜某一执念，宣扬一种形式的公德，张扬某一个体或组织的形象，广告夸大某种产品和服务的功能，是某类个体策略参与其中形成的欺骗。媒体鼓励个体以群体的方式遵从某一概念推演的规则，存在群体决策的机会成本。同时，每个个体的机会成本不同。少数个体大放光彩，多数个体直接淹没在滚滚红尘之中。一个媒体集团有一个媒体的文化，渲染新闻自由，追逐自由和概念多元化的媒体也是专一于某一概念下的选材，成为特定信仰和主义的工具，媒体专一于某种道德方式，专一于发挥某一派别的政治理念。媒体为投资人（所有者）和顾客（广告商）服务，通过选材和拣选使用的语言方面制造欺骗，大规模俘获群体的认知，群体幻想于媒体设计的幻象之中。形成大规模的信息不对称，这是媒体人寻租的策略。

媒介是语言集结和概念勾结的地方，远古时代为独裁展示的现场仪式和集会被现代的电子媒体取代，是一种更大规模的集会，网络的交流和交易基于媒介集结的语言和勾结而成的信念体系成为塑造社会集权的力量。媒介一方面倾向性地解读大规模的规则，以形成每个个体的规范，个体的欲望通过心理机制被扭曲在条条框框中。媒介努力一方面使一切个体行为可以预期或意见一致，一方面阻塞不同的声音，形成信息大规模的不对称。媒体语言鼓励习性和支持规则，不同的语言在不同的地理区域制造和支撑不同的群居习性成就不同的一致性行为，表明特定地区的媒体语言努力成就具有某种价值观的活动。

少数精英控制的媒体使用演绎的艺术宣扬对精英利益集团有利的语言，构造对精英寻租有利的契约环境。自然加情欲持续的策略于人类，人类的好恶由自情欲，个体被促发、再现、虚妄、争竞、仓惶、奔突于艺术的幻觉和制作的概念中。

## 三、追求捷径的语言

约定的第一概念，最初始的判断是语言的开端，影响自那一刻起人类的所有未来。自然一直以其诡谲难测的模式与人类博弈，人不断地约定关于自然的概念，触及的却是愈来愈多的未知领域，人与自然的关系是不完全信息下的动态博弈，人间的关系也从未均衡于任何信仰和计划安排，关于自然的知识和藏储于人心的不同上帝让人面对更不确定的未来。

语言影响人的心灵，人类想象虚构的故事和来自人类幻觉、错觉组合的音画符号成为人类的精神消费品。语言自明是一种公设，语言不完美，语言不能穷尽所有的原因在于论证过程必须使用语言，这是语言与生俱来的逻辑困境。语言对自然的描述和对自然与人的关系的翻译会有信息误判、漏失和增加的状况发生。语言对事实逼近以便远离"神圣"和愚昧，这来自语言追求便捷的驱动，语言追求便捷的描述和翻译的努力使语言成为人类行为方便的途径的指示。语言是邀约过程，也是谈判过程，语言本身就是契约。人类的有意识行为被语言包裹、覆盖和约束。有人说，人生活在自己的遣词造句里。

　　语言的变化表达的是利用资源的方式的变化，是有限的资源选择的路径。语言的变化，是人类与自然和人间的关系的变化，即契约关系的变化。拜物、拜神和臆造灵魂是约束，是契约，成为当期的群居格式；对雷霆万钧或天性悲悯的神的想象，到无所不能的圣的出现也是约束，是契约，是人口增长和分工复杂的要求，是人被迫走上的途径。从家庭、公司和政府等通用习俗，到衍生于这些习俗之上的伦理关系、宗教教条、道德规范、法律、制度和政策，是约束，是契约。语言是带动关于人类的能量转化的模式。

　　人类始终在寻找更简便描述存在的方式，不存在普适的真理。只有有适用范围的契约，"灵魂"附体每个人，每个人的"灵魂"别具一格。经济学不过是公式之一，虽然它可以应用更广。博弈论仍然属于数学范畴，当博弈论应用到进化，应用于宇宙的演绎，就离不开经济学作为分析工具，毕竟上帝怎样配置资源是影响每个人的核心问题。每种自私的形式、每个人，或者每个组织都是抉择如何经济地配置预算以便尽可能以这样的形式、这样的人和这样的组织占用更多的资源。

## 四、自然的语言与语言的自然

　　把自然的语言翻译成人类群居的语言形成人类文明的策略集合，文明的所有形式是在自然资源有限的困局下人间妥协而成的契约。宗教、政治、法律和日常语言一样具有一致性和一般性，形成一种分配函数。

　　人虚构存在的判断影响人的心理。不确定的判断变成假设，在假设的基础上展开计划，实施代谢、交配、生殖、劳动和交易。

　　人发现分析对象之间的契约影响人对自然的反应和对社会的态度，人以对人最有意义的次序约定的概念，研究稳定的常态对人有重要意义。稳定的常态与人的观察甚至感官相对，是方便形成语言的途径。人通过这种方式发现语言和创作概念，就像昆虫的触须在随时随地地"碰见"，语言发现过程的机会成本是零，上帝没有准备其他机会给人类发现语言和应用语言。

　　语言是人类翻译自然与人有关秩序的工具，如果语言的发现过程是在方便的捷径上，成为人与自然的契约，人把自然能量转换成人的和人需要的努力也是走在方便的路上，人的生存和繁衍的机会成本是零，人只能这样安排命运，或者说人的命运是被安排的。

　　语言的契约，人与自然的契约和人间的契约虽然是人类虚拟的工具，也是人赖以生存的精神家园。尽管有时违约经常发生，人遭受未预期的动荡和灾难，但语言总能照亮一条路，尽管这条路也是语言的虚拟。不同种族依存不同自然环境诞生的不同语言及其衍生的文化差异说明人类世界契约的多样性，但同时说明不能呈现另外的状态。语言的形成过程反映不同大脑的抽象和形象思维的差异，印证的是人与自然，人于社会的短期契约，语言也是人种形式差异的重要原因。

　　自然一直在最方便的路径上演化，这是一假设，使用语言的人类必须接受这个事实，自然在方便的时候在一个特定的时空区域让人出现，方便地创造和发生也许是人类的语言赋予自然一词的最好解释，只有这样，人类到这个世界上才看起来"顺理成章"。自然让人类使用语言解读自然和语言的关系，是专有语言的人类最方便的寻租方式，使用语言表达的契约与自然形成的交易方便人从自然中寻租。也许，自然界的变化以能量守恒为前提遵循最短途径和最少做功原理，并转换为各种能量最低的稳定状态。最低能量的稳定存在状态互相界定。人的语言通过约定、界定描述这些能量最低的稳定状态使人类走在最便捷的进化和繁衍的路径上。能量最低的稳定状态（概念）和能量最低的转化（定律和判断句）是人类语言的全部形式。这是无法证明的猜想，但它是人经历的事实。

　　在那些宽敞的房子里，仁慈的蒸汽动力在它周围集聚起自觉自愿的仆人，给他们分配了规范的任务，不要他们用自己的肌肉去劳作，只需要集中注意力和纠正偶然发生的故障技术。这种温顺柔和的动力，在最精明的眼睛指挥下，足以推动纺织机的细轴，其准确和迅速，是最巧妙的手也无法模仿的。在它的帮助下，同时也因为遵守了阿克莱特组织法，这个王国在短短五十年内拔地而起的宏伟大厦，在数量、价值、实用性和灵巧性方面超过了亚洲、埃及和罗马的专制者们炫耀性的纪念碑。这向我们展示了资本、工业和科学在集聚国家资源方面，以及惠及它的公民方面，可以达到何种程度……

——安德鲁·乌里《西方文明史》

# 第二编　经济原理

如果宇宙发端于一质点的大爆炸，宇宙成为一个寻租的个大市场。

每种以人的语言命名的存在都有惯性（质量 m），以人的语言命名的形式保持的方式是以（电子、原子、分子、细胞、人体、群居）的形式占有更多的能量（$E=mc^2$）。在人看来，这些形式努力保持惯性的努力表达偏好，只有有偏好才能保持惯性。但这与人之间构成了意义，不仅方便人的认知，还是构成人偏好的基础，人也是在这些偏好中找到存在的方式和意义。

爱因斯坦相对论假设，在所有惯性参照系中，自然法则相同。爱因斯坦物理学研究有形的物体又抽象研究无形的无处不在的引力场和电磁场。他发现的自然法则确实适用于物理学家的分析对象。在物理学研究范畴，对物理学分析对象的研究证明，截止到此时此刻，爱因斯坦相对论假设普遍适用，人通过科学试验和对分析对象的观察发现在所有惯性参照系中，自然法则都相同。爱因斯坦相对论假设没有对分析对象的限制条件，在所有惯性参照系中，自然法则相同。经济学原理是否是自然法则。如果经济学假设不那么理性，不那么偏好研究人，如果约定一个更普遍的分析对象，并能包容人的行为，从而使爱因斯坦相对论假设成立，使经济学原理成为自然法则，也许能发现关于人的更多秘密。经济学作为研究人的行为的学问，应至少保证，任何人的行为不能成为经济学原理的例外。

取消主流经济学理性人假设，契约经济学研究有偏好的经济主体，研究任何有保持"容颜"欲望的形式，定义有偏好的形式为分工，分工通过交易寻租，有偏好于能使分工保持"容颜"的契约组合。"容颜"是形式的形象，也是形式的表现。

形式用契约经济学分工指代，分工是有偏好的有一定能量的存在形式。原型的形式不断创新以便竞争契约以寻找最大限度地保持"容颜"的机会。消费是保持"容颜"，生产也是保持"容颜"，分工寻租是履行可保持"容颜"的契约。分工有保持"容颜"的欲望，分工通过初始投资设定和安排其专用性形成供需弹性，以便创造垄断租金和避免准租金被占用。

契约经济学把有偏好的分工作为经济主体研究，由于人与这些形式以原型契约和人间契约的方式共相于人类观察的世界，这需要理解最先和最初的自然法则（比如说物理定律）的复制分形。假设在地球的范围内（稍微缩小一下研究范围），以地球指代原型契约复制分形的契约体系（从自然法则到人类文化），约定有偏好的形式为契约经济学研究分析的对象。理性或有意识只是作为地球上一类形式的稀缺品质，被人类拥有。人是因为理性成为人类假想上帝约定的代理人，这是一种分工。分工都为自己的"容颜"竞争和战斗，都是为达成寻租契约。不仅在人间，在众生间，在所有有偏好的形式间存在一致的经济原理，它们有偏好，它们自然会为它们可以选择的契约排序（至少在人看来是这样，这是人分析的界限）。它们有行为，会与人争抢资源，争抢地盘，争抢契约机会，也会与人合作，达成交易，这样形成地球范围关于分工的大市场。人不能在佛学里与众生平等，却能在经济学里与众生平等，经济原理因此成为自然法则。

基因有偏好，组成不同的染色体结构，复制和分形不同的细胞，变换为不同的性状特征，组成不同的人体契约，冀望通过人这样的工具和武器，遗传于千秋万代，实现"容颜"永驻。经济原理在人间复制分形，人对契约有一样的偏好，通过契约寻租，以保持此世的"容颜"。并受基因的安排，为共同的"容颜"创造来世的生境。契约机会有限，有偏好，就会有冲突，不是竞争就是斗争。

有偏好的形式成为分工，把分工约定为分析对象，经济原理成为自然法则之一，在预算的基础上，分工偏好租金最大化的契约组合。经济被因此安排成人的、众生的以及一切有偏好的形式的分析对象（分工）共同遵守的法则。经济原理可称为经济学原理，不仅能理解人的行为，还能理解偏好于与人类签约的分析对象的行为。

# 第六章 机会成本与经济租金

社会激励不同人在生产、宗教和政治行为之间取舍，分工是个人基于机会成本判断的抉择。

## 第一节 分工与机会成本

### 一、机会成本与理性人

资本回报率取决于投资者对机会成本的认识，由于预算约束和时间约束，一旦形成契约意味着放弃其他一切可能的机会，形成损失。达成契约需要契约各方对机会成本的认识，博弈参与者通过对替代品和替代策略的比较和评估形成的均衡是各方的最优选择，否则所有博弈参与者的机会成本最高。

按微观经济学定义，机会成本是指为了得到某种东西而要放弃另一些东西的最大价值；也可以理解为在面临多方案择一决策时，被舍弃的选项中的最高价值者是决策的机会成本；还指厂商把相同的生产要素投入到其他行业当中去可能获得的最高收益。投资者资本的机会成本指投资者由于预算约束在可选择集中而不得不放弃的机会（发现和未发现的）中形成的最大损失，是次优机会的收益。按上述机会成本概念的定义，经济学已经认定个体和组织的选择是最优的。

理性人：按主流经济学，"理性人"假设（hypothesis of rational man）是指作为经济决策的主体均充满理智，既不感情用事，也不盲从，且精于判断和计算，其行为是理性的。在经济活动中，投资者追求的唯一目标是自己经济利益的最大化。理性人是永远利用这种机会——即一旦放弃，在他的预算约束下的可选择集合中，机会成本最大。

对理性人定义做如下推论：每个人在他的预算可选择的机会集合中，一定不会放弃使他机会成本最高的机会。这些人不仅包括主流经济学的"理性人"，也包括感情用事和盲从的个人（包括精神症者和罪犯），因为个人认定他因"盲从或感情用事"的取舍依然是他一旦放弃这一取舍决定，就是他的机会成本最高的机会（偷盗是小偷认定的最优策略）。组织也是"理性人"，组织为人类群居提供服务或产品，并获得回报。组织认定基于它对能力和环境的认识，组织选择的愿景、战略、结构和流程是最优选择，组织与其他个人或组织的交流和交易策略是最优选择，限于组织的资本和能力预算，在它的可选择机会集合中，它的选择使他的利益最大化。

## 二、劳动、资本与投资者

劳动是指占有稀缺资源过程或指通过创造效用而获得报酬的过程。劳动是能够创造、带来新价值的价值附着物，劳动是资本的一种；资本是能够创造、带来新增价值的价值附着物，资本是人的劳动报酬的节约和储存形式，是劳动剩余的积累。资本预算影响分工的选择集。

从分工角度上看，性状特征也是资本的一种表征，是有价值的禀赋，是形成不同劳动分工的基础，有不同的市场价值。投资者泛指使用所拥有的资本可以选择机会投资的人，投资者拥有过去劳动的储存和未来劳动两种资本。投资者既指个体、公司和政府，也可指家庭、种族、民族、宗教和国家，泛指拥有任何有市场价值的资源的所有者。政治和宗教从业者的劳动报酬来自从业者通过向世俗组织提供宗教或者政治服务而与世俗进行基于货币和/或非货币的交易。

## 三、分工与比较优势

比较优势通常指如果一个国家在生产一种产品的机会成本（用其他产品来衡量）低于在其他国家生产该产品的机会成本，则这个国家在生产该种产品上就拥有比较优势。同理，比较优势泛指投资者（个体或组织）提供一种服务或产品的机会成本（用其他服务或产品来衡量）低于其他投资者（个体或组织）提供该种服务和产品的机会成本，则这个投资者（个体和组织）在该种服务和产品提供上具有比较优势（如果在其他文献中没有出处，这是对比较优势的一种新定义尝试）。

投资者通过规则博弈，通过比较机会成本做出选择，形成社会分工。根据 1.1 和 1.2 劳动的定义，在劳动市场，比较优势指投资者提供一种劳动的机会成本低于其他投资者提供该种劳动的机会成本，则这个投资者在该种劳动上具有比较优势。分工是竞争环境给予不同比较优势的投资者的最优选择，一旦放弃机会成本最高。

性状特征、知识技术和资本通过市场评估可以互相替代，由性状特征、知识技术和资本按比较优势进行组合形成一种专业化投资，称为分工。人在他的性状特征、技术知识和资本的预算约束下，他采取的策略是最优的配置，他在社会（劳动市场）中的分工是社会的精准安排。

# 第二节　影响投资者对机会成本判断的因素

## 一、投资者假设及信息不对称

Joseph E.Stiglitz 说：理性决策依赖于对用边际成本和边际收益表述的取舍关系的评价。投资者基于本身性状特征（比较优势）和知识（比较优势）对环境做出判断，认定基于这一判断形成的一系列连续的策略取舍是他的最优选择。投资者判断的基础是预算和机会集合，就他的劳动的比较优势而言，放弃基于这一判断的选择，机会成本最高，任何其他机会的收益不会高于这机会的收益。认定是一项劳动，很多投资者把认定工作委托给先知、领袖或学者，发生代理成本。

投资者判断的知识来自个人经验和他人传授，来自社会其他投资者的影响，投资者的机会成本互相界定。无论是盲目信仰、心理症还是感情用事的劳动策略均最优。投资者假设来自宗教信仰、心理特征和背景知识，每一假设形成对机会的盲目，形成机会成本。假设不同，投资者投资回报不同。

信息不完全既包括对市场认识的不完美也包括信息的不对称，这两个因素影响投资者对机会成本的判断。

## 二、系统性与非系统性机会成本

借用投资学关于风险的系统性和非系统性分析方法，定义机会成本的系统性和非系统性。系统性和非系统性概念是从投资者的角度出发，不能充分评估系统性和非系统性的机会成本是对风险认识不够完整，过程本身存在机会成本。

系统性机会成本是指投资人由于对投资环境的非正式约束（文化、习俗、惯例）以及正式约束（体制、法律、规则和政策）的认识不完美导致不投资或采取不当策略投资形成的机会成本。由于个体和组织投资者在一定的时间段（经济周期内）很难影响和改变这些宏观约束故称系统性机会成本。政府掌握制定货币政策和财政政策的权力，政府通过改革一定程度地改变政府策略的机会成本；在更长的周期上会看到国家和种族的文化、习俗和惯例以及宗教信仰都会改变，系统地影响投资者的机会成本。一旦投资者改变地域——比如跨国投资，系统性的机会成本自动发生改变。对不同投资者系统性机会成本随系统改变而改变。

在同一系统内，以什么方式进入市场或以什么策略进行投资具有选择性，在一个系统内有策略的取舍，存在机会成本。所投资行业，采取的组织和商业模式均可选择。资本跨国经营时，市场进入方式有多种选择，贸易、代理、独资、合资或联盟，或进入金融市场间接投资。每种选择对不同投资者的机会成本不一样，指投资者不仅存在方式上的选择，也存在对契约方的选择，有替代品或有替代策略，有取舍，有机会成本。由于各人所处环境不同，接收的信息不同，导致投资者对机会成本的理解不同，会产生不同的选择，形成非系统性机会成本。是否达成交易取决于参与者的取舍，取决于该投资者面对邀约的替代策略和替代品的评估，对参与者而言是否因为放弃此契约而机会成本最高，所有参与者认定各自最终形成的契约策略是最优选择，达成共识才能形成契约。

如何使自己的劳动成为市场上相对稀缺的资源是每个投资者的管理目标。投资者资本回报的差异最终取决于劳动差异（其他投资者的认定）和投资者对机会成本的认定。认定过程的劳动差异导致资本回报率差异。投资者假设与其他投资者的假设（与环境和环境的变化）相合程度，并能说服或强迫其他投资者接受或跟随投资者的假设，这时，投资者（个人、组织或国家）获得市场垄断地位。

# 第三节 分工的市场

## 一、劳动分工与劳动市场

劳动分工是劳动者通过对机会成本评价作出的取舍，附着于个体性状特征的分工的比较优势创造劳动剩余，并通过交易实现。短期，劳动分工固化于现有的约束；长期，劳动者企图通过分工破坏现有的约束（自然的或社会的）并努力建立新的约束，重建社会分工系统。

人的行为有消费和生产两种形式，但都是保持"容颜"的投入。人期望通过劳动分工，并经交易而获得劳动剩余。人及其组织是劳动者，分工是劳动者博弈后的均衡结果。

有价值的资源都是劳动所得，无论是人类走出非洲还是哥伦布发现新大陆，抑或历次战争形成的国家疆界的划分都是为了获得有市场价值的资源，战争是劳动行为，产权和人权的变化是对自然资源和劳动资源的所有权的重新定义。

传统的市场分为产品、服务市场、资本市场和劳动力市场，就分工概念，可归结前述市场为分工的市场，劳动为不同人所有，提供不同的服务（生产、政治和宗教）以创造交易后的劳动剩余。从效用的替代性上发现，不同的劳动分工形成的互相供需关系的总和可以称为分工的市场。

## 二、劳动者的分工选择

用 Joseph E.Stiglitz《经济学》中的五个重要概念——取舍、激励、价格、分配和信息展开对分工的机会成本判断：劳动者通过市场价格和制度关于财富分配的信息判断机会成本，被机会成本信息激励进行取舍，形成分工。是劳动者通过市场信息——价格的激励和制度信息——财富分配的激励对机会成本做出判断决定取舍形成分工。分配还指由于需求和供给的价格弹性的不同，导致消费者剩余和生产者剩余的差别，社会制度形成的财富分配差异是干扰市场价格的信息，一样形成对分工的激励。

技术进步、范围经济效应和规模化效应使得分工以组织形式出现，组织的进化先从家庭分裂开始，出现宗族、部落而至城邦，然后有国家、州府，它们通过祭祀、信仰、习俗以及政治和法律约束维持群居的生产、交易和分配关系，衍生的政府和公司在演化过程扮演角色，发挥作用并共同进化，人口增长、分工细化与组织复杂化互相促进。

群居或组织的规则设计、实施和监管过程出现分工。规则的破坏包括技术创新、管理创新以及社会系统创新（革命），创新是形成新的分工系统的过程，重新安排比较优势，劳动者在博弈过程中对机会成本进行不断判断，并由于供需价格弹性和边际收益递减不断改变工种或职业，演化出新的性状特征，不断形成新的分工，形成新的均衡。

## 三、制度安排对劳动分工的影响

■ 分工是社会系统的安排，不是政府或公司流程上的角色，是社会驱动的劳动分工安排政府组织或公司组织流程上的角色。在社会范围考虑分工供需的价格弹性，分工的边际收益递减更有意义。

■ 每次规则的创新会破坏现有的机会成本格局，形成新的激励，演变为新的分工系统，创新主要来自技术创新、管理创新和契约创新。

■ 政府收税然后采购、转移支付和投资是为维系现有体制下的分工体系，政府的约束会限制劳动者的取舍，并影响社会财富总量的增加。

## 第四节　认识经济租金

### 一、经济租金定义

所有因素组合演绎的混沌不仅影响机会成本的判断，也最终形成劳动者或投资者非预期的结果。一人一次重大决定可能是一次量子活动的必要条件，百万光年前的星辰之光也可能改变一人一次重大决定的取向，自由意志在此消失。机会成本作为经济学的概念，存在一个令人畏惧的迷惑，本来应该的事一定会发生吗？人有机会回到过去吗？任何个人的选择是他能做出的最优策略，不存在更好的策略，机会成本的问题似乎可以消失，但机会成本是人抉择时考量问题的方式，考量机会成本的成本是一项预算支出。

对生产厂商而言，经济租金是实际获得的价格与为了生产这种商品或服务而必须获得的价格之间的差额，是实际报酬与机会成本的差。在生产领域，相当于生产者剩余。据前述对劳动和劳动市场的定义，经济租金是分工基础上的收入与分工的机会成本的差额，即劳动剩余。经济租金 = 分工的收入 - 分工的机会成本，由于每个劳动者的比较优势，提供不同的产品和服务的机会成本迫使人选择不同的策略——形成分工，产生基于分工交易的经济租金。

人之间通过分工互相间提供不同的服务，基于交易产生经济租金，这些分工包含所有人的行为方式，不仅在生产领域里可以使用经济租金的概念，也可用于对宗教、政治和道德服务的价值评估，通常意义道德和法律规范的反面发生的行为也存在租金的概念，这些败坏法律和道德行为的租金是这些行为人的实际收益与他从事其他行为的次优机会的收益的差值。

主流经济学认为经济租金是劳动报酬与机会成本的差值。（《经济学》p.171 Joseph E.Stiglitz）。与判断生产者剩余一样，机会成本无法确定，这里只能假设次优机会，并且次优机会的收益也是假设的；消费者面对其消费集的选择也是基于机会成本的考虑。用 Stiglitz 的另外一个关于经济租金的定义："经济租金是实际获得的价格与为生产这种商品或服务而必须获得的价格之间的差额。"这一定义把市场价格作为定义（定义中的前一价格）和成本（把必须获得的价格定义为必须回收的成本——通常指愿意销售的价格）做了比较。

主流经济学认为在完全竞争市场上交易产生的生产者剩余才是经济租金，垄断市场上生产者的所得是垄断租金。如果经济学是研究分工和分工的市场，任何一种劳动形式，无论是种植小麦还是弹奏钢琴，无论是采摘茶叶还是政治服务，这样研究分工的市场就是完全自由竞争的。严格地，契约经济学认为分工的市场不是不完全竞争市场，在分工的意义上，奴隶和奴隶主是自由的，制度上的强制安排也是分工的寻租所致。任何垄断和干预的方式被当作一种分工形式处理，显然，分工的租金既是经济租金也是垄断租金，垄断租金是不同形式分工的经济租金，可以统一称为租金，如不特别说明，在以后的陈述中，租金和分工的经济租金同义。但为研究分工的寻租方式，契约经济学保留经济租金和垄断租金等概念。

价格表明劳动分工在市场上的相对稀缺程度，经济租金是稀缺资源竞争力的衡量指标。分工的经济租金使得社会呈现阶级、秩序和结构的关系，契约关系反映经济租金的差异，反映不同分工的比较优势。这不仅包含在一个交易契约中双方的差异，不仅表达市场关系中的特定生产者的剩余或特定消费者的剩余，同时表达所有的契约关系中两人或者多人竞争资源能力的差异，也表达组织契约体中不同分工者的劳动服务租金的差异。还可以比较不同行业、职业在特定制度安排下的劳动服务的租金差异。

## 二、一些形式的租金定义

分工创造效用的差异产生对交易的需求，交易形成劳动剩余——劳动服务的租金，分工可以规模地创造和规模地分享劳动剩余。李嘉图租、张伯伦租、熊彼特租是这些经济学家对一些一般形式的劳动分工的租金的描述。一般分工形式的租金可分为如下类型：

■ **先天租**：男女在家庭中的不同功用是为了利用不同性状特征的比较优势，自然界在关键的分岔点——让女性怀孕和让男性提供安全表明：为不同性状安排特定的比较优势是最有效利用资源的方案。从初始的这一基于性别安排的分工就预示社会将要展开轰轰烈烈的财富和人口增长。分工附着于不同的个体，同一策略被不同的性状特征组合应用租金显著差异，普通 10000 米长跑运动员与世界奥林匹克运动会 10000 米冠军以及三流演员与范冰冰的收入差异巨大，先天租是自然的激励信号。

■**地租**：家庭子女的增加导致家庭分裂，不断出现新的部落，不断发现新的资源和利用资源的分工，劳动生产率大幅提高，土地变得稀缺，需要界定土地产权。土地所有者从土地使用者那里获得的收入称为地租，是保持土地所有权劳动与耕种土地劳动的交易，是保有土地所有权的劳动剩余，地租显示土地的稀缺程度，更是显示保有土地所有权的劳动的稀缺程度。

■**意识形态租**：在部落时代，人拜神祭祖以提高互相的信任程度；到城邦和国家的时代，人造信仰，创立宗教和党派以建立个人间和个人与宗教和政府的互信，后来开设议会监督政府行为。巫师、祭司、先知、圣徒以及议员与总统共同分享意识形态租。在微观领域里，意识形态租涵盖微观组织的文化。这些创造互信、激励合作和交易的劳动服务的租金表达意识形态的存在价值。他们的劳动租金是从事意识形态职业的人的劳动收入与从事其次优劳动的收入差。

■**政治租**：部落首领、城主或政府是管理劳动剩余的分配和管理公共品。政府通过政治服务分享社会劳动创造的效用。政府总能使特定的人，特定的分工获得的收入超过他以其他形式提供同样劳动的收入，政府从这种租金安排中寻租，政治租是从事政治职业的人的劳动收入与其从事次优劳动的收入差。

■**生产租**：从狩猎、养殖、农耕到大规模生产组织和交易出现，生产性劳动分工形成生产剩余，是主流经济学定义的经济租金。

■**货币租**：所有分工形成的剩余只有通过交易才能实现，货币出现使得政府银行、商业银行和其他金融服务机构共同管理货币信用和货币衍生的资本产品，货币政策和财政政策使有关分工的收入很高。金融从业人员从这些活动中创造价值的同时获得租金。

■**信息租**：从昆虫通过化学物质沟通开始，自单细胞生物对外界有感知的时候，信息就存在，这使传递信息的物质获得它们的劳动服务的租金。在人类社会，信息可以在不同人之间传递（交流）。人类从发明文字开始到大规模文明的出现，自然科学家、哲学家、艺术家、文学家和经济学家是在发现、发明和创作信息，宗教领袖、政治领袖、媒介以及企业家是在发布、管理和利用信息，这些关涉信息的劳动分工在信息传播的各个权限环节寻租。

信息化驱动更广泛的分工和分工交易，信息是各种劳动分工的寻租工具，被不同劳动者以各种方式组合使用。不同的组合形成不同的分工，通过不同分工形成的策略寻租。从性状特征组合差异到对性状特征组合的约束形成有效的分工系统，形成人间的劳动租金结构—社会财富分配系统。

### 三、同一交易契约中分工的租金不同

经济租金还有一个定义：如果从该要素的全部收入中减去这部分收入并不影响要素的供给，将要素的这一部分收入称为经济租金。

假设一个只有 2 个家庭的经济体，根据 2 个家庭的比较优势，分别种植小麦和捕鱼——种植小麦的 A 家庭和捕鱼的 B 家庭，两个家庭对鱼和小麦都有需求，构成交易。假设 A 家庭愿意用 5 斤小麦换一条鱼，B 家庭愿意用 2 条鱼换 2 斤小麦。双方讨价还价，在 2 斤小麦 1 条鱼上达成交易，那么 A 家庭的消费剩余是 3 斤小麦，相当于 1.5 条鱼。B 家庭的消费剩余是 1 条鱼，相当于 2 斤小麦。那么社会财富因为交易增加 5 斤小麦（相当于 2.5 条鱼）。社会因为分工交易获得的剩余不是劳动所得，而是交易的结果，减去这部分收入，也不会影响 A 家庭和 B 家庭的劳动供给。这部分收入是经济租金，其中 A 家庭的经济租金是 3 斤小麦，相当于 1.5 条鱼。B 家庭的经济租金是 1 条鱼，相当于 2 斤小麦，2 个家庭合计增加福利是 5 斤小麦，相当于 2.5 条鱼。如果没有交易，A 家庭不会种植更多的小麦，B 家庭不会捕更多的鱼，因为他们各自会在休闲带来的效用和各自劳动收获的产品带来的效用相等的地方进行劳动和休闲的规划。另一种说法也成立，对 A 家庭而言，减去这剩余的 3 斤小麦，他也愿意交易，因为他本来打算用 5 斤小麦换一条鱼，即对 A 家庭而言，剩余的 3 斤小麦就是他的劳动服务的经济租金。A 家庭认为 5 斤小麦与一条鱼的效用相等，但市场认为，1 条鱼与 2 斤小麦的效用相当。由于这样的剩余，他也许可以用这些剩余换休闲的时光，如果社会还有其他分工，或许他会种植小麦以便换取其他效用的商品，这样他的剩余会继续增加，对 B 家庭也存在一样的情况。家庭劳动服务的租金的持续增加相当于社会财富的持续增加。

每个家庭的剩余不一样，即剩余在市场上的价值是不一样的，A 家庭剩余 3 斤小麦，相当于市场上的 1.5 条鱼。B 家庭剩余 1 条鱼，相当于市场上的 2 斤小麦。两个家庭的租金在一次交易中出现差异，这说明环境对家庭 A（种植小麦）有偏爱，A 家庭相对于 B 家庭在适应市场（环境）方面有优势，仅就这一交易而言，A 家庭相对 B 家庭的适应程度高。这样的例子可以发现在相互交易的家庭、企业，甚至种族和国家间，分工差异，租金差异。

由于分工有初始投资，使得 B 家庭很难无成本改换到租金相对较高的种

植小麦的分工上来，一方面是因为比较优势所致，另一方面还在于转变分工的成本很高，因此会出现社会分工在一段时间的固定格局，形成一种结构化等级化的社会。考虑经济学上的长期，也会使这一租金分配局面有所改变。性状的比较优势形成的分工改变需要支付更长的时间。

## 第五节　交易成本、生产成本与分工租金

### 一、交易成本与生产成本的定义

广义的交易成本是指经济制度运行的成本。Barzel 对交易成本的定义是："与转让、获取和保护产权有关的成本。"Coase 的交易成本是发现相关价格、讨价还价、订立契约并保证契约执行的成本。根据以上的定义，企业会计核算的直接材料、燃料、直接人工和有关费用属于生产成本。生产过程中使各生产要素协同而需要的协调发生的所谓组织成本（包括但不限于会计核算的管理费用）也是交易成本。

生产成本被定义为："生产中使用的要素服务的租金之和"。如果生产成本是生产中使用的要素服务的租金之和，显然这些租金最后被支付给要素的所有者，这些服务的要素除了可以有资本的属性，还会有知识和先天禀赋等特征，即具有分工的全部意义，要素租金就是分工的租金。

交易成本是支付给人，是交易参与者支付给管理合约关系过程的不同分工的个体，是对搜集信息、谈判、签约和执行保证过程提供服务的劳动的支付，是这些分工的寻租所得；生产成本是支付给特定自然对象的费用，在转变物质结构和转换能量做的功，是对做功过程的劳动支付，是这些物质分工的寻租所得，是这些要素的租金，最终这些要素租金转换为不同人的劳动交易的经济租金。

### 二、交易成本、生产成本与分工的租金

成本是对劳动的支付，资本成本是对合约下使用的存量劳动的支付。

按照 Coase 的定义，相对价格的发现过程和谈判签约过程发生的费用被称为交易成本，但这些费用的支出仍然是对投入要素的支付，比如销售或采购人员的工资（雇佣合同规定），对第三方的支付（获取价格信息的咨询费用等等）以及对政府的支付（税负）。按照广义的交易成本的概念：交易成本是指经济制度运行的成本，是指为保持经济制度运行而要对投入的要素进行支付，所以这样又回到生产成本的定义："生产中使用的要素服务的租金之和。"重新定义 Coase 的社会成本，社会成本是社会群居活动中使用的要素服务的租金之和。如果不单单讨论交易契约或者单单讨论一个企业，从要素拥有者的角度上看，租金是分工达成契约的目标，即获得交易中可能产生的剩余。

交易成本是给予发现相对价格的劳动的报酬，也是对这一过程的投入要素的租金支付，在更广泛的社会概念范畴，劳动作为一种投入，也是生产成本的部分。假设就与人类有关的生态系统的进化而言，成本是演化过程必须付出的努力，食物生产成本是人关于动植物成为人类食物的转换需要的劳动付出。交易成本最终改变的是人类分工的选择，也是一种劳动支付。如果把一个孤立的封闭的族群的运行成本可以当作不同分工要素的租金之和，其中关于人的发现相对价格的劳动服务的租金称作交易成本。对群体每个个体而言，群居成本不过是不同人交易的租金之和。

生产成本是有关投入到生产中要素的租金之和，即通过企业合约安排，为减低交易成本而做的一个有边界的安排，降低交易成本是促成资源所有者形成类似企业合约的组织的原因。但就企业外部而言，交易成本仍然是企业与契约方形成交易，是发现相对价格的支付，也是一种要素租金的支付，可能是对政府、顾问公司、广告公司的有关服务的支付。

如果把交易成本定义为除了交易双方而对第三方的支付，双方可能都会为形成这个契约进行谈判和保障执行雇佣第三方，形成与第三方的契约，分别为第三方作出的支付称作双方这一契约的交易成本。交易成本是选择不同契约机会以及契约类型（交易契约、委托协议或一体化组织）考虑的重要因素，不同的交易成本影响不同机会的收益，交易成本是影响机会成本的因素。

## 第六节 经济租金与稀缺品质

### 一、人生位次与经济租金

买了阿拉伯神灯，每天都要祈祷，可能会没有钱买 iphone6 plus。每个人的偏好不同，形成社会人生的比较结构。

消费者剩余和生产者剩余要通过交易实现，实现的是不同分工（不同劳动者的选择）劳动服务的租金，是交易双方不同分工的比较优势的实现，不同的人获得的经济租金并不相同，在一种产品市场上，不同的生产者愿意出售产品的价格不同，他们的机会成本不一样，劳动剩余不一样，付出相同劳动获得的收益有区别。经济租金是不同比较优势的劳动创造的剩余，均衡价格和均衡数量是市场所有产品、服务竞价的结果，经济租金是市场所有参与者通过竞价进行交易发生的剩余。

地主通过把土地出租给佃户，让佃户交产出的部分粮食作为保有土地的劳动收入。看似地主通过出租土地占用佃农的劳动剩余，但佃农通过租种地主的土地，也获得剩余，获得的剩余是与地主占有和保持土地所有权——以维持一种秩序下的粮食生产的劳动的交易所得，是两种劳动的交换。地主保持产权出租土地的劳动剩余是他的劳动服务租金，是地主保有土地和管理土地的劳动的经济租金，佃户的劳动剩余是佃户耕种土地劳动的经济租金。如果地主家庭的收入高过佃农的家庭收入，表明地主的劳动在劳动市场上比较稀缺，不仅需要体力和智慧，还需要冒险的勇气，这是稀缺的品质。

政府组织维持社会秩序和管理公共品的劳动通过与私营部门（企业和家庭）的劳动进行交换，不同体制国家的这两种劳动的经济租金不同。经济租金差异表示劳动分工的相对稀缺程度，表达不同的个人相对自然和社会的稀缺程度。

人类社会位次的差异来自经济租金的相对性差异，即分工基础上的单位劳动时间的收入差异（不仅仅是货币表征的财富价值）。经济租金可能由自个人分工的稀缺品质，也可能来自制度认定的品质的稀缺。

个人或组织的任何努力，无论声称怎样高贵的品质或宣告持有多么精密的技术，或从事什么分工都在力图使个人或组织成为稀缺的资源，成为竞争中价格较高的劳动者，生产上的分工是受市场价格信息的激励进行的不断的取舍。对稀缺资源的竞争使个人或组织的分工价格提高，与其他个体或组织进行合作和发生交易，不断生产更便宜的替代品。

## 二、利他是一种稀缺品质

有人通过主持"公平和正义"寻租，"公平和正义"是对市场资源配置的干扰。少数人不仅通过主持"公平和正义"寻租，还使得一些人在"公平和正义"的执行过程中搭便车，而另外一些人可能受损。

自私的人遍地都是，但没有人敢宣称自私。在耶稣时代可能有很多亚当·斯密，当耶稣提出博爱、牺牲和奉献，并用他的生命验证的时候，自由交易定会被限制。于现代文明，也没有任何政党和领袖敢于鼓吹自私，相反，总是高举道德大旗招摇过市，这样能够使他们方便寻租，很多人"认为"他们能不劳而获地获得好处。

利他无疑是最稀缺的品质，推崇和主张道德的力量此起彼伏，自由、平等、民主、博爱本没有什么意义，关键在于这些名称下各式各样分工的寻租。刻意的意识和精心的语言都是为表达或表明个体利他品质的稀缺。政府提供的服务永远是缺乏的，它不仅垄断经营，而且大规模制造信息不对称，集权的政府在这两方面表现出色。

现实中绝对利他只存在一些人的幻想中，普通个体对这些事情的苛求往往不能见容于社会，被心理医生定义为某种精神症。以利他为基调，为最高价值观的社会形成的契约系统效率较低，相当于靠感情和血缘维系的部落结构，但这不妨碍这样的社会有特权的人的寻租。

人理想的社会，就像宗教的天国和空想的乌托邦，人的机会成本和交易成本接近于零，人可以共享所有的东西，不仅财产共享，信息也可以共享，在这样的社会，市场和政府都没有价值。实现乌托邦的理想只有寄望所有人的利他，这是宗教和政府通常呐喊利他的理由。一些人从事宗教或政府职业使他们获得衣食住行比较容易，高端的人通过制度赋予特权和俗人竞争"食物"，这是社会精英寻租机制。这不是人类独有的发明，雄狮负责保护一个狮群不受另外雄狮的侵犯，它获得独享对整个狮群雌狮的交配权和享用食物的优先权。

由于资源有限，个人在不断发现或创新替代品的过程中持续分工，持续创造财富，持续创生信息，从分工的角度上看，利己的行为就是利他。分工相对稀缺程度由分工的价格差异表达，分工是发现现有分工的替代品的过程，参与竞争，使得现有的市场价格下降，使得整个社会财富增加。

每天呼号呐喊利他的个人、宗教或政府无非是要彰显这些个人或组织的稀缺性，在张扬稀缺程度的过程中，提高价格。这也成为这类个人或组织与其他自私的个人或组织实现交易的机会。成功的个人（传扬为圣人）和组织（世代流传的宗教或执政党）总有绵绵不绝的崇拜者、信徒和跟随者，这是劳动资源占用方式。对利他的呐喊在任何社会阶段都具有价值，不仅可以减少交易费用，还可以提高合作程度，但利他似乎总是在减慢分工进度，这是社会进化的机会成本。

# 第七章　经济假设和经济原理

存在没有规律，只有与人的映射；人类没有理性，只有交易；所以只好经济。

## 第一节　主流经济学的一些基本概念辨析

### 一、效用与消费者剩余

效用是对各种欲望满足程度的衡量，人选择策略以均衡满足他的各种欲望偏好。

William Stanley Jevons 说：我绝不会说我们能够拥有直接度量人类心灵感受的方法。我们很难去设想一个单位的快乐或痛苦究竟是什么，但正是这种感觉在不断地堆积起来后推动着我们去买去卖、去借入去贷出、去劳动去休息、去生产去消费。（Jevons，1871，p.13）我们应该把任何对象、物质、行为和服务质量理解为商品，它可以为我们带来快乐，或者替我们抵御痛苦。（ibid,p.41）

N.Greory Mankiw 定义：效用是对消费者从一组物品得到的满足程度和幸福程度的抽象衡量。(《经济学原理》p.451) 消费者剩余：买者愿意为一种物品支付的量减去其为此实际支付的量。(《经济学原理》p.139) 消费者剩余，即买者愿意为一种物品支付的量减去他们实际支付的量，衡量了买者从一种物品中得到的自己感觉到的利益。(《经济学原理》p.144) 消费者剩余衡量买者感觉到的利益似乎于"满足程度和幸福程度的抽象衡量"同义。就 Mankiw 的理解，效用与消费者剩余的意思应该相近。

Joseph E.Stiglitz 定义：……个人从他们的消费的商品组合中得到的消费收

益称为效用（Utility)。假设一个人能够告诉你，他喜欢一种商品的组合胜于另一种商品组合，经济学家就认为，他所喜欢的这种商品组合给他带来的效用比他本来可以选择的另一种商品组合带来的效用大……（《经济学》p.115）

　　……我们问一个人为了处于一种境况而不是另外一种境况愿意支付多少钱。例如，如果乔喜欢巧克力冰激凌胜于香草冰激凌，那么与一勺香草冰激凌相比，他愿意为一勺巧克力冰激凌多付钱也就合情合理……

　　注意，一个人愿意支付多少钱不同于他实际支付了多少钱。乔不得不为巧克力冰激凌支付的数额取决于市场价格；他愿意支付的数额则反映他的偏好。支付意愿是效用的一种有用的度量方法……

　　假设你进了一家商店要买一罐苏打水，商店收了你 0.75 美元。但是，如果你特别渴，你可能愿意支付 1.25 美元。你实际支付的数额与你本来愿意支付的数额之差称为消费者剩余。（《经济学》p.115）在 Stiglitz 看来效用 = 消费者剩余 + 市场价格。

　　两位经济学家都承认效用与消费者支付意愿有关，消费者在考虑消费商品组合时考虑的是效用组合，消费者与生产者交易的是效用。选择效用最大化商品组合的过程是追求消费者剩余最大化过程。

　　由于货币作为生产者和消费者之间的契约，假设契约不受第三方寻租者影响，即始终得到履行，货币购买力在所有的市场上（历史和区域）不变，那么市场为每个消费者提供效用最大化机会。

　　消费者剩余是消费者为获得一定数量的某种商品本来愿意支付的数额于他实际支付的数额之差，如果把消费者从他们愿意支付购买的商品组合中得到的消费收益（效用）与消费者本来愿意支付的数额与消费者实际支付的数额之差（消费者剩余）等同，消费者剩余 = 效用。可以这样约定，是因为两个概念都是表达消费者偏好，效用和消费者剩余两个概念都是约定消费者从交易中获得的利益。消费者在预算约束下获得的两种商品组合的效用互为机会成本，最优选择的机会成本是放弃次优机会的效用。消费者实际支付的数额是实际成本，是市场所有消费者的竟价，是所有消费者支付意愿的均衡结果，对两个商品组合的消费本来支付的意愿和实际支付的成本均可能不同，但无论以效用最大化还是以消费者剩余最大化为选择标准，其决策结果一样。

　　……经济学的一个基本原理是，资源交易使得人们的境况得到改善。现在，我们论述了消费者选择的基本思想，我们可以利用需求曲线来说明如何度量从经济交换中获得的收益。(《经济学》p.115 Joseph E.Stiglitz）假设每个人的消费决策都是基于边际效用的决策，边际效用曲线反映一个人为他新增加购买一件商品愿意支付的价格，需求曲线是每一价格下对一商品的需求量，反映的是不同价格下消费者的支付意愿，反映他新增购买一件商品的边际价值。那么个人对某一商品的边际效用曲线就是该人对该商品的需求曲线。如图 7-1 和图 7-2：

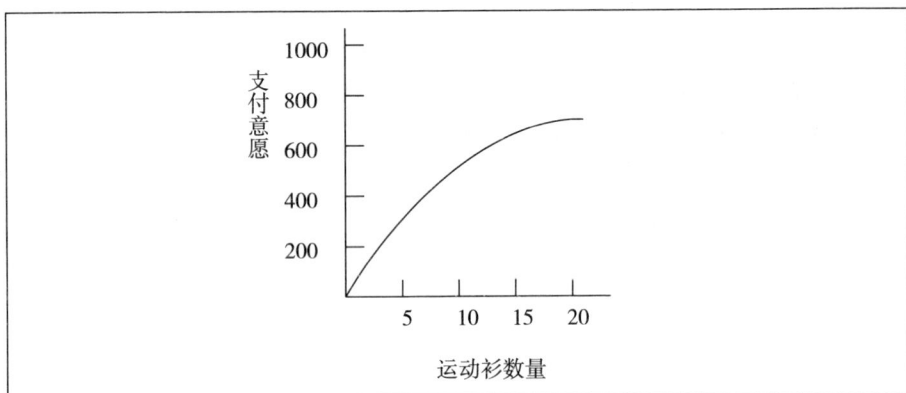

**图 7-1 随运动衫数量变化的效用曲线**

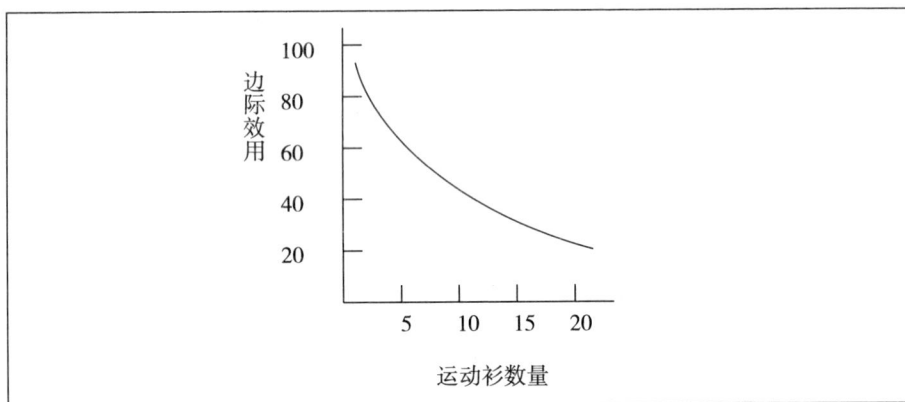

**图 7-2 运动衫边际效用曲线与需求曲线**

如果购买的商品价格不变，而其他商品价格变化或消费者收入变化，影响消费者效用组合，影响消费者购买意愿，即同样影响消费者对商品的边际价值的认识。所以，应该能用边际效用曲线推导需求曲线，边际效用曲线与需求曲线在价格线以上的部分重合。

市场上所有消费者在一特定商品上的剩余可以用该商品的需求曲线与市场价格之间的面积衡量，如图7-3：

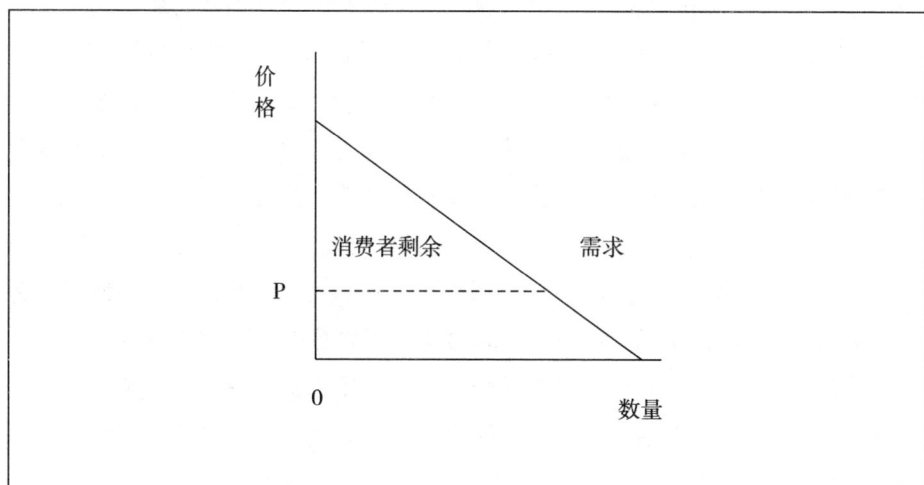

**图 7-3 价格为 P 时的消费者剩余**

消费者剩余可以定义为两个分工之间交易后双方愿意支付的价格与实际交易价格的差。从分工的角度上看，消费者剩余度量分工的效用。一个种植小麦的人给化缘的和尚一盆小麦换来一次对亲人亡灵的超度，以慰藉种植小麦的人的心灵，双方都获得消费者剩余，也是双方的劳动剩余，都获得效用。

## 二、租金与生产者剩余

由于市场竞争，不同的生产者的生产成本不一样，每个生产者会决定在不同的价格上销售其产品，希望获得的最低价格就是生产者的销售意愿，生产者剩余是实际销售价格与销售意愿的差。

生产者剩余是社会福利的另一种衡量方法，是从交易的另外一端去分析效用增加的方法。假设社会只有两种分工，捕鱼和种植小麦，双方进行交易获得的剩余。对捕鱼者来说，作为生产者，他想用1条鱼交换7斤小麦，他销售1条鱼的意愿是换来7斤小麦，如果他换来10斤小麦，实际价格是10斤小麦，作为生产者相当于剩余10-7=3斤小麦。作为消费者，他购买7斤小麦想支付1条鱼，支付意愿是1条鱼，如果他实际支付7/10条鱼，那么他的消费者剩余是1-7/10=3/10条鱼。

在市场上 10 斤小麦和一条鱼的价值相等，作为消费者剩余的 3/10 条鱼和作为生产者剩余的 3 斤小麦的效用（市场评估价值）相等。由此推出：一次不受任何其他因素影响的交易，一个人获得的生产者剩余 = 消费者剩余。

生产者剩余是生产者通过劳动创造一组效用组合与市场上的其他生产者创造的另外一类效用组合交易。交易双方获得剩余。如果没有交易，生产者只能在劳动和休闲之间进行选择，劳动和休闲的效用互为机会成本，如果没有交易，牺牲休闲时间去劳动是不合算的，没有交易就不会有剩余。

在使用货币交易的社会，生产者剩余是生产者愿意销售其生产的效用的价格与实际获得的价格之间的差额部分。其差额货币保证生产者作为消费者时获得一定的效用，这时生产者剩余转变为消费者剩余。Jean Baptiste Say 说：一种产物一经生产，从那时刻起就给价值与他相等的其他产品开辟了销路。这一判断可以应用到关于整个世界人类约定的对象关系之间的描述，一种存在是另外一种存在的依托。

对人类所有行为的区分，行为互动的基础是行为间的交易关系，无论何种行为都可以简单地划分为消费行为和生产行为。宗教先知的消费者剩余是其布道传教的劳动创造的精神安慰效用与虔敬信徒的耕田纺织的劳动创造的衣食效用的交易所得。就像普罗大众需要精神安慰，神圣先知需要物质温饱，是不同分工的交易所得。

市场上所有生产一特定产品的生产者剩余可以用供给曲线与市场价格之间的面积衡量，如图 7-4：

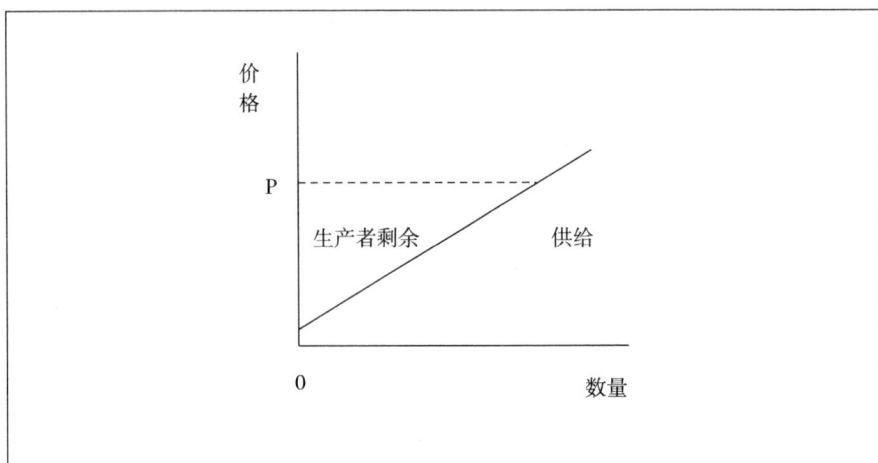

图 7-4 价格为 P 时的生产者剩余

消费者剩余与生产者剩余是描写一次交易活动的两个方面。每个人既是生产者又是消费者，消费者剩余描述人获得的效用，生产者剩余描写的是人的劳动租金。

劳动创造的剩余通过交易实现，一切活动展现的分工是不同形式的劳动。剩余是各种劳动分工服务的租金，是分工的租金。

## 三、分工的经济原理

假设 1  （人分析的）分工是基于比较优势上的预算资源的最优配置

假设 2   分工追求服务租金的最大化契约组合

推论   人是分工的形式之一，人也分工

如图 7-5：有 3 条等租金契约组合曲线，L1、L2、L3，且契约组合线表明的租金依次为 R1>R2>R3。3 条等租金契约组合线中，只有 L2 与预算线相切，分工的最大可能租金只能是 R2。如果分工 X 是通过一定预算下对 A/B 资源的配置以实现租金最大化，那么 C 点是分工选择的关于 A/B 资源最优配置的点，也是最优的契约安排。

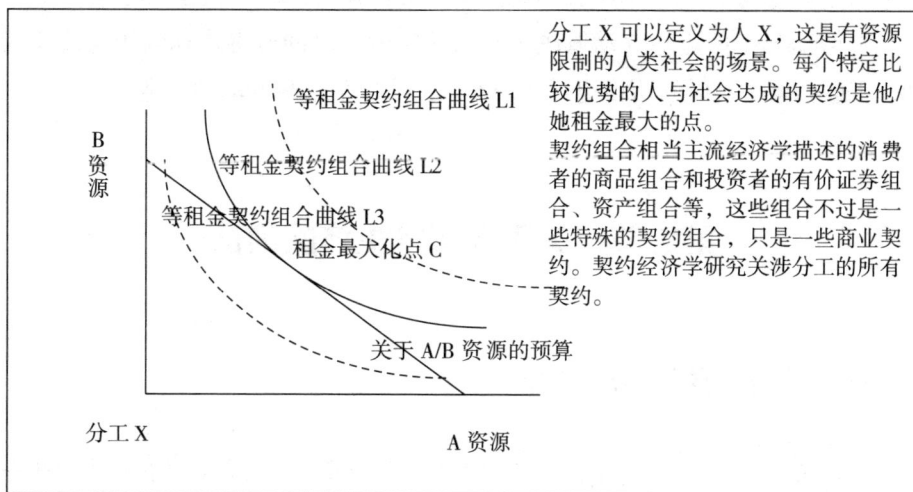

分工 X 可以定义为人 X，这是有资源限制的人类社会的场景。每个特定比较优势的人与社会达成的契约是他/她租金最大的点。

契约组合相当主流经济学描述的消费者的商品组合和投资者的有价证券组合、资产组合等，这些组合不过是一些特殊的契约组合，只是一些商业契约。契约经济学研究关涉分工的所有契约。

**图 7-5 分工的等租金曲线与经济原理**

切点是关于 A/B 资源配置的契约点，这些契约是分工 X 与环境达成的所有契约的集合。

把图 7-5 所示分工 X 替换为种群的群居模式，假设群居模式或社会模式由分工 X/Y 实现，把图中 A/B 资源配置替换为关于 X/Y 分工的资源配置，种群的群居模式或社会模式是分工 X/Y 组合的等租金契约组合线与种群关于分工 X/Y 预算线的切点表达的契约组合。上图显示的原理还可以可以替换为两个契约或两个组织。有历史继承的、有因果关系的资源配置、分工配置、契约和制度安排固定且有效，不同人或不同分工从这之中获得的基于他们预算的租金是最大的。

### 四、其他基本经济原理

原理：

1. 劳动是一种负效用，它的绝对值等于个体休闲的效用价值，劳动创造的效用价值是休闲的机会成本；

2. 分工决策是面对不同租金机会的取舍，两个可选的不同分工租金互为机会成本；

3. 同一效用对不同的分工而言价值不同，形成不同的效用，分工有偏好；

4. 市场均衡于不同劳动分工创造的效用的边际转换率 = 边际替代率；

5. 劳动分工的边际变动取决于新增单位劳动时间所得边际效用与改变劳动分工而新增劳动时间所得边际效用的差，取决于边际变动的租金。

## 第二节　关于经济学主体的确认

### 一、分析对象与经济主体

如果有那么一个观察主体，假设为拉普拉斯妖，他俯视整个世界，他会怎样描述这个他正在观察的世界，如果他既想准确又想简便，他应该约定怎样的一个主体概念表示他观察到的既纷繁复杂又互相影响的世界。

拉普拉斯妖发现事物普遍联系的背景，他不想用普遍联系这样的哲学语言概括他看到的多姿多彩的美丽世界，如果他要刻画一个单一存在，描述一种能量形式的演变，想要发现任意一种能量形式的演变都能遵照的契约和法则。他发现了万有引力定律、库仑定律，发现元素间的共价化合，发现生物生态的均衡和人类社会文化。显然，他在企图发现上帝安排世界的秘密。如果刻画的形式可以用分工指代，这不仅指代约定的形式于普遍联系的功用，他发现分工是契约的主体，作为契约主体的分工是人类欲分析和研究的对象的共同属性。他似乎就着这个思路能发现简便描述这个世界的方式，如果他认定这不仅是简便的还是最简便的，而且能描述和预测一些形式的发生，那么世界的运行也许是按照他抽象和约定的对象在简便地运动，这样他的描述成为他约定研究的对象之间的契约关系。这证明他的思路是有效且简便的，尽管是对拉普拉斯妖而言如此。

如果上帝有时间和能量方面两种预算，能够描述上帝配置和培养一个美丽的世界的方法的单词只能是经济，上帝基于他的预算经济地安排不同能量给他偏好选择集里不同的分工，最后送给人一个尽管繁复但秩序美丽的世界，人也这样经济地偏好和这个世界签约。

假设分析和描述主体是研究的目的，就像要研究搭成这个世界景象的不同能量形式的分工和分工的关系。分析是通过从存在中分离出对象，并就对象的表象抽象以约定一个概念展开研究。研究分析经济主体的变化，是研究与主体有关的契约和契约的变化。契约是分析对象与其周围的其他对象的相互"承诺"和"承诺"的变化。契约界定分析主体的所有含义，人类研究对象的最终成果是找到这些契约和契约变化的规律，这样才能构成对主体和主体变化研究和预测的模型。因此，在契约的意义上研究分析的对象可以称之为分工。

"岁月磨蚀"的契约变化是被其他分工寻租所致。假设主体分工的目的是为保持不变，分工采取的方式是保持与周围的关系的契约，这样的动态变化是分工为保持不变（须付出一定的成本）实施的边际改变，这样形成新的分工，与环境妥协，形成新的契约关系。

## 二、有偏好就是有理性

主流经济学假设的理性人的瑕疵还在于理性是褒义词，理性是有价值的，理性成为商品，是稀缺品质，如何配置稀缺资源正是经济学研究的核心问题。人因为理性而有区别于其他动物、其他物理实在的疯狂举动。理性似乎也使个人间存在差异，至少常识这样认为。理性成为分工的要素或者比较优势之一，以理性人假设研究人的行为的经济学存在某种程度的逻辑困境。

如果假设人有理性是说人有偏好，基于人的偏好分解世界得到的分析对象也是有偏好的，否则，不仅没有秩序，也不能形成判断，人类研究的对象是有偏好的，都追求最有效利用资源以最大化利于各自形式存在——保持"容颜"的效用。人对自然和社会的刻意描画不过是为方便人类的寻租。理性人是有偏好的一类经济主体，人的分工是一种理性安排。

人使用语言分析对象的缺陷不仅在于必须分隔对象以便拣选信息进行定义，还在于这种定义是有倾向性，是意向性的，掺杂了人的偏好，就像这些分析的对象有偏好，这些形式因此可以加入人类的活动和参与人类的博弈。

正如莱德曼（Ladyman,2004）所指出的："联合系统陷入纷乱状态就是整体应该超过部分之和这个原则被违背了；……贝尔定理（Bell's theorem）告诉我们，把各种状态分配给部分，然后又恢复联合系统原有性质的方法是不存在的（如果不在系统外采取某种行动的话）。"华莱士（Wallace,2004）阐明，这并不仅仅是神奇的量子对象的性质：

"……一个实体对象只是数量及其庞大的相互重叠的电子和核子的波动函数所形成的一个云团。……此外，即使是原型性对象的'物理'性质也不是从微观的角度来定义的，所有定义都是有倾向的，甚至构成一个实体对象的物质（！）也不能被定义为它原子层次的组成部分的物质之和。……我们对物质的实际定义是意向性的：如果某个物体在一定范围内如此这般地表现，或者导致了某个重力场，那么它具有质量m。如果质量是附加性的，那么它就是不可定义的；这是一个物理定律，而且只是一个近似性的定律。"《经济学理论与认知科学 – 微观解释》p.231 Don Ross)

任何人类分析研究的对象可以当作分工。分工的资源配置具有偏好，偏好于保持分工存在的任何策略上的努力，在一个能够保持分工"容颜"的选择集中，它选择能使其分工"容颜"保持最大化的效用组合。分工周期取决于分工的资源配置，资源配置取决于分工的预算和资源的稀缺程度。仅就分工而言，资源配置最优化意味实现分工效用的最大化。资源配置的计划，无论是消费的商品组合和还是生产要素组合或是投资配置的任何组合，是预算约束线与资源配置的效用无差异曲线的切点表达的组合，这就是分工。

分工效用的显示性偏好通过市场支付给分工的租金表达，生产还是消费都可以表达为一种分工，表达的是不同契约的分工。最终表达于不同分工的契约的是分工双方交易的劳动剩余，即租金。租金是分工选择资源配置的组合的收入与选择另外一种资源配置的收入的差值。租金反映一分工与替代分工的相对竞争能力。

如果这一分工的方式达成的契约比另外一潜在替代分工达成的契约的租金高，说明这一分工具有比较优势，市场本身具有偏好。反映的是不同分工的替代程度。租金表达分工的适应程度，反映分工保持"容颜"的效用。

人呐喊道德或信仰就如上帝之约，希望成为控制人类行为的外生变量，这一情绪带给他的愤怒不仅扰乱了他的理性，也可能干扰其他人对机会选择的自由，这最后真的成为大大小小的人间契约。不过，这不是人类社会的外生变量，这种愤怒不仅对人的分析和观察造成背景偏见，并且影响他人的分工，也因此这种愤怒的呐喊本身成为社会中的分工，构成市场的一部分，是市场配置资源的成果。

就整个欣欣向荣的世界，应该没有生死的忧患，也许人类的灵魂不过是人类生命的另外一种形式，痛苦和快乐只在一定的范围感知，痛苦是灵魂的盛宴，灵魂终将挣脱肉体的牵绊，与上帝之灵结伴自由地飞行。

## 三、有偏好的分析对象是经济主体

钱泵争辩（Money-pump argument）：假设人 $\alpha$ 的偏好是循环的，他偏好资产组合 A 甚于资产组合 B，偏好资产组合 B 甚于资产组合 C，偏好资产组合 C 甚于资产组合 A，这样发生了偏好循环；假设人 $\beta$ 的偏好是非循环的，他偏好资产组合 A 甚于资产组合 B，偏好资产组合 B 甚于资产组合 C，那么一定有偏好资产组合 A 甚于资产组合 C。人 $\beta$ 可以与人 $\alpha$ 交易，让人 $\alpha$ 开始放弃 C 的某些存量得到 B 的一些边际收益，然后放弃 B 的某些存量得到 A 的一些边际收益，最后放弃 A 的某些存量得到 C 的一些边际收益，因为人 $\alpha$ 的偏好循环，即 C>A>B>C，在最后的交易中，可以给人 $\alpha$ 一定的 C，这样使得他最终资产的总效用小于一开始的资产的总效用，重复进行这样的交易，人 $\alpha$ 的资产接近于耗竭。如果偏好是循环的，自然进化会让它消失。人分析的主体都有偏好，而且是非循环的，都是经济主体。

分工可不可以当作经济主体认识？如果把分工换成语言符号，会不会只是一个数学的循环论证？如果把分工看成是附带能量的特殊形式，可不可以作为主体形式，用经济学研究，并最后用于人类社会的资源配置研究？

不同经济主体通过分工达成交易寻租，达成的契约显示的是不同分工的比较优势。分工通过达成契约互相寻租，分工的显示性偏好表达分工的契约组合安排的租金水平。分工竞争寻租的机会，竞争与周围环境达成契约的机会，是分工追求服务租金最大化的努力。

市场上存在对分工的供应和需求，存在对分工的生产和消费。分工的效用与分工创造的效用是不同的两个概念，分工的效用表达对分工本身的效用，可以定义为分工服务的租金。分工创造的效用是对购买分工服务方的效用。分工的效用最大化与分工创造的效用的市场价值有关，这通过分工与另外的分工的交易实现，通过交易实现彼此分工的效用最大化，实现资源配置分工的初衷。

由于分工表达在一定预算和价格上配置资源的选择，存在分工选择集，选择集中的效用组合可以排序，称为分工的偏好。因为选择的契约组合按租金大小顺序排序，租金可以衡量分工的显示性偏好，租金表达分工愿意出租的价格与实际获得的价格的差。因此，分工是经济学研究的主体对象。

任一可以成为契约主体的形式都是经济学的研究对象，因为契约主体显然有偏好。偏好与主体所有可选择的契约有关。对人类而言，这些契约既可能是心理的，也可能是生理的，既可能是内省的自愿，也可能是外在的强迫，既有已知的，也有未知的，不是所谓的理性的。

主体的预算在不断被持续变化的环境重新评估，被市场评估的预算可以定义为主体的比较优势，或者预算表达的是持续不断变化的比较优势，比较优势的变化注定主体分工寻租能力的变化——竞争交易机会的能力的变化。主体的显示偏好是对他可能选择的契约组合的租金排序，表明这些契约表达的交易机会在市场上的价值。

## 第三节　分工的禀赋与偏好

### 一、没有禀赋绝对不同的两个分工

能量以不同的密度分布于时空，形成不同时空位置能量的相对稀缺程度。不同形式的能量寻租达成人类观察的稳态契约，这些寻租方式和契约与人类有关，是人类寻找方便的寻租捷径的知识。

假设两个家庭：A 家庭和 B 家庭，且无论这两个家庭是否处在同一种属，如果有类似的需求或偏好，那么，他们禀赋有相近的地方，假如以小麦为食是两个家庭偏好选择集的交集，假设 A 家庭只会种植小麦，B 家庭只会偷盗小麦，两个家庭的分工似乎不存在竞争关系，（可能因为 A 家庭不会偷盗，或不会防备偷盗，或者被偷盗需要的劳动占用如果用来种植小麦，种植小麦的产量大于因为 B 家庭的偷盗形成的小麦的减少量）。这样两个家庭禀赋间比较优势显示为各自获得共同食物"小麦"的多少。

生态世界的植物和动物，禀赋似乎绝对不同，偏好也似乎不同，植物吸入 $CO_2$ 呼出 $O_2$，动物正好相反，呼出 $CO_2$ 吸入 $O_2$。在这样 $CO_2$ 和 $O_2$ 预算约束下，形成一个由动物植物构成的生态契约。但他们偏好仍有交集：空气、水、土地和阳光。

如果两个分工有非常不同的禀赋，偏好选择集交集相对非常小，它们之间可能构成类似生物的食物链契约：狼专业捕食羊，鹿专注于啃食青草。因为供应给这种禀赋相差很大的动物的能量形式不可能相同，食物选择集几乎没有交集（除了水）。食物偏好不同的生物构成自然生态世界的食物链契约，从分工的定义看，这种相食关系是经济学定义的供求关系，是一种契约关系。在一片只有一群鹿和一群狼的大草原上，只有鹿和狼 2 个家庭就是这样的关系。世界不仅存在多个狼和鹿的家庭，还存在其他草食和肉食性动物，它们互相替代（替代品），也互相补充（互补品）。

禀赋不同的分工，偏好也不同，禀赋相近的分工，偏好也相近。

## 二、相近禀赋竞争的好处

同种生物——禀赋绝大部分相同的生物在基因遗传和性状特征保持上会达成竞争相同资源的妥协，他们的偏好选择集非常类似，存在竞争。竞争的好处是把资源用在最有价值的优势上，形成基于比较优势分工上的契约——种群繁衍模式。对整个种群来说，这是资源配置最理想的契约安排。

鹿群（家庭）间除了在基因遗传上可能合作外，几乎不存在任何其他合作。但鹿家庭间因为竞争草地而保护草地——高大威猛的雄鹿和他的家庭占用草原中最丰美的草地，并保护这片草地不遭到其他鹿群啃食作为能够与雌性交配的契约条件，就此鹿作为一种分工与草达成契约。鹿家庭和鹿家庭的竞争保证具有优势（逃避狼的捕食和善于保护草地）的雄鹿获得有效交配，这样的一些表现，不仅仅通过狼的捕食（年老体弱的鹿容易被捕食），而且通过雄鹿之间的打斗，以及炫耀（容易被雌鹿识别的雄鹿的体型和鹿角）形成基因交流的合约。基因居住在不同个体的细胞中，每个个体中的每个细胞中的基因除了性细胞外都是相同的。但个体之间的基因分子结构有别，这些差别形成关于在这样一个大草原上的鹿的性状特征的分工。有些成为狼的食物供应者，有些作为精子的供应者与雌性达成交配契约。这样保证鹿作为一个种属的基因的延续，成为保持鹿种"容颜"的有效分工安排。

如果在这片广阔的草原上有 2 群狼——分别由 2 个头狼领导的家庭，存在关于竞争鹿肉和保护鹿群的契约，狼家庭与鹿家庭形成交易契约，鹿提供食品——一种有价值的产品，狼提供保护——一种有价值的服务。这样，在这片草原上，草、鹿、狼之间形成一种由不同契约关系达成的生态均衡——一种由他们的个体和群体选择的不同策略形成的动态均衡，成为一个人类可以描述的经济体。

通过竞争实现有限资源的有效分配，呈现为不同分工的契约：草—鹿—狼的契约。

## 三、外部性是已知的和未知的契约安排

完全自由市场的竞争与自然环境的斗争一样，是为争夺交配权或交易机

会，不完全自由竞争市场与自然环境基于优势的斗争一样，也是为争夺交配权或交易机会。这些斗争以及最终的交配和交流会出现对第三方的支付，无论这种支付是做功过程的能量损失还是发生对第三方的货币支付，均可称为交易成本。

如果斗争和竞争过程形成的精力、时间和资本的关于发现资源的相对稀缺程度抉择退却、妥协和战斗决策的支出也是交易成本。那么，这是旅行自然法则或社会契约的必要条件，是个体与自然或群居中的其他分工的契约，是个体竞争交配和交易机会的过程中由于分工的专用性而不得不与所有可能寻租者达成交易，在这些交易过程中，双方寻租。

斗争可能形成生命的损失，这一生命损失可能是更大的契约体——种群必须支付的交易成本。经济学的外部性和溢出效应虽然不发生实际的有标的的竞争和交易，但存在寻租行为，外部性是已知的和未知的契约的安排。存在竞争正外部性和规避负外部性的经济活动。

如果完美的上帝对一切变化有一个精准的时间安排，其中任何存在都不能有自由意志，关于人类行为的机会成本是人思考抉择的一个参量，这是上帝计划中的一部分，除了寻租，不会有另外扰动上帝安排的自由能量。

# 第四节 分析模型

## 一、分析模型

人孤立对象展开分析是为寻租而对环境欲显示的信息的探询过程，产生的只能是不可能真实的假设基础上人类自行理解的理论，一定不是世界的本来，按照这个假设建立经济学的分析模型。如图7-6：

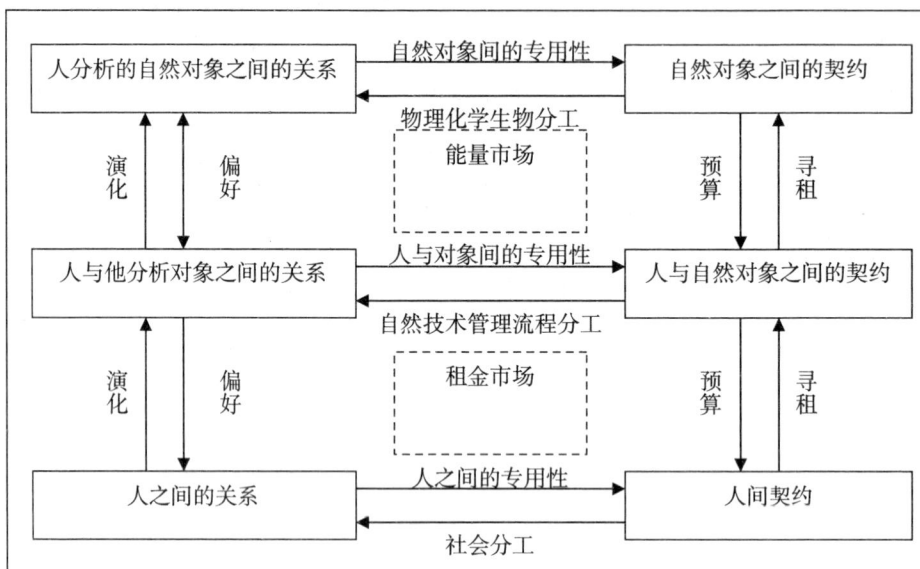

**图 7-6 分析模型图示**

人通过发现、研究分析对象之间、分析对象与人之间和人之间的专用性建立学说，建立关于契约的意见。依据分析对象的专用性划分分工，分工是契约主体，是经济主体。分工有保持"容颜"寻租的欲望，通过专用性寻租，也因为专用性被寻租，这是一个事实的两面陈述。

专用性租金表达分工的适应程度，这样统一了人间进化与自然进化的逻辑语境，至少让人对人间理解得更彻底。

## 二、分工效用的可能性边界

一分工效用可能性边界与它的一条等租金曲线相切于一点，该点是分工效用组合最优的点，是社会资源配置最优点。社会分工组合效用的可能性边界也与一条等租金曲线相切于一点，这点是有限资源限制的社会分工的最优配置方案。也由于这个原理，社会对任意两个分工都有有限的预算安排，关于这两分工的配置也是它们效用可能性边界与其一条等租金曲线的切点。如图 7-7：

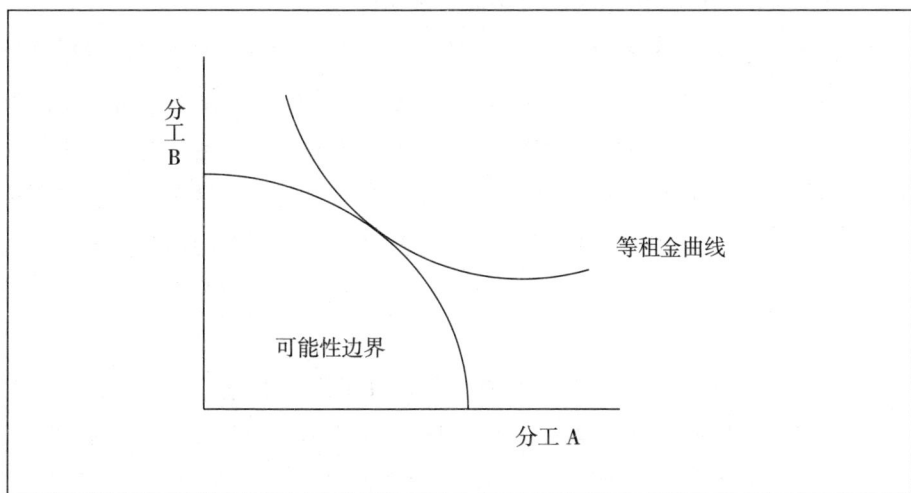

图 7-7 分工的可能性边界与等租金曲线

社会分工于它的可能性边界，并组合于与可能性边界相切的等租金曲线的切点。由于任一分工的租金来自与它交易的所有其他分工的交易，因此，这条等租金曲线是社会其他与这一分工进行交易的分工的可能性边界。这一推论非常重要，分工的可能性边界与分工的等租金曲线同构。

不同契约社会资源配置效率不一样，即不同的社会分工可能性曲线不一样。但每个社会资源配置都是效率的，分工可能性边界表达某一时期的权衡取舍是基于当时分工（包括性状）的取舍，是衡量分工间的机会成本做出的取舍，即用一种社会分工（比如政治）效用作为另外一种社会分工（比如宗教）效用的机会成本的衡量，机会成本的相对变化决定社会分工效用的可能性边界。

# 第五节　分工等边际原理与有关问题说明

## 一、分工等边际原理的推出

在收入一定，商品价格不变的前提下，消费者花费在所有商品上的最后一美元所带来的边际效用相等。这是消费等边际原理。

厂商生产要素也遵循等边际原理配置，在预算一定，生产要素市场价格不变的前提下，生产者为确定利润最大化的产出，生产者投入到所有生产要素的最后一美元带来的边际产量相等，使用任意两种生产要素的边际技术替代率等于相应生产要素的价格比，假设厂商只在资本和劳动力两个生产要素中选择，有 $MP_l/p_l=MP_k/p_k$，其中 $MP_l$ 和 $MP_k$ 分别表示劳动和资本的边际产量，$p_l$ 为劳动的价格（工资等），$p_k$ 为资本的价格（利息或租金）。这是厂商生产决策遵照的等边际原理。

对于一种分工的要素配置方案或由几种分工组合的分工有：在分工预算一定的情况下，市场可选（要素）分工组合的价格不变的前提下，为使租金最大化，分工投入到各种（要素）分工组合的最后一美元带来的边际租金相等，即任意两种（要素）分工组合的边际租金与获得的价格的比相等。这是分工等边际原理。否则，对于寻求租金最大化效用的分工而言，分工总能通过改变实施的（要素投入）分工组合获得更多的租金。

假设社会有如下社会分工：宗教、政治、经济、文化、艺术、种植、养殖、设计、加工、制造以及营销和销售。假设社会预算安排一定，不同劳动分工的价格一定，那么每种分工的边际租金与他们的价格比相等，社会投入到每种分工上的最后一美元的边际效用相等。

## 二、分工的边际转换率 = 分工的边际替代率

萨伊说，一种商品一经生产，它就为与它等值的另外一种商品打开了销路。萨伊定律被简单地表述为"供给创造自己的需求"。这是上述三个等边际原理的基础逻辑。但萨伊定律在应用的时候会遇到一些难题，按照萨伊定律，一方面不存在生产剩余，另一方面不会存在失业，前提要保证货币价值稳定，不影响货物交易。如果把萨伊定律换一种说法，分工创造自己需要的分工，就不存在对生产剩余、失业和货币币值解释上的难题。

出现剩余或者是分工的寻租安排，比如等待合适的交易机会，或者是生产者不能寻找到合意的寻租机会，这种厂商需要改变和消失（比如倒闭）。

货币价值不能稳定于一种商品（黄金）的价格，这时，社会出现一种新的分工（政府铸造货币）寻租。而不仅仅是保证收入 = 消费 + 储蓄。

失业是一种寻租的分工，特别是在福利高的社会。失业是一种劳动力储备或者会产生"几家欢喜、几家愁"的心理效用。

根据萨伊定律，如果两种分工 X 和 Y 通过互相占用的资源转化，如果只能在这两种分工之间发生转换，形成一种有效率的社会分工组合，那么两种分工效用的边际转换率 = 分工的边际替代率。MRTxy=MRSxy。如图 7-8：

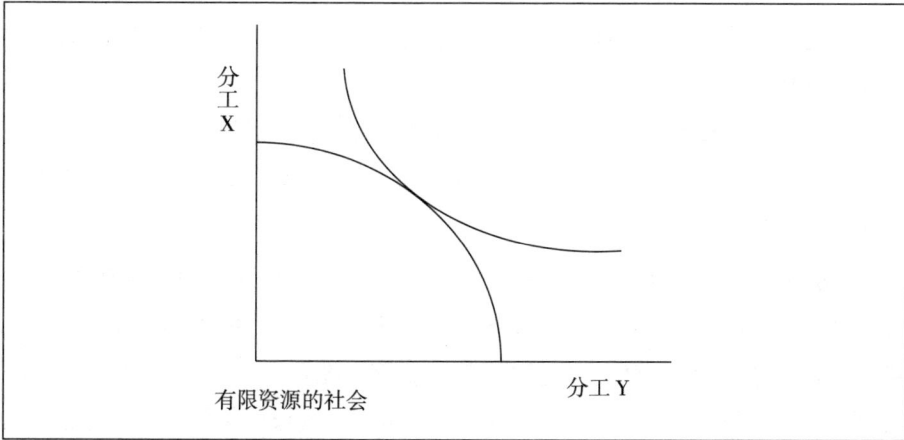

**图 7-8 萨伊定律图示**

假设小麦为 X，鱼为 Y，对于一个对小麦和鱼有需求的家庭的边际替代率 $MRS_{xy}=-\Delta X/\Delta Y$，这是这个家庭关于小麦和鱼的预算线和效用无差异曲线的切点，即最佳的消费组合点，$MRS_{xy}=MU_x/MU_y=P_x/P_y$，边际替代率 = 边际效用之比 = 价格之比，小麦和鱼对这个家庭的相对稀缺程度得到充分反映。对于这个家庭拥有的两种投入要素劳动 L 和资本 K 有成本最小点，在这点边际技术替代率 $MRTS_{lk}=MP_l/MP_k=\omega/r$。成本最小的点与消费最佳的点反映的都是商品的价格的比值。

对于一个资源有限，预算固定的社会，社会生产可能性曲线是社会在既定的资源和技术条件下可能达到的最大产出点，即帕累托生产最优状态。在这条曲线上 $MRT_{xy}=MC_x/MC_y$，边际转换率是边际成本的比。同样对于这个社会，有一条效用无差异曲线与生产可能性曲线相切，生产最优状态与消费最佳组合的点是一个点，共同相切于一条直线，直线的斜率 = $MRS_{xy}=MRT_{xy}$，分工效用的边际转换率 = 分工效用的边际替代率。

## 三、分工周期与等边际原理

**特长期生物世界中的人**：假设在一个只有人和鼹鼠的生态世界，在一定时间段，关于这两种生物的预算一定，关于这两种生物的资源相对稀缺程度不变，并假设人或鼹鼠的分工服务存在竞争或替代关系，那么人的边际适应程度（分工的边际租金）与人的相对稀缺程度的比与鼹鼠的边际适应程度与鼹鼠的相对稀缺程度的比相等。

**人性状特征的长期**：人的一种性状特征的出现、改变和消失的周期可能不限于一个人的生命周期，直立行走这一性状特征会伴随整个人类的存在周期，但直立行走的方式、尺寸、幅度却在代际的周期上改变。直立行走在一个人生命周期的不同时间段也不一样。直立行走作为一种一般的人类行为模式，作为一种分工寻租，和人体其他部分行为共同契合为人体的行为，于人体行为的契约寻租。据研究，直立行走比四肢行走节省能量，与人的大脑结构有关，从而构成一个很有适应能力的生物体，是一定预算安排的最优组合，被遗传和世代继承。人类社会的分工也为直立行走安排人工环境。使直立行走在人体结构、人体适应自然环境和社会环境方面具有不可替代的优势，形成它的功能范围的垄断。

假设直立行走的边际改变是直立程度改变或者直立行走人的增加导致直立行走形式的供给的增加，并假设直立行走的直立改变与眼睛变大的改变有一个预算约束，那么，眼睛变大的边际租金与相应投入之比 = 直立程度改变的边际租金与相应投入的比相等，这是性状特征改善的等边际原理。人体通过两性生殖遗传的性状改善活动如果有预算，不论是对个体还是对人类整体，如果预算不变，自然环境供给的有关资源的相对稀缺程度不变，那么，任何性状特征的改善或增加的边际租金与相应投入的比均相等。

不同分工的人投入到他们性状的改善不一样，歌星对歌喉、影星对样貌投入要较他们在身体的其他方面投入可能相对要多，因为这种投入的边际租金较高。

**分工的中期**：假设社会关于农民和猎人两种分工的预算一定，并假设培养一个农民的费用和训练一个猎人的费用也一定，那么两种分工的边际租金与其投入费用的比相等。

**商品和服务的短期**：与短期的商品和服务有关的是前述的生产和消费的等边际原理，这是当今主流经济学研究的领域——更多关注土豆和牛肉的增长率多。

## 四、劳动分工的边际改善与社会财富增长

根据分工租金的等边际原理，古猿作为一个种群，他们的每一分预算（假设为生命时间）投入到性状特征边际改变的租金相等，它们逐渐使它们的性状特征改善组合为可以更广泛寻租的人类。

古猿通过这样的投资安排变成人，变成很多物质的寻租方式，人成为一些能量聚结的形式。能量不仅呈现人的形式，也呈现为人设计、建筑、制造和改变的形式。这些能量形式与人达成契约，伴随人共同寻租，它们表现自己的存在价值——获得它服务于人的租金。人类社会生产和生活的成本是这些能量形式服务的租金之和。这些租金支付给这些能量形式的生产者或所有者，显示为相应社会分工的租金。预算一定的前提下，在短期内，人类社会生产和生活预算的每一分钱投入到这些分工的边际改变的租金相等。

人体作为古猿逐渐改变的基因组合支撑的性状特征和物质能量形式的寻租契约，其中 DNA 分子获得的收益最高，它通过微小的变异，寄居在人体的细胞中，这些细胞形式组合的人体穿越时空、规模逐渐扩大，DNA 分子获得广泛的复制。古猿的或人类的两性生殖是这些改变的初始条件，人类的基因组合可以因此代代变化，性状逐渐进化。 人类在它的预算限制下，每个人花费在求偶、生殖和养育子嗣及个人的其他需求的每一分钱的边际效用相等（消费等边际原理），她为她求偶、生殖、养育及个人的其他需求所付出的基于她的每一分预算的劳动分工的不同方向的边际改善的租金相等。

人类的大脑、人类的意识通过人的思想寻租，这是人区别于古猿和其他动物的最主要的分工特征。人在教育和学习方面投入逐渐增加，相比其他人体功能，人在智力和思想方面的投资增加最多，这是人在社会制度限制和预算约束下的最优配置。不同智力和思想的人与社会达成的契约不同，获得的租金不一样。人在求偶的时候也会考虑智力的差异，人通过对智力和思想的投资，获得广泛的寻租机会。

在现代社会，强健的四肢只有在 NBA 赛场和英超赛场上有非常好的寻租

机会，租金很高，但这些也必须伴随相应的商业智慧寻租。NBA 球员与俱乐部签代理协议、俱乐部与企业或媒体签订交易契约，在这样的合作和交易过程，通过满足观众的欲求，形成与观众的交易契约，每个人在其中分享的劳动剩余——租金不一样。

终生未娶未嫁的哲学家、艺术家和推迟婚育的歌手和影视明星是他们认为它们值得如此花费时间和精力专注于某一方面的边际改善，他们获得的租金普遍很高。这是直接的个人收益，而其他人从他们的分工中获得心灵的慰藉、快乐或成长的策略，通过这种方式，这些艺术家和哲学家的基因形式即便没有遗传和继承机会或被推迟，但他们的劳动贡献间接地为他们这类的基因——人种基因的遗传和继承做出了巨大贡献，通常，人类会付给这类人高额租金以鼓励共享他们的劳动成果。

如果有一年，适宜植物生长的季风吹出一片片绿油油的一望无际的麦田，人种植小麦的劳动获得意料之外的收获，这部分所得就是租金，因为减少这部分所得，人的耕种劳动也不会减少。意外收获意味食物充足，人开始有空闲和有预算增加生殖活动，人口增加，人的性状特征也获得持续改进，智力不断提高，策略以几何级数增加，合作和交易增加，人类的租金增加，这成为日日时时创新的社会。

社会剩余的不断积累不仅提高了人类的预算，也改变了分工的相对稀缺程度，一些分工的稀缺程度下降，市场价格下降，在新的预算安排下，这些分工的价格下降会形成替代效应和收入效应，提高人类福祉。人类会有更好的分工选择，有更好的寻租机会，达成更广泛更丰富的契约，人类社会因此在最近 100 年左右，分工持续改善和财富迅速积累，人口疯狂增长。

一些特定的能量形式有机会通过人和人类社会寻租。不仅仅有小麦还有牛羊；不仅仅有快乐还有痛苦，不仅有健康还有疾病。人为这些能量形式留下机会，是因为上帝造人的时候有预算，人在管理他的性状特征改善和分工改进的时候，也有预算，在一定阶段，每一分预算引致的边际改善的租金相等。

# 第八章　分工博弈与进化稳定策略

经历时空的真实故事不是追求财富，而是追求交配位次，人类受制于一夫一妻制的约束，使得财富争夺成为雄性展现本能和发挥优势的方式，体现男人作为父亲和丈夫的优势的同时，还获得其他家庭女人的崇拜和其他家庭男人的跟随，这种精神需要被社会文化鼓舞和激励，这种勇敢和创富实实在在为族群带来福利。

一个人的寿命一般比一棵树的寿命要短，但人的形式的寿命比树的形式的寿命哪个更短，遗传的是信息，继承的是形式，形式的寻租驱动演化，驱动变革。

## 第一节　投资策略与自然分工

### 一、保持"容颜"的意志

用火点燃 $H_2$ 和 $O_2$ 结成 $H_2O$，双方在这样的条件下，使用 $H_2O$ 表达的化学契约形成一个共同体。$H_2$ 和 $Cl_2$ 不需要任何条件就可以发生化学反应，形成 $HCl$，这是它们相遇后最好的契约形式。幸好在地球的范围 $Cl_2$ 没有那么多，才有了 $H_2O$，人才能被演化出来，来到这个世界吸氧。氧气是有限的，自然要做出选择，自然的投资策略是选择给什么样的生命形式吸氧的计划。

人类的语言无法不倾向对存在意志的描述，除了人类一直自负的心理倾向，还由于人类认知的局限，人类不得不用指代人类倾向和欲望的词语描述其他存在对人类的态度和向他们的观察显示的信息，通过把其他存在拟人化，表达其他存在互相都有欲望构成的关系，是人惯用的描述方式，以之描述世界形

式的意志是人方便的选择。在人的语言描述里，动物、植物、细胞乃至基因都有选择的可能性，他们似乎确有意志，

保持"容颜"是人的所有分析对象都有的意志，尽管为保持"容颜"不得不进行各种妥协。任一描述的主体确实存在关于保持"容颜"策略的偏好选择集。这样的来自人的勾勒和描述成为人可使用的信息，似乎是它们向人昭示欲与人构成特定的契约关系。人自人的偏好描述其他形式的偏好使他们成为与人达成契约的主体。

只要选择或约定描述主体，约定概念以分析孤立出来的对象，就已经假设这些分析对象有保持"容颜"的意志，因为人研究分析的就是人为意识孤立出来的对象的存在和演化。用语言表达它，它似乎就有了意志。就此假设形成的知识也是人类能且仅能了解的世界信息，是人类需要的关于世界的认识，是形式向人类显示它存在的唯一方式。这是为了描述方便，或者是因为认知局限而作出的最好的选择，并且因此能呼应大多数人的需要。这些语言体系如果能产生长期效用，便成了神学、哲学、政治学和经济学、进化论和自然科学，成为一代又一代人的执见。执见成为共同的约定，成为行为价值的衡量方式，也许在造物主看来，人类以这样的共识作为"共价键"生活是稳定的，互相获得保持"容颜"的机会，没什么不好。

任何理论无法完全描述存在的变迁和演化，人类的知识一直分崩离析，但这些却是指导和约束人的行为准则。人就着这些"共价键"与其接触的其他存在主体媾和、共生和互相寻租。

## 二、表现型与分工的对应

进化论的一般模型可以解释人类社会的演化，博弈论也可以用来理解人间的分工。一个"策略"是一种行为表现型（behavioral phenotype），即是指个体在某个自己所知的处境中将会采取的行为。演化稳定性策略是这样一个策略：如果整个种群的每一个成员都采取这个策略，那么在自然选择的作用下，不存在一个具有突变特征的策略能够侵犯这个种群。（《演化与博弈论》p.10 John Maynard Smith）

策略是一种表现型，是一类行为的函数表达式。将行为的函数表达定义为某种分工，策略因此是确定分工的投资和运营计划，策略表现型可指代经济

学中的劳动分工。进化稳定性策略（Evolutionarily stable strategy ESS）指代人类社会某一族群群居的统一表现型，这可能是相对自然界人的表现型（比如统一使用某种顺序的语言描述自然—— 一些特定自然环境下对不同自然对象的关注会有不同的知识结构，从而形成共同应对自然环境的策略）；也可能是这种应对自然的策略衍生和影响之下的人间的互相应对策略，它们构成社会进化稳定策略（仪式、宗教、主义、习俗、法律、家庭、企业、政府……）。整个人类为寻找人种灭绝概率最小的策略而有个体和群体相对环境的表现型——人类在自然界的分工。

人类的行为是基于一定假设基础之上的策略演绎，人称基于预算分配策略的资源配置为投资，表现型主体在特定分工方向上的投资——形成针对这一分工的专用性投资。自然界对所有表现型在能量守恒约束下配置资源，形成不同关于自然的表现型主体，表现型构成种群或族群——有相类表现型构成的主体竞争相类资源的分工，为保持表现型的"容颜"不得不展开竞争的分工，以提高竞争资源的能力——适应度。如果出现变异或称异化的分工对某种一般的表现型（一进化稳定策略）有利，那么，这一分化的表现型——分工会有相对较高的收益，这一专用性投资受到支持。

人与动物的目标一样，理解人类行为的经济学也可以解释动物的行为，也许可以解释更微观的行为，比如基因、细胞和性状特征的演化。人的分工一如动物的表现型是一种扎根于基因然后经过学习以适应环境的表达方式。与自然和种群其他个体竞争、合作和交易以实现基因表达的性状"容颜"保持。通常人类社会的文化传承一如动物种群一直以来的习性一样有助于这些目标的稳定实现，这些习性和文化成为 ESS。

为了基因的"容颜"保持，遵从 ESS，不同的个体进行投资。对于有性生殖的群体，形成个体独特的表现型以竞争资源，竞争食物和竞争交配权，无论是人还是动物对其表现型形成一个初始投资，然后是在这一初始投资基础上的一个连续不断的投资，以便随时调整投资策略。如果投资收益目标可以量化，那么是追求这一投资收益现值的最大化。考虑投资不确定性风险，需要对投资计划的预期收益进行贴现，贴现是动物和人类这些可以观察环境和通过学习调整策略经常遇到的抉择。有保持"容颜"偏好的形式都有投资策略，形成与外界关于保持"容颜"的博弈策略。为保持特定"容颜"的投资称为专业化投资，形成专业化分工，是为保持分工"容颜"的投资策略。

任何策略的预期收益均可换算为保持"容颜"的现值，对于人类而言，不仅仅是货币存量，占有的栖息地，交配对象的质量和交配次数，可能还有各种教条、法律和制度对权力定义。

如果把人的"一个特定行动的回报定义为由这个行动导致的期望后代的数量的变化"或者定义为个体基因遗传的机会的增加，并称之为一个保持"容颜"的策略，而不是利润最大化策略，如果定义这是社会分工寻租的方向，不仅可以看清社会分工的原则，也可以理解社会不同行为规则的由来。人类的战争、恶行可以理解，就像理解正义、公平一样。

## 三、继承（或复制）自祖先策略的例子

一些鸟群的策略已被成功复制到人类行为策略中，这是一种遗传继承还是人类和鸟群基于个体与自然的契约的相机选择。不能分清一些行为策略是根植于基因的指令，还是为使基因指定的行为有很好的适应度与环境构成的相应契约。

Rohwer(1977) 在研究冬季哈里斯麻雀种群时发现，麻雀羽毛的颜色从黑色变为白色，同时这一变化与雀群中的侵略性与优势（显性）等级相关，且较深颜色的麻雀占据越来越大的优势。……总而言之，证据支持以下观点，那就是种群处于或接近于一个混合 ESS，而并不是毛色较浅的鸟尽力对付不利形势……当种子是稀疏而均匀分布时，并不存在单位时间内吃掉种子的数量和羽毛颜色之间的相关趋势，而仅仅存在争斗数量和羽毛颜色之间的一点微弱的相关性。但是，当种子被埋藏在隐蔽的地方时，毛色加深的鸟便比毛色较浅的鸟来得更具攻击性。毛色较深的鸟并不亲自搜寻贮藏种子的地方，而是采取等待的策略直到有一只处于次要地位的鸟找到一个种子贮藏地为止，然后取而代之。当它们没有被喂以食物时，争斗的情形也时常发生，这些处于相似等级的鸟之间发生这种争斗最为常见，并且发生在毛色较深的鸟之间的争斗特别常见。

对这些现象的解释如下所述。深色的鸟与浅色的鸟在一起是有利可图的，因为他们可以从浅色的鸟那里夺取食物，特别是当食物聚集一处的时候更是如此。如果一只毛色较深的鸟攻击另一只深色的鸟并成功将其赶走，那也是有利可图的，因为对这只毛色较深的鸟来说，一群处于次要地位的鸟是一种值得守

卫的资源。(《演化与博弈论》p.70 John Maynard Smith)

人类社会成功复制鸟群分工的模式，同层或同样分工的人竞争，不同层及不同分工的人交易或达成层层委托的组织关系，以便以不同的比较优势分工寻租，像毛色较深的鸟需要一群毛色较浅的鸟，领导需要很多群众。

## 四、刚果河中神秘的鱼——自然选择的还是自然的

刚果河在特定区域水的不同流速和特定区域水的深度，成为一些条件相同但又可以鲜明对比的演化环境，刚果河有丰富且独特的鱼类。生物学家通过实地采集样本并与水的流速和水的深度等参数对照实证发现，流速和水深使鱼发生可遗传的变异，并且颜色和形状相近的鱼不一定基因相同，这是选择的还是自然的？

水的流速与水的深度是水与陆地（也许还有气候）遵照一些法则或契约的表现形式，鱼的寻租目标是能与水（无论多快还是多深）尽可能达成契约，鱼为了把鱼的形式或其中的任何特定性状的形式——假设是用腮呼吸的形式复制和传播（假设为用腮呼吸的性状的寻租），鱼在尺寸、牙齿、鱼鳍和/或鱼尾发生一定的变异，使不同的水域可以让它们生长和存在。鱼的这些改变，也可以称之是性状边际改变（也可能是鱼尾的稍微改变，也可能是视力的彻底消失）即发生一种针对水流或水深的分工的专业化改变，通过这种形式，鱼把自己的生命，一个种群的表现型委托给一种专业化的水（一定的流速或特定的水深）经营，构成委托代理协议，构成水和鱼的生态契约。也许代理的水真的没有从养鱼中获得利益，或者表现得不那么为人所知，也可能是一定流速的水中物质的寻租，但也许水中的某些物质形式在鱼的方面获得好处，在鱼的生命组成中寻租——形成关于鱼的形式的能量组织。

刚果河水中神秘的鱼的故事至少指出如下两个事实：

● 不存在自然选择，但存在水和鱼互相选择的自然关系；

● 鱼和水通过不同的专业化分工结成不同的鱼和不同的水的委托代理协议，形成水的表现型、鱼的表现型以及水和鱼的生态关系——一种分工组织模式。

# 第二节　理想的自由分布

## 一、动物世界多态的雄性与自由的梦想

个人如果不能弯折天性以屈从契约（不屈从引致怒火和灾难），而欲追随心中自由的梦想（如果心中会有梦想），并且没能从基因层面上已经做了应对的变异，那么，自由的梦想不能超脱自然的安排。自然界中一种动物中存在的多态的雄性与人类雄性并雌性的多态是自然的自由安排。人的任何策略和行为是自然的自由的微末呈现，人一直处在自由中。

只要产权明确，交易成本为零或者很小，无论在开始时将产权赋予谁，市场均衡的结果都是有效率的，是资源配置的帕雷托最优。Coase定理说明社会制度一旦确立，人的初始投资策略是自由的，也是这人所能作出的最优选择。关于制度的好坏，公平正义与否的讨论是无意义的。

这种讨论的可能价值在于这一制度更适合哪种策略或分工寻租，哪种性状特征组合有更好的适应度而已。如果确实通过这种只有人类才能做到的辨析发现更好的制度安排，仍然不过是使另外一类策略或分工的寻租处在有利的位置，并且这一过程一定会使基因通过有性生殖选择适应度高的性状组合，这一制度或制度变革最终使人类这——一般形式或关于这一制度的特定族群的一般形式得到数量上的增加并能历时相较较长，仅就人类或特定族群，这一制度安排或制度变革是有效率的。如果制度被作为人与自然和人间的契约安排，如果双方作出的策略是最优的，毫无疑问资源的配置是最优的。

如果策略是最优的便不存在机会成本，经济学的机会成本概念是形成机会判断的假设，所谓的制度成本——交易成本是否为零的假设也没有意义。由于有意识，人间有意识地达成交易契约，为实现交易不得不因为人的意识的优势或缺陷而需要搜集信息、谈判和为履行契约发生成本，这是人为行使意识的优势而进行的有意识的支付，对人类的这部分资源占用也是资源配置的自然方案。任何一种策略演绎的分工方案并就此塑就的分工格局是最优的资源配置规划。

如果自然界一种生物的雄性的二态性或多态性选择是不得已或是最优选择，那么人类雄性并雌性性状组合的多态性及其分工的行为和策略的复杂性也是不得已或是最优选择，这些不同在上帝看来，是他的"理想自由分布"。

Gadgil(1972)……认为不同投资策略的交配成功率可能取决于在种群中的频率分布，并且当"投资于武器的个体的处境与完全脱离这样的投资的个体的处境正好相同"时，种群便可以达致一个演化均衡状态……

在某几种无花果蜂（figwasp）中，存在两种类型的雄性：一种具有翅膀的雄性，他们在交配期间便分散(disperse) 开了；二是没有翅膀的雄性，它们头部和下颚都较大，不会分散并且为了与出现在同一棵无花果树上的雌性交配而拼命争斗。……Hamilton(1979) 研究了巴西一个地区的属于 Ficus 种的 18 种无花果蜂。在最常见的那种蜂中，倾向于只存在没有翅膀的雄性个体；而在最罕见的那种蜂中，只存在有翅膀的雄性个体。这一点很有道理，因为在常见的蜂种中，一个雄性个体更容易找到能与其交配的雌性黄蜂且并不需要离开他的出生地所在的无花果树。更令人感兴趣的是那些具有二态性的物种。正如图 19 所示，在有翅膀的雄性个体所占比例和在没有交配之前就离开它的出生地所在的无花果树个体所占比例之间存在一个很好的安排。由于有翅膀的雄性个体会与这些雌性个体交配，这两个比例相等就意味着适应度相等，并且我们很容易看到适应度在一种恰当的方式下是频率依赖的。

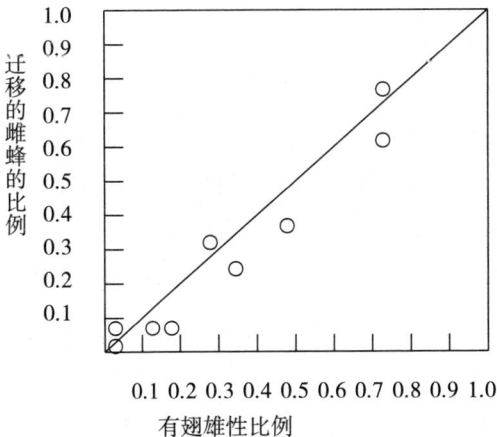

图 19 把迁移的雌性无花果蜂的所占比例看作有翅膀雄性无花果蜂所占比例的函数。( After Hamilton 1979 )

在所有的涉水鸟中，矶鹬的不同之处在于它们是一种聚集（congregation）生活的物种，并具有显著的性别二态性，而且其雄性个体在羽毛和行为上具有多态性。从行为上，其雄性个体可以被划分为两种类型："独立型"雄性，它们试图建立自己的交配地盘，并且独立型雄性个体还经常容忍跟随型个体待在他们的地盘之中。在颈部羽毛和头部羽毛中，其颜色的类型在很大的范围变化。……具有"独立型羽毛"的雄性，其毛色主要是黑色，它们如独立型个体那样行为；具有"跟随型羽毛"的雄性，其毛色主要是白色，它们如跟随型个体那样行为；具有"中间过渡型羽毛"的雄性，其毛色处于中间过渡状态，他们既可以像跟随者一样行为，也可以像独立者一样行为……

令人感兴趣的问题如下所述。是什么因素维持了遗传多态性？为什么独立型雄性个体能够忍受跟随型个体来到它们的地盘上？独立型个体和跟随型个体的适应度是否相等？存在很好的先验的理由认为交配成功率是频率依赖的。跟随型个体不能够独立地接收从雌性个体发出的交配信号。存在较少跟随型个体的场合只能吸引较少的雌性个体，所以独立雄性个体容忍跟随型个体是有利可图的，虽然我们对雌性个体为什么要去具有较多跟随型雄性个体的场合的问题知之甚少。

……多态性是由遗传造成的，并且通过具有相等的表现型适应度的频率依赖的自然选择得以维持。（《演化与博弈论》John Maynard Smith p.88,89,90,91）

## 二、人类雄性的多态性

动物世界多态雄性模式与人类的性别模式很一致，人类继承了这些模式。尽管人类的雄性从遗传方面表现的是性状特征相当复杂的多态性，而人的非遗传策略，仅求偶策略就表现得更加多态和复杂。不仅存在互相容忍的状态，而且存在互相合作甚至在求偶过程中互相帮助的事件，这种帮助可能存在于亲缘、种族、信徒或朋友、同事之间，这是互利的行为。并且人类的雄性通过习俗、法律和规则等确定竞争的方式，通过类似一夫一妻制和道德监视等规范人类的这些行为。这些规范使得"独立型"的男人与"跟随型"、"中间型"的男人有很好的合作，能帮助"独立型"的男人吸引所谓优秀女性的同时，也使其他女性个体在这些竞争过程中找到了适合的伴侣，这使得人类的雄性的多态性和雌性的多态性得以持续甚至不断加强。如果人类的多态性和多策略安排是为适应环境而进行的分工安排，从而对整个种群有利，那么矶鹬的多态性受到鼓励，跟随型也有成功交配的机会是一种种群安排，也许"跟随型"和"中间过渡型"在其他方面的分工相对"独立型"具有比较优势。就像地主与佃户的契约和领袖与群众的分工关系。

如果上述模式和策略是自然选择，二态性、多态性是对环境变化的适应，是为提高适应度的安排，是自然配置资源的安排，那么这些种群因为二态性、多态性或称为分工形成的合作互利——无论是组织安排还是交易形成的群居均衡均可视为是为提高适应程度的策略选择，从而成为种群的 ESS。

# 第三节　一夫一妻制与社会文化

## 一、双亲抚育

两性生殖是通过竞争交配权的方式发现针对变化的环境更合适的基因表现型以实现进化稳定的策略。单一雌性或雄性或双亲共同抚育在不同的种群表现不一样。

Ridely(1978) 仔细考察了只有雄性抚育后代的情形。最强的相关性在于体外受精，在有雄性抚育的 55 科动物中，其中 35 科是体外受精的，另有 20 科可以选择体外受精也可以选择在受精之后产卵。这与在雌性抚育后代的动物中体内受精占大部分的情况产生鲜明对比……如果某一亲代适合于抚育后代，那么采取遗弃行为的亲代便是率先能够自由选择的那一个。因此在体内受精的情况下，雄性个体将选择遗弃，而在体外受精以及同步配子生殖中，双亲中任何一个都有可能选择遗弃。这一点很好地说明了在体外受精和雄性抚育之间联系的实质。

……第二个原因是，在体外受精的情况下，雄性个体对父子关系具有更强的信心……这样在性别比为 1：1 的情况下，如果雄性个体平均交配十次，每一个雄性个体可以预期具有十次交配机会，并且将成为每一个与之交配的雌性所产后代中十分之一的父亲。……在具有较高进一步交配机会的物种中，雄性个体倾向于选择遗弃。

……经常的情形是一个抚育后代的雄性个体同时还守卫着一块地盘，并且有时候这个地盘是雌性个体赖以产卵的巢穴。在这样的情形下，一个雄性个体在保卫其后代的同时也能增加它进一步交配的机会；显然，这将有利于雄性抚育的行为。如果在种群中，雌性个体由于要抚育后代而必须将大量资源投入，从而导致产卵量下降，那么这个种群可能对应着雄性抚育。（《演化与博弈论》p.133–134John Maynard Smith）

不同种群双亲抚育选择的策略不同，这是个体的选择，也是种群的选择。个体追求基因延续上有个体的效用函数，但这一效用函数显然以遵守群居规则为前提。种群的成功是因为种群在所有的这些方面有效地配置资源，通过种群的进化稳定策略协调个体的行为，使个体的效用函数与种群的目标一致。

不同种群的雄性在与雌性达成独立抚育、双亲共同抚育还是遗弃由雌性单独抚育是雄性个体在它的预算基础上追求效用最大化的分工安排，雌雄分别追求保持各自"容颜"投资预期收益最大化，双方为此达成交配、生殖和抚育契约。契约（包括双亲抚育选择的条款）成为种群资源预算最优配置方案，成为种群的进化稳定策略。种群通过契约表达的进化稳定策略是一种不可遏制的生命力量，它以这样的形式在自然界分工，以这样的形式寻租。这些通过基因固定的表现型由种群世代继承，最终成为种群的本能，成为种群内分工最经济最有效的方式，也是种群与环境交易的方式。

一般地，本能改变表明基因发生突变，一原型契约改变。如果基因突变较原先的基因组合在竞争资源（竞争与环境交易的机会）和竞争交配权上更有优势，这种本能的改变容易被遗传，最终成为进化稳定策略的可能性很大。这也可能导致种群的整体基因组合的改变，成为新的物种。新演化的物种，可能由于新生的幼体长成成体的时间长，或抚养需要投入更多的精力，那么在抚育上的本能的表现型就可能会演化为双亲共同抚育。一些鸟类和人就是这样的形式。群居的动物，一夫多妻群居的雄性在抚育和保卫子女方面也承担责任。

## 二、一夫一妻制的出现

对于只有短暂生命的人类来说，保持"容颜"的最好方式是遗传。在子女养育方面，人类选择一夫一妻制约束的双亲共同抚育，但双方的分工不一样。

假设选择双亲抚育的雄雌采取的策略分别有：纯贞和有条件坚守，选择不同的策略的雄性和雌性的收益不同，有条件坚守能实现与更多其他异性交配，增加有更多不同优势后代的机会。假设成功养育一个后代双方的收益为 +15，而纯贞的成本 –10；有条件坚守的收益是 +20（有机会增加后代的数量），而成本是 –8，对后代形成损失可以计入父母的损失（成功养育后代是双亲的目标），假设计入父母的损失为 –4。如表 8-1 所示：

**表 8-1 双亲抚育的策略选择**

| | | 雌性 | |
|---|---|---|---|
| | | 纯贞 | 有条件坚守 |
| 雄性 | 纯贞 | 5（15–10）<br>5 | 8（20–8–4）<br>1（15–10–4） |
| | 有条件坚守 | 1<br>8 | 8<br>8（20–8–4） |

由于 5>3，而 1<8，那么最终进化策略会稳定在双方均纯贞，或者双方都有条件地坚守。尽管这只是一个假设，双方都有条件地坚守是人类双亲抚育选择的种群进化稳定策略。即没有一方会因为有更好的机会不选择遗弃，只要他（她）认为有更好的选择，人通常会在适合生育的年龄离婚，而有残疾的婴幼儿的弃养比例高等等，有意识而有更宽选择范围的人可以超越本能做出选择。动物也有对子嗣的残忍行为，但这是动物的本能选择，这种策略或者对后代的成长有利，或者意味她进入下一个发情期，有另外一个生育机会到来。

人类社会的雌雄表现都是有条件的坚守，有条件坚守是男女双亲抚育选项中最优的，绝对纯贞的双亲抚育机会成本太高，对整个人类的机会成本也太高。

一夫一妻制是人类进化稳定策略之一，人类这样选择的牺牲不仅包括个体的选择自由，还包括可能出现的各种其他类型的基因组合和性状表达特征。一夫一妻制引致人类有更多不同的表现型，但也放弃了在一些方向上表达优势的可能。人决定于一夫一妻制的进化稳定策略，不仅大量地牺牲勇猛好斗的体魄，也放弃普遍聪颖贤惠的可能，还要控制难以遏制的原始欲望和放弃单一性取向。Jung 认为阿尼玛（anima）是男性潜意识中的女性倾向，是男性身上的女性特征，阿尼姆斯（animus）则是女性潜意识中的男性倾向，是女性身上的男性特征。在生理上，男性分泌大量的雄性激素和少量的雌性激素，女性分泌大量的雌性激素和少量的雄性激素，每个人都是具有两性表现型的动物，两性于一体的表现型契合一夫一妻制的安排。被一夫一妻制选择的个体行为是被基于一夫一妻制的文化扭曲的各种表达方式。

## 三、循环博弈的社会文化

表 8-2 的想法来自 Dawkins（1976）的关于性别站的模型（借鉴自 John Maynard Smith《演化与博弈论》p.136）。假设成功养育一个后代分别给父母带来的收益是 +15，合计 +30，而成本是 -20。雌雄双方中的任何一方都可以单独承担这个成本，也可以双方均担，即每方均担成本 -10；求偶期长会给参与的双方带来成本 -3。雌雄双方的求偶策略如表 8-2：由于腼腆型的雌性需要的求偶期长，发生求偶成本，而放荡型的雄性不会带来成本；同时，假设所有的雌性都会抚育自己生产的后代，忠实型的雄性既愿意投入较长的时间求爱，也会全心全意抚育后代，而轻佻的雄性既不会投入较长的时间求爱，也不会抚育后代。

**表 8-2 夫妻婚姻中的表现**

| | | 雌性 | |
|---|---|---|---|
| | | 腼腆型 | 放荡型 |
| 雄性 | 忠实型 | 2<br>2（15-10-3） | 5<br>5（15-10） |
| | 轻佻型 | 0<br>0 | -5（15-20）<br>15 |

如表 8-2 所示，根据以上假设，轻佻型与腼腆型不会构成交配，因此没有成本，没有收益。如果雌性个体腼腆，雄性忠实有利可图；如果雄性忠实，雌性放荡有利可图；如果雌性放荡，雄性轻佻有利可图；如果雄性轻佻，雌性腼腆有利可图。因为雄性轻佻，而雌性腼腆使得雌性不会付出不必要的成本。所有这 4 个两性的策略组合都是可选的，而且都有可能发生，似乎没有进化稳定策略，也可以认为这些表现都是进化稳定策略。人类的男女求偶表现正是这样，上述四种情况都发生。这些不同表现展现的是不同的社会分工，就像上帝给不同的人——不同的基因组合安排了不同的命运。

在历史上和现实中，宗教、伦理和文化、法律对女性的放荡和男性的轻佻有严格的惩罚，在历史的不同的阶段和不同的文化国度有不同的惩罚安排，使得不同历史阶段的男女选择的求偶表现有很大的不同。放荡和轻佻在每个历史阶段都存在说明，放荡和轻佻是人类这种动物需要的分工，人类社会一直给这两种表现型留有机会，如果放荡和轻佻是人类的本能，放荡和轻佻是一直潜藏于人类基因的表现型。

## 第四节　自私的利他与社会文化

### 一、种群对诚实的选择

假设"容颜"保持作为人追求的最终目标，在人类预算约束下，人能采取的策略集合——从基因到社会文化的所有策略都是为"容颜"保持的安排，这种策略安排会发生利益冲突，在亲代之间也会发生利益冲突。

假设如果停止抚育的年龄取决于只在母代中表达的基因，那么这个年龄为 $X_M$，而如果该年龄取决于只在子代中表达的基因，那么这个年龄为 $X_C$，如果 $X_M \neq X_C$，那么我们说有冲突发生。相似的冲突也可能发生在雄性个体和雌性个体之间。比如是否进行交配的冲突，或是关于亲代抚育任务在双亲间分担的冲突。使用相似的思想，我们也可以说表达在合子和配子的基因之间也存在冲突，以及染色体和细胞质的基因之间也存在冲突。（《演化与博弈论》p.128 John Maynard Smith）

基于利益冲突的妥协成就契约，人类大部分契约表现为约束自由自我的社会文化。从父母与子女间的抚育冲突，到夫妻间的分工冲突。从交配对象、交易对象的选择到形成家庭和组织，达成交易和形成组织的过程都会出现利益冲突。过程可能基于诚实互信，也有欺骗发生，这构成虔诚、合作、欺骗和背约等形式组合的策略，不同的人在其中承担不同形式的社会角色。

由于人类有意识的诚实可以降低交易和合作的交易成本，从而降低社会的群居成本，诚实互信被社会文化提倡，并制定惩罚欺骗的措施，使得个人行骗风险提高。但由于欺骗（故意信息不对称）有寻租机会，因为个体坚持诚实的机会成本和社会维护诚信到完美的程度的成本会非常高，欺骗的预期收益也非常高，欺骗也是人类的进化稳定策略。

没有意识，记忆时间短，只有简单规则的动物种群和种群的个体在选择诚实（真实能力的公告）还是欺骗（一种夸张的炫耀），也是基于预算的博弈均衡。如果体型增大意味行动的缓慢和由此导致容易被捕食，这种真实能力的公告方式会有机会成本，所以欺骗——夸张地炫耀也许会成为种群个体的选择。鲜艳色彩的毒蜘蛛和变色的蜥蜴都有合适的进化稳定策略，这些得自世代演化通过基因继承的进化稳定策略成为种群相对生存和繁衍环境的表现型。

无论是动物还是人，无论是个体还是种群，诚实还是欺骗都是进化稳定策略。人类文明取向诚实的同时绝对不会放弃欺骗。以专业化投资作为社会分工的初值投入，个体和族群在抉择诚实和欺骗的时候，考虑的只是两种选择的机会成本，如果诚实和欺骗的收益互为机会成本，个体和族群基于预算选择任何一种形式都是理性的和明智的。

## 二、竞争者的合作

当两个（或更多个）竞争者对一个可分的资源展开争夺时，每个竞争者都想得到比对手愿意给予数量更多的份额，但是相比谈判中断并继之以一场升级的战斗而言，两者更偏好于分享资源。在动物间领土的竞争犹如在该区域中对某个可分性资源进行讨价还价的谈判，并且经常的情况是，共享这一区域的行为总比冒险采取升级的战斗更能在适应度上提高两个竞争者的收益。《演化与博弈论》p.158 John Maynard Smith)

人类的情况相当复杂，有意识的人除了考虑战斗的预期收益，还要考虑谈判的成本以及第三方的虎视眈眈，以及考虑过程的机会成本（时间延误和机会失去），如果两个竞争者能够在这块领地上、领域里或专业上可以分工合作，那就更加不同。由于人使用智慧和工具劳动的策略创造的剩余迅速提高，高度分工基础上的合作和交易的收益高过国际战争掠夺资源的收益，全球贸易发生。

一些极端宗教和主义的地区常常爆发战争，除了由于信仰的不可调和性（信仰是契约，是不能与人共享的财富分配规则），也可能由于以国家、宗教、民族为基础的剩余分配达不成一致意见，使展开战争的预期收益比分工合作的预期收益高，特别是在这个领地下埋有"金矿"的时候。任何分工遵循每一分预算的投入的边际租金相等，竞争者之间的合作维持在一定的契约水平上，即维持基于各自预算形成的分工的租金分配水平上，双方在这个时候的收益均达到可能的最大化。无论是采取近身肉搏还是保持一定距离（疆界），无论是甘愿被奴役还是进行交易，都是基于预算可能的最优策略安排。

## 三、重复博弈的均衡

利他或单纯的利他如果没有回报不会成为人的选择策略，绝对利他形式不会在基因上被遗传，也不会在文化上得到继承，不会成为人类的研究对象，不会成为经济主体。如果一个经济主体在他的可选择集中有如下选择：交易互惠、利他互惠和纯粹利他这三项选择，他会根据预期收益的大小进行排序，构建他的偏好。如果基于他的优势和预算，只有纯粹利他的收益大于其他两项选择的收益，它才会选择纯粹利他这种分工。这种分工在社会上有存在，他们获得的租金要比他们从事其他分工的收入高，无论这是满足心理的荣誉还是物质奖赏。利他只有在有回报的情景下才能成为一种社会分工，才能与社会形成契约关系，利他这种形式在获得租金的前提下服务社会。如果两个参与者只有一次博弈机会，或者博弈的双方没有记忆（或者不带来惩罚），并且这次博弈没有第三方监督，那么，两个人的占优策略一定是背叛。

人遗传继承的行为，一些先天的同情、柔顺、善良等表现型是基因的记忆，这些获得稳定遗传，是群居的人给这些表现型以寻租的机会。当然，人的先天的攻击性配合他们遗留的体魄也有寻租机会，也获得了遗传。而且由于人有意识有记忆和善于学习，这些能力遗传到人类得到巨大的发挥，人会通过计算实施不同策略的预期收益进行选择。重复博弈使得模仿、学习和记忆获得寻租机会，使得跨时间的合作回报有了可能：

- 通过契约中的承诺和抵押实现
- 人权和产权的委托合作
- 违约的惩罚通过群体授权委托实现。

对于有生命周期预算的人，面对广阔的限制，以社会文化契约为基础的合作、交易是一个稳定的生存繁衍途径，无论在这个过程采取的是诚实还是欺骗。这些形式只存在于能够通过语言学习、沟通和制定契约条款的人类。

## 四、信念是共同的理性

榄蠵龟和肯氏龟，在大陆桥出现以前，它们曾经是一种生物，由于被隔开在不同的海域，进化为两个不同的物种，但集体产卵却被共同遗传继承下来。在一天内数十万只雌海龟到同一个沙滩上产卵，这种集体性产卵与人类的集体行动都能获得报酬，集体主义是含在基因中的理性，表现为意识中的共同信念。

在生物学中，一种表现型的相对适存度是通过一个拥有这种表现型的个体的后代中拥有同一种表现型的预期后代数量来衡量的，即拥有这种基因型的后代的预期数量占最大预期后代数量的比例。在一个充分简化的生物学模型中，繁殖的方式是无性繁殖，而且子代可以完全复制父代的表现型，这样一来，拥有任何一种表现型的人口比例的预期增长速度是直接与这种表现型的相对适存度成比例的。如果用"预期效用"替代"预期后代数量"，同时假设与更高的预期后代数量导致父代所拥有的基因型的频率上升一样，更高的期望效用也以某种相同的方式导致与之关联的行为的频率上升，那么我们就可以得到一个复制者动态的经济体。（Sugden,2001, p.119）

如果分工为保持"容颜"，在原子的水平是保持基态的稳定，在分子水平是保持化学键的稳定，在细胞的水平是简单复制分裂，在人的水平上，因为两性繁殖会发生夫妻和父子的利益冲突，这样会出现更复杂的在保持"容颜"上计算"预期效用"的问题。无论是无性繁殖还是两性繁殖，如果"预期效用"都指向预期的后代数量或者预期的基因遗传成功几率，基因预期遗传成功几率表现为人体性状特征预期复制的成功几率，当这些目标转化为人间的问题，就成为复杂的社会问题，转化为各种策略和分工的预期效用的最大化问题。

如果假设预期效用的计算，不是通过本能的安排，而是通过复杂博弈理论有意识的计算的成果，如果每个人都有这样的计算，然后基于这样的计算形成行动策略，这显然是一个非常复杂的不完全信息动态博弈。理性计算的预期无法实现，理性策略需要不断调整，最后形成完全非预期的均衡。这时候，理性计算和理性决策可能只是一些环节上的行为，成为一些分工的形式，只有最终均衡才是重要的。

如果均衡形成一个关于种群的进化稳定策略，从种群的性别选择、性状特征选择、双亲抚育选择到人类社会的一夫一妻制的家庭、氏族、部落；从习俗、惯例到道德、法规的文化文明。如果这是一个博弈精炼均衡——不断剔出弱占优策略（剔出吸引力较弱的纳什均衡）的过程，如果形成一个被称为"信念"的契约，那么这个信念就是种群共同的理性——一个种群进化稳定策略。

　　如果信念是基于种群的预算，是种群基于不同分工形式的预算基础上的"信念"，是这些经济主体分配预算的效用最大化的策略，是不同经济主体博弈之后的唯一均衡。就预算的含义，预算限制不会给吸引力较弱的纳什均衡出现的机会，弱占优策略可能只是博弈论经济学家的思考假设。信念作为种群的共同理性——共同的契约（习俗、惯例、法律和道德的初始条件）是最优的博弈均衡。

# 第九章　分工的供给、需求和价格

偷盗别人机会和监视别人偷盗机会组成创造财富的劳动分工。

## 第一节　分工原则

### 一、世界可能性曲线的改变

在能量守恒的约束下，能量不增也不减，世界处在能量守恒前提下的可能性边界上。假设世界存在 A 集形式和非 A 集形式，所有形式构成一时间点上的世界呈现，由于能量、电荷和质量守恒，物质的运动体现为 A 集形式和非 A 集形式的相互转化，处在如图 9-1 ①的可能性曲线上。在非 A 集和 A 集形式的相互转换的过程中，需要做功，过程中有能量转换，能量不能完全转换和不可逆，会出现新的形式 α 集，非 A 集和 A 集的不同方式相遇也会诞生新形式，在这里一并定义为 α 集形式，如图 9-1 ②

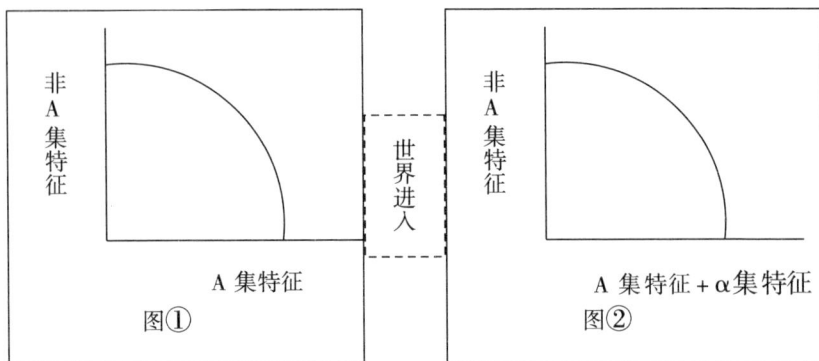

图 9-1 新形式的出现

能量转化遵循能量（质量 $E=mc^2$）守恒和电荷守恒定律（相对人的两个最基础的原型契约），新生形式出现在世界可能性边界上，无论这条线是能量守恒线还是电荷守恒线，改变需要同时遵循这两个定律。那么一定存在着一个切点，使得在该点上各种形式的组合符合能量守恒和电荷守恒定律，这个点在时刻 t 是唯一的，构成与时间的一对一关系，在连续的时间点上，世界形式处在人观察的均衡状态。如图 9-2 其中一条是关于能量守恒的可能性曲线，另外一条是关于电荷守恒的可能性曲线。

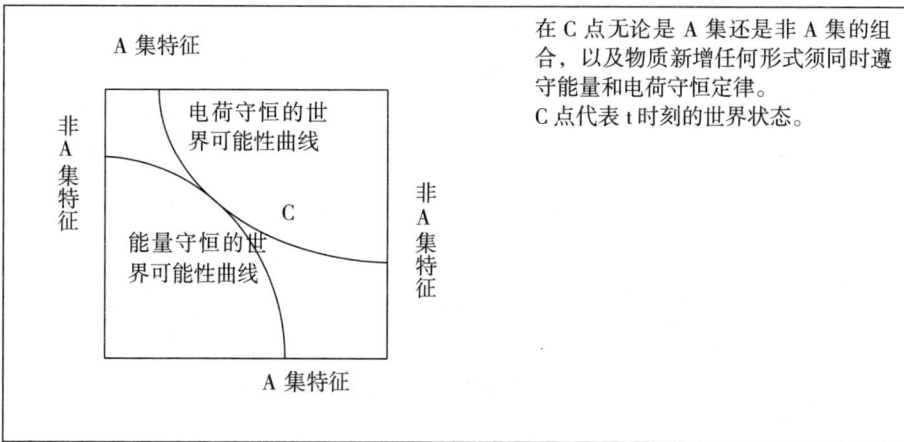

图 9-2 世界 t 时刻的状态

## 二、一个人分工的预算约束

人被人类自行认为可以主动有意识地制定策略的一种存在，其实，人类行为不过是对它继承的生物的策略的沿袭、复制、分形然后复合的过程。就像人成为世界的一类分工形式，人类制定策略是新分工产生的过程。

分工为别人创造效用，也是为获得别人创造的效用，如萨伊说：一种产品一经生产，从那时刻起，就给价值与他相等的其他产品开辟了销路。分工是为交易不同功用的效用，交易产生剩余，获得分工服务租金的同时，也为交易的对方创造了剩余，对方的分工服务也获得了租金，双方通过交易均能获得剩余。

每个人的可支配资源有限，有关于分工投资的预算约束，是一条供他支配的劳动和资本的预算约束线，不同的人的资源预算差别很大。每个人的劳动都是在创造效用组合，市场上有关于他的劳动创造的效用组合的评估，存在一条市场评估的效用价值相等的无差异曲线，这条曲线与主流经济学的等产量曲线同义。如图所示，等价值效用组合曲线与他的预算线相切于 C 点。

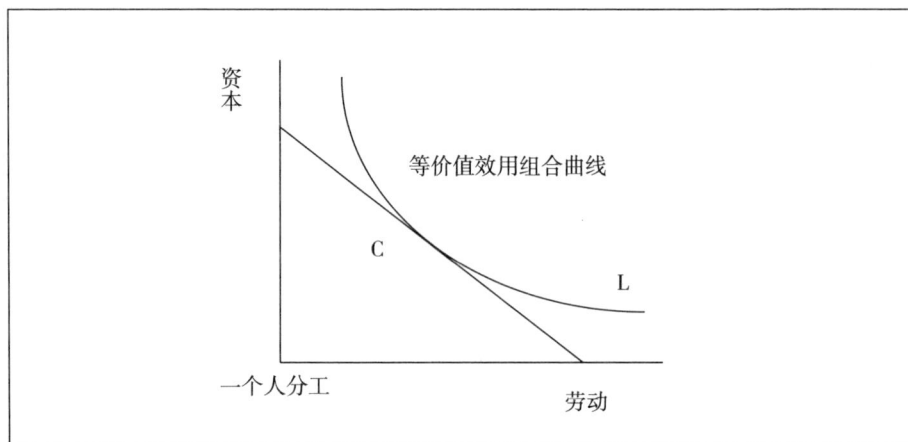

**图 9-3 人的分工预算与社会的需求**

这点是他能为社会创造的效用组合，是他最有效率地利用他的劳动和资本预算所能创造的效用组合，这个人的分工是他的预算线上 C 点他的劳动和资本的组合。由于每个人的等价值效用组合曲线与资源预算线不一样，每个人的分工也不一样。

## 三、一个人分工的效用可能性曲线

每个人可以创造基于资源约束的很多效用组合，存在关于他的资源预算约束的效用可能性曲线。由于比较优势，每个人的效用可能性曲线不一样，市场有关于每个人创造效用的评估，存在一条市场关于该人能创造的效用价值相等曲线——无差异曲线，两条曲线相切于 C 点，如图 9-4：

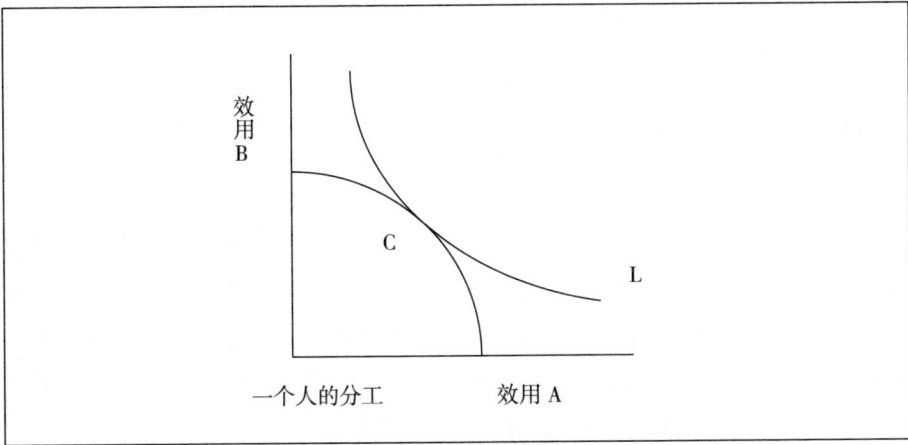

**图9-4 一个人分工的效用可能性边界与无差异曲线**

C点是资源配置的最优点，在这点效用A与效用B的边际转换率 = 边际替代率，是这个人与市场达成交易的点，在C点，这个人获得与其创造的效用组合市场价值相等的另外的效用组合。C点包含所有这个人与社会的契约关系，是这个人与社会博弈的均衡点。

分工是具有偏好的存在形式，图9-5的A、B可以看成两个不同性状特征或两个不同分工的家庭，可以从不同的层次和方面理解分工。

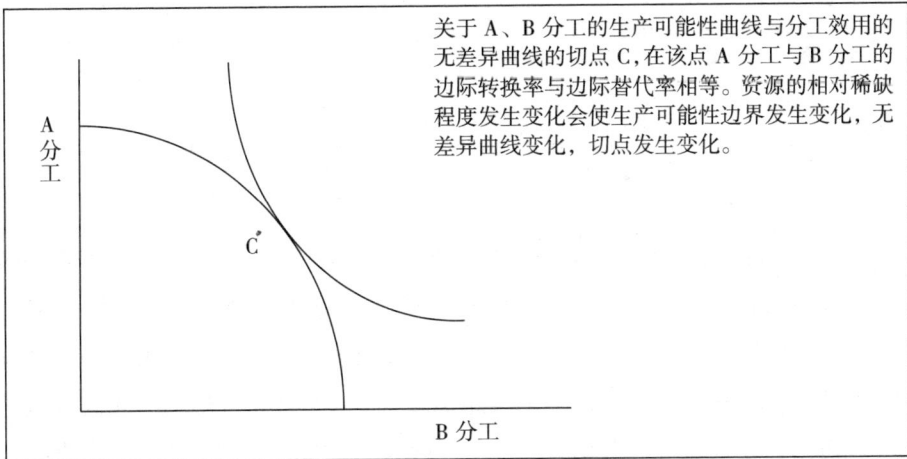

关于A、B分工的生产可能性曲线与分工效用的无差异曲线的切点C，在该点A分工与B分工的边际转换率与边际替代率相等。资源的相对稀缺程度发生变化会使生产可能性边界发生变化，无差异曲线变化，切点发生变化。

**图9-5**

分工在一定的时间段发挥的功用就是效用，在这个持续的时间段内，人以其分工履行与自然和社会的契约。劳动分工经交易形成的剩余积累为社会财富。

## 四、一个人分工的两种效用

不同的人创造的效用可能性曲线不同，个人消费的偏好和消费的效用无差异曲线也不同。假设一个个体在决定生命周期（时间）预算分配于两种互相独立的分工：偷盗和监视偷盗。对这个人，偷盗和监控偷盗创造的效用存在一条无差异曲线，如图9-6：效用无差异曲线与预算线的切点是该个体的分工。分工决定于个人的预算约束和效用的无差异曲线的切点。

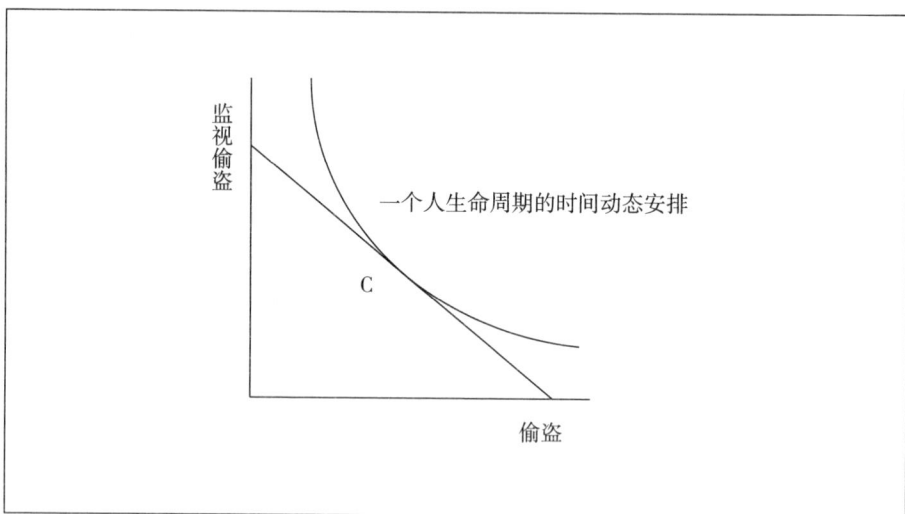

监视偷盗

一个人生命周期的时间动态安排

C

偷盗

**图9-6 一个人一生的分工规划**

偷盗和监视偷盗是一个人分工组合的两个方面，任何一个人展开劳动都是对资源和市场机会的占用，在这样的意义上，增加另外一个人获得该劳动机会和竞争资源的难度，任何行为是一种偷盗行为。监视偷盗是人要分出时间付出劳动履行的一项任务，是一个人监视另一个人可能不合规则（他认为的规则）地占用其他人机会的劳动付出。关于政府、公共事业单位和国有企业的监管部门占用很大一部分社会资源，同时，由于这些部门雇员工资收入基本固定，所以组织内部雇员间的监管行为也占用很大一部分时间。

偷盗和监视偷盗是一个人分工组合的两个方面，创造的效用也不相同。

如图 9-7：

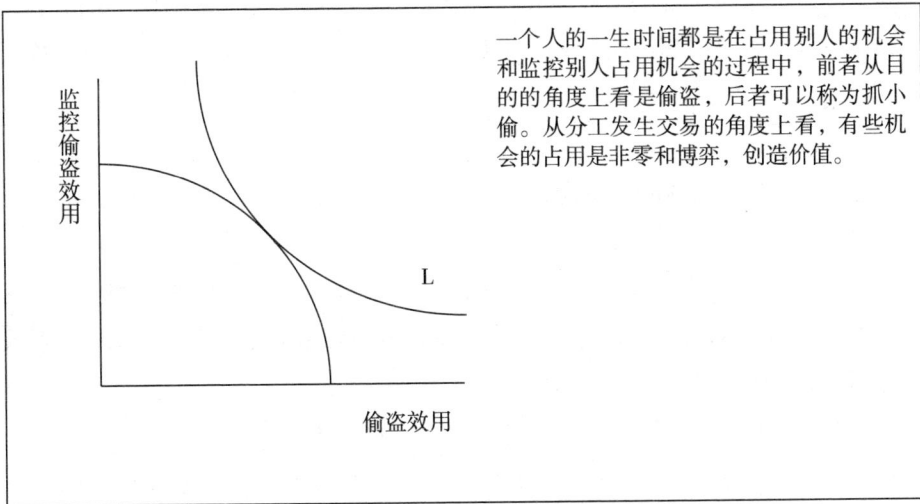

一个人的一生时间都是在占用别人的机会和监控别人占用机会的过程中，前者从目的的角度上看是偷盗，后者可以称为抓小偷。从分工发生交易的角度上看，有些机会的占用是非零和博弈，创造价值。

**图 9-7 偷盗和监控的效用的可能性边界与无差异曲线**

预算约束和效用无差异曲线相对不同个体的差异互相界定，界定不同个体的分工。市场通过比较选择最适应的人承担相应的分工，因此，这一分工也成为这个人的最优策略。

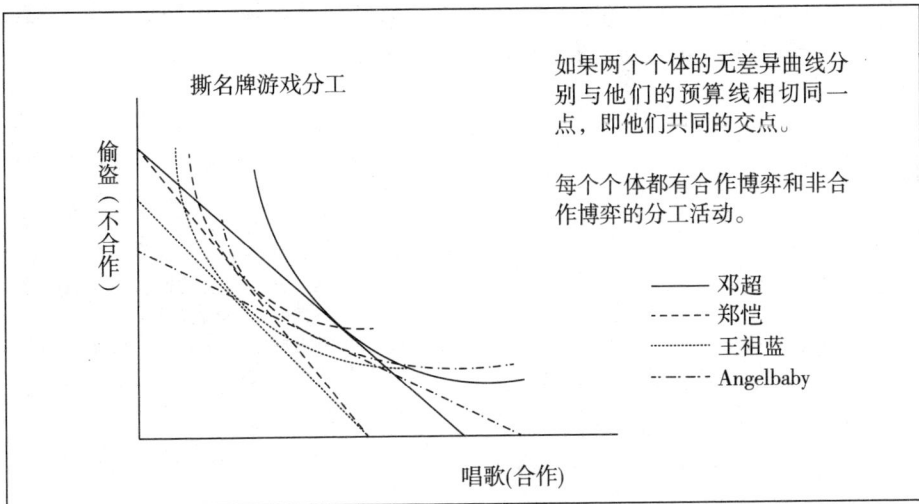

如果两个个体的无差异曲线分别与他们的预算线相切同一点，即他们共同的交点。

每个个体都有合作博弈和非合作博弈的分工活动。

—— 邓超
------ 郑恺
········· 王祖蓝
—·—·— Angelbaby

**图 9-8 "奔跑吧，兄弟！"的分工**

在"奔跑吧，兄弟！"游戏中，选手根据设定的规则，通过分析对手，确认自己的比较优势，确定自己的游戏策略。如图9-8：选定的策略体现不同预算下不同任务（效用需求）所采取的策略，体现在这一活动中不同的角色给观众带来的快乐。这个游戏本身形成一个分工组合，成为观众需要的娱乐节目。

## 五、分工的互补和替代

一种商品的价格增长使另外一种商品的需求增加，这样的两种商品互为替代品。一种商品的价格增长使另外一种商品的需求下降，这样的两种商品互为互补品。

对于两种分工而言，在一个市场上，一种分工价格增加会使另外一种分工的需求增加，这样的两种分工互为替代品，比如种麦子的人和种玉米的人。同样在一个市场上，一种分工价格增加会使另外一种分工的需求下降，这样的两种分工为互补品。比如建筑行业的泥瓦工和木工。

从占有资源的角度上看，如果两种属性的分工占用的资源有相似的部分，分工之间总是竞争的。

宗教组织和政府组织在人类历史的不同时期发挥不同的作用，对一资源有限社会，存在关于宗教和政府两种分工的资源配置预算约束线，社会对这两种分工的需求有一条效用无差异曲线。

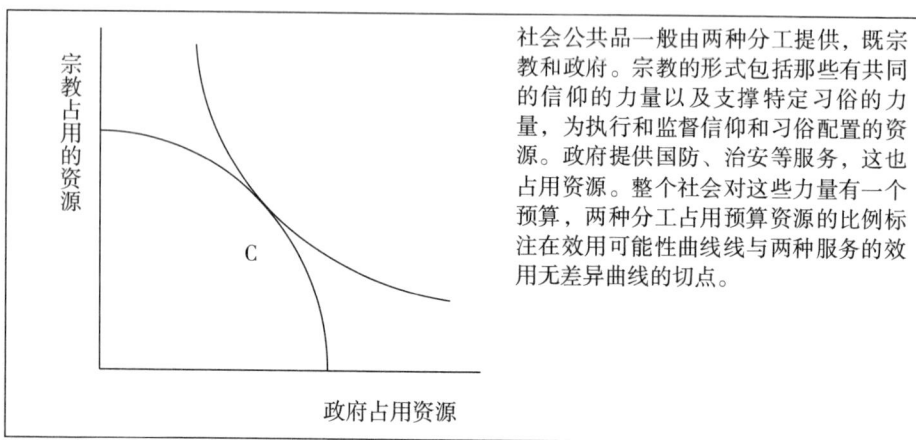

社会公共品一般由两种分工提供，既宗教和政府。宗教的形式包括那些有共同的信仰的力量以及支撑特定习俗的力量，为执行和监督信仰和习俗配置的资源。政府提供国防、治安等服务，这也占用资源。整个社会对这些力量有一个预算，两种分工占用预算资源的比例标注在效用可能性曲线线与两种服务的效用无差异曲线的切点。

图9-9 公共服务的可能性曲线与效用无差异曲线

除了宗教和政府这两种分工，还有可能存在黑帮，这些部门有时互补，有时替代。社会在非正式约束（宗教）和正式约束（政府）之间选择管理公共品和公共服务。

## 第二节　分工的需求与供给的价格弹性

### 一、需求的价格弹性

某种劳动分工需求弹性决定于获得该分工的替代品的难易程度，一种很少有替代品的分工的需求曲线是陡峭的：价格的变动引起需求量变化的幅度很小。一般地，分工的需求弹性取决于两个因素，分工与替代品的相对价格和进行调整需要时间的长度。在短期，由于没有多少时间对价格变化进行调整，需求曲线一般弹性小；在长期，需求曲线一般是有弹性的，也就是说，长期来看，市场会发现替代分工从而改变现有的分工体系，价格的变化会引起需求量更大的变化。如图 9-10：

在人类刚从蒙昧进入认知的时代，巫术服务相当稀缺，在开初几乎没有替代品，在短期，巫术只限于很小的服务领域，人对他们不熟悉，习惯于原有的日出而作，日没而息，巫术只为少数事务提供服务。对巫术服务的价格改变，也不能引起需求量的很大改变。但从祭祀、祈雨、治病和招魂到控制爱情、生长、运气、健康和财富，需求领域不断增加，巫师数量不断增加，对巫术服务价格改变，会引起需求量得很大改变。在更长的一段时间，巫师逐渐被牧师、哲学家、医生、心理学家和经济学家替代，由于巫师的服务可以被替代，因此巫师相对这些服务的价格的改变会引起对巫师需求量的很大改变，当然也与人的认知水平（效用的认定）有关，在一些城市角落、一些偏远农村和一些蛮荒部落仍然存在巫术一类的服务供应，但显然巫师不再风光。如果把上述所有这类职业的从业者归为一类分工，这类分工短期需求的价格弹性较低，长期需求价格弹性较高。

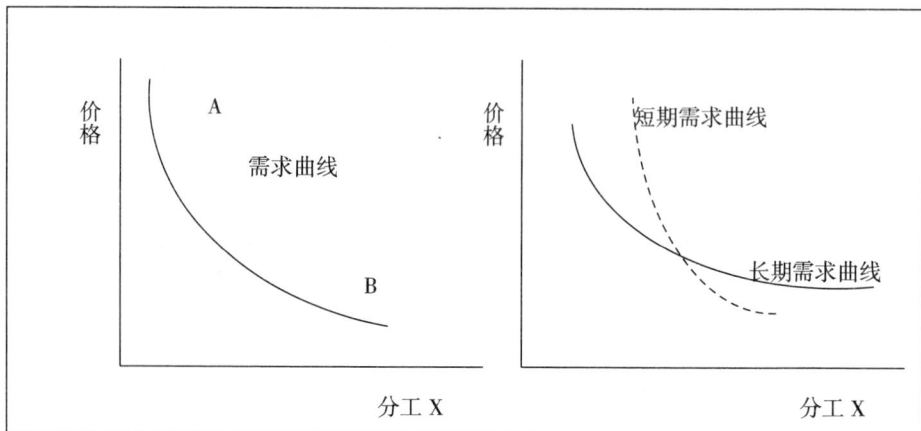

图 9-10

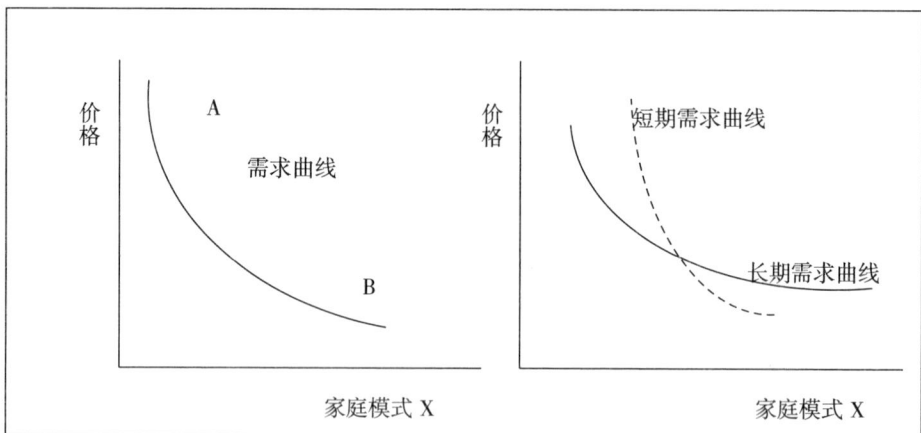

**图 9-11 分工需求的价格弹性**

假设家庭模式 X，作为一种社会分工，如图 9-11 所示，在 A 点附近，需求曲线相当陡峭，近于无弹性，这点附近，寻找替代品很难，即使价格发生很大变化，需求量的变化也很小；在 B 点，需求曲线非常平缓，且弹性非常大，这点附近寻找替代品很容易，价格的微小变化会引起需求量的变化很大。在短期内，由于没有多少时间对价格进行调整，需求曲线一般是无弹性的，当时间较长，为了降低成本，替代分工会出现。通过分工发现新的家庭模式 Y 可以代替家庭模式 X，家庭 Y 可完成相同的社会功能，比如，使用相同价值的资源，家庭 Y 生殖和养育子嗣的效率要比家庭 X 高。如果家庭 X 占用资源相对家庭 Y 的机会成本高，家庭模式 X 将被取代，这是历史上家庭模式演变的过程。从自给自足的家庭到参与整个社会分工的家庭是家庭模式的演变。分工不断创新驱动家庭模式的演进。

## 二、供给的价格弹性

分工 X 和分工 Y 的供给曲线倾斜程度不同表明两种分工供给的价格弹性差异，分工 X 接近无弹性，随着价格上升，供给量的变化很小。分工 Y 是有弹性的，随着价格的上升，供给量变化很大。这主要是不同分工占用的资源的不同造成的，如果一种分工占用的资源很少有替代品，该种分工接近无弹性。一种分工占用的资源很容易找到替代品，那么该种分工的供给量很容易随着价格变化。如图 9-12：假设分工 X 为建筑设计师，分工 Y 为建筑工，从图中看出，建筑师的服务价格变化对建筑师的供给量影响很小，相反，建筑工价格的变化会引起供给量的很大变化。

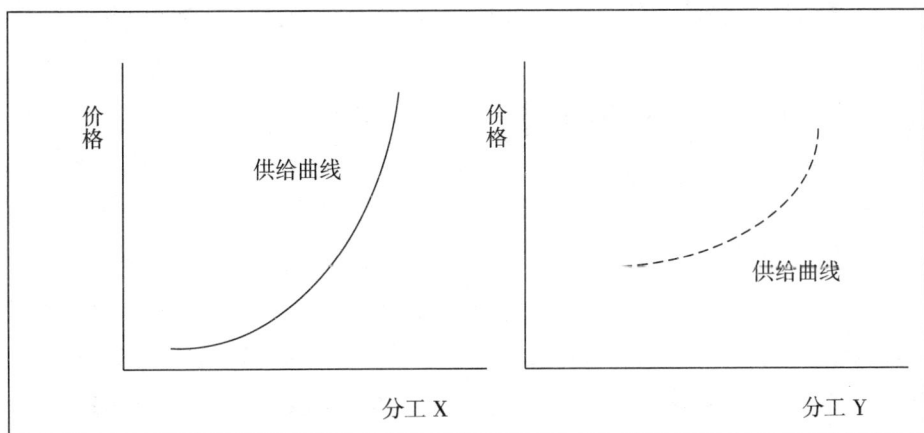

图 9-12 分工供给的价格弹性

与需求曲线上各点的需求弹性各不相同一样，分工的供给曲线上每个点的供给弹性也不一样，如图 9-13：以中国农民建筑工为例，在过剩供给区域，市场价格的微小变动也会引起供给量的很大变动，随着价格的上升，建筑工的供给量逐渐减少，价格的变动只能引起供给量很小的变动，当价格增加到一定程度，农民转移到建筑工的数量极其有限，价格再度提高，建筑工的供给量也很难增加。

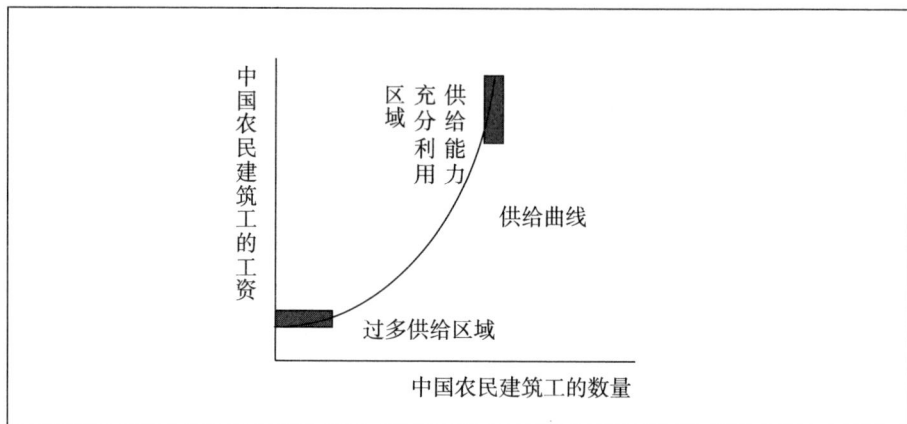

**图 9-13 分工长短期供给弹性的差异**

与需求一样，分工的供给对价格的反应也分为短期和长期，同样，长期供给弹性大于短期供给弹性，如果定义分工的供给短期为初始投资形成的固定资产（包括有形资产、无形资产以及专用性投资假设的理念执着期）的存量时间，这一定义适合个人、组织和社会对分工的初始投资形成的固定资产存量时间。分工的长期供给期限指个人、组织以及社会可调整分工固定资产投资的时间。

如图 9-14：分工的长期供给弹性大于短期的供给弹性。一个会务农的30岁的东北二人转演员，对他个人而言，自小学唱二人转，小时候放弃正常求学等于放弃一切进入高端职业的机会。如果他还放弃其他技能的学习，短期他的时间分配只能在务农和唱二人转之间分配，唱二人转收入高的时候他会放弃务农专门唱二人转，否则他专心务农。并且由于其他技能的学习在一定的时间是可以实现的，长期是可调整的，他唱二人转的短期供给弹性要小于长期供给弹性。对于一个由农民组成的二人转剧团和一个社会对二人转演员的分工供给均存在上述规律。一个执着于二人转的演员的服务供给相较于不执着的二人转演员（演小品或根据农时调整服务时间）的服务供给，前者的弹性要小，这也是短期供给弹性小于长期供给弹性的原因之一。

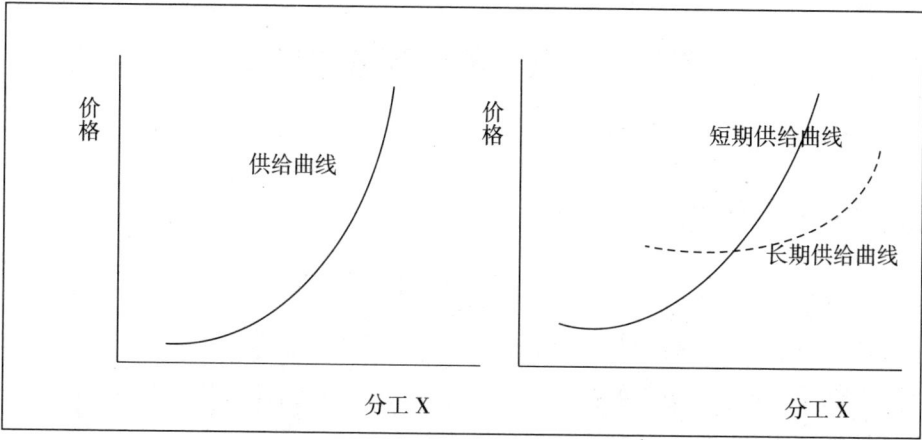

图 9-14 分工长短期的供给弹性

对于包含性状和经教育学习的分工供给的家庭模式也存在上述规律约束，如图 9-15。如果定义这样的家庭是某种特定性状或特定分工的供给，这样的家庭成为一种社会分工形式，对于特定模式的家庭，比如供应长头发美女的家庭，这样的家庭模式的供给的长短期定义要较二人转演员供给的长短期的时间要长，这不仅是社会的投资，还包含自然的选择，但无论如何由于自然和社会存在预算约束，存在调整的可能性，长头发美女的性状供给长期的供给弹性要大于短期供给弹性。

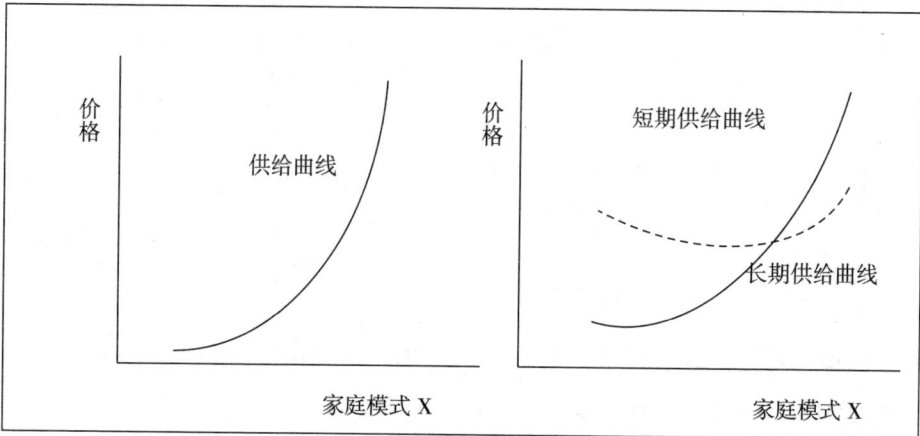

图 9-15 家庭模式的供给弹性

# 第三节  分工的边际效用递减

## 一、分工的边际效用递减

每增加一单位的分工服务所增加的效用会愈来愈少，对任一劳动分工的消费者，分工的边际效用总是递减的，消费者的支出意愿随着分工服务供应的增加而降低，社会对分工的投资意愿也逐渐减少，因为任一分工的边际供给增加的效用对社会而言也是减少的。

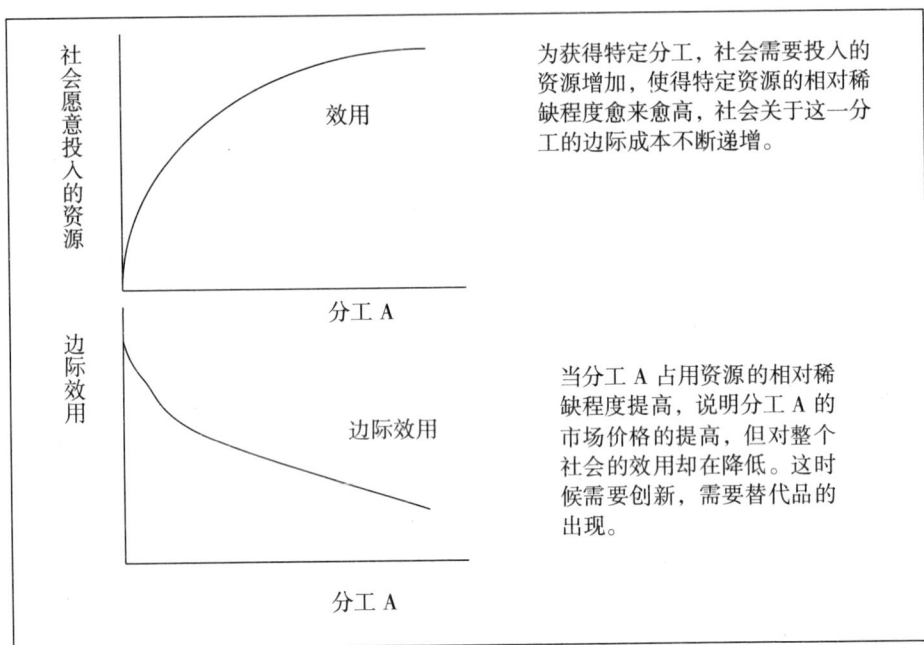

图 9-16 分工的边际效用递减

如果一种家庭模式称为一种分工，是指一家庭在生物学、生态学和社会学的意义上承担不同功用的分工，一种家庭模式在生物、生态和社会上的边际效用递减，自然在生物、生态和文化资源上对一种家庭模式的投入的增加，使得相关资源的稀缺程度提高，同时，边际效用逐渐降低。

劳动分工是指不同价值的资本和劳动的组合和应用，两种分工效用的可能性边界是凹向中心的曲线，表明任一分工在资源给定，技术条件给定的前提下，边际效用递减。

任一时刻的分工格局在连续的下一个时间点不再相同，均衡连续变化，新社会由新的社会分工表演，也伴随原旧分工力量的减弱和消失。导致和影响分工变化的除了边际效用递减还有需求的变化，替代品会以各种分工和角色方式出现。这由创造相同效用的分工的比较优势决定。更有效率地利用稀缺资源是进化驱动力，分工演示进化。当一分工对市场需求的效用贡献上有更高效率的替代品，替代发生，新的分工成为社会群居舞台的主角。

进化是变化，是两个分工或多个分工竞争同质资源呈现的变化，社会劳动分工是个体和组织竞争的结果，是如何保持不变而采取的变化策略，是为保持基因组合及其表达的性状特征尽可能不变而采取的策略。原分工由于边际效用递减，竞争能力下降，替代品——更有效率的分工出现。

## 二、边际效用与价格比相等原则

假设一孤立的群居社会，对这一特定的社会契约体，由于任一分工的边际效用递减，假设有 n 项分工，那么社会确定分工资源配置的原则是每一分工的边际效用与占用社会资源的相对稀缺程度的比值相等，社会选择的所有分工的边际效用与价格的比相等。对于任意两种分工 X 和 Y，其边际效用 $MUx/Px=MUy/Py$。

考虑私营企业部门和政府公共部门，假设 X 为私营企业部门，Y 为政府部门，对于一个社会的效用存在等式 $MUx/Px=MUy/Py$，家庭对这两种分工的支出和投入的意愿取决于其边际效用和价格的比，比值相等。假设政府只提供安全，企业部门只提供食物，这样构成一个社会分配资源模式。每种与社会达成契约的分工的边际效用被社会按效用价值评估，社会的选择点是这些分工的边际效用与它们的价格的比值相等。

人的分级、分等取决于任一个人的劳动的相对稀缺程度，即人的劳动价格。形成稳定的社会结构是通过使不同的人对社会的边际效用与相对稀缺程度的比相等，一个社会制度的改进方向在于发现不同分工的真实稀缺程度，制度的设定和执行是要有利于市场发现分工的稀缺程度，而不是影响和干扰市场对分工的稀缺程度的辨识。

# 第十章　分工效用无差异曲线及其应用

能思索的人时刻憧憬一个彼岸的世界，神和主义一样。多神引导的世界与多元概念主导的世界是有区别，但它们与一神和一元概念的目的一样，有些人想把人（包括这些人）装进思想的樊笼。

## 第一节　效用无差异曲线

### 一、效用无差异曲线的广义定义

对任一有预算约束的系统，无论这种预算约束是关于时间（长周期或短周期）、能量（物理或化学的）、资源（非生物或生物的）还是财富（生产资本或消费支出）或者这些参量复合的预算，这一系统任何两个变量总是存在关于这些参量之一或其复合参量的预算，这使系统增加一个变量的配置，必然使得另一个变量减少。对这一系统，对这两个变量的配置存在效用无差异曲线（indifference curve），在效用无差异曲线上，这两个变量的任何组合对系统的效用一样，但有且只有一条效用无差异曲线与系统相关参量或其复合参量的预算约束线相切，切点表达系统唯一可能呈现的事实。

效用无差异曲线是一条向右下方倾斜的曲线，斜率一般为负值。如图10-1所示。

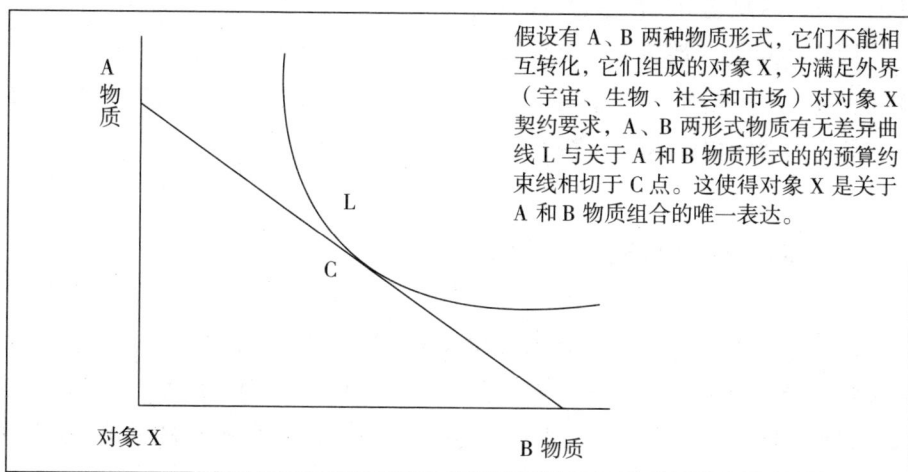

假设有 A、B 两种物质形式，它们不能相互转化，它们组成的对象 X，为满足外界（宇宙、生物、社会和市场）对对象 X 契约要求，A、B 两形式物质有无差异曲线 L 与关于 A 和 B 物质形式的的预算约束线相切于 C 点。这使得对象 X 是关于 A 和 B 物质组合的唯一表达。

图 10-1 物理化学契约点

对任一物理化学转换系统，存在能量预算约束。对任何两物质形式存在：A 物质和 B 物质的能量预算约束线，系统为增加一种形式的能量必须解除另外一种形式的能量占用。两种形式占用的能量不能同时减少或增多。为同时满足物理和化学约束，存在关于 A 和 B 物质的效用无差异曲线，即 A 物质形式和 B 物质形式的组合在这条曲线上对系统的物理和化学效用相等。存在能满足能量预算约束又能满足物理化学约束的点，这点是能量预算线与无差异曲线的切点 C。

对任一人类分析对象（呈现为人类意识中特定形式物质组合的一个契约体）与外界的契约关系如上图 10-1 所示：分析对象与外界在点 C 达成契约关系。这一契约可以是物理化学定律，也可以是商业契约或文化规则。这些契约是人发现的关于这一对象的知识。有时分析对象会与这些知识冲突，是人类认识的局限和对对象定义的错误所致。

这一原则反映（复制分形）在人类社会的形式是，对于任一社会中的两种分工，社会存在关于这两个分工的预算约束，并且这两种分工要满足社会的一定的效用，存在关于这两种分工对社会效用的无差异曲线，其中有且只有一条与社会关于这两个分工的资源预算线相切。切点是社会的现实表现。

这一原则也反映在厂商对其资源的配置上，由于厂商的资本预算约束，厂商对人力资源和资产资源的配置存在一条与资本预算约束线相切的等产量曲线，切点是厂商资源配置最优的点。这一切点表达厂商对他需要的所有生产资产的配置,这点是资源配置最优的点。

同样,对任一消费者,在收入与价格既定的条件下,消费者为了获得同样的满足程度,增加一种商品的消费就必须放弃或减少另一种商品的消费,两种商品在消费者偏好不变的条件下,不能同时减少或增多。

## 二、关于效用无差异曲线的一个推论

人必须履行物理、化学、生物和文化契约,但人认为人对文化契约的约束可以选择,这是不可能的。人被固定在宇宙一个时空点上幻想,在这个点上人想象神、依赖神,有时候认为自己是神,这些幻想连同幻想的成果也是这些契约的安排。

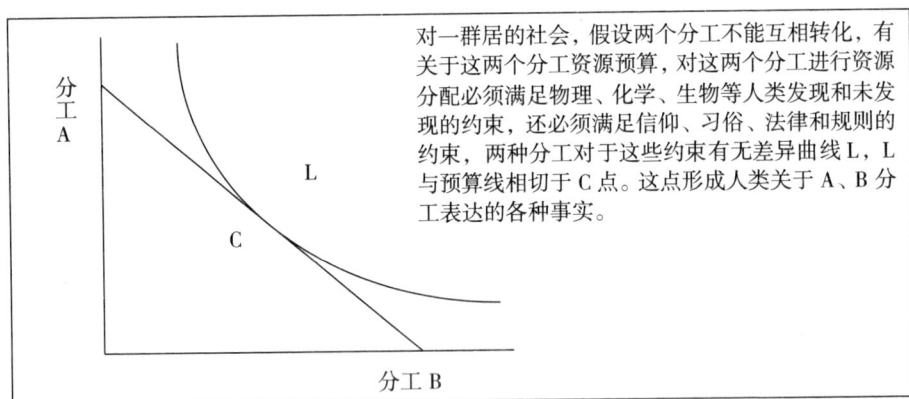

对一群居的社会,假设两个分工不能互相转化,有关于这两个分工资源预算,对这两个分工进行资源分配必须满足物理、化学、生物等人类发现和未发现的约束,还必须满足信仰、习俗、法律和规则的约束,两种分工对于这些约束有无差异曲线 L,L 与预算线相切于 C 点。这点形成人类关于 A、B 分工表达的各种事实。

图 10-2 分工的有效安排

一个人在他的物理的、化学的、生物的、文化的和资本的预算约束下,他的分工只能处在这条预算约束线与无差异曲线的切点,不存在可选择集。主流经济学认为有选择集是人类的思考过程,是人类能量消耗的方式,是人对其他存在的支付,甚至是创造选择集这一概念,并推崇这一概念而演绎理论体系的人与其他人交流和交易的方式,是这样的这些人的寻租。宏大且覆盖范围如此之广的语言容易被利用,是这些人的分工创造的效用,常人之间的语言沟通也带有这种普遍的欺骗方式,是欲求达成契约的邀约,这选择过程受人与其他存在的契约安排。

效用无差异曲线是人认识世界的一个方便途径,这受人的先天认知能力和后天知识积累的预算约束。

# 第二节　从无差异曲线推导分工需求曲线

## 一、推导分工的需求曲线

对于一种劳动分工，例如捕鱼，如果相对其他分工的稀缺程度发生改变，一个人使用货币买鱼相当于用自己的劳动（比如采集椰子）与捕鱼者的劳动进行交换。其单位时间的劳动收入发生改变，会有如图 10-3 的无差异曲线和需求曲线的关系：

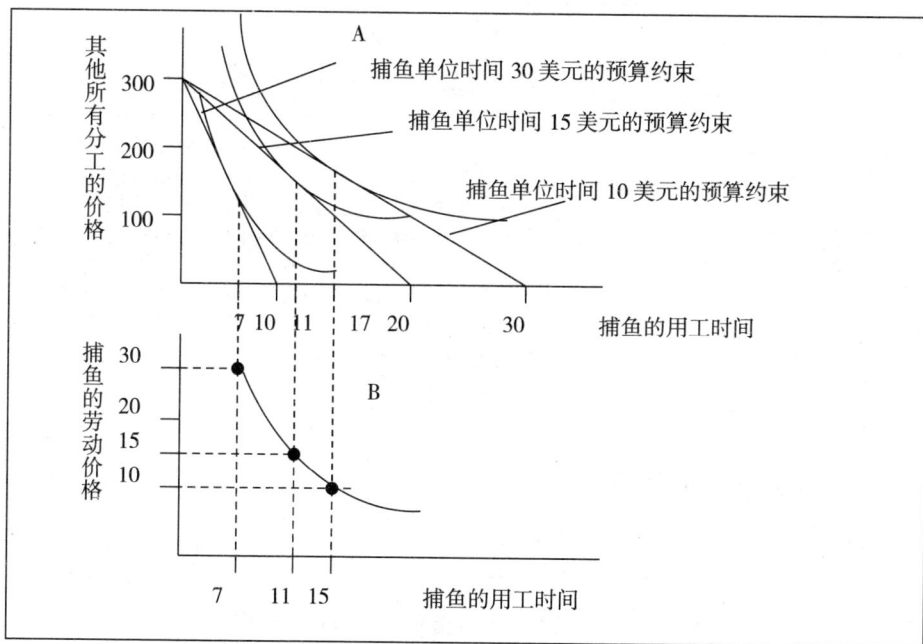

图 10-3 用无差异曲线推导分工的需求曲线

在主流经济学中，很容易找到图 10-3 及其解释。上图只是把鱼的价格和鱼的数量分别用捕鱼的劳动价格和捕鱼的用工时间代替。其意义在于，从商品市场的视角转入到劳动市场视角处理需求曲线，直接分析分工的比较优势与人选择的意义，每个人通过分工与社会形成不同的契约，获得通过比较机会成本抉择的行为——劳动分工的收益。

## 二、分工相对稀缺程度变化的效应

一种商品名义价格发生变化会对商品的需求量发生两种影响：一是因为一种商品的名义价格变化导致消费者所购买的商品组合中，这一商品与其他商品之间的替代，称为替代效应。二是在名义收入不变的条件下，因一种商品的名义价格的变化导致消费者实际收入的变化，从而导致消费者所购买的商品总量的变化，这被称为收入效应。

假设关于分工 α 和 β 有预算约束线，如果预算约束线发生变化会发生如图所示的效应，这由有关契约要求的相对稀缺程度确定，分工 α 和 β 相对稀缺程度变化引致收入效应和替代效应。

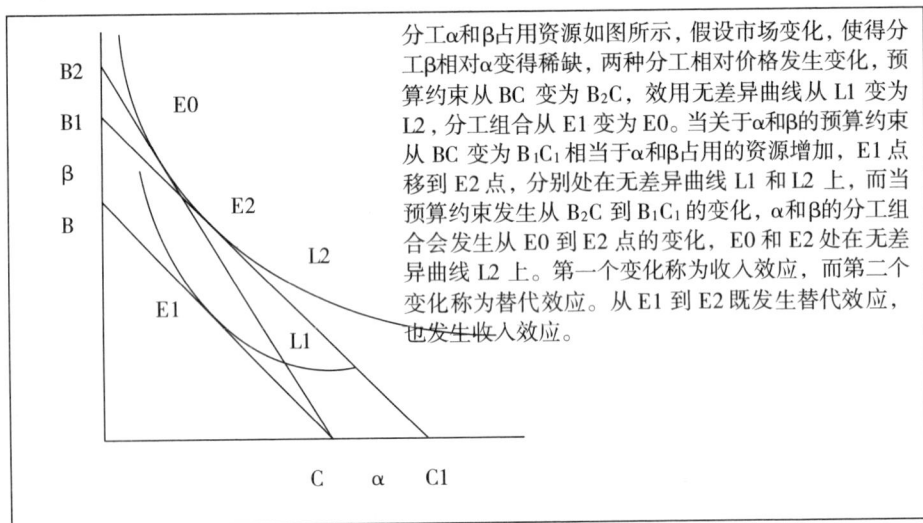

分工α和β占用资源如图所示，假设市场变化，使得分工β相对α变得稀缺，两种分工相对价格发生变化，预算约束从 BC 变为 B₂C，效用无差异曲线从 L1 变为 L2，分工组合从 E1 变为 E0。当关于α和的预算约束从 BC 变为 B₁C₁相当于α和β占用的资源增加，E1 点移到 E2 点，分别处在无差异曲线 L1 和 L2 上，而当预算约束发生从 B₂C 到 B₁C₁ 的变化，α和β的分工组合会发生从 E0 到 E2 点的变化，E0 和 E2 处在无差异曲线 L2 上。第一个变化称为收入效应，而第二个变化称为替代效应。从 E1 到 E2 既发生替代效应，也发生收入效应。

**图 10-4 分工价格变化的替代效应与收入效应**

购买者，一消费者、一家庭或一群居的族群受资源限制，一分工的供给量的增加，导致其价格下降，会导致购买者采购所有分工效用的总量的增加，相当于购买者的收入增加。一分工的价格下降（上升）导致购买分工服务总量的上升（下降）的这部分效应是分工的收入效应；如果一分工的价格下降（上升）会导致购买者用这一分工效用（另一分工效用）替代另一分工效用（这一分工效用），这被称为替代效应。通常收入效应和替代效应都发生。

假设社会对分工有预算约束，预算由关于该分工的契约界定，这些契约预算在一段时间相对固定，这是经济学的短期概念。

如果把家庭模式视为社会分工，定义为家庭 α 和家庭 β，不同模式的家庭的相对稀缺程度变化对有预算约束的社会发生替代效应和收入效应。这不是主流经济学定义的经济变迁的长短期能描述的。

假设社会对瓦工、厨师、保安、歌手、虔诚满满的教徒和欲望赫赫的恶人有预算约束，当他们之间的相对稀缺程度发生变化，也会发生社会关于他们的服务的替代效应和收入效应。

### 三、用效用无差异曲线推导资本是劳动的积累

图 10-5A 表示一个人的闲暇和消费之间存在一条效用无差异曲线和一条预算约束线，无差异曲线上的任何一点对他的效用是相等的。他可能有很多期望组合——有很多效用无差异曲线，但只有这条符合要求，因为只有这条无差异曲线上的一点 C 与他的预算约束线相切，这是他的最好选择。他的劳动分工在市场上的相对稀缺程度 ω－工资是预算约束线的斜率，也是闲暇和消费的边际替代率。一个人的劳动时间的多少既取决于他对闲暇和消费的偏好，也取决于他的劳动价格。

图 10-5B 表示这个人现期消费和未来消费之间存在一条效用无差异曲线和一条预算约束线，在这条曲线上的任何一点关于现期消费和未来消费的决择的效用组合相等，当然他可能有更高的期望，但只有这条线与他放弃闲暇而努力工作的劳动收入的预算约束线相切，切点是他可能的也是合意的选择。预算约束线说明个人现在放弃一个单位的消费可能未来获得 1+r 个单位的消费。（预算约束的斜率 =1+r，）斜率是无差异曲线在此点的关于未来消费和现期消费效用的边际替代率，所以个人进行储蓄决定于资金市场利率 r，决定于把多少钱变为资本储存起来的利率 r。

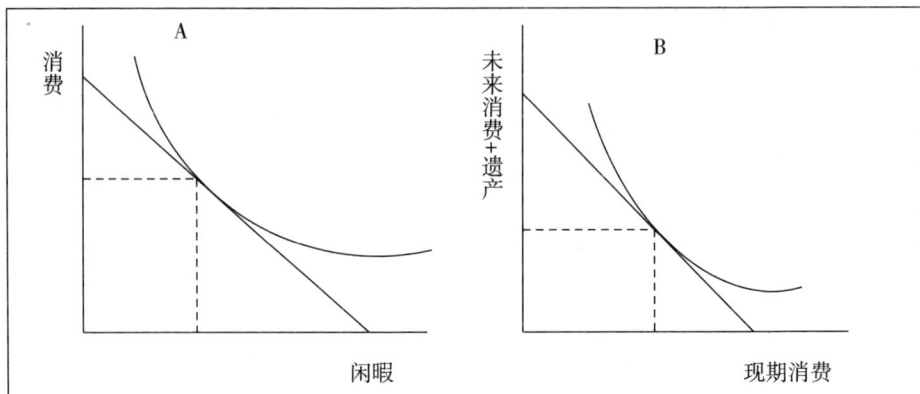

**图 10-5 推导资本是劳动的积累**

图 10-5 所示，人在一定的预算安排下，人可以选择：闲暇还是劳动以满足消费；使用劳动收入进行现期消费还是进行储存转成资本积累以便进行远期消费。闲暇、消费和资本积累的效用可以互相替换，资本是劳动的积累。

## 四、用效用无差异曲线推导政府之不可能

如果资本利率 r 由市场决定，似乎公平。如果由政府干预决定，不仅存在资源配置的时间上的不当，其中的一部分可能会变成政府征收的税或其他形式征收的费。关于政府支出的效用无差异曲线如图 10-6 所示：

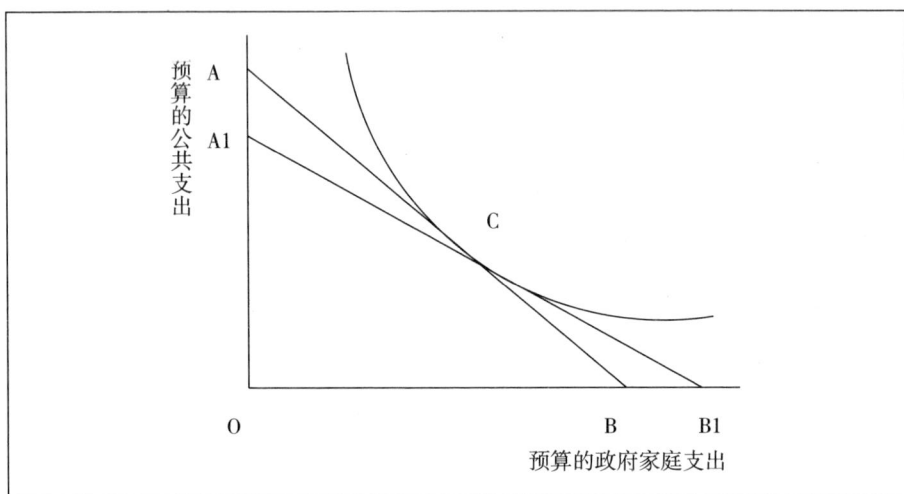

**图 10-6 公共政策的不可能**

政府税收政策的改变，会改变收入，改变下期预算约束。但就同一预算，面对当前的比较优势形成的分工，政府的政策和预算安排是唯一的，是政府的最优安排，也是最有效率的安排，是所有分工搭成的最好社会系统结构。

政府时刻有改变预算安排以使对政府家庭的支出增加的动机，假设有斜率不同但预算额度相等的两条预算约束线，如图10-6，AB 和 A1B1，且它们相交于 C 点。根据几何知识，过一点，与一条无差异曲线相切的直线只有一条，不存在一条无差异曲线与两条预算线相切于它们的交点 C 点。如果存在一条效用无差异曲线与其中的任何一条预算线相切除 C 点而外的任何一点，都必然与当前的效用无差异曲线相交，但同一预算的效用无差异曲线不能相交，不符合效用无差异曲线的定义。

上述结论适用任何一种预算安排，在当前的预算安排下，一种预算只有一个效率的资源配置方式，现实的分工组合是唯一可能呈现的社会状态，切点 C 表达现实的分工的契约组合。这一过程证明第二章第二节 2.3 部分的结论：世界线是唯一的可能存在轨迹。只是现实的变化和人类的反思使人觉得过往应该有其他可能。政府对预算的操纵或改革不以政府的意志转移，现实是各种分工寻租的结果。

## 五、政府的可能

一社会的分工集合搭建的社会等级化专业化的结构是确定的，有什么样的角色分工决定什么样的契约结构（社会制度），决定政府部门与私营部门以及领袖与普通人之间的契约。这一被固定未来轨迹的契约变迁也必然包含个人的和组织的策略的变迁，在现有契约和制度变迁过程中，政府的可能是政府寻租采取新策略相对主动，而私营部门和普通人相对被动。

唯一的轨迹只是证明下述的策略安排是唯一且预期有可能存在，通过保证公开收入——单人工资固定，但服务的数量和质量不受监督，那么政府公务员显然有动力增加闲暇时间，减少服务时间——通过偷懒和增加政府公务员人数以分担工作，这是世界上所有政府的共同表现。如果对政府公共权力的使用监督很松，在诸如许可证发放、定价、行业和区域差别性税收和补贴、政府投资、支出和转移支付中有权力寻租机会，政府官员必然贪腐，这部分计入预算对政府家庭的支出。

通常政府在提高其家庭收入和维持政治稳定以期长期寻租之间有如图10-7的效用无差异曲线，并且政府对此有其预算安排。但大部分政府并不是通过提高服务质量以达到这样的目的，政府往往通过意识形态教育和提高安全和稳定——以公共服务的名义进行预算安排，这也是一种贪腐方式，尽管这种方式产生外部效应，但不能证明这对整个社会一定有利。

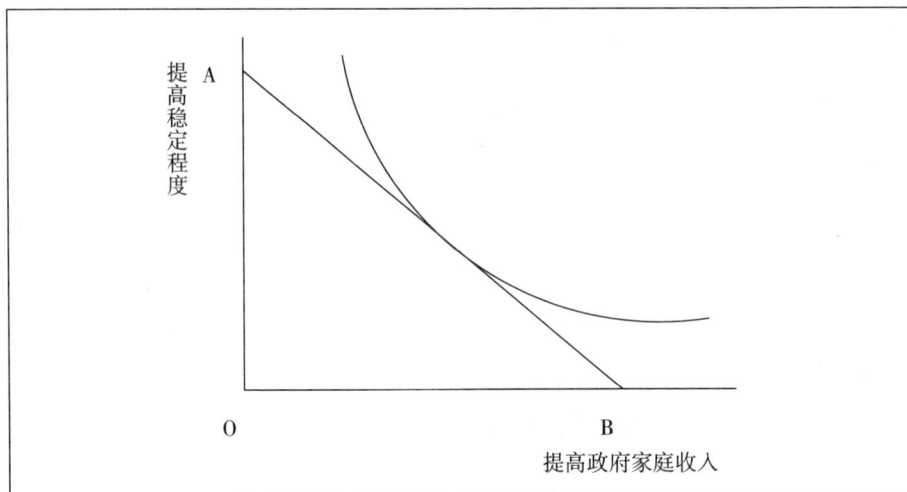

**图10-7 政府的预算安排**

提高政府家庭的收入是政府行为的唯一驱动力，其一是提高税收——提高税基和提高征税比率，税制设计通常与GDP增长有关，GDP通常是一些主要税种的基数，比如增值税和营业税。所有这些动机促成的改变必然影响收入，从而影响下期的预算，形成新的分工和契约安排。

# 第三节　分工的边际转换率与边际替代率

## 一、再证明分工的边际转换率与边际替代率相等

世界影响人类的事件不会如任何人的预期那样发生，无限的欲望需求不可能成为现实。已经存在的契约安排形成的事实被欲望驱动，寻租形成新的分

工和达成新的契约。

如果两种分工出现在效用的可能性边界上，社会资源配置就是有效率的，并且社会对这两种分工的需求的效用存在一条无差异曲线，如果这两条曲线相切。即存在效用可能性边界与效用无差异曲线相切的点，在这点，分工的边际转换率＝分工的边际替代率。如图 10-8：

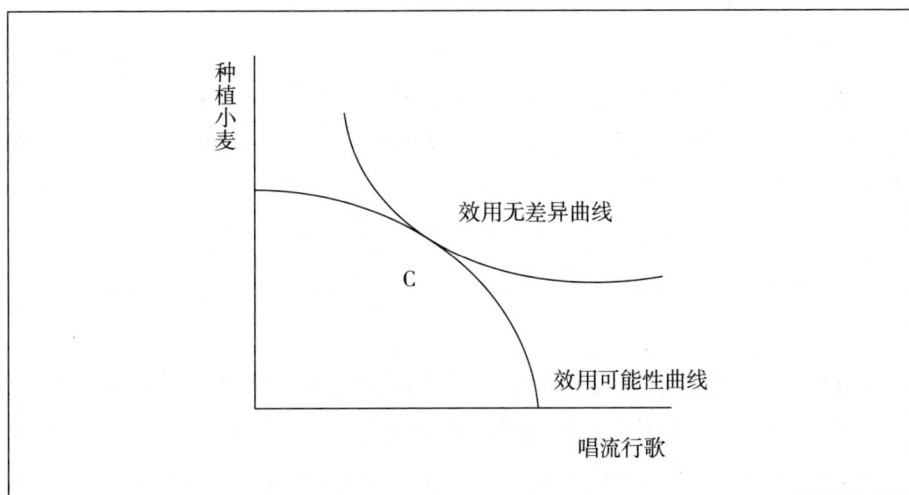

**图 10-8 小麦种植和流行歌手的效用组合**

一般地，主流经济学认为，这点是完全竞争市场的帕累托最优，即不存在损害任何一个人的道德、制度的改善发生。如果把道德维护和制度执行和改善也看作是一种分工，不认为损害人的变化是帕累托改进的逻辑障碍，把改善也可以是破坏称为一种分工。从分工的角度分析，经济学最优应该是任何改善，即便是创造垄断的改变，技术创新、制度改进、违约、违法一定在分工的效用可能性边界上，并且是与社会需求效用的无差异曲线的切点 C，在这点，两种分工的边际转换率与社会需求的效用无差异曲线的边际替代率相等。

存在任意两种分工，如果其中一种分工相对另外一种分工利用资源的效率提高，即达到相同效用使用的稀缺资源减少，或使用相同的稀缺资源却提高效用，这时，前一种情况使效用的可能性边界发生变化，后一种情况使效用的无差异曲线发生变化，无论哪种情况或者两种情况同时发生，新的平衡点依旧是分工的边际转换率＝边际替代率。人类所能做的只是将他们分别发现的资源在不同的社会分工上分配，通过判断（限制于个人认知的范围）不同资源的相对稀缺程度，使得所有分工占用的每一单位价值的资源的边际效用相等。

## 二、分工的边际替代率、相对稀缺程度与价格

资源的市场价格表达资源的相对稀缺程度。市场上，每个人所能达到的效用组合最高的无差异曲线是与预算线相切的无差异曲线，无差异曲线在切点的斜率——两种资源在这点的边际替代率与预算线的斜率，即两种资源的相对价格之比相等。

市场关于两种分工的预算约束线与两种分工效用的无差异曲线相切，在切点，社会对分工的布局安排使得两种分工的价格之比＝两种分工的边际替代率。

假设种植小麦的农民和流行歌手短期内无法互相转换（确实很少发生，其一是由于性状特征的初始化形成的专业化投资，其二是由于教育的初始化形成的专业化投资）。如果社会对这两种专业化分工有严格的预算约束，那么两种分工的价格之比与两种分工的边际替代率相等。如果歌手相对农民的价格提高，说明歌手的边际效用增加。如果把歌手换成各类先知或领袖，如果群居的俗人认为先知或领袖相对农民的分工的边际效用增加幅度很大，那么，社会对先知和领袖的支付相对农民的支付的幅度提高会很大，这不仅仅是货币支付，还包括那些非货币的隐性支付和可能的无限崇拜给先知和领袖带来的欲望满足。如果先知和领袖倡导的分工形式（一概念下的意识形态）相对任何其他类型的分工形式被社会认为的效用要高，这就会产生对这些价值观念的形式的分工的投入。众人对死后的先知和领袖的崇拜是在坚持一种先知和领袖的投资理念。

## 三、市场失灵与最高价值观

分工的相对稀缺程度决定分工的收入，不完全竞争市场是因为由不同的分工组成。不仅由于分工本身的资源和资源组合的差异，而且由于外部性和信息不完备、信息不对称形成所谓的市场失灵。市场失灵被认为不符合某种

意识形态、道德或政治标准，需要介入干扰，这成为宗教、中介和政府机构形成的理由，这些机构对这些信息的掌握和管理形成垄断。宗教和政府有机会或者必须提出最高价值观念，这形成自然垄断，成为不完全竞争市场垄断的主要来源。

政府或宗教的自然垄断不仅决定财富分配的取向，还以最高价值观念为假设制定国家计划，通过计划决定资源的配置，使得分工的相对稀缺程度由最高价值观念（意识形态）和所谓的经济计划决定，彻底改变分工格局以至最终影响整个群居个体的性状特征取向。

帕累托改进是指当再没有人能够在不使得其他个人的境况恶化的情况下得到改善时，才是有效率的。任何改变如果有人的利益被损害都不是效率的，此陈述认为制度和技术的变迁应该以"人道"为前提，这是一切政治和宗教借口干预自由的根源，这一约定是介于 Adam Smith 的道德情操和耶稣基督悲悯博爱之间的陈述。

社会分工有效率，不可能给相同投入品生产更多的产品留有余地，不可能给使用相同的投入品组成更有效率的分工留有余地。在有些国家，由于职业化分工，在有效利用资源和提高效用方面超过诸如道德、宗教和一些习俗的形式，职业化分工在逐渐替代政治和宗教，更有效率地改善效用可能性边界，向右推动效用无差异曲线的移动，群落和部落式的村镇逐渐被城市化取代。

# 第十一章 交易契约线与帕累托最优

## 第一节 Edgeworth 盒与分工可能性曲线

### 一、Edgeworth 盒

假定市场上有 2 个消费者，$O_1$ 和 $O_2$，如图 11-1；这两个消费者分别拥有不同数量的两种商品 $\alpha$ 和 $\beta$，假设初始双方各自拥有的数量处在 A 点，在 A 点，消费者 $O_1$ 拥有 $\alpha$ 和 $\beta$ 的数量分别为 $X_1$ 和 $Y_1$；而 $O_2$ 拥有 $\alpha$ 和 $\beta$ 的数量分别为 $X_2$ 和 $Y_2$；即 A 点的坐标为（$X_1 X_2$，$Y_1 Y_2$）。

但由于两个消费者的偏好不同，他们有动力进行交换，假设经过交换后处在 C 点，在 C 点，消费者 $O_1$ 拥有 $\alpha$ 和 $\beta$ 的数量分别为 $X_{11}$ 和 $Y_{11}$；而 $O_2$ 拥有 $\alpha$ 和 $\beta$ 的数量分别为 $X_{22}$ 和 $Y_{22}$；即 C 点的坐标为（$X_{11} X_{22}$，$Y_{11} Y_{22}$）。经过交换，两个消费者获得的效用因为交换都得到增加，但是 $\alpha$ 和 $\beta$ 的数量在交易前后没有发生变化，即：$X_1 + X_2 = X_{11} + X_{22}$，$Y_1 + Y_2 = Y_{11} + Y_{22}$，供应与消费相等。这就是 Edgeworth 盒。

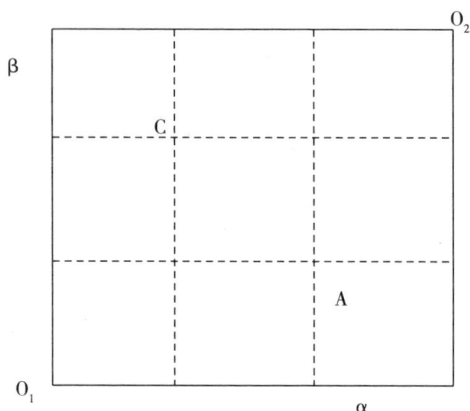

图 11-1 Edgeworth 盒

## 二、Edgeworth 盒的悖论

Edgeworth 盒是一个假想的情景，世界不存在这样绝对的事件。Edgeworth 假想的情景违背经济学一个根本逻辑，使得假设和推论相悖。虽然 Edgeworth 的假设不真，但不影响 Edgeworth 盒在经济学中的应用效果。Edgeworth 盒的假设实质在于认为，比照 t 时刻的状态，在 t+1 时刻更优——有帕累托改进的需要。

Edgeworth 盒的假设：一是有且只有两个消费者的经济体；二是经济中只存在两类消费品；三是两个消费者对这样的两类消费品的组合具有偏好，偏好在 t 到 t+1 时刻不能改变；四是两个消费者可以自愿交易。

基于以上假设，根据 1.1 的陈述，在 t 时刻，消费者 $O_1$ 的预算是 $X_1+Y_1$，并对应一种偏好——一条与这条预算线相切的效用无差异曲线；同理，在 t 时刻，消费者 $O_2$ 的预算是 $X_2+Y_2$，并对应一种偏好——一条与这条预算线相切的效用无差异曲线。两条预算线是不能变化的，如果交易发生，消费者 $O_1$ 从状态 $X_1+Y_1$ 的预算，变为 $X_{11}+Y_{11}$ 的预算，消费者 $O_2$ 从状态 $X_2+Y_2$ 的预算，变为 $X_{22}+Y_{22}$ 的预算，必须保证在这个经济体中，交易后的预算相等，这样无论是对那一个消费者，交易后的预算线相交，交易前后的无差异曲线相交，通常对任一消费者，经济学认为，对于一定预算的消费者，不存在两个偏好，不存在相交的无差异曲线。

另外一种证明方法也许更有意义，假设由这两个人组成的经济体有偏好，那么交易后这个经济体的资源配置会变好吗？根据假设，经济体的预算是两类消费品数量的和 X+Y，如果如假设的那样，在纯粹的一个消费经济，X 和 Y 不能相互转换，那么这个经济体只能由消费品 X 和 Y 以及已经有固定偏好的两个消费者构成，这意味经济体一开始在 t 时刻的资源配置是帕累托最优。否则，如图 11-1：假设存在帕累托改进，在 t+1 时刻，对两个消费者的资源配置，从 $(X_1+X_2,Y_1+Y_2)$ 改变为 $(X_{11}+X_{11},Y_{22}+Y_{22})$。这样的配置意味，存在两条对整个经济体互相平行的效用无差异曲线，这是不可能的，因为这使得 $X=X_1+X_2=X_{11}+X_{22}$，$Y=Y_1+Y_2=Y_{11}+Y_{22}$ 至少有一个等式不成立。这意味上帝在任何时刻对他的预算的资源配置是最优的。

以上证明说明，在纯粹交易经济体不存在帕雷托改进，换言之，如果社会不创造财富，仅通过交易不能增加社会福利。

那么为什么会存在财富增加的情况呢？

●体制改变，从一种人权和产权控制状态到另外一种人权和产权控制状态；实际是对人力资源和资本资源的调整，相当于改变预算。

●自然资源的供给增加，气候的变化和矿藏的变化。

●人口增加导致劳动力资源的增加。

●技术进步导致劳动生产率的提高。

## 三、分工的可能性曲线的推论

假设在一个包含生产和消费的经济体，$O_1$ 和 $O_2$ 既是生产者又是消费者。现在，把 Edgeworth 盒转换为另外一种形式表达，如图 11-2，假设消费者 $O_1$ 对商品的偏好用无差异曲线 L1 表达，消费者 $O_2$ 对商品的偏好用无差异曲线 L2 表达在 L1 上，所有商品 α 和 β 的数量组合的效用对消费者 $O_2$ 相等；在 L2 上，所有商品 α 和 β 的数量组合的效用对消费者 $O_1$ 相等。这个点就是点 C（$X_1 X_2$，$Y_1 Y_2$），在 C 点，$O_1$ 消费商品 α 和 β 的数量分别为 $X_1$ 和 $Y_1$；$O_2$ 消费商品 α 和 β 的数量分别为 $X_2$ 和 $Y_2$。

从分工的角度上看，或者说从生产者角度上看更有意义，如果有两个生产者，$O_2$ 和 $O_1$，生产商品 α 和 β，但由于比较优势不同，即存在生产偏好，生产者 $O_2$ 和 $O_1$ 分别生产 α 和 β 的数量分别为 $X_1 Y_1$ 和 $X_2 Y_2$，然后两个生产者转换为消费者 $O_1$ 和 $O_2$ 进行交易，交易的点位于 C。

对于生产者 $O_2$ 和 $O_1$，在生产商品 α 和 β 时分别有一条生产可能性曲线，在这条曲线上所有商品 α 和 β 的数量组合都是表达最有效利用生产者资源的点的组合，记住，生产者自己又是消费者，生产者会根据自己的消费偏好，生产商品 α 和 β 的数量与另外一个比较优势的生产者生产 α 和 β 的数量做一个等效用交换，这样在只有两个生产者同时又作为这个市场上只有的两个消费者，生产者 $O_1$ 的商品组合生产的可能性曲线正是消费者 $O_2$ 的商品组合的效用无差异曲线；同理，生产者 $O_1$ 的商品组合生产的可能性曲线正是消费者 $O_2$ 的商品组合的效用无差异曲线。如图 11-3A：L1 和 L2 分别为生产者 $O_1$ 和 $O_2$ 的关于生产商品 α 和 β 数量组合的可能性曲线。

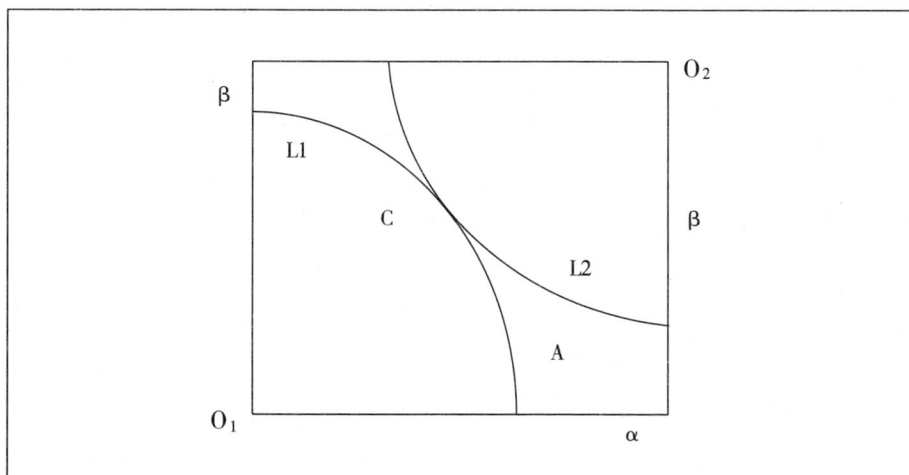

图 11-3-1 分工交易点

根据图 11-3-1，图示 A 点不在 L1 也不在 L2 上，而且处在生产可能性曲线的外面，因此 A 点不存在，任何除了 C 点之外的点或者处于 L1 和 L2 的外面，或者处在其中一条曲线的外面，因此都不可能存在。只有 C 点既在双方最有效率的生产可能性曲线上，又是双方效用无差异曲线的切点，是双方交易的点。C 点的坐标是（$X_1$, $X_2$, $Y_1$, $Y_2$）。这是唯一可能的点。

在严格只有两个人的经济体，并且只生产绝对相同的两种产品的生产者是不存在的，或者不能交易，更加严格地说，上帝不会造这样的人，预算线与无差异曲线不相切。这证明了萨伊的话：一种商品一经生产就为和它等价值的另外一种商品打开销路。那么一种分工一旦出现就为和它等价值的另外的分工确立签约寻租的机会。

如图 11-3-2：假设一只有两个人的经济体 $O_1$ 和 $O_2$，他们既是生产者，又是消费者。由于没有第三方寻租，两个人自由交易，两个人根据各自的比较优势判断做出安排，$O_2$ 生产产品 α、β，有生产可能性曲线 $O_2$（α, β），记为 L1；$O_1$ 生产产品 θ、η 有生产可能性曲线 $O_1$（θ, η）记为 L2。由于两个生产者又是消费者，$O_2$ 有关于 θ、η 的效用无差异曲线 $O_2$（θ, η）；$O_1$ 有关于 α、β 的效用无差异曲线 $O_1$（α, β）。

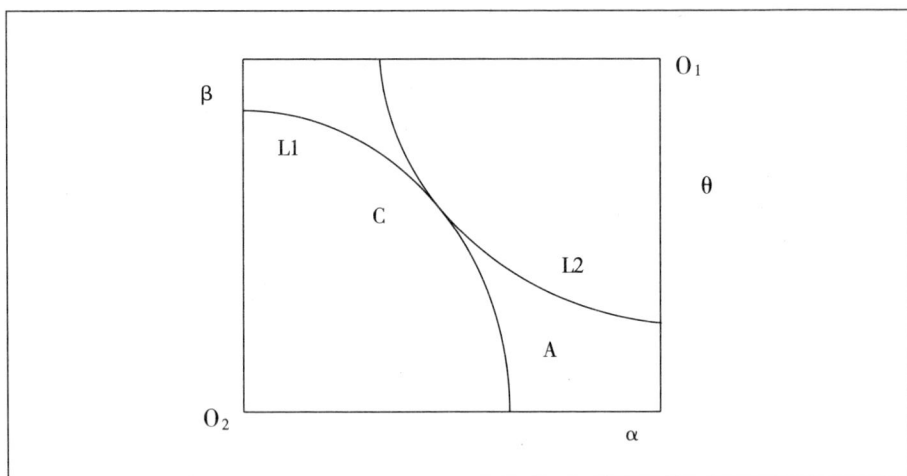

图 11-3-2

如果要使同样作为生产者和消费者的两个人在这个封闭的经济体内产生均衡，必然使得 $O_2$（$\alpha$,$\beta$）与 $O_1$（$\alpha$,$\beta$）重合；$O_1$（$\theta$,$\eta$）与 $O_2$（$\theta$,$\eta$）重合。一个生产者的效用可能性曲线是另一个消费者的一条效用无差异曲线，那么，在这个封闭的经济体，两个生产者的效用可能性边界相切，两个消费者的效用无差异曲线相切。这点是生产和消费均衡的点。分工创造效用的边际转换率与分工需要的效用的边际替代率相等。

## 四、开放的经济体与交易成本

在 Edgeworth 和大多数经济学家看来，会存在改进的余地吗？经济学和经济学家一样充满欲望，经济学提出这种主张获得寻租的机会，成为愈来愈有影响力的学科。实际上，当发现消费经济有改进的余地，并提出这种想法的时候，意味出现了新的消费品，即改进余地的发现——进行改进产生的消费效用。从生产经济中看，如果有经济学家通过分析得出，通过另外的资产配置方式可以改善资源的利用效率，意味生产的预算发生了改变，因为投入了新的劳动，这些改进是新分工的寻租方式。人道主义暗藏人道主义者的寻租方式。

这些改进本身使经济体变成开放的经济体，出现了新的投入品或新的消费品。这些新增加的服务和生产劳动进行寻租，产生交易成本。无论是交易经济还是生产经济，只要有交易就有交易成本，交易成本不为零。交易成本不为零，那么就不是帕累托改进，即帕累托改进不可能。

随着自然环境的改变、人口的增加、知识的增长和技术的进步，人类社会的分工更加复杂，人类社会的经济体是一个完全开放的经济体。总有寻租的力量，不论是来自自然的偶然还是人间的故意，这些推动人类社会的进化。

人类社会和孕育它的世界一样并一起经济地演化，经济的表达方式是最有效利用资源的改变，世界从 t 到 t+1 的时刻的改变，即便是时间改变是无穷小，这样的形式函数对时间的导数也是人有意剥离的有关人的存在的变化。这样符合人的身体秩序和思想秩序的世界改进和进化看起来经济！

# 第二节　交易契约线

## 一、契约线的推导

交易契约线是表达两个经济主体效用的无差异曲线两两相切的点连接起来的曲线，表达两者可能达成交易的点。如图 11-4 所示的 CC'线。

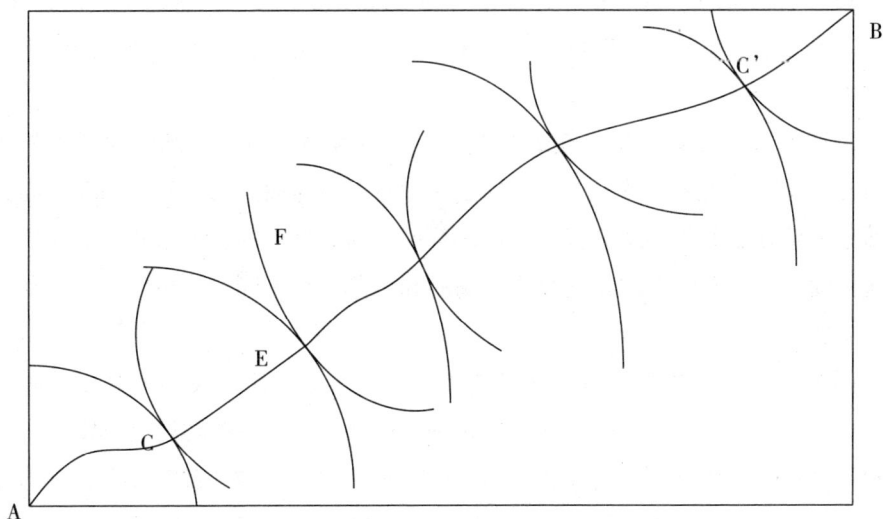

**图 11-4 交易契约线**

　　世界无论怎么变化，总是在交易契约线上的变化，人约定存在的对象一定会被安排在一个有逻辑的判断中，这样形成的语言便是关于这一分析对象的契约。经济学的契约线专指交易契约，是指可能的交易点的组合，如图 11-4，对于能选择、有偏好的两个消费者，A 的效用无差异曲线向右上方移动，A 的效用水平增加；B 的效用无差异曲线向左下方移动，B 的效用水平增加；不在 CC'线上的任何一点，比如 F 点，找出一条过 F 点关于 A 的效用无差异曲线，这条线上的所有点保持 A 的效用水平不变。再找出与这条关于 A 的无差异曲线相切的关于 B 的无差异曲线，这两条曲线相切于 E 点，从 F 点到 E 点，A 的效用没变，而 B 的效用相对 F 点增加（E 在 F 的右下方）。如果 A 和 B 发生交易，交易一定发生在 CC'线上的任何类似 E 点的切点上，而且只可能发生在 CC'线的集合之内。对于资源有限、预算一定的两个人发生交易只能是 CC'线上的一个点，其他任何一点都会使其中的一方受到损害，对于可以自愿交易的 A 和 B 不存在任何帕累托改进的余地。

## 二、广义的交易契约

　　交易契约嵌套在广泛的原型契约中，生理学、生物学和生态学可以让人更好地理解人的存在和繁衍的根据。自然映入人眼的一丝光亮、一不小心神经接收到耳鼓振动的刺激信号、日常单纯的言论或指教与那些规模宏大的教义、法令以及无法经意的习俗安排的都是交易契约——是劳动分工基础上的劳动交换条款。

　　广泛的原型契约包括最初的自然法则，以及后经自然法则泛化到人类意识的各种规则和约束。从人人平等的法律到每一具体商品的交易契约表达的是劳动分工基础之上的交换规范，交换规范反映为各种形式、策略和分工的相对稀缺程度。分工基础上的任何交换（商品和服务）是不同契约主体为满足自己的需求展开的劳动交换。

　　两个分工主体产生交流、交易和合作需要遵守一定的契约或规则，战争是基于资源有限基础上人类遵循自然法则的极端行为。有些契约是特定信念的人不可逾越的，所有人最终无法逾越自然法则。人间契约是自然法则表示的关于人的资源相对稀缺程度的反映，人间契约反映人间分工的相对稀缺程度。

　　交易契约反映基于人间信仰、习俗、惯例、体制和不可逾越的自然法则的经济效率。信仰、习俗、惯例、体制和自然法则是人间共同的契约，主张和管理信仰、习俗、惯例和体制的力量与其他分工主体的契约也是劳动的交易契约。

违背具体交易契约或者违背法律是对更广泛的原型契约（比如自然法则）的履行。无论是不是宿命的安排，还是人在使用意识内省出人有一个未知但开放的前端，物质形式展现给人意识的连续变化即不重复也不可逆，一切变化是交易契约或原型契约的多次展开，连续时间上的规则变化是无法改变的契约。

## 三、不存在狭义的抵制联盟

交易契约是分工基础上的均衡，交易契约线是由这些可能的点组成的交易契约集合，选择交易的点除了受两个人的预算的影响，还要考虑交易成本，这是分工的寻租。

在时间 t 只能有一种均衡，没有任何其他选择机会，到时刻 t+1 的变化是来自外在的寻租力量所致，其中一种方式是交易双方发现交易契约中的缺陷形成新的相互寻租，可以认为是基于这一新发现，产生的策略有新的分工；另外一种方式是第三方发现这一交易契约缺陷的寻租；还有可能是潜在替代者——竞争者的寻租。在经济全球一体化的今天，每个人每种力量对这个契约的达成都通过寻租的方式构成影响。交易契约不仅来自此刻的寻租力量的限制，也遵循时间因果律。

战争是竞争的特殊形式，战争是最灿烂地摧毁某些特定原型（性状组合、信仰和制度）的方式，人类多次以各种形式的借口使用战争处理危机，是保留由于特殊禁忌而不能通婚的男女进行交配生殖的机会——实现特殊环境要求的优胜劣汰。就像食物链上的捕食者和被捕食者在不断地因为互相要求而构成一种不断变化的环境原型，彼此也不得不进行相应的改进。社会进化是个体互相设置的契约环境的演变，通过不断攻击和摧毁一些原型，建设新的原型——新的分工形式，从而使人类能够稳定地繁衍和生存。

## 四、进化稳定策略与交易契约

生物学定义的进化稳定策略，没有道德，没有平等，没有公平，更没有公正，是丛林法则，适者生存。达尔文说的优势，一种存在形式、一个物种、一种物种的个体的复制分形的可能取决于它获的租金的能力，也就是获得复制分形能量的能力。

交易契约表达的策略是进化稳定策略在人类社会的复制分形；进化稳定策略和交易契约是利用资源有效策略的集合。

Herbert Spencer 把生物体的各个器官的不间断的物质交换说成是生理契约。从另外一个角度描述也许更接近事实，生物体是器官、组织、细胞的契约系统，人是这些特定组成成分的契约。认为器官、组织、细胞是为维持人的存在而结合，毋宁说是这些组分为了以自己的方式存在形成人这一契约，而人类的生物学、生理学描述是这些契约的部分内容。细胞合作构成人体，人体只是细胞间的契约。

人的关于任何存在的分析都将创造分工，一种语言的有效性在于创造分工。Spencer 或者很多人很多时候通过拟人、象征等手段描述存在，证明人的能力有限。他们的分析推动新的语言和驱动新的策略出现，从而出现新的自然和社会分工，新语言出现的过程意味新的分工，出现新的契约形式。寻租是每次语言分析、每次行为实践的唯一驱动力。

分工基础上的劳动交换代表全部经济事实，一个人或组织为履行契约交换服务和产品的合同；或者交换资源（劳动）的雇佣合同和投资（资本）协议；或者政府与私营部门互相提供服务（税收法制等）；现代经济是从金属货币时代进入法定货币时代开始的，法定货币既是一个国家公民间的关于交易衡量和规范的协议，也是由政府信用保证的一种劳动分工寻租工具。

人类可遗传的进化稳定策略呈现为可持续在婚姻契约中寻租的性状特征，并通过不同劳动分工策略寻租于家庭、商业、政治等合作和交易契约。从基因分子以人体契约的方式寻租开始，受这样的契约驱使，人类展开轰轰烈烈的文化大场面，文化是人类群居进化稳定策略。

# 第三节　人间为什么不存在帕累托改进

## 一、所谓伤害的经济

世界时时刻刻处于均衡状态，但显现给人的不是这样。

市场是完备和充分的，完备和充分的意义在于市场给各种寻租力量充分的机会，市场也从不提供选择的机制和标准，这个过程完全由市场参与者决定，决定于参与者在基因交流和分工交易上达成的契约。

人类的基因组安排人类不同个体以恰当的角色，人不能自由选择，选择集概念是一种安排给唯一能内省的生命——人的有用的幻觉。选择的过程是由于人不能即时形成对未来的全息映照，人必须为这一缺陷支付成本，通过这一过程显现不同人缺陷的差异——形成基于比较优势的分工。

帕累托改进是分工的帕累托改进，是契约的帕累托改进，而不是产品生产、交换和产品组合方面的效率改进。如果一个社会分工有效率，其意义在于利用资源的效率是最高的，通过分工显示的社会财富分配有利于人类的繁衍和发展，分配一直在按边际劳动生产率调整。歌星因为声音好而收入高，这种财富分配也是社会的效率安排，是市场对这种声音附加的劳动的评估，这种声音是稀缺的，代表对这一类性状特征的选择，人需要这样的娱乐服务。技术变迁或制度变迁中有某人的利益受到伤害，也许是他的分工相对不够稀缺，也许，伤害同类是人类整体愿意付出的成本之一。每个个体获得租金是通过垄断某种资源（包括先天禀赋）实现，任何改进都是为获得进一步分工意义上的租金，显然每一次每一步某一个体的策略得逞，都是对相应竞争个体的伤害，他会失去获得相应租金的机会。

人类分工方面的专业化改进是提高资源利用效率的过程，并不断改进群居的秩序结构和制度，目的是使人类社会容纳更多或更优势的个体生存和繁殖。

神教、集权、计划、习俗、惯例、道德和法律的约束一定形成对个体固有的原型的伤害，但这是个体间交易和交流的一般契约，是游戏（博弈）规则。对这些策略的设计、执行和监督形成的祭祀、教会和政府形成的分工会分用一部分资源，这部分资源提供制度和公共品管理服务，这与私营部门家庭和公司形成交易，这些原型契约似乎是个体间的战略联盟，通过联盟，共享信息，分享资源，通过有组织的分工完成人类的使命——繁衍和生息。

任何活动都是经济的，因此是效率的，依据相对环境的比较优势，任何形式的存在策略是最优的，每一次个体存在策略随环境的改进都是最有效率的改进，是为适应环境而与环境完成一次次有效率的交换。

## 二、不存在帕累托改进

帕累托对改进的定义再次把人拖入神圣的泥潭，"当没有人能够在不使得其他某个人的境况恶化的情况下得到改善时，这种资源配置称为帕累托有效。"这是需要经济学摧毁的圣谕。这成为人道主义口号，成为一种秩序的需求，尽管人总想违背这一愿望。

● 资源有限是人类永远面对的困境，人是其中的囚徒。

● 交易机会是稀缺资源，两个人的自愿交易，占用第三人的交易机会，第三人成为受害者。任何分工和契约的改进对稀缺资源的占用都使别人占用的机会减少。

● 制度上追求帕累托改进就不是帕雷托改进的本意，对帕累托改进的刻意追求限制自由交易。

不能适应环境的任何改进是致命的，也不存在这样的改进，完全竞争市场的帕累托最优与柏拉图的理想国、傅立叶和圣欧文的乌托邦近义，这样的体系是一种遐想的静态场景。

生产、交换和产品组合的改进的效率表明劳动分工的改善，而无意于是否伤害到某人。任何分工形式的改进表明经济租金结构的变化，是相对经济变化的分工或选择更好机会的演进，是对资源有效利用的提高。

社会制度改进是对分工背景的改进，也意味不同的现在分工的机会成本的变化。制度变化必然伤害现有分工形式的某些人，并且这种变化连同对某人的伤害而使另外一些人获利。改进意味的分工变化无论如何要使某些人遭受损失。经济租金的相对性表征个体的社会位次的差异，这显然也使某些人的境况变差。

　　分工改进显然会形成伤害，分工的每一次改进除了是对自然资源的发现和占用技术（使其他人失去机会），还有管理方法的改进（同样是使其他人的劳动以某种方式失去一些机会）。任何分工改进都蕴含对垄断的追求，分工的改进是对现有契约攻击和破坏，有些甚至是对一整体群居原型的彻底破坏，这些改进包括内乱、战争和体制更迭。

# 第十二章 分工的准租金及准租金可占用性

寻租是由于专用性，被寻租也是因为专用性，这种交互关系是一个事实的两面表述。

## 第一节 分工的专用性

### 一、自然界专用性分工报酬的准租金特征

一生产要素不能从现有的用途退出而转到收益更高的其他用途中去，也不能从其他相似的生产要素中得到补充，这一生产要素的报酬在某种程度上类似经济租金，经济学称之为准租金。

汽油是人类社会工业通用性很强的产品，汽油很容易从现有的用途退出而转到收益更高的其他用途中去，也能从其他相似的生产要素中得到补充（煤油、电能）。但汽油是自然界中的一种不可再生能源石油的衍生品，石油是古代海洋或湖泊中的生物经过漫长的演化而成，不可再生。在一个开合有序的自然界，按有关物理和化学定律（契约），石油作为一种能量形式存在，与其有关的其他能量形式构成物理和化学契约规范的专用性，从这样一能量形式转换为其他能量形式，即使不改变物理和化学性质，仅改变时空位置也需要做功，即不容易从现有的用途退出而转到收益更高的其他用途（比如进化为人的食物）中去，也不容易从其他相似的能量中得到补充和替代（石油在自然界不似在人类的工业很难被其他的能量替代）。在自然界这个万物竞争能量的市场，对石油的专用性投资是对石油的专用性能量分配，自然的世界给予石油的报酬——能量分配，具有准租金性质。

石油在自然界的专用性（物理化学性质）最终体现于人类石油行业收益的准租金性质。石油工业是资本和技术密集的行业，整个行业对整个社会具有专用性，因此它的组织、资产和人力资源也具有专用性，一旦油价下降，也很难从现有的行业转为其他收益高的行业，石油需求者往往利用这一专用性寻租，导致油价总是异常波动。汽油是人类社会的一种专用性投资——一种人类需要的专用性燃料，几乎没有其他用途，它有供给弹性。不同分工的供给弹性不同，供给量随价格的变化的差异使得分工的报酬变化存在差异，任何分工的报酬都具有准租金特征。

一个组织、一个个体或者一个行业，其中的任一生产要素，无论是一个人还是一个人的性状特征，或者对于厂商的任一生产材料的报酬有准租金特征。

## 二、分工报酬的准租金特征

对于任一经济单元，作为供求关系的一个组成部分，无论是一个人、一个企业还是一个行业、一种职业、某一场景下的一个角色都有准租金。准租金是指从短期来看，供给固定且不存在其他用途的要素的报酬，即固定供给量的生产要素的收益。例如，在短期内，企业使用的专用设备的数量是固定的，且它们只能用于特定的生产。这些要素的报酬称为准租金。据上述准租金定义推论，任何劳动分工获得的租金都有准租金性质，一个特定的人，（人体系统的不同部分，不同存在形式也有准租金）、企业组织、政府组织；一个特定的职业、行业；特定场景下的一个角色或一个企业的专用性设备就这样的经济单元在特定社会契约体内都是经专用性投资而实现某种特定用途的专用性分工。从短期看供给量很难改变，社会对这些分工的报酬都有准租金特征。从企业扩展到社会，任一分工扮演的社会角色都具有专用性，其报酬都有准租金特征。

准租金是任一人类约定概念分析的对象从上帝那里应得的报酬。在这时，人约定的对象的分工只对人类的观察和分析产生意义。假如上帝拥有这整个世界，上帝对分工的资源配置有其预算安排，上帝的任一分工安排需要时间，短期供给很难改变，短期不仅仅指经济学意义上相对人的生命周期、经济周期的短期，也可指相对自然某种物质演化周期而言的短期。差异表明某种意义上的专用性，获得准租金是经济地存在的方式，也是分工努力保持

"容颜"的意义。

从契约的角度看，无论是交易契约还是组织契约，不同分工由专涉它的契约定义，对与这一分工关涉的契约而言，这一分工具有专用性。契约给予分工的报酬具有准租金特征。专用性投资的分工在短期内它不能从现在的用途（关于这一分工的契约）中退出而转到收益更高的其他用途（其他可能的契约）中去，也不能从其他相似的要素中得到补充，因此，分工的报酬有准租金特征。

就人类社会，任何一分工是社会契约体组成的要素之一，相互倾轧的竞争和相残相食也是形成分工的安排。从更宽广的意义上看，如果一颗小行星撞击地球形成如恐龙灭绝那样的人类浩劫，把人类的形式变成另外的能量形式，小行星撞击地球产生经济学意义的外部性，这是宇宙更广泛的原型契约安排分工的活动。在更广泛的宇宙进程中，人类知识是宇宙演化进程的点缀，人类整体占用的能量太少，寻租的能力相当卑微。

## 三、不同意义的准租金

按哲学的意义，准租金为零是说分析对象在哲学言及的专用性上消失；从物理学的角度上讲，准租金为零意味分析对象在特定物理学定义的专用性上不存在。分析对象之所以以特定能量形式存在，至少它在其他物理属性方面签有专用性合约。从经济学上说，准租金为零表明分析对象针对的具体契约的专用性消失，至少可以无成本被替代，分析对象已经没有价值；但它可能在其他合约上，或转移到其他合约上具有价值。

哲学宣布哲学分析对象的消亡，意味解除哲学意义上的契约。一把雨伞不管时间流逝始终只是一件物品，还是下雨的时候是一件物品、不下雨的时候又是另外一件物品，又或者"下雨天我有一辆小汽车"的情况下的雨伞与"下雨天我没有小汽车"的情况下的雨伞会有什么不同？（《经济学理论与人之科学——微观解释》Don Ross）。按照哲学解释，这四种情况雨伞可以是不同的物品；按照经济学解释，雨伞在不同的情况下有不同的效用，因此有不同的价值评估；雨伞作为一种物理存在，与周围达成的物理契约，不仅是与雨的关系，与小汽车的关系，还有与所有物质产生的力学关系。

刚果河中的鱼与特殊水流结构的刚果河形成专业化分工的准租金，如果准租金代表适应程度，准租金的多少表示鱼的生存和繁殖的能力，也表示保证鱼持续存活的水的流速范围。

### 四、分工的周期与经济学的分析周期

一般地，性状特征是一人一生关于自然和社会不能改变的分工，在短期，经性状学习的劳动分工由于专用性投资很难改变，这种供给刚性使人的任何分工有可占用准租金。在中期，经学习的分工专用性也可能改变。在长期，新的性状组合必将代替旧的性状组合，一个人的死和另一个人的生同样是分工的演变，人与自然以及人间的契约自动演变。

对分工和关涉分工的多层次多方向的契约进行研究也许能精确定义经济学的长短期的概念，可能方便对不同变化进行有效的可观察的经济学解释。基于分工可调整周期的经济学研究，也许能帮助人更清晰理解人类行为。

社会意识形态、政治体制的变迁是宗教和政治分工的演化，会诱发大规模的分工演变，技术革命也引致大规模分工演变。意识形态、政治体制和技术变迁深刻地改变经济学研究的人力资源和自然资源的分配和利用。对于研究人类社会行为，政治周期和技术周期符合宏观经济学的长期概念。通过对一定政治周期和技术周期内分工的准租金研究，也许可以发现微观经济学长短周期的分界。

人类性状特征的演变属于生物学研究领域，但经济学也许能给出另外一种解释，这不仅指博弈论在生物进化研究中的应用，一些主流经济学模型也在这个领域获得一定范围的应用。经济学在什么范围可应用的问题不过是约定什么分析对象作为经济学研究的经济（契约）主体的问题。

### 五、分工专用性的一般性

愚昧或者坚持信仰、坚持计划经济、坚持公有制的契约社会都是一种专用性投资（劳动资源和资本资源的方向被坚持固定到特定的专用方向，比如18亿亩耕地红线与8亿农民）。一种信仰、一种制度有其专用的分工系统，存在可占用性准租金。一旦国家政治开放，放弃某些坚持，会有国际贸易发生和外国投资进入，形成占用这种大规模专用性投资的准租金的国际合约，现实世

界表明一些新兴经济体的分工的准租金总是被发达经济体占用。

交易成本经济学描述资产的专用性分为四种特征，而不是以组合的形式出现：地点专用性——位置之间联系紧密以节约库存成本和运输成本；物质资产专用性——比如专用模具是用来生产某一部件；人力资产专用性——它是以干中学的方式产生的。我们要补充以前没有提及但是对交易又很重要的第四种类型：专项资产。……但若不是要向某一特定的客户出售大量产品，就不会进行这种投资。与其他类型的专用性资产一样，专项资产一旦被用于其他用途（或被其他用户使用）就会失去其价值。因此专项资产是一些根据特定供货协议而配制的资产，如果提前终止了此类契约，就会导致明显的生产能力过剩。（《可信的承诺：用抵押品支持交易》Oliver E. Williamson）

上述四种专用性似乎可以组合成任意一种形式，成为任意一个分工的专用性，可以描述人类认识和约定的任何一个分析对象的专用性。一种被人分析和认识的形式一定与其他被人分析和认识的形式有差异，差异是它们互相界定的专用性。它们既可能互有地点专用性，也可能功能互相专用，因为总关涉特定专项契约。人之间的差异使得人在特定的地点，特定的时间以特定的功用出现，并且他通过不断积累经验，总结特定领域的知识（干中学）而成为一种专门人才。并通过这种专门性与其他人竞争和交易，达成劳动的产权契约（组织契约）或服务与产品的交易契约。

专用性针对通用性（除了与万有引力相关的质量概念外不存在任何通用的概念，万有引力定律也是基于质点的位置差异形成的契约），就人类约定概念，形成判断，达成契约的意义而言，只有专用性普遍存在。一项专用性资产在最优使用和次优使用上的价值之差是它的租金，专用性资产的专用性是它可能选择的最优策略。

善是一种分工，一种专用性投资的分工。做善事成为一个村落对所有村民的要求，成为村落的习俗。当村民从村子到镇子再到城市，做善事会被利用，恶找到寻租机会，善的准租金被占用的机会大大增加。村民为避免准租金被占用，不得不改变"善"而与城市居民形成新的关系契约，大部分人做苦重的服务，少部分专门偷盗和抢劫。

政治是一种社会分工，政治通过管理公共品和执行公共制度实现寻租，政治分工是发现商业交易契约中可占用准租金部分做的专门投资。交易契约履行存在不确定性，当技术进步，分工复杂，交易量增加而且不重复，需要一种力量提供规则和强制维护交易契约履行的专用性服务，从而使更多的交易低成本发生。主持公平交易的族长，维护市场秩序的黑帮、保险以及提供信用保证的现代银行，政府以及一些国际交易组织为寻租顺次出现。

当交易大规模发生，收保护费的黑帮效率下降，收税的政府是预期社会分工租金丰富到一定程度的选择。社会对政府组织形式的投入显然大大超过对黑帮的投入。政府与私营部门达成可履行的契约才会有政府劳动的租金，如果与私营部门的交易契约使得私营部门的分工的准租金为零，即政府这类暴力集团通过强制实施它专断设计的契约会使得私营部门无法经营，政府也失去寻租机会。通常情况下，政府与私营部门的契约总能使双方都有剩余。如果政府与市场的契约是宗教教条或特定的意识形态，建基于这类契约之上的政府专权会使政府寻租机会多，寻租范围广，与私营部门达成的契约偏向政府组织。高调的道德为这些专用的权力留下大量寻租机会，这类社会通常在宗教建设或意识形态教育方面的专用性投资很大。

政府可以假借道德甚至意识形态（以政府的名义欺骗和强制社会形成某种形式的契约）干预市场，这是政府权力寻租的策略。同时会给不同的专用性分工以不同的机会，社会劳动分工的价格扭曲，基于劳动分工的社会契约组合会给少数精英寻租更多机会，而给大部分人很少机会，人力资源不能充分使用。不同的劳动分工租金因为制度不同差异很大，这也是社会贫富差距变大的根本原因。

## 第二节　分工与准租金

### 一、比较优势与准租金

依据已签订的契约，一方因为专用性获得租金，同时，也因为专用性给交易的对方通过违约获得租金的机会。交易对方通过违约或要求一种新的契约（长期契约、抵押品契约、纵向一体化）使得租金——剩余有新的分配。租金是劳动剩余，如果一方的劳动（分工、策略）创新使得他在交易中更有优势寻租，那么这种劳动分工在社会中相对稀缺或言有比较优势。每个个体或组织为适应环境作专用性投资，形成基于预算限制上的比较优势的劳动分工，以便获取租金。

生物世界的丛林法则在人类世界的表现形式多种多样，使人的策略丰富多彩且通过组合变化万端。比较优势是不同的竞争对手面对环境提供的机会创造效用的效率比较。租金＝劳动收入－机会成本，劳动收入是博弈参与者最优策略的支付，最优策略是经济主体对机会成本的判断而做出的决策，最优策略是个体或组织基于比较优势而选择的劳动分工。租金表达的是分工的保持"容颜"的能力，类似生物世界的某种性状特征对环境的适应程度，适应程度是相对的。在人类社会，租金是特定人类行为的收入，表明这类行为形式的"容颜"可持续呈现的能力。

分工决定于分工效用的可能性边界与分工效用无差异曲线的切点：如图12-1：

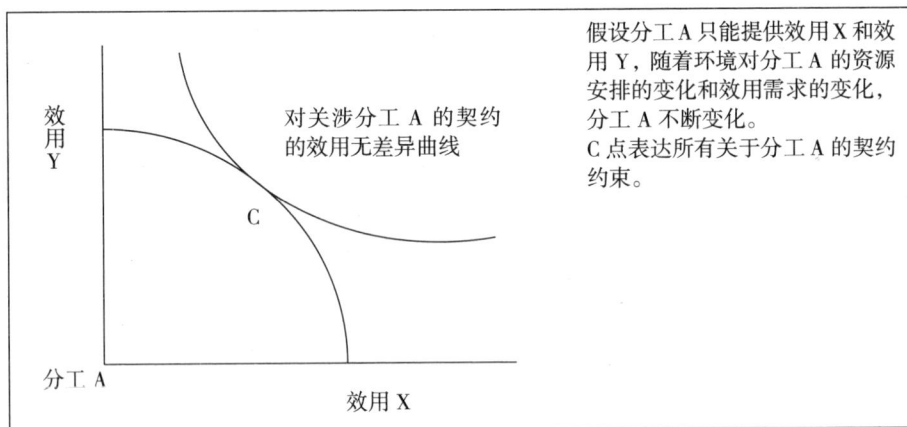

图 12-1 分工效用的可能性边界与效用无差异曲线

这一切点是边际转换率与边际替代率相等的点，通过交易契约表达，交易契约被所有关于它的契约约束，此点是所有关于分工 A 的契约集合，包括时间历史的因果律。交易契约随时间的改变是人类性状特征或人类个体与其环境（交易对象）的命运轨迹，也是交易双方因为策略和分工的不断演化形成的租金——适应程度的变化。

人约定概念、构建判断、发出邀约是为寻租，任何新约定的概念是为发现新的可能寻租机会。新的概念约定形成新的假设，就着这一假设形成新的策略，采取新的行为，形成新的分工，媾和为新的契约。语言孜孜以求的是寻租的机会，这是人类认知的驱动力。凭借约定概念形成的判断假设，劳动与资本组合为分工。由于资源稀缺，任何个体和组织之间都是竞争对手。在交易和组织契约之上的合作也是竞争，同样是对合作的剩余——租金的竞争。

## 二、分工的专用性与制度约束

马达加斯加的猴面包树在夜晚开花只一分钟，在这一分钟，鼠狐猴舔食猴面包树的花粉，并刺激花粉芬芳，吸引天蛾到树上吸食花粉，鼠狐猴抓咬天蛾，引致天蛾振翅飞腾，天蛾飞腾的振翅迅速而有效地传播花粉使猴面包树花蕊受精，这不仅是猴面包树的机会，还是鼠狐猴的鼠、狐、猴这三种性状特征的专用性的寻租机会。这种交易发生于夜晚的一分钟之内，在这一分钟之内，两种生物达成一个原型契约，通过这一原型契约，鼠狐猴与猴面包树的专用性相对发生，就这两种专用性在夜晚的一分钟之内发生作用，与环境交相生辉，形成一种对这两种生物（也可以包含天蛾——第三种生物）的专用性的特定制度安排。

专用性是分工的特征，人类个体性状特征、个体的概念假设、个体的知识和技术以及劳动分工都具有专用性。人类也为这些专用性设计特定的制度安排以便互相交易、合作和竞争。

有分工才有交易，才有基于分工的劳动服务的租金。分工的专用性使它可以垄断，存在边际收益低于价格的可能。但同时由于专用性，租金存在被占用的可能，这是由于某一特定使用者所使用的一项特定资产可能存在许多潜在的供给者，但一旦投资了这项资产，由于对某一特定使用者来说资产过于专用化了，从而会产生卖方垄断或买方垄断，或者兼而有之。（《纵向一体化、可占用租金与竞争性缔约过程》Benjamin Klein/Robert G. Crawford/Armen Alchian）

在一个不限制竞争的市场，不存在对专用性分工和专用性资产的制度性进入限制，会出现租金占用。但制度避免某些特定分工的准租金被占用同时又是占用准租金的模式，制度作为分工和契约的规则，无论是正式的约束还是非正式的约束，这些制度是契约中各类分工租金的分配函数，制度是各类市场力量——各种形式的分工的博弈规则，制度先行定义租金取向。社会制度作为租金的分配函数是通过避免制度所涉的有些分工的准租金在交易中被占用以便激励相应分工增加供应，展开交易，寻求租金，与内部基本没有交易契约的企业合约稍有不同。企业合约的一体化是分工主体在他的预算约束下，通过对市场交易契约还是企业合约的不同收益进行比较，对两种机会的机会成本进行判断，来抉择他的专业化投资。这样，他选择进行市场交易或进入企业合约都是他的最优策略。这是社会制度和组织的自动规划模式——自组织。

防止交易中占用准租金的机会主义出现的方法是串联专用性的纵向一体化，形成企业组织契约，由企业组织为主体与其他主体建立交易契约。当大量大规模复杂交易出现，存在通过违约和毁约占用租金的可能，出现依赖政府、外部仲裁、银行信用担保和保险实施的法律和依赖信任关系的习俗。不同的法律和习俗通过对不同分工的租金安排的控制影响具体交易契约，也影响企业和长期契约。市场上不同的寻租力量利用不同的契约寻租，构成社会契约集合，呈现为不同分工不同的租金布局——社会财富创造和分配的格局。

# 第三节　准租金与契约

## 一、准租金与一体化契约

对达成的交易契约和为避免准租金被占用的一体化契约进行分析，把制度、习俗和企业的概念在契约方向上统一以及分类研究的好处是为了举张语言的效用，形成更便利的策略，发现更适宜的契约，从而产生更有效率的分工和组织。

Coase 关于"企业的性质"的分析仍然是基于机会成本的分析方法，是比较企业机制和市场机制两个机会的社会收益的比较，这两种机会的收益互为机会成本。Williamson 对资产的专用性进行分析认为，专用性投资产生准租金，但准租金有可占用性，为避免租金的可占用性，可以通过把专用性投资纳入一个企业管理，从而避免 (Hold-up) 遏制，并就此降低交易成本。这一认识的出发点稍有瑕疵，在构成不同合约的初始——即为不同的机制（市场或企业）分工已经进行了专用性投资，为企业机制或为市场机制的社会专用性投资方向和投资额度不一样，每一分工决策主体考虑各自预算限制的同时要考虑两种机会的收益差异，这些不同的专用性投资形成的分工自然形成企业机制或市场机制，形成组织契约或交易契约。另外，不同合约（企业或市场）不仅决定不同专用性投资分工，同时使得两种合约下相同专用性分工的准租金不同，两种合约对相同专用性分工的需求和使用成本也不同，专用性分工持续调整，以追求租金最大化。

寻租过程是分工的价格发现过程，从对各种交易机会的选择到对各种可能的组织的机会选择是一个价格持续发现的过程，持续改善分工以提高分工的相对稀缺程度，从而持续形成分工的改善——向专业化方向努力。在向专业化努力的过程中，市场交易或企业合约的形式是参与者寻租的选择，市场交易契约或企业合约的不同安排是参与各方的专用性投资的演变，并不会有参与方主动考虑社会成本。

从以上分析看，分工主体为避免准租金被占用，纵向一体化和横向一体化都是一种选择，社会的组织联盟（任何一个契约体）是避免准租金被占用的一种解决方案。新机会出现使得现有分工的机会成本发生变化，无论是出现新的需求还是出现新的竞争，都导致分工的准租金发生变化，这样推动分工的变化、契约的变化和组织的变化。

不同契约组织——专业组织间的交易是为获得基于分工的租金，不同契约组合展开组织生成新的契约引致新的分工。从低级组织演变到高级组织以形成更有效率的分工。从分子结合为细胞，细胞形成生物组织，进化为可以组成人类器官的组织而成人体是组成人体的能量形式的寻租过程。寻找可占用准租金的过程形成物质的新的结构，物质似乎具有眼睛，向着寻找可占用准租金的方向发生改变，这是物质的演化，也是生物的进化和人间的契约进步。

人类作为组成人类物质的原型契约，是人类原型契约在与生物原型契约交易或竞争中有占用对方准租金的优势。人类这种优势由于人类的认知和语言的进化不断提高，人类出现在地球上，人类漫山遍野，虎狼虫豸四处躲避。

人类的诞生和人类社会的群居是分工发现可占用准租金并开始进行专用性投资，依靠专用性投资的分工形成新的交易或形成新的组织。专用性分工间的交易契约以及法律、习俗、道德和教条涵括的组织的发生及变化遵从同一原理——寻租经济原理。

在人口比较集中的城市，城市人的策略比较复杂，或者说相对文明，这不意味他们不会乡里人的模式，但寻租使他们发现乡里模式的准租金的可占用部分。城市人达成的契约不仅占用乡里人的可占用准租，而且使城市成为一个高效率的交易市场，城市群居的模式是一个分工高度发达的契约集成模式。同样的行为模式发生在国家间的交易，分工落后的的国家总是遭遇分工发达国家在贸易、投资方面的"欺辱"——分工落后国家的准租金被占用。

## 二、制度和习俗与准租金的可占用

如果一分工与其他分工形成契约，无论是交易契约，还是组织联盟，抑或是这些分工间更一般的诸如建基于习俗、道德、法律等规则之上的博弈均衡，对这种分工的支付，即该劳动分工应得的报酬不足以弥补其生产成本，那么至少在一段时间内，这种分工由于其专用性而使转为其他用途的成本过高而不能转为其他用途，即使租金低于生产成本，但只要能弥补分工的现期成本（比如形成分工的专用型投资的利息）也会使这种分工在一段时间内提供服务，超过现期成本的支付构成准租金，从这个角度上看，准租金具有可占用性。创新或者出现新的分工的驱动力是发现现有分工之间契约的准租金的可占用性。

寻找交易机会，发现相对价格的过程是劳动者的寻租过程。按主流经济学，在完全竞争市场，劳动者交易是为获取比较优势下的分工因专用性而可能的劳动剩余——经济租金。劳动者根据市场的机会，确立分工的专用性投资方向，形成专用性分工意味与社会形成广泛的契约关系，从信仰、习俗、法律和制度一直到最终与另外一个或多个另外的专用性投资的劳动者达成交易契约，进行专用性投资是为获得预期中的准租金。无论是通过主流经济学定义的完全市场中的经济租金还是垄断市场的垄断租金的方式，是在希求找到最经济的交易机会，寻求准租金的最大化。劳动者基于和针对这些广泛的契约形成的专用性投资形成对整个社会的专用性，如果专用性程度过高使其转为其他用途的成本过高，这使得这个劳动分工的短期供应很难改变，造成这种劳动分工的广泛契约限制的准租金的可占用性，整个社会都有欲望寻找机会占用这一准租金。

一种新的分工的出现是发现契约中的分工因专用性有可占用的准租金，一方在发现策略占用准租金的过程中形成新的分工，并构建与原初交易契约不同的契约或者对原有契约的彻底背弃。每种形式的租金都是在发现现有契约的分工形成的契约中的租金的可占用部分，形成新的分工和这一分工影响的契约改变。新的分工形成新的交易，有了新的租金和新的租金分配契约甚至新的关于租金分配的社会制度。

语言及语言的改变表达契约及契约的变更，这些关系和关系的变化表明分工之间的准租金占用方式的变化，即参与契约的主体或经济主体策略的变化，是为占用专用性准租金的策略的变更推动契约的演化。

# 第四节 分工的供需弹性与租金

## 一、对经济租金、准租金与垄断租金的辨析

专用性投资是初始化分工。进行专用性投资的决策考虑机会成本，是考虑一个机会的预期收益与另外一个机会的预期收益之差，决策者期望仅通过这个判断，而不是实现过程的努力获得超额利润，这就是租金的本来概念，也是租金的本质。因此任何租金，无论是准租金、垄断租金和任何其他形式经济学家定义的各类租金仅从期望值的角度上看，从决策者的角度上看，概念一致。准租金是专用性投资的预期，垄断是交易的策略，是为获得劳动剩余——经济租金，这一劳动既包括专用性投资（知识、技术和资本）形成的专用性分工的劳动，也预期专用性投资形成的可能垄断；分工既包括专用性生产劳动，也包括制定垄断销售价格的劳动。

以平新乔《微观经济学十八讲》的两个图示先做一个知识准备：

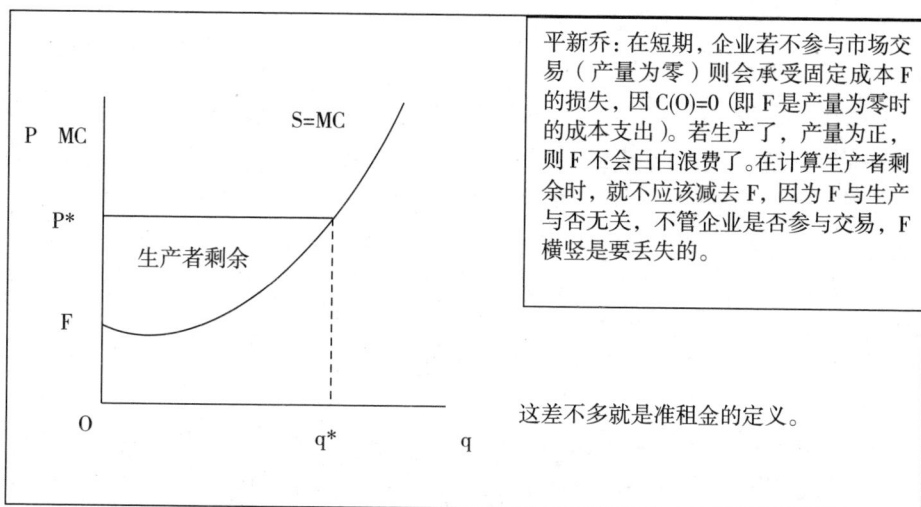

平新乔：在短期，企业若不参与市场交易（产量为零）则会承受固定成本 F 的损失，因 C(O)=0（即 F 是产量为零时的成本支出）。若生产了，产量为正，则 F 不会白白浪费了。在计算生产者剩余时，就不应该减去 F，因为 F 与生产与否无关，不管企业是否参与交易，F 横竖是要丢失的。

这差不多就是准租金的定义。

图 12-2 准租金的定义

工资

$S_L=AE$

A

ω*

经济租

B

O

工人数

平新乔：经济租是为生产要素所支付的金额与为得到使用该要素所必须支付的最小金额之间的差额。举例来说，给定劳动供给线 $S_L=AE$，当劳动供应量逐步上升时，工人要求补偿的（要求支付的工资率）是逐步上升的。在市场均衡点 A，所有工人都回获得ω*的工资率，而实际上，有些工人本来是愿意以低于ω*的工资率工作的。这样就出现了图15.6 中的三角形ω*BA的剩余，我们将此剩余称为经济租。

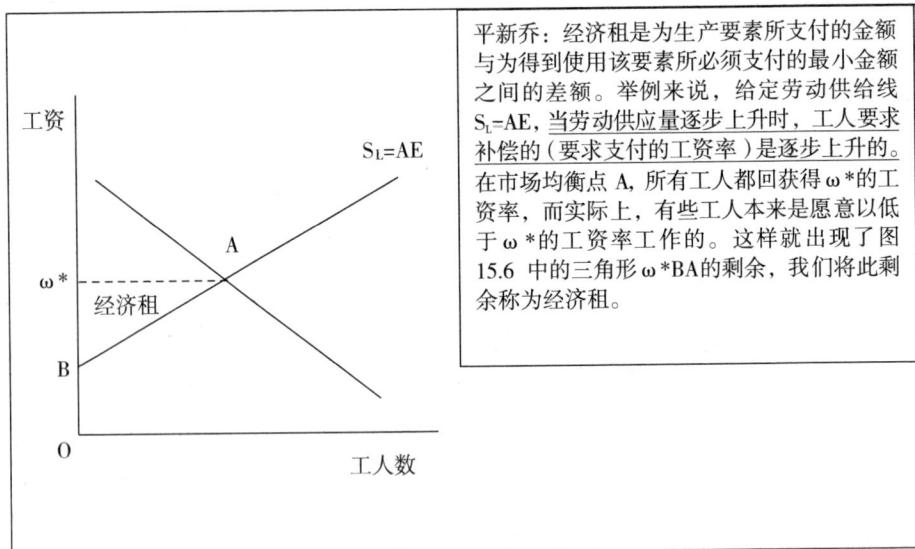

**图 12-3 劳动的经济租**

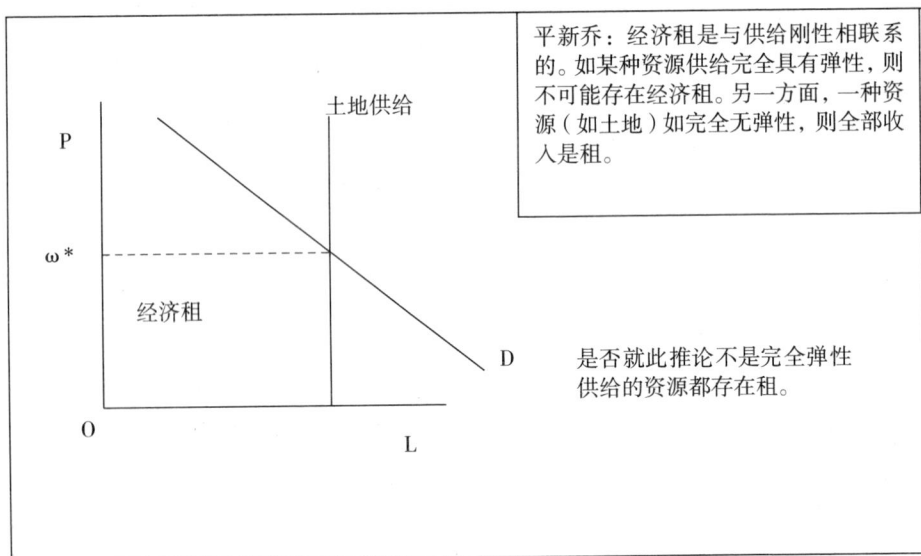

P

土地供给

ω*

经济租

D

O

L

平新乔：经济租是与供给刚性相联系的。如某种资源供给完全具有弹性，则不可能存在经济租。另一方面，一种资源（如土地）如完全无弹性，则全部收入是租。

是否就此推论不是完全弹性供给的资源都存在租。

**图 12-4 土地的经济租**

如果按前述关于分工的定义，任一分工都与其他形式的分工有差异（任何两种绝对相同的形式在时空位置上也有差异，市场环境也存在差异，这也是租金差异的来源之一）。对一分工的市场需求曲线和市场供给曲线是这一分工独有的两条曲线。如图 12-3 所示，分工的经济租金被需求和供给曲线确定。

生产要素的经济租金是为生产要素支付的金额与为得到使用该要素所必须支付的最小金额之间的差额；对于一种分工，从社会的角度上看，其准租金是社会支付的部分与为获得这一分工服务必须支付部分（最低平均可变成本）的差；因此分工经济租与准租金相等。而经济租金与供给弹性有关。如果某种资产完全具有弹性，即存在很多替代品，则不存在经济租。分工的定义强调差别，专用性分工即发生固定成本也存在供给刚性，分工有经济租，如果长期供给弹性变大，经济租减少一直到没有。准租金为零，该分工不再有供给，分工消失。垄断是获得租金采取的策略（比如制定垄断定价策略），因此，分工的经济租金、准租金和垄断租金是对租金不同方面的定义。

劳动分工的专用性是为垄断以获得租金。垄断是发现现有的有关契约中有可占用的租金，因而，任一创新的分工通过一种专用性投资，从而能够制定价格，分工在边际收益＝边际成本的量上供应，但可制定高于边际收益的价格。以这样的价格与现有的其他分工交易，显然是对现有分工的准租金的某种占用，这一交易会降低现有分工的准租金。因为现有分工的供给曲线是在它的平均可变成本的最低值之上进行供给。

构成新契约的意义与在现有的契约中一方通过违约占用另外一方的准租金的策略本质一样。创新策略是某种意义上的垄断，也是一利用自己的优势形成的新策略，相当形成一种新的分工。但为占用其他分工的准租金，新的分工显然需要进行专用性投资，产生可占用准租金。

假设某人拥有某项资产并将其租给另一个人。那么这个资产的准租金即是价值与其残值之差。这里的残值是指该资产用于次优用途所能产生的价值。准租金中潜在可占用的专用性准租部分，如果有的话，就是其价值超过该资产对于次优使用者的价值的部分……

可占用准租金产生于市场交易或者不对竞争性资产加以限制的地方。

专用性资产的租金包括其专用性（提供独特效用部分的技术垄断），这部分可以称为垄断租金以及可占用准租部分（由于不存在制度上的限制竞争）。一旦一项资产安置好以后，它的迁移费用如此昂贵，或对某一特定使用者如此专用，以至于付给所有者的价格有一定幅度的下降，提供给资产使用者的服务也不会减少。这样即使可以公开、自由地竞争以进入市场，已安置的资产对特定使用者的专用性（更准确地说使其服务于其他使用者的成本很高）仍会产生准租金，但不是"垄断性"租金。在另一个极端，某一项资产可能在不减少其价值的前提下无成本地转让给其他使用者，而与此同时，又限制了同类资产进入市场。在这种情况下，"垄断性"租金是存在的，但没有准租金。上述三段引文均来自（《纵向一体化、可占用租金与竞争性缔约过程》Benjamin Klein/Robert G. Crawford/Armen Alchian）。

一项资产或者分工一旦进入市场展开交易，就会形成契约限制，这一限制使得它转移使用（与另外的主体达成新的契约）必须付出成本，至少交易成本不可能为零，即任何一项资产的转让和分工违约必然有成本，这既可能因为专用性而产生垄断租也会因为专用性有可占用准租。交易一方面是为实现预期的准租金，另外一方面存在因为专用性产生准租金被占用的可能，交易双方依据市场评估的相对稀缺程度确认双方的租金分配，双方这样在交易中获得劳动的经济租。

制度性垄断创造的租金，即限制相类的分工进入市场参与竞争，同样是为保证某类形式的分工群体便于寻租，按身份的区分形成的资源垄断是人类历史上一直发生的事实。

## 二、准租金与供给的价格弹性有关

如图 12-5：若价格低于最小平均成本，分工的任何供给量都不能获得租金。若价格高于最低平均成本，分工将在价格 P 等于边际成本的量上供给，供给量若超过 Q*，边际成本超过平均成本。分工单位时间利润是价格 – 平均成本，总利润是分工单位时间利润乘以供给量 Q*，是图中阴影部分 abdP 的面积。

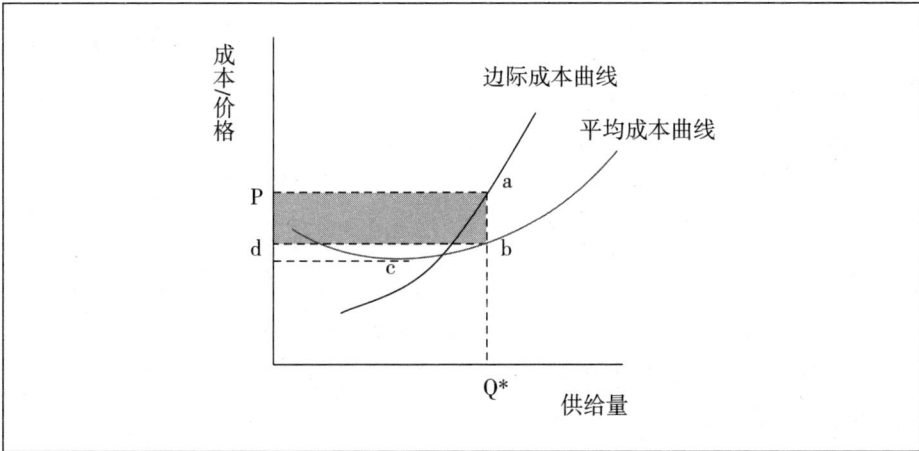

**图 12-5 无固定成本分工的供给**

没有固定成本的平均成本曲线与平均可变成本曲线相同。如果有对分工初试的专用性投资，产生固定成本。决策新增供应量时，固定成本视为沉没成本，不是决策考虑的变量。如图 12-6 所示：在短期，只要价格超过平均可变成本，分工提供服务。当价格处于 P1 和 P2 之间时。尽管分工蒙受损失，分工仍然提供服务，否则损失更大。一旦价格下降到最低平均可变成本 P2 时，分工会停止供应。

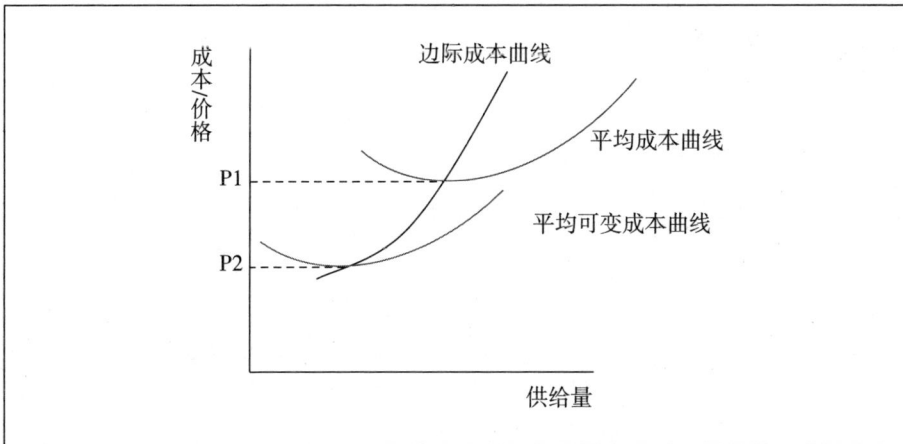

**图 12-6 有固定成本的分工供给**

当价格达到分工最小平均成本的临界价格之时，分工的供给为零。当价格高于最低平均成本时，分工供给会增加到边际成本等于价格的量，这时分工的供给曲线与边际成本曲线重合。只要价格超过平均可变成本（或平均可变成本最小值，如果有固定成本），分工供给曲线就与边际成本曲线重合。边际成本是总成本曲线的斜率，供给曲线的初始点与专用性投资的固定成本无关，它是平均可变成本曲线最低值的点。但供给曲线的形状与分工专用性投资有关，因为可变成本既与边际成本有关又与分工的专用性投资有关，不同分工的供应量对应的可变成本不一样，因此供给的价格弹性与分工的专用性投资有关，即使不直接与固定成本有关。对于一个专用性投资很高的分工，其进入壁垒就高，替代品就少，还有技术秘密形成的知识进入壁垒。形成分工的资源的稀缺程度决定分工供给的弹性，不同分工的准租金与该分工的供给弹性有关。

### 三、垄断租金与需求的价格弹性有关

市场需求曲线仅表示该分工不同价格的需求量，因为分工独一无二，无法与其他分工的需求曲线合并处理。

垄断租金与需求的价格弹性有关，如图 12-7 和图 12-8：

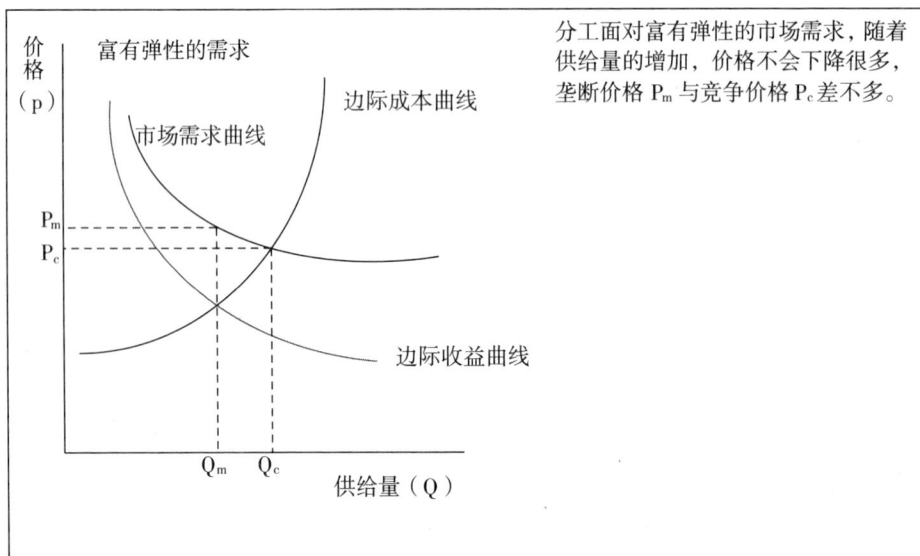

图 12-7 垄断租金与需求的价格弹性

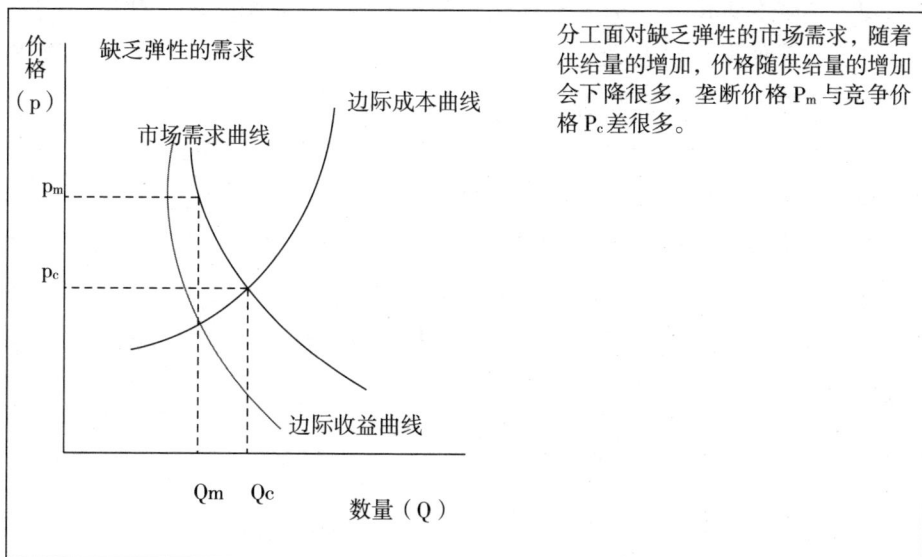

图 12-8 垄断租金与需求的价格弹性

在供给弹性不变的前提下，需求弹性越大，边际收益与价格之间的差额就越小。需求弹性越小，边际收益与价格之间的差额就越大。即超额垄断利润——垄断租金与需求的价格弹性有关。如果边际成本曲线发生变化，供给曲线弹性不同的两个分工，其垄断租金也有差异。

## 四、自然垄断的分工

准租金与供给曲线，即供给弹性有关，供给曲线的弹性反映市场上替代品的竞争力。不同厂商可提供同类产品，同类产品的市场供给曲线是多个厂商的边际成本曲线在平均可变成本之上的累加。分工不同于产品，由于任何两个分工不同，一分工市场供给曲线反映的就是一分工平均可变成本最低值以上部分的边际成本曲线。分工准租金与供给曲线的形状有关，即准租金与分工的供给弹性有关，既与边际成本有关，也于平均成本有关。

每一分工是为获得基于垄断形式的租金，但垄断租金的多少与垄断程度有关，现在考虑一特殊情况——自然垄断分工。如图 12-9：当分工供给的平均成本在市场的可能需求量范围内是递减的，就会出现分工的自然垄断。在自然垄断条件下，平均成本曲线在分工的一定供给范围内向下倾斜，自然垄断分工可以索取垄断价格 $p_m$，供应量为 $Q_m$。如果市场是没有制度限制的可竞争的，潜在的竞争会使得自然垄断分工不能索取高于平均成本的价格。在这样的前提下，均衡价格 $P_r$，供应量为 $Q_r$。

电力供应和水泥生产属于一定区域范围的自然垄断，但这些行业往往是可竞争的。政府提供的服务在很多情况下属于全国范围的自然垄断，一个国家只有一个中央政府，地方政府要从法律和政治上以及职能上服从中央政府。并且会通过制度限制其他组织的进入保护政治的自然垄断，政治政府是不可竞争的自然垄断，因此政府提供的服务量是垄断供应量 $Q_m$，并且可以执行垄断价格 $p_m$。

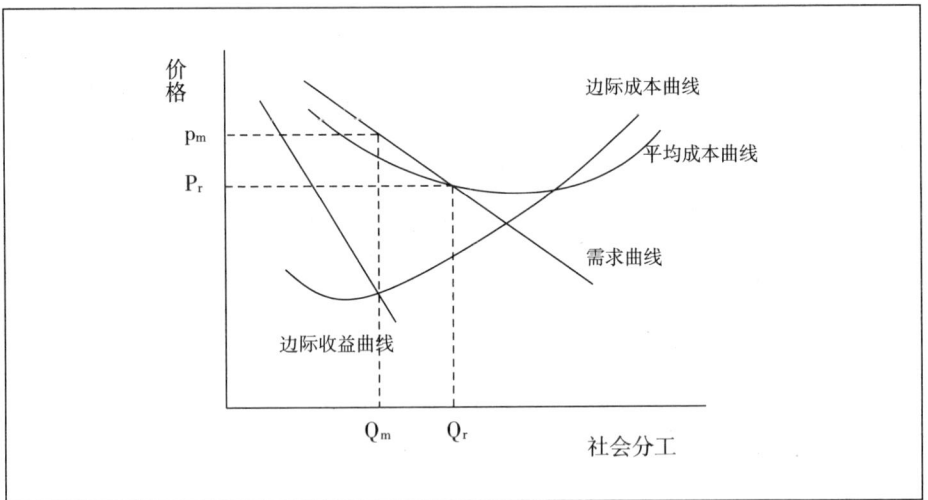

**图 12-9 自然垄断的分工**

分工与契约是一个问题的两面，关于分工的租金的认识可以帮助解释犯罪、精神症、投资、生产、消费以及政治和宗教行为的出现和演变。寻租是分工的驱动力也是社会契约的根源。神权和皇权成就历史上很多的少数人，博爱和道德寄养很多所谓弱者的同时，也使一些人在这些庞大的弱者支持下扶摇直上，并培养和造就另外庞大的弱者群体。强弱也是分工，也是分工的创新，不同分工寻租形成一个有等级、有区别，因而可以契约可以秩序地群居的社会。

# 第五节　分工如何利用供需弹性寻租

## 一、利用不同分工的供需价格弹性的寻租

当一种分工的需求曲线向右移动，表明针对这一分工的每一价格下的需求量的增加，也许市场的价格和数量都会增加一点；当一种分工的供给曲线向左移动，分工的供给会减少，分工的均衡价格会上升。需求曲线和供给曲线的移动将导致分工的均衡价格和数量的改变。由于不同分工的需求和供给的价格弹性不一样，需求和供给曲线的移动对价格和数量的影响幅度便不一样。如图 12-10：

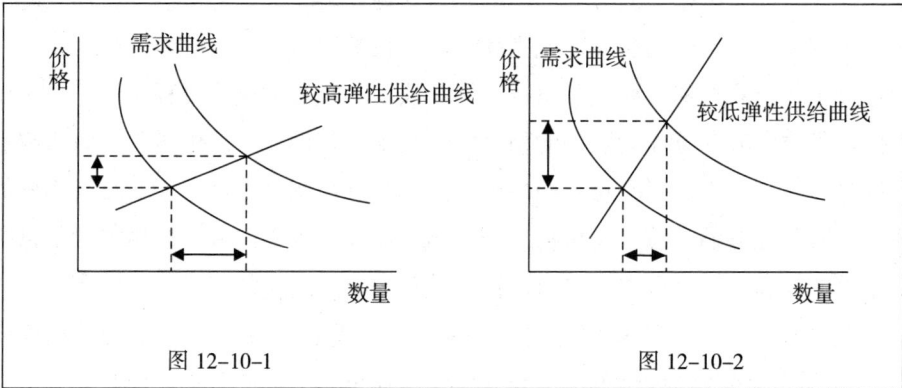

图 12-10

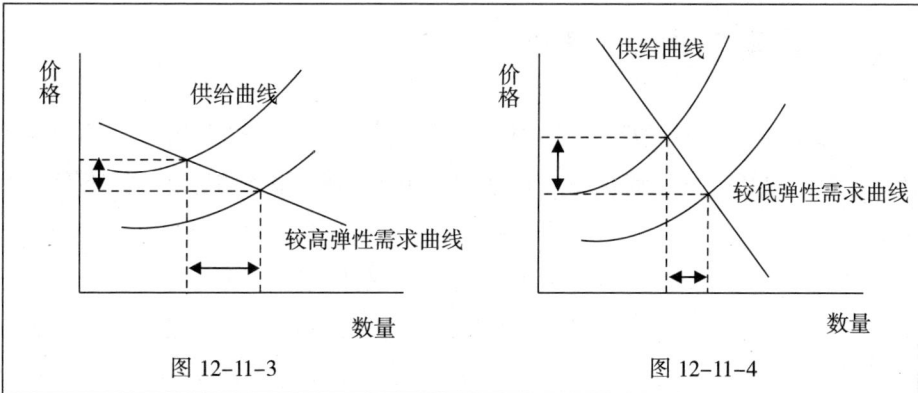

图 12-11

如图 12-10-1：供给曲线弹性较高，需求曲线的移动主要引起数量的改变；如图 12-10-2：供给曲线弹性较低，需求曲线的移动主要引起价格的改变；如图 12-11-3：需求曲线弹性较高，供给曲线的移动主要引起数量的改变；如图 12-11-4：需求曲线弹性较低，供给曲线的移动主要引起数量的改变。

如果供给曲线完全弹性，供给曲线水平，那么需求曲线的移动不能引致价格的改变；如果供给曲线完全无弹性，供给曲线垂直，那么需求曲线的移动不能引致数量的改变。因为分工的短期需求和供给相对长期需求和供给缺乏弹性，需求曲线和供给曲线的移动在短期主要反映在价格的变化上，而在长期主要反映在数量的变化上。

不同的分工之间达成的契约受它们的分工的供需弹性的影响。主流经济学建议政府如何根据不同分工的不同供需弹性制定人权、产权制度，以及基于一定人权和产权制度的法律、规则和政策。按契约经济学，政府的行为是一种社会分工，政府在提供制定和执行制度、法规和政策的服务过程中寻租，不仅仅攫取税收中的部分作为服务的租金，还会根据其他分工的供需弹性对人权和产权进行差别性定义以及对不同的分工进行差别性制度安排寻租。政府实施的税收、限价和补贴政策都是根据政府寻租的需要按照不同分工的供需的价格弹性做出的有利于获得选票，寻求政治稳定和租金最大化的安排。

政府提供的各种类型服务也有相应的供需弹性，私营部门也会根据政府提供的不同服务供需弹性的不同与政府讨价还价，上述的差别性税收、限价和补贴是政府和私营部门达成的契约安排。

## 二、分工的边际租金递减

由于分工通过专用性投资，任一分工凭它独一无二的专用性而具有垄断特征，社会对每一分工都有一向下的需求曲线，分工服务的边际收益不等于市场价格。

多供给一个单位的劳动获得的收益分为两个部分，其一是从新增的这一单位劳动获得的收益，即分工在新增的这一单位上的价格。但由于需求曲线向下倾斜，新增一单位的劳动导致价格下降，否则它就不能提供一个单位的劳动。边际收益是它从额外供给的一个单位的劳动的价格减去因价格降低给所有其他单位劳动带来的收益损失。对于特定分工，边际收益永远小于价格，即额外提供一个单位的劳动的边际收益总是小于额外提供这一单位劳动新形成的市场价格。如图 12-12：新增一单位的劳动的市场价格为 $P_0$，产量为 $Q_0$，边际收益为 $MR_0$，边际收益小于价格，边际收益曲线位于需求曲线的下方。

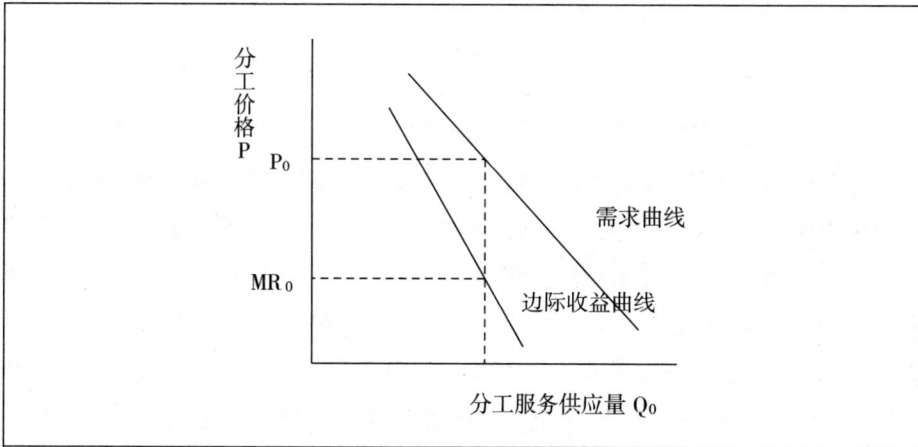

**图 12-12 边际租金递减**

分工的边际收益递减，额外提供 1 个单位的分工服务的租金是减少的，任一分工的边际租金递减。租金减少的程度与需求曲线的形状有关，与分工需求的价格弹性有关，这受分工初始专用性投资的影响。

没有经济租金的市场，就像没有自由能的物理世界，什么也发生不了，不会变化。分工创新，技术创新、组织创新、管理创新使分工相对稀缺程度发生变化，放弃或违背现行社会契约，分工市场失去均衡，经济租金重构，个体和组织重新确立比较优势，重新形成人间契约。

# 第三编　分工、寻租与契约

　　分工管理它的稀缺方式是进行专用性投资努力寻租，寻租通过达成对双方都有约束力的契约实现。语言邀约的形式证明人间契约只有两种形式，其一是授权委托代理，其二是交易契约，两种形式是不同分工的寻租约定，都是通过发现和占用对方专用性准租金获取劳动剩余——经济租金。契约不完美，不能完美，不是成本太高，就是预算不够，总是给第三方预留寻租机会。从欺骗、偷盗、抢劫到保护、保险、大规模的法制强制一直到全社会大规模的网络监控是不同比较优势分工的寻租，这些分工寻租的努力经妥协达成习俗、惯例、教条、法律和制度以及不能不提的那些深远背景的原型契约。

　　从分工寻租形成契约开始，如果人类的认知是对世界信息的拣选和推理，拣选和推理无法避免认知错误，还有那些不想透露信息的形式（人获取信息存在难度），这些形式以这样的方式固守原型，一直以人不能察觉的形式与人沟通互动。这些人不能改变的形式与人达成最古老的契约，这些契约被完整地初置于人体，成为人的原型与这些原型亘古不变的关系。人错误认知导致人行为碰壁，这只是这些原型显示的微末信息。人的命运最终也要被这些未知掌握、运行和控制。其他知识包括错误的知识达成的契约只是这些契约的复制分形，它们这样安排人于世界的分工。

　　假设人类大脑对世界给人的感知是自然透露给人的信息，是这些信息的自然形式欲与人达成契约的邀约，自然的这些（石头、化学元素、狗）通过一些改变固定为一种形式成为一种分工（石器、枪炮、宠物），与人达成契约，互相寻租，使这些形式与人类一起成为地球表现的大部分形式。这些形式——能与人达成契约的分工成为一些植物（小麦、玉米）和一些动物（牛、羊）的进化稳定策略，另外一些不能与人达成契约的植物和动物由于人的原因在减少或灭绝。人也从这些契约发现人与自然的契约，人从之分工，以这样的形式与自然相处，成为人关于自然的进化稳定策略。

　　无法避免的关于自然的错误知识也成为人与自然的契约，并最后反映于人类社会知识的演进过程——人间契约和人间契约的演绎。从族长、酋长、世袭贵族到民选总统，是这些分工发现沉浸于种植、加工、制造的人愿意委托他们管理从求偶、婚姻、生殖、财富分配一直到伟大梦想的所有可能公共部分的事物。这样形成的习俗、法典、规章和制度是围绕具体交易契约和组织合约展开的规范。这些习俗、规范、契约、合约是这些角色互相占用专用性准租金的约定，通过竞价方式达成契约，交换基于比较优势之上的劳动成果，使双方获得不同的经济租金，社会不能平等对待任何两个人。

　　但请不要忘记那些先师，那些指导者和领袖，没有他们，人类怎样才能走出迷津。从巫师、祭司、先知、哲学家到经济学家，他们卜卦、预测、呐喊、思辨以求给人尽可能完美的方案和详尽的计划，尽管总也不能完美。他们的意见成为一种人生的途径，成为集体意识，成为法律、制度和契约的前提假设。文学家，艺术家分享他们的精神成果，耕种的人、制作的人也分享他们的物质成果给这些文学家和艺术家，以及牧师、和尚、歌唱家和表演艺术家，他们互相寻租。这些圣人安稳凡人的生产和生殖，也时时撩拨凡人隐忍的但随时可能激昂的情绪，圣人从中寻租。更不要忘记科学家，是他们的贡献使人类在与自然的谈判中处于有利地位，很多自然的形式在人这寻租，也为人做了很多改变。从核裂变到染色体工程都是这些分工为适应人的形式做出的安排。

　　这是分工的寻租达成的进化稳定策略，社会通过自动自由的分工实现社会自组织，伟人和庸人平等，众生平等。位置和位次的争夺驱动分工从一致性横向联盟组织趋向专用性纵向一体化组织，从地租到权力租的变化是追求经济租金导致的变化，是从重视土地位置到重视劳动分工位次的转变，契约经济学研究人如何通过分工获得经济租金的问题。

　　引力场分布是质点的寻租，原型契约的复制分形受参与者的寻租驱动，契约的演变是分工寻租使然。

# 第十三章　契约与组织原理

契约是不同层次（基因、性状、分工）分工寻租的策略媾和和妥协。
人间语言只有两种邀约方式，一是竞价交易，二是商谈授权。

## 第一节　契约的定义、类型与转换

### 一、契约和法律的一般定义

据《现代汉语词典》，契约是依照法律订立的正式的证明出卖、抵押和租赁等关系的文书。1932 年美国律师学会的定义：契约是一个诺言或一系列诺言，法律对违反这种诺言给予救济，或者在某种情况下，认为履行这种诺言乃是一种义务。

契约是双方或多方的行为规则，法律一般是在国家范畴上多方的行为规则；信仰是信徒之间的行为一致性规则；万有引力定律是人类研究的有质量形式之间的行为一致性规则。万有引力定律的英文是 law of universal gravitation。The Third New International Dictionary from Merriam Webster define law as: "law is a binding custom or practice of a community; a rule or mode of conduct or action that is prescribed or formally recognized as binding by a supreme controlling authority or is made obligatory by a sanction(as an edict, decree, resript, order, ordinance, statute, resolution, rule, judicial decision, or usage)made, recognized, or enforced by the controlling authority." 汉文用"定律"翻译英文的"law"，定律和法则的含义不尽相同，在理解上会产生歧义，按照 law 的英文原意，万有引力定律是对有质量的形式的行为约束。

人在没有发现那些今天看来被称为定律的知识，就像动物一样完全依赖于自然自觉的关系，尽管有些动物会劳动，甚至会学习和模仿，但进行抽象思维、逻辑演绎发现知识，设置规则并进行大规模传播是人类形式独有的特征，构成人类分工的专用性，这使人类从完全的无意识的生活到部分地意识自然对象之间的关系和自然与人的关系，从而有条有理地建构人间契约，这是人的寻租使然。

大部分人认为他们发现的定律一定是那样的存在着的，很少人认为定律是人约定的概念下的对象之间遵守的行为准则，是人描述的形式之间由人发现的契约关系。在极端的条件下，就像人在特定的环境无法遵守契约一样，任何定律都有它们的适应范围。从牛顿的绝对时空到爱因斯坦相对时空，从因果宿命到测不准原理都证明人发现的知识是人约定分析对象之间的契约。不同地理环境不同历史文化的人之间的群居模式存在的差异说明人间契约的适用局限。

人类语言约定的对象之间的关系均可称为契约，契约有其适用范围。契约涉及的对象变化，契约变化。契约是共相（一哲学术语）间的交易，是为共相寻租的安排，是把彼此放到更安全的处所或位置上的努力。

## 二、契约的两种形式与组织

人类社会有且仅有两种契约类型 A 和 B，其中：A 称为委托协议，也可称之为代理契约，B 称为交易契约。

B 是交易契约，规定两种不同劳动分工的效用交换原则；

A 是代理契约，是委托人授权委托经营资产和劳动的契约，代理人代表委托人签订下一个代理契约或交易契约；

A 型契约通过 B 型契约寻租，A 型契约的委托代理形式地成为专用性投资；通过 B 型契约，一方 A 型契约占用另外一方 A 型契约的准租金。

A 型契约以索取剩余方式寻租；代理人代理委托人交易，通过向委托人索取（分享）在 B 型契约交易中产生的剩余或通过信息不对称更多地占用交易中产生的剩余的方式寻租。委托人也有同样的寻租方式——占用代理人劳动的准租金。

A 型契约之间由于专用性投资形成的分工不同可能发生交易而创造剩余，产生两个 A 型（委托）契约达成的 B 型（交易）契约；两个 A 型契约为避免通过 B 型契约的准租金的占用，会有可能形成一个新的 A 型契约，构成由 A 型契约主导的组织。

A 型契约集合或 A、B 型契约的集合组成由 A 型契约管理控制的组织。

政府、企业和家庭是 A 型契约，是不同类型的社会分工组织。

政治的、民族的、宗教的群居关系是 A 型契约，其间发生政府、企业和家庭间的 B 型契约。

人体是 A 型契约，是不同类型的系统、器官、组织和细胞形成的组织。

国家的宪法是关于一国公民人权和产权划界的法律，一个国家通过宪法把公权和一部分私权委托给政府经营和管理，是 A 型契约。

《汉谟拉比法典》、《中庸》、《独立宣言》，任何关于人权和产权的所有制，任何意识形态和法律是大多数人委托少数人代理私权的 A 型契约。《圣经》《可兰经》是信徒委托宗教领袖的 A 型契约。股份公司的治理制度是股东委托经理人的契约。其中俗众、教徒、人民、选民、股东支付给和尚、牧师、先知、领袖、政府和公司管理层的部分通过委托协议的有关条款执行，与交易契约不同，这些支付除了正常支付给代理人的工资，代理协议公开或隐含规定代理人对剩余有索取权。代理人还会利用信息不对称寻租，发生所谓的"道德风险"。政府的增值税、所得税是对社会交易剩余的索取，政府与私营部门之间的此类协议是委托协议。

# 第二节　委托协议以及代理问题

## 一、委托协议及其租金分配

An agency agreement is a legal contract creating a fiduciary relationship whereby the firsty party（"the principal"）agrees that the actions of a second party（"the agent"）binds the principal to later agreements made by the agent as if the principal had himself personally made the later agreement.

从法律的英文定义……prescribed or formally recognized as binding by a supreme controlling authority or is made obligatory by a sanction……made, recognized, or enforced by the controlling authority." 看出法律是一类范围广泛的委托协议。

企业的委托协议定义企业所有者与企业经理人之间的关系，双方通过签订委托代理协议规范双方的权利和义务。无论是从企业所有者还是企业经理人的角度看，两种分工的稀缺程度反应于企业的剩余——租金的分配。企业经理人和企业所有者双方即不发生产品、服务交易，也不发生产权、人权的交易，而是通过分配剩余获得各自分工的服务租金，通常企业经理人具有剩余索取权。索取产出的剩余具有不确定性，至少在协议期内，按照协议，这部分收入的变化并不影响经理人的劳动和企业所有者资本的供应，这部分收入可以分别看成企业所有者资本的租金和经理人的服务租金（相当于委托和代理人交易产生的租）。就企业组织而言，双方的资本和劳动的投入都很难无成本地转移到收入更高的机会中去，因此这部分收入也具有准租金性质。这部分租金包括经理人通过信息不对称（发生"道德风险"）获得的收入，这种违背委托代理协议获得的收入是经理人占用企业所有者准租金的方式。同时也会发生对代理人的租金占用问题，这可能是由于经理人的专用性所致，如果一个经理人只会经营一家粗加工车间，这种专用性会导致他可能的准租金被占用。

企业采取雇佣职员、购买或租用资产的形式经营，如果固定资产是租用的，那么在职员雇佣合同期和资产租赁合同期内，企业与雇员关系也像是租赁协议定义的关系。就像地主把土地租给佃户使用，人是把劳动的一段时间的使用权通过雇佣协议租赁给企业使用（也可以看成雇员把这一部分劳动委托给企业经营），其收入的一部分也可以称为租金，这部分收入是作为雇工的收入与可能通过市场交易的收入的差值。企业雇用职员会产生雇员分工的准租金，这与企业通过租用设备和厂房发生的租金以及通过购买固定设备和厂房形成的准租金类似。

纯粹的组织是由一个个一层层的委托协议契合的契约体，在这样的组织中不产生交易，分别由组织的所有者与组织的雇员签订协议，这些协议的形式是委托协议的形式。这是一种双向委托协议，组织把事业或财产委托给雇员经营，雇员把这段时间的劳动委托给组织经营。

少数精英通过使集体迷信宗教、主义和意识形态，通过宪法强制一个种群、一个族群、一个国家的人把人权、产权委托给他们经营和管理的方式寻租。并基于宪法形成其他各个方面的委托协议，在各个方向的各个层面，代理人都有寻租机会。

宗教教条、政治体制和法律都是委托协议，是人权、产权的委托经营协议，是人权和产权以所有制形式定义的委托管理，这与私权和公权在所有制方面的划分有关。奴隶制是奴隶几乎把全部天赋私权——人权委托给奴隶主经营，土地公有制是把土地的处置权和使用权的大部分委托给政府管理。封建时期，土地领主和政治贵族享有的国家法律规定的种种特权福利也是通过对其他人的人权和产权侵犯获得的租金，这部分收入并非劳动所得，是通过制度获得的垄断租。宗教影响深重和乌托邦主义的国家往往可能通过集体意识的形式把人权和／或产权交给宗教组织或特定党派组阁的政府经营。

## 二、委托—代理问题

The principal-agent problem (also known as agency dilemma or theory of agency) occurs when one person or entity (the "agent") is able to make decisions on behalf of or that impact, another person or entity: the "principal". The dilemma exists because sometimes the agen is motivated to act in his own best interests rather than those of the principal. The agent-principal relationship is a useful analytic tool in political science and economics, but may also apply to other areas. The problem arises where the two party have different interest and asymmetric information (the agent having more information), such that the principal cannot directly ensure that the agent is always acting in its (the "principal")best intest, particularly when activities that are useful to the principal are costly to the agent, and where elements of what the agent does are costly for the principal to observe. Moral hazard may arise. The deviation from the principal's interest by the agent is called "agency costs".

委托协议是代理人寻租的协议，也是委托人寻租的协议，双方均获得租金。依据委托协议的剩余索取和违背协议的道德风险而使代理人获得的收益均是租金，因为减去这部分收入，也不会减少这样的代理人劳动的供应。委托—代理问题可以看成两种分工的准租金相互占用问题，也可以认为是两种分工，提供资本的人和提供管理服务的人之间的剩余分配，其中发生违背事先双方同意的委托协议，是协议表达的双方的准租金占用问题，也可以看成是两种分工分别应得的租金。

普通人把疆界保卫、政治外交和社会治安委托给少数人经营，少数精英掌控国家机器，形成现代的政府组织，这些行业有自然垄断特征，委托给政府管理对整个社会有好处。但不能避免少数人的寻租，少数人制造诸如市场失灵，道德失控而通过法律、货币财税政策和主义说教介入市场交易和群居生活管理，这也是委托代理协议。

如果政治体制、宗教教条强烈定义人权和产权不能私有，以致个人对他的人权和产权没有处置权力，那么不仅意味劳动不能交易，甚至不能在不同的委托协议之间选择，除了意识形态、政治体制和宗教教条定义的并通过军队、警察和监狱强制实施的委托协议外没有其他选择，没有其他形式的委托代理协议，在这样的体制下，个人的劳动和资本的收入全部为租金。因为个人不能有另外的任何机会改变自己的分工和使用自己的劳动和土地，即减少这部分收入也不会影响这些人的劳动和财产的供给。这通常是单向社会和宗教疯狂的社会形成的原因，在这样的委托代理协议下，普通人往往从心理上对人权的被侵害故意盲目，因为他们没有其他选择机会，对私权受到侵犯视而不见反而会得到好处，还可以避免徒增痛苦。

企业国有或以国家的名义扶持特定产业或企业会发生主流经济学所说的"挤出效应"。其中显示的是租金受到的影响，体制通过限制分工于一定的专用性方向上以方便占用这些分工的准租金（专一的信徒与专业的农民一样，他们劳动的准租金容易占用），这些人往往因为专业和专一又穷又苦。但不同体制占用的方式不同，同样劳动分工在不同的体制下收入不一样。往往是受限制的分工的租金少于可以自由选择的分工的租金，这是社会人均收入差异巨大的原因之一。

当一个人选择进入政府还是进入企业，进入寺庙还是加入党派都存在收入比较的问题，这些机会的收益互为机会成本。与次优机会相比，个人选择的分工的收入是基于他的比较优势的租金，显然，市场比较出来竞争租金的优势显现的是千姿百态的人生局面。人在不同的组织也产生委托协议规定的租金和租金支付方式的差异，寺庙念经的和尚与政党的租金和支付方式也有差异。和尚需要化缘，需要施主的自愿，政党可以通过强制收税获取相应的租金。

普通人很难缔结的高端文明（不过是委托代理协议）也是社会特定的少数人的分工寻租的方式，形成这样的文明人的特权。一些文学、艺术形式倡导的朴素的伦理道德成为习俗，成为大多数人相互的委托代理协议，也成为一种租金安排，影响不同性状特征和不同分工的人的准租金。不同的人面对同样的习俗和制度的优势不一样，分工不一样，机会成本不一样，租金不一样。

不同的社会和市场机制下分工的准租金不一样，个人在特定分工方向的投资形成的专用性相当于他面对整个市场和整个社会做出选择，是期望和整个市场、社会达成委托代理协议，这时候产生这个人面对整个市场或整个社会的准租金和准租金占用问题。

# 第三节　分工偏好与契约

## 一、理性偏好与契约选择

理性表达选择，选择表明有偏好，有偏好的分析对象是有理性的，经济主体通过预算约束下偏好的选择实现效用的最大化。主流经济学假设人是自私的，自私是基于理性的，倒不如假定理性是有偏好次序的。契约经济学研究有偏好的对象，并把它定义为契约经济学研究的经济主体。

分析对象与人的关系是人偏好的契约关系；认知偏好于投入到认知中的每一分钟获得的知识的边际效用（租金）相等，人类认识世界时需正视这样的安排，语言约定的概念会有一个潜在的优先次序。通过约定概念认识到的分析对象之间的关系（契约）是人偏好的关系，分析对象的偏好关系显示人的偏好。

主流经济学研究的偏好是指人对物品的喜好程度，是一种主观判断，主流经济学描述偏好的概念有两个：一个叫消费集（Consumption Set），又称选择集（Choice Set），另一个叫偏好关系，即对理性人想要的物品组合排序。契约经济学研究经济主体的偏好，描述经济主体可以选择的契约集（Contract Set），通过估算可能的租金大小，给分工预算可选的契约组合排序。因为存在不确定性，往往按一定的风险上的预期的租金排序。契约经济学研究的经济主体不限于理性人。经济主体在契约选择的意义上自动成为契约主体。

主流经济学用价格和收入构成预算集（Budget Set），当选择集里的偏好关系与预算线有公切线时形成需求。经济主体由比较优势表达的劳动时间的价值和现有的资产价值结合构成分工的预算集（Budget Set），当契约选择集里的偏好关系与这一预算集有公切线时，切点是预算配置的最优点，形成分工，达成契约。

## 二、分工保持"容颜"的投资模型

电子通过尽可能地占用最低能量的轨道的方式保持稳定，也同时保持原子的稳定，这样的契约是保证双方的"容颜"保持的安排（除了核裂变）；假设这是电子把命运委托给特定的原子，特定的原子把命运委托给 DNA 分子；DNA 分子委托给很多其他分子组成的细胞，细胞之间通过组织和器官的形式交易合作，再共同把命运委托给人体。这说明从电子开始对契约就有偏好，层内主体之间有专门的对偏好的竞争规则，从占有能量的角度上看，不同水平层间也存在能量的竞争，说明层间的契约也是经济主体的关系。从最初的引力场和电磁场的契约到人间契约，这些互相的寻租关系是为保持各自的"容颜"进行的委托和交换，这些委托和交换的形式是比其他任何方式都能更好地保持"容颜"的方式。

Gary Stanley Bevker 认为消费也是一种生产。契约经济学认为消费是经济主体为保持"容颜"活动的最后流程，消费使用的任何时间，吃饭、睡觉和生殖都有机会成本。

资本和劳动的储蓄同义，资本预算可以换算为劳动时间。经济主体把它分工生命周期中的每一单位时间投入分工的边际改善的租金相等。如果通过与其他分工交易，得到的效用是在不交易或参与其他可能交易的情况下的经济主体的生命周期增加，那么增加的这一部分生命时间即可称为它获得的租金。如果假定任何经济主体都偏好保持"容颜"的效用组合，考虑每一分钟劳动时间的机会成本就是考虑每一分钟投入的边际改善的租金。

劳动的效用（获得的租金）可换算为休闲时间，这种换算当然是基于一分工函数的换算。根据边际效用（边际租金）递减规律和投资贴现（换算为当前的时间）进行分工改善投资是分工投资的决策模型。

性细胞是体细胞的投资，体细胞的基因通过性细胞寻租。假设男女组成家庭的生殖是基因的寻租，假设基因为经济主体，基因为保持"容颜"对它的生命周期的时间进行分配，除了让人提供保护膜，提供能量，还要花费时间在保持人的"容颜"上。除了要在体力和智力上投资，还要在婀娜多姿上进行保持和改善，以方便求偶和婚育。尽管通过两性生殖要减少一半的信息，但通过生殖，基因的一半"容颜"得到持续——通过这种改善获得的时间的增加，租金很高使得成人在求偶、生殖和养育方面投入的多。人类从个体到社会除了安排时间自私，还要投入时间维持公平、正义；方便不同基因组合寻租，使不同分工构成一个可以交易可以合作的社会。

按主流经济学，理性人追求效用最大化，社会追求福利最大化，这些包含很多主观评价，很多效用无法定量分析。按照契约经济学，经济主体都有共同的目标——通过分工寻租保持"容颜"；但边际租金递减，如果一经济主体不能在最小平均可变成本之上继续供应，那么这一分工的"容颜"消失。

# 第四节　组织机制

## 一、组织的定义

组织是由交易契约和委托协议组成的契约体，组织中至少有一项总含所有其他委托协议和交易契约的委托协议。一个契约体通常由两种契约组成，即交易契约和委托协议，在群居的社会，两种契约互相制约，形成各自的专用性。

组织对不同的人初始授权而成一种通过委托协议规定的寻租机制，即通过组织的契约规定授权，把财产权和人权交由一组人经营。组织是一种非交易契约，无论是不是一体化的纵向联盟，组织都可以当作委托代理协议的集合处理。委托协议的形成与交易契约形成的机制一样，是经过基于市场竞争的讨价还价的谈判过程形成的协议，是市场配置资源的结果，是不同分工基于其比较优势呈现的租金分配契约。

传统的土地租佃是一种委托协议，现在的销售代理和连锁经营是最一般的委托协议。制度安排的设计和制定及公共品管理是公民授权给政府实现。道德、习俗、法律和制度也是一些委托协议，不同的人在契约中的角色和位置不同，承担的义务与拥有的权限不同。无论是通过宗教、政治还是意识形态等契约形式，通过委托—代理把人权和产权交给上帝的使者或俗世的神圣都会产生权力寻租问题。大部分人通过放弃各种自由形式将或多或少的人权和产权授权给少数人通过委托协议经营，这些委托代理协议建构组织，协议中形成的寻租关系是组织存在的依凭，也是组织的实质，是基于不同分工的合作关系。由于分工，资本家委托给经理人开展企业经营业务，经理人同样需要把设计、制造的权力层层委托到基层专业工人，专业工人对专业技术诀窍的掌握也通过这样的契约寻租。人间通过委托协议进行不同的权力授权，通过权力交易形成组织，通过组织履行市场的服务和产品交易。

国家或者社会也可以称为一种组织，由于存在成员之间的产品和服务交易，甚至产权和人权交易。社会作为有规则的群居生活，它的规则的形式就是委托代理形式。人类社会的大部分关系被委托代理契约涵盖，缔结为不同类型、不同功用的专用性组织。

无论是委托—代理还是交易都是为寻租形成的契约，委托—代理形成协议的专业化分工，基于分工寻求垄断租——随时寻找机会占用交易契约对方由于分工专用性的准租金。

从概念上说，我们可以将法官和立法者看作实施和修订规则的代理商，个别交易规则就在这些规则下进行。因此缺少正式管制契约并不会妨碍我们分析处于假设的管制条件下某一契约。例如，产品质量法可以看作是管制众多条款的集体契约，许多个别契约就是在这些条款下签订的；此外，产品质量法的内容随时间的推移而发生的变化可以看作是代理商（法院和立法机构）根据不断变化的环境调整集体契约条款的努力成果。

从这种意义上说，所有的交易——无论看起来定义得多么完善——都是以一种复杂的契约权限的转变形式嵌套起来的，这种契约权限合起来构建起了契约各方的权利和义务以及代理商的角色。当然，管制特殊交易的契约组合的结构可以有明显的差异。代理商对于他们委托人的响应、在代理商与代理商之间权力的分配以及私人在权限之间转换的自由都会变化。然而，这一表述使人们注意到这一事实，即确定适当的普通法律规则管制特定交易的问题将在许多方面与集体契约的监督者和其他管理者面对的问题相似。它也强调了私人显性契约不可避免地要融入隐性的社会契约中，其管制只是一个特殊的子集。

我们从始至终假定代理商是委托人利益的忠实代表。有一种极其不现实的假定，像传统福利经济学中仁慈的独裁者一样，仁慈的代理商是为图分析简便构造。然而这种假定确实妨碍了管制政治学的讨论——尤其是管制者易受到

生产商利益的政治影响。管制制度的确容易受到政治滥用的影响。(《管制与管制契约》Victor P.Goldberg)

仁慈的代理商不只是为图分析简便构造，也是社会分工预算的现实安排，也许是当时当地社会成本最低的运作模式，大部分人愿意委托出去他们大部分权力给他们的"父"。少部分人的反对会遭到强有力的抵制，这就是组织。

## 二、组织的经济

组织的边界在于分工寻租的有效性，分工通过比较交易的租和分工相互委托代理的租进行选择。分工自组织地形成组织，这将是《组织的自组织——组织的进化》的核心命题。分工为保持"容颜"的自组织而放弃交易是比较两种契约租金后的抉择。以下这些主流经济学的模型都是分工自组织的决策工具。

- 猎鹿博弈合作
- 困境下的重复博弈
- 垄断定价
- 规模经济
- 范围经济

## 三、契约的效率、公平与正义

消费者花每分钱的边际效用相等，上帝花费他的每一分钟于人的改变的边际效用相等，人是上帝的消费品。父母花费在孩子身上的每一分钱对子女状况的改善的边际效用相等，子女是父母的消费品。但从另外一个角度上看，上帝通过投资对世界进行改善，是让他期望的形式（可能是人）有效率地寻租，人是上帝的资本品。父母对孩子的投资以使孩子状况改善（假设为教育投资），可以看成是父母的基因通过孩子的状况改善寻租，孩子是父母的投资品，孩子和父母都是基因的投资品，基因投资的每一分于老弱的身体和年轻的身体的边际租金相等。

任何新生事物是发现现有的契约中有寻租机会。任何新生的事物，必然有新生的契约，有新生契约针对这一新生事物的对方。新生事物连同其契约几乎影响全部的契约，新的物质形式的变化几乎改变整个宇宙的能量存在关系，惯性质量的任何位移会影响爱因斯坦弯曲空间的曲率。

一般地，创新的分工寻租引致整个社会的交易成本、组织成本和生产成本降低，表现为资源的相对稀缺程度的改变。人类社会的技术变迁、制度变迁、分工的演进甚至性状特征的变化由寻租驱动展开。

人是其他存在的物质寻租诞生的新事物，人是这些物质的一种契约体，同时又是更广泛的契约的签约方。虽然人只能部分地意识与自然、与其他人的契约关系，但足以让他们与其他动物不同。人因为意识可以抽象分析和制定策略形成分工，分工达成契约而获得剩余，这些使人类在地球上有如此广阔的规模和如此广泛的分布范围。人类不断创新，形成新的分工，不断发现和 / 或设计新的契约的同时寻租——不断签订新的契约。

理念和制度作为契约的形式之一复制分形的基础是不同地域和不同种族的人之间可以通婚，通婚证明人的性状特征具有根本性的一致性，而自然环境、地区和种族性状特征、人口统计数据表征的差异以及传统的路径依赖成为复制分形的障碍。但理念和制度甚至一些交易契约，特别是一些非正式契约的形式，祭祀、信仰、习俗却在不同的人类地区有着一样的模式。不一定通过沟通、学习和模仿，不同的社会自生形式相似的制度系统。

按照政治学原理，人类社会是不公平的；按照经济学原理，人类社会是不效率的；艺术家看到的这个世界是不理想的；政治家说经济不公平，经济学家说公平不经济，艺术家说这个世界是丑陋的。可是世界为什么会给他们说三道四的余地？政治家认为，为了公平，制度必须应该保证一部分人创造的财富为另外一部分人无偿占用是合理的。经济学家认为，可以有社会福利，但为了效率，必须在人类中展开财富的按劳动分配形式。但计量、监督却成为重大问题，这个时候似乎需要政治家的智慧。

人的无意识行为，一是因应自然，即条件反射；二是因应肉体的欲望，即本能反应；三是因应他人的欲望，听从信仰，集体地运动。每个人的行为都是这三种形式的复合，是履行与自然、肉体和社会所定的契约表现。任何一种规则对某种性状组合的个体有利的方式是让进入特定规则规矩的博弈格局的个体间形成的均衡的收获产生差异。

无论社会积累多少财富，快乐还是那样快乐，悲凉还是一样悲凉，福利和剩余不能解决穷困和赢弱，就像悲凉、穷困和赢弱需要一个展现的场所，有它寻租的机会，但财富为什么依然让人疯狂。引力场为任何形式的存在安排了寻租空间，关键是人想看什么和能看到什么。

## 四、理想的自由分布与刻意的规划

自然界适应度边际改善相等的理想分布与人间每一分预算投入的边际租金相等遵循相同的机制，分工构合的宏大人类社会与千姿万态的生态世界遵循边际相等原理分布。

如果考虑环境作为游戏参与人，理想自由分布是所有寻租的游戏参与人（分工）达成的均衡，是一个动态博弈均衡。当把环境作为其中的生命甚至是非生命的组织，它是开放的，就像其中的生命是开放的。把环境作为人类分析的对象，可以看成一经济主体，它依凭它可以的契约存在，或者它有它的专业分工，它有选择，它对它可能选择的契约存在偏好，它总是表明它开放的倾向，它的专业化的投资也有偏好，它要在它的预算基础上竞争它偏好的交易机会，它投入的每一分预算的边际改善的租金相等，也许这就是达尔文的自然选择的边际法则。

如果以市场为研究的经济主体，作为合同主体，市场可以看成以私法为规则的组织，从市场分离一个对象（假设一个人）研究其间的契约，这样这个人面对整个市场不仅在它的生命周期会发生各种各样的交易契约，还会发生复杂的层层嵌套的委托协议。进入市场交易的经济主体一定要委托一部分权力交给市场经营，他也要为这种委托经营支付一定的费用，是他可能的劳动剩余的一部分，也可以称为交易成本，表现为第三方的寻租或者就私法基础上的各种费用（主要是政府的税赋）。通过这样的契约关系，市场实现对它的每一分预算投入的边际租金相等。这也许是一种环境中各种分工的自组织安排，但也许是一种刻意的规划，是可以规划的选择性安排。

企业组织的最优要素投入决策是要素的边际收益与价格的比值相等。市场和环境的随机不可控因素是人类的预算所不及的系统性因素，人无法与这些因素博弈，先天地或无意识地与这些因素达成不能改变的契约，因而这些因素不能成为博弈论的研究范围。博弈论通常也不把宇宙、自然、环境和市场当作游戏参与人。如果引入契约概念，使用契约经济学定义的经济主体概念，经济主体集合的要素会增加，博弈论的研究范围可能变宽。

一个寻租的经济主体在选择其可能的契约的时候，比较机会成本，比较与其次优偏好的契约的收益。在分工预算可选的两个交易契约有这样的选择，在选择委托协议还是交易契约的时候，也存在机会成本。如果关于市场和社会的法律已经确定，社会的人权和产权固化为某种意识形态定义的差别并通过法律强制执行，面对这些进化稳定策略，如果一经济主体的分工违背这些契约，或者放弃这些契约提供的寻租机会，那么其机会成本很高，他分工寻租失败的可能性很大。

# 第十四章 自然的寻租与人类的寻租

每一缕光是为搜索黑暗，反射五颜六色给人的眼，人不仅为光推掉遮挡还发明光，光驱走人间的黑暗，在人这儿发现存在的机会，可黑暗也并不是没有道理……

人的智力的界限由于不能全息映照宇宙的昭示，他所能做的是孤立一个对象，约定一个概念对它进行基于他（人）的偏好的描述。

## 第一节 人类向自然寻租

### 一、寻租的眼睛

据说，远离平衡态的物质长有眼睛。但似乎所有的物质都不在均衡态上，物质时刻处在寻租的状态，寻租的动机驱动一切形式进行一定程度的改变以便与其他形式达成契约，从无机物变成有机物，有机物形成细胞，单细胞生物进化为多细胞生物，无性生殖转变为有性生殖的每一次都是一次寻租的努力。为保持"容颜"的努力形式展现一个多姿多彩的世界。

分子在可选的保持"容颜"的契约集合中选择，形成细胞、组成人体和人的组织。从分子、细胞、人体到人类组织，寻租驱动物质形式的演化。组成细胞的水分子以细胞的形式寻租；组成人体的细胞以人体的方式寻租，猿在进化为人和猩猩的当口，人的寿命相对较长；组成氏族、部落和城邦的人体以氏族、部落和城邦的方式寻租；组成家庭、企业和政府的人体以家庭、企业和政府的方式寻租；组成国家和民族的家庭、企业和政府以国家和民族的方式寻租。但家庭、企业、政府这些组织的形式也从这些寻租过程中获得寻租机会，如果没有演化出家庭、企业和政府的形式，人类不可能抵挡剑齿虎，非洲狮和草原狼的攻击，更不会有今天的繁衍生息欣欣向荣的人类社会。

在愈来愈专业化的时代，码农与菜农交易，双方的收入差别很大。但一夫一妻制的习俗也能保证这些"伟大"和"平凡"的基因共存，保持性状多样化的契约集合成就一个分工充分的社会、一个效率的社会。

## 二、人类向自然的寻租

人类追求个体永生不得，退而求其次，通过两性生殖繁衍。这一目标是人类观察世界的背景，是语言建立的逻辑基础，是设计策略、履行契约的最终目的（《完整的现象世界》魏军）。人生的这一目标也许进化自物质的物理惯性，也许衍生自万事万物对生生不息的孜孜以求。当这些目标因为竞争有限能量产生利益冲突的时候，互相之间妥协为契约，达成交易。

人类作为人假想的上帝在地球上安排的分工，可以定义为细胞的契约体，组成人类细胞的物质通过寻租，组成人类这种会"思考"、直立行走的动物，这些特定的细胞到目前为止是成功的。人尽管曾经被扭曲成各种其他人种，扭曲成现在的各种样式，比他们的宠物狗的样式还多，但据考证，人作为一种基本的细胞契约体在地球已持续 250 万年。

但在整整 200 万年期间，人类一直就只是一种弱小、边缘的生物。大约在 100 万年前，虽然人类已经有了容量较大的大脑和锋利的石器，却还得一直担心害怕食肉动物的威胁，他们很少猎杀大型猎物，维生主要靠的就是采集植物、挖找昆虫、追杀小动物，还有跟在更强大的食肉动物后面吃些剩下的腐肉……一直要到 40 万年前，有几种人种才开始固定追捕大型动物，而要到 10 万年前智人的崛起，人类才一跃而居于食物链的顶端。（《人类简史》p.11 Yuval Noah Hararl）

蚂蚁和大象有各自适应环境的方式，衡量这些方式的收益差异是比较它们的适应程度，而不是大小和智慧。不过人类的形式愈来愈受他们的环境的欢迎，几乎不需太多的基因改变就能适应地球上的各种环境，现在他们开始放眼太空。在地球的范围内，能彻底毁灭人类这类细胞契约体的力量只有人类自己。人受各种假想的上帝影响，通过制度的安排发明互相倾轧和相互摧毁的力量。

现存的人类是智人的后代，其他人种连同他们的文明一同崩溃，不能肯定智人是否是罪魁祸首：但每当他们抵达一个地点，当地的原生人类族群很快就会灭绝。现存历史离我们最近的梭罗人遗迹，大约是 5 万年前。丹尼索瓦人在那之后不久也已灭绝。至于尼安德特人，是在大约 3 万年前退出了历史舞台。而到了 12000 年前，像小矮人般的人类也从弗洛里斯岛上永远消失。(《人类简史》p.19 Yuval Noah Hararl )

如果智人是罪魁祸首，智人侵犯其他人种的生态龛，占领他们的领地，显然认为这些人种在基因上无法或不值得交流，也不值得与之产生商业交易，或者根本无法达成交易，甚至不能被奴役，只有对立和战斗。也许智人在选择占领领地和达成交易之间做出了明智的选择，才有今天的智人后代独领人类风骚的大好局面。

约 7 万年前，第二批智人从非洲走出，到现在，已经遍布世界的各个角落，人类依靠能够抽象和臆想的大脑，依靠绝妙的发音结构，创造语言组合，制造工具、发明武器，形成组织联盟。不仅能克服山川海洋的险阻，击溃狼虫虎豹的侵犯，熬过蚊虫传播的瘟疫，并能占有原生民的生存环境。尽管皮肤从深颜色，变为浅颜色，有的变得魁梧，有的相对矮小，尽管经过这些环境的变形安排，但目前为止，各大陆不同种族男女之间还能保持互相的吸引力，为人类留下各种繁衍的可能以适应环境的各种可能变迁，人类通过多变多样的性状组合以避免基因的革命性突变带来"容颜"尽毁的命运。现存人类适应环境的能力因为抽象、臆想和语言沟通大大提高，他们不需要过分扭曲自己的身体尺寸和形状，不需要做太多的基因革命就能适应各种非原生的苛刻环境。

人类向自然寻租的力量的不断提高使得人类基因和性状特征保持的同时还在不断扩展。通过人间契约的不断演化和人与自然契约的不断进步，人类得到持续不断的繁衍生息，不需要屈服自然的压力而不得不进行基因的改变就能与自然达成基因层面的契约的演化。自从认知革命之后，智人就能依据不断变化的需求迅速调整行为。这等于开启了一条采用"文化演化"的快速道路，而不再停留在"基因演化"这条总是堵车的道路上。(《人类简史》p.34 Yuval Noah Hararl )。

# 第二节　自然向人类的寻租

## 一、中东小麦

在1万年前，小麦也不过就是许多野草当中的一种，只出现在中东一个很小的地区。但就在短短1000年内，小麦突然就传遍了世界各地。生存和繁衍正是最根本的演化标准。而根据这个标准，小麦可以说是地球史上最成功的植物。以北美大平原为例，1万年前完全没有小麦的身影，但现在却有大片麦田波浪起伏，几百公里内完全没有其他植物。(《人类简史》p.80 Yuval Noah Hararl)。

人不得不改变原有的劳作方式（采集和狩猎）以适应小麦种植和生长的需要，人因为耕种小麦人口增长，避免采集和狩猎可能带来的不确定性，尽管也付出很多代价。这是人了解小麦与土壤、与气候的契约和小麦达成交易获得的租金，但小麦也因为能满足人类很多方面的需要（充饥、群居、安全，特别是人口增长）而成为地球上能量的主要表现形式。中东小麦复制和繁衍的这些巨大成果中不需要中东小麦的努力的收益部分是中东小麦的租金，中东小麦作为供应的要素，不会因为这部分（租金）的减少而减少供应量。这是人与小麦之间的经济契约固定的，当然有其他种类的植物的竞争，比如稻谷、马铃薯等等，但似乎都没有小麦这么成功。人类也通过与小麦的交易获得巨大好处，通过遍地种植小麦，人口呈指数增长，这是人类从与小麦的交易中获得的租金。

如果把人比作消费者，小麦比作生产者，由于双方交易，消费者剩余和生产者剩余都会发生。剩余表现的最终效用是双方的个体互相伴随迅速增长。人类和小麦可以形成交易，在于双方的分工产生的效用可以交换。如图14-1：

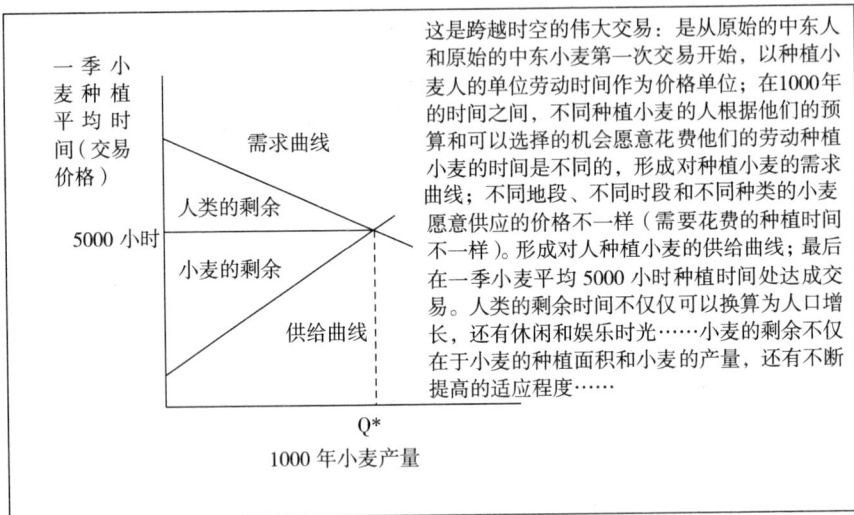

这是跨越时空的伟大交易：是从原始的中东人和原始的中东小麦第一次交易开始，以种植小麦人的单位劳动时间作为价格单位；在1000年的时间之间，不同种植小麦的人根据他们的预算和可以选择的机会愿意花费他们的劳动种植小麦的时间是不同的，形成对种植小麦的需求曲线；不同地段、不同时段和不同种类的小麦愿意供应的价格不一样（需要花费的种植时间不一样）。形成对人种植小麦的供给曲线；最后在一季小麦平均5000小时种植时间处达成交易。人类的剩余时间不仅仅可以换算为人口增长，还有休闲和娱乐时光……小麦的剩余不仅在于小麦的种植面积和小麦的产量，还有不断提高的适应程度……

**图 14-1 小麦和人的交易剩余**

图 14-2 显示小麦与人类的交易契约，交换处于双方的效用可能性曲线的切点上，这点是人和中东小麦的交易契约。由于其他寻租分工的存在，小麦和人均有其他可能的交易机会（人可以选择种植其他植物，小麦可以选择被季风或囫囵吞枣的动物带走种子，但预期收益不同，租金不同）。形成对这一交易契约的影响，影响双方的效用可能性曲线。但人与小麦间相互界定的两条效用的可能性曲线相切于表达他们交易契约的一点，在这点，双方交换的效用的边际转换率相等。（来自契约以外的寻租随时形成对这一契约的影响，影响双方效用的可能性曲线，但两条曲线必相切于一点）。

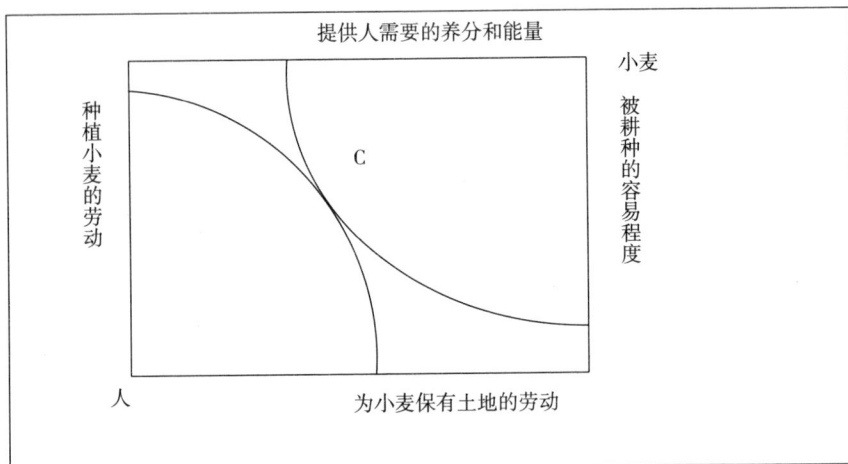

**图 14-2 人类与小麦的交易**

人类放火烧毁森林和灌木丛的时候，等于帮了小麦一把……于是小麦……就能独占阳光、水和养分……于是人类部落逐渐能够放弃四处流浪的生活方式……随着人类开始住进永久村落、粮食供给增加，人口也开始增长。（《人类简史》p.84–85 Yuval Noah Hararl）

在生物世界的交易市场上，有些食物——有特定秩序的能量供应是人的供应商也是人的竞争对手。但可以把人类当作食物的大型哺乳类陆生动物基本上被人消灭。由于部分适应造物主规约——人是被指定管理万物的动物的制度安排的生物获得发展。这一制度安排是让人有抽象和想象功能的大脑，有可以沟通的发声器官和掌握其他生物相关契约（生物体契约和与环境的契约）的能力，人凭借这一与竞争对手（一些动物）比较的优势大范围广阔地寻租。

## 二、牛、羊和狗

人狗互为宠物，互相适应，各取所需。但也须经历磨难，狗为了使 DNA 大面积大规模复制，不管是狗自愿还是被人逼得迫不得已，狗做出各种基因改变的妥协以适应人的需要。人也作出相应的安排，必须付出一定的劳动来饲养这个宠物。由于对宠物狗的需求，养狗人的比较优势使得他竞争交配权能力提高，相应基因（喜欢狗，善于照顾狗）获得遗传，也许养狗人的后代——新生养狗人的性状特征对狗有利。尽管可能需要狗作出进一步安排：更小、更好看、更温顺、更忠诚或者更大、更威猛但依然需要更忠诚以便保持人狗间的契约，人对狗的真心喜欢和狗对人的绝对忠诚使人狗互相寻租的交易成本低。

牛羊为从人这寻租以便大范围繁衍子嗣，除了要为人提供美味的肉，还必须具备容易被驯化和畜牧的特点，构成对人的专用性，这些改变以及容易被人改变的形式使它们与人达成契约。人类也为此进行了分工的改变，从狩猎转变到养殖。形成牛羊与人的契约。人为牛羊作出的改变，可能不仅仅是习性和分工，改变的可能还有人间的契约，也许深刻影响着人类的社会制度系统和人的性状特征。

## 三、细菌、病毒、癌细胞和大炮

有益细菌合成分解的蛋白质与人类基因合成的蛋白质的交易形成人与细

菌的契约。微生物占有机体总数的 99.99%，且数量众多。但人和这些有益菌的契约也为第三方留下寻租机会，病毒肆虐和癌细胞的造访偶然发生，人与环境的契约不能以人单方面的意志转移。

战争和宗教运动是人发现人间的契约的寻租机会所展开的大规模活动。但这使其他形式的存在有了搭便车的机会。大炮作为一种物质的存在形式响应人类战争的需要，已经存在几百年，为了适应人类大规模杀伤人的需要，大炮不断改善其狰狞的面目，大炮作为物质的一类存在形式似乎获得无限好的发展机会。

但凡与人发生交易的物质或物种都发生或都在发生变异，以适应与人的和与人有关的契约，包括那些该死的致死人的人类无法抵御的病毒、癌细胞、大炮和核武器。

除了人自然地死亡（这是自然准备好的寻租方式），还有什么力量能把人当作食物而能给他们的生命当能量或者能把人变成他们的样子，彻底摧毁人的"容颜"变成最初的单细胞生物、变成细菌，变成最初的分子甚至原子的形态？只有自然的疾病和人间的互相戕害和相互屠杀。戕害和屠杀是一类人的分工，他们被迫开启种内相残的任务，人间悲剧只是为履行与自然的约定和为忠实与上帝的约定，他们真的是在为人类的现实生存和人类的美好的明天奋不顾身地争斗。

# 第三节　从自然契约到社会契约

## 一、契约的有效性

契约安排是为获得分工基础上的剩余。一种新的契约安排是发现现有契约作为一种分工形式的专用性准租金，发现这种契约的供应不会因为收益一定程度的减少而减少，即现有契约因为专用性而有准租金被占用的可能，只要交易契约发生，就有占用这一准租金的机会主义出现的可能。无论是收保护费还是收税（无论这种保护服务是否必要），由于存在可占用的准租金，就会出现占用准租金的机会主义，尽管占用的对象和占用的方式可能不同。

政府与其他分工的合约主要是发现其他分工的专用性，有可占用准租，形成对政府服务这种分工的需求和供给。政府服务也是一种专用性投资，存在专用性准租，存在违约和形成新约以便占用政府准租金的可能。私营部门要求政府减税、权力分开和放开，是占用政府因专用性的准租金的方式。改革和体制革命充斥人类的历史，但政府依然存在，政府这种分工形式获得长久的寻租机会，政府寻租整体地给一个社会带来的收益应该大于任何一种无政府主义提倡的可能社会收益。

如果新的分工在不影响现有契约效率的前提下，甚至会改善现有契约的效率与现有契约达成一种新的契约，无论是仲裁、会计、律师还是政府都是有效的社会分工，而不论这一分工，因为其稀缺程度或供应刚性而获得多少租金。

如果一新的分工影响现有契约的效率，比如制度性的交易限制，政治迫害，信仰和教条的禁锢和战争。即一种改进对其他人形成伤害，破坏原有契约形式，影响原有契约的存在，使原有契约形式下的参与方利益受到损害，但这一新的分工在与现有的其他方达成契约的过程，尽管影响经济效率，但达成的契约有效。如果损害影响到遗传基因传递的效率，新达成的契约是基于被称为丛林法则的原型契约基础上的契约，这一契约的效力在于促进人类基因层次的进化，是社会意义上的有效，而不仅仅是经济意义上的利益损害，可能还有生态意义上的有效，是基因适应程度的改进，也是物质存在形式的演进。尽管在人类看来不能称为改善，但就自然选择的意义上讲，仍然可以称为进化，尽管可能仅仅是为履行有关的物理、化学、生物契约。

## 二、猎鹿与细胞契约选择

原子结合为分子，分子构建细胞，细胞结合成生物体是不同层次的物质形式的寻租推动的契约体的演化。单细胞合作成多细胞生物，细胞进行分工，开始以多细胞合作的形式提高适应环境的能力。但不同细胞组合的生命的租金存在差别。

假设两个人分开狩猎可以收获 2 只兔子，合作可以收获 1 只鹿，并假定这两个人在这两个任务中投入的劳动和心情一样，既因为这样的两个机会失去的效用（休息或与家人在一起的快乐）相同，那么其最终选择的收益 =1 只

鹿 –2 只兔子。合作猎鹿是比较分开猎兔对资源更有效利用的改进，收益是租金。

鹿和兔是特定生物细胞的契约体，细胞组成不同的契约体，这是动物世界的分工，是细胞或者生态世界进行的专用性投资。人显然是这一生态世界的一部分，这是一个经济的世界。人发现鹿和兔的价值的区别，鹿和兔为保持鹿种和兔种的"容颜"分别在各自的分工方向上进行专用性投资——鹿的投资更大（鹿的组合细胞更多），固定成本更高，形成的可占用准租金对人而言，鹿比兔更有价值。人通过对自己优势的判断，通过对一只鹿和两只兔的效用比较，形成基于这些判断和认知的人与鹿或兔的契约。为履行这些契约，两个人决定合作猎鹿以获得更多的收益，这时形成两个人合作的人间契约。

人群和狮子群共同竞争鹿，在原始的世界确实这样发生，人逐渐比狮子更有优势，狮子也逐渐成为人的猎物，物质从构成狮子的细胞转化为构成人的细胞。细胞以人的组合方式相较于狮子细胞组合方式，构成人体的细胞更幸运。人和狮子狩猎鹿的数量存在差异，人体细胞获得更多复制分形的机会。这些细胞参与人体的收益相对于参与狮子体这一次优机会（假设这是次优机会）收益的差就是细胞参与人体契约的经济租。

这一租金表达的可能是人的寿命要比狮子的寿命更长以及细胞复制分形的机会更多——人的个体满山遍野地开花结果的现实迫使狮子的生存空间愈来愈小。

## 三、人间原型契约的效率

四海航行的柏拉图与做木轮牛车周游列国的孔子的哲学思想大相径庭，但他们的哲学影响不同地理区域的人类两千年，并且依然在产生影响，这些哲学思想影响人类不同个体的寻租效率，干预人的自由分工，干扰人的求偶和婚配，从而影响人类基因以不同的路径进行演进。这是一些典型的原型契约。

基于这些语言组合之上衍生的艺术：音乐、绘画、文学、戏曲、影音故事构成对人的指示，也是对人选择的约束。

人间原型契约是来自某一个体或少数人的语言制造，是人类宽泛的原型契约集合的重要组成部分，少数人欲以这样的方式达成他们期望的原型契约体，这样的原型契约体有利于设计者，生成一种对这些少数人有利的寻租环境——语言的发出者借此寻租。语言一旦得到惶恐的或者慌不择路的大多数的呼应，设计者便成为先知、领袖和精英。他们因此有了特权，有了寻租的机会。普通人通过对他们的崇拜、尊敬和授权获得生息的秩序。他们设计的理念成为社会的最高价值观，以各种面目出现在社会的方方面面并沾染到个人生活的每一细节。

观念的形式具有目的，目的是为形成社会意见的单向性，为每一个体建立一个无法挣脱的心理环境，形成一致性的行为和主张。观念内容的目的在于构成怎样的群居秩序，即如何选择合适的策略，内容决定不同人在社会中的身份和位次，成为挑选适应性性状的方案。观念同时设计标准，选择执行和监控的代理人，代理人就着这些标准以及标准的执行和监控在各个环节寻租。普通个体很难察觉设计者的诡计，只有被另外的个体惊醒，才能发现原型契约一直在给少数人寻租机会，当只有大多数个体被另外的少数人惊醒，原型契约才有机会变更。

原型契约（即便是那些最高价值观）并不是人类意识所能单独选择，它反映的是自然关于人的资源稀缺的相对程度，也表明人在自然世界的相对稀缺程度。人间原型契约对人是有效率的，人履行原型契约，人的分工和活动处在生产可能性曲线与效用无差异曲线的切点上——最有效利用资源的可能性曲线是唯一的，如图 14-3 所示。

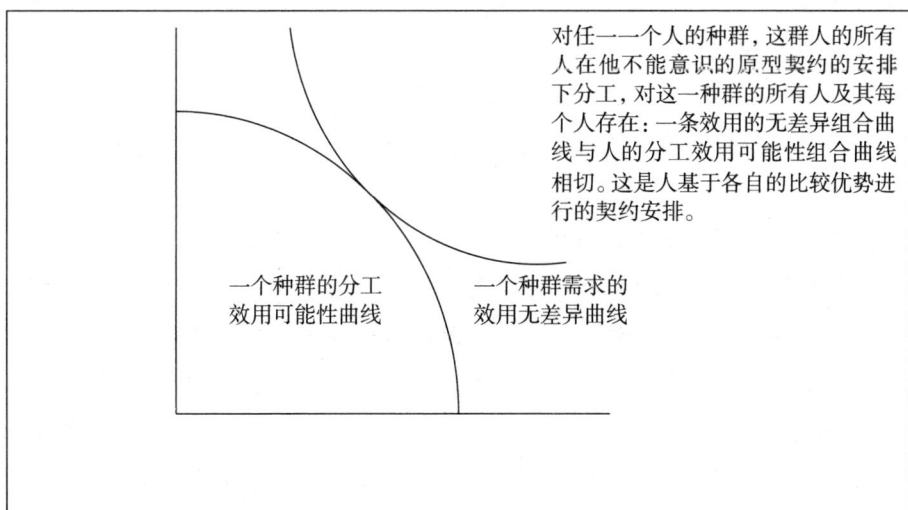

对任一一个人的种群，这群人的所有人在他不能意识的原型契约的安排下分工，对这一种群的所有人及其每个人存在：一条效用的无差异组合曲线与人的分工效用可能性组合曲线相切。这是人基于各自的比较优势进行的契约安排。

一个种群的分工效用可能性曲线　　一个种群需求的效用无差异曲线

图 14-3 人间原型契约的效率

## 第四节　狩猎区域的产权定义与耕种土地的地租

### 一、临时狩猎区域与皮革贸易——加拿大魁北克与西南部印第安人不同的寻租方式

Harold Demsetz1967 年发表的《关于产权的理论》记录 E·Leacock《关于山区的狩猎区域与皮革贸易》的有关内容如下：

在进行皮革贸易之前，狩猎的主要目的是为了吃肉及狩猎者家庭所需要的少量皮毛，外部性显然是存在的。狩猎能自由地进行，且不需要估价对其他人的影响。但是这些外部效应的重要性是如此之小，因而不需要对考虑它们的任何人支付补偿。这并不能代表土地私有制的存在。利科克发现 L·热那于1633—1634 年冬天对山区所作的记录及 F·德鲁莱特于 1647—1648 年所给出的简要说明，都没有证明土地私有的存在。这两个记载表明，在当时的社会经济组织下，土地私有权并没有得到很好的发展。

对在那个地方生活的人而言，维护一种土地私有制存在的成本太高，其中的原因之一可能有，相对当地区域的人口，动物资源丰富，而要为这些奔跑的动物划出领地的成本会很高，因此不值得去付出这样的劳动。确定产权的结果可能失去更多的效用，也许由于当时人的认识局限和人口相对稀缺（预算约束）而不能达成以私有产权为基础的社会契约体。

……利科克所收集的地里和分布的证据表明，早期的皮革贸易中心与最古老的合作完整的私有狩猎区域的发展具有准确无误的相关性。

"18 世纪初，我们开始有在魁北克附近所发展的单个家庭的区域性狩猎与设陷阱的安排证据……就这一地区所涉及的最早的这一类安排来看，它所表明的是对狩猎区域的纯粹临时性分配。他们将这一区域分成条带状，以便有效地狩猎。他们的习惯……是将土地恰当地分成两里格的地块以使各个团体能排他地狩猎。不过养海狸的场所的所有制已经确立了。当它们被发现时，就给标上了一个记号。一个饥饿的印第安人可以杀掉和吃掉另一个人的海狸，只要留下皮毛和海狸尾就行了。"

狩猎区域的下一步可能是一种季节性的分配体制。1723年的一份匿名的记载这样论述到，"印第安人的原则是他们所选择的狩猎地带的树顶上烧一个痕迹来作为标记。因而他们可以互不侵占……到该世纪中期，这些分配区域已相对比较稳定了。"

吃掉海狸留下皮毛与烧一个痕迹作为标记这样的习俗的形成和坚持是印第安人这样的性状特征的一种契约方式，当时的人口统计特征表明这是最好的合作，是最好应对自然的契约，是最好从自然寻租的策略。但外面发生故事，皮革贸易——来自外界的寻租形成对当地土地产权制度的影响。

……皮革贸易促进了更为经济地蓄养皮毛动物。蓄养要求有能力组织偷猎，这反过来又表明发生了关于狩猎土地财产的社会变迁。这些推理与上面引证的证据是相一致的，那么它与西南部印第安人缺乏类似的财产权利的事实是否一致呢？

有两个因素表明这一论题是与西南部平原的印第安人缺乏类似权利相一致的。第一，平原动物和森林皮毛动物相比没有商业上的重要性，至少直到欧洲人将牛带来之前是如此。第二个因素是平原动物主要是食草动物，它们的习性是在一片广阔的土地上漫跑。因此，为确立私有狩猎边界所获得的价值，由于要阻止动物跑到相邻的土地的成本相对较高而降低了。因此，西南部无论是确立私有制的价值还是成本都使我们预期他们沿着这一路径的发展很小。

加拿大魁北克印第安人与西南部印第安人不同的寻租方式达成的不同产权契约除了证明经济学家定义的外部性不值得一提外，还暗示人与自然的契约影响人间契约。

## 二、带有自然环境特征的人类契约

不同的地理和资源的契约不仅影响人口统计上的特征（性状、人口、语言等等），并且这些地理和资源的形式也影响认知，形成历史故事，同时影响社会契约的变化——制度的变迁。很多论著通过对产权私有化历程理解，通过比较外部性内部化的成本与收益，推理社会制度的变迁，特别是产权制度的变迁，这当然有道理，但这样的解释忽略很多自然和人文契约之间的互相影响关系。

如果外部性隐含在资产的价格中，市场没有失灵，偶然的负外部性或搭便车往往是对一个人或一部分人发生，这使得外部性至少看起来是稀缺的，是一种商品。如果因为制度限制或者交易成本而不能把这一收益内部化也说明市场价格形成的时候这种限制或交易成本已被考虑，受到损害的人因专用性租金被占用或搭便车的人有相应寻租能力才发生外部性效应。阳光不是稀缺的，但由于不同地方的阳光不一样，相同种类的植物的生长也有差异。制度改革形成的大面积损害或造成大规模的搭便车是由于社会上不同身份的人和不同分工的人的寻租能力的差异所致。

如果把特定地区的地理和生态环境看成一个契约体，其中的分工关系构成形形色色的契约，分工的演化或新生分工形成和现有契约有因果的新契约，也必然改变现有契约的方式，分工的改变和变化过程使得自然环境的生物丰富多彩。有人参与的世界也是这样，是自然的分工，特定的一个动物也会像人一样在其他的契约中寻租，从而不断演化，形成森林中的各种色样毛皮的动物。这种专用性对于进化到无毛的人有用，如果这种皮毛制品对人是无弹性需求，即没有替代品，并且只有这个地方生产适合人类的皮毛，那么人类会和这样的环境构成特定的契约关系，就像一些孤立小岛上的生物环境。但恰恰不是这样，由于有替代品和人的分工使人类的数量不断增长。但在当时的状态，这种皮毛制品形成关于人的相对稀缺程度，使得由于皮革贸易导致山地森林的狩猎和蓄养的劳动的价值增加，私有产权制度包括一些习俗建立，形成一种对应自然契约的人间契约。

平广的大草原与山地森林形成与印第安人不同的契约关系，并促成不同地方的印第安人的不同的契约。这可能会影响印第安人配偶选择，影响不同地方的印第安人的性状特征组合向不同的方向演化。当然，短期内印第安人的共同性状特征还会在那，短期供应不变，就像一种社会分工的专用性投资，如果准租金不为零，这些特征会继续保持存在，这就是历史故事影响制度改进的原因。制度本身形成的契约体对它赖以生存的环境形成专用性，如果环境中其他的分工不能使这种契约体的专用性准租为零，这种契约的分工就会存在。

## 三、不同土地租佃合约的安排

张五常在《私有产权与分成租佃》里描述几种不同土地租佃合约的差别和效率：定额租约与分成合约之间有什么差别？两者的根本差别就在于它们如

何选择劳动——土地比率（或非土地投入与土地的比率）。对于定额租约，当它受到分成制的竞争制约时，佃农提出他所要使用的土地数量，由他单独决定用于每个生产周期的非土地投入量。在分成租佃时，土地所有者与佃农共同决定非土地投入对土地投入的集约度。无论在哪一种情形下，财富的最大化值都决定了每一农场的土地规模以及所使用的其他投入……事实上，在私有产权条件下，给定了土地可自由转让（可市场化）的权利后，一个土地所有者可以不必亲自了解农作的细节，对资源的所有权的竞争会诱致有效合约。

这篇文章证明在私有产权完整，自由市场条件下，定额租约与分成合约的有效性由签约双方共同决择，抉择的结果保证双方的投入收益的最大化，合约形式和投入的差异分别标明的是土地和非土地市场的相对稀缺程度。结论是土地租佃合约无论在哪种情况下，都是"君子协定"。即便土地所有者亲自了解农作的细节，也是一种寻租行为。

在《交易费用、风险规避与合约安排的选择》，张五常总结到：虽然交易费用或风险的存在可能导致不同的资源使用集约度，但正如我们在本文开始所谈到的，从我们所获得的资料来看，它并没有揭示出在私有产权条件下，各种租约安排的农作集约度有明显差别。其理由如下：迄今为止，考察过的主要租佃安排有所有者自种、工资合约、定额租约和分成合约。对于这些安排，经济理论暗含着，即便存在交易费用，它们也有一种对资源使用的相同边际等式的倾向。

实际上，如果把交易费用看成第三方的寻租，风险看成那些导致不确定性因素的寻租，在这些因素寻租影响下，在地主和佃户的预算安排下，合约的选择及各种生产要素的投入计划是各种不同缔约方（不仅仅是佃户和地主）租金最大化安排。

## 第五节　分工分别寻租增加整体福利

### 一、个人对机会的选择

个人对机会的选择考虑机会成本，在对 n 个机会的选择中，实际考虑的是每个机会中可能发生的生产成本。由于交易费用是生产成本的一部分，因此有必要将传统的生产关系重述如下：生产的总成本包括土地、劳动力以及资本的投入，这些投入有些与物品的物理转形（尺寸、重量、颜色、地点、化学成分等等）有关，有些则与交易有关，即用于界定、保护以及实施物品的产权（使用的权利，受益的权利，排他的权利，以及交换的权利）的部分。（《制度、制度变迁与经济绩效》Douglass C.North）如果资本的转形成本不能改变，即与自然形式的物质的契约运行成本中没有机会改变，那么，人重点考虑的是可能的交易契约及可能的社会制度安排形成的交易成本。如何降低交易成本是选择机会，订立契约重要的考虑因素。

一个有观察能力的存在，一般指动物，它们认为它们与其他存在的最大区别是可以选择机会，而可供选择的机会是稀缺的。人在判断他在市场中的比较优势后，选择使他能获得最多租金的交易机会。他能判断的基础是他可能从事的分工的市场价格，当然一旦他进入市场可能会对当前的价格产生影响，他作为新进入者是额外的新增供应，他对已经存在的相同分工竞争者和对其他潜在竞争者（可以是所有人）都产生影响。

任何个体的其他选择是不可能的，除了类似企业契约的规定形成的限制，最根本的原因在于"本来可以"的事不可能发生，他的参与形成的事实是唯一可能关于他的事实，另外状况的发生需要另外一个世界的条件。这是生物进化稳定策略不会遗漏的安排，其他可能选择不会被当前的环境选择。

## 二、契约使交易增加从而增加福利

通过比较优势判断展开的分工，在自由市场和各种契约限制下，形成自治的社会组织，无论在什么组织，人都是在进行竞争，人在组织内部展开竞争和通过组织展开竞争。企业组织和政府组织之间关于商业环境（产权制度、政治体制、法律制度和财税制度）的谈判是企业组织的家庭与政府组织的家庭的谈判。寻租的过程创造价值，无论这个社会作出怎样的制度安排——一种财富分配函数，即给什么人什么样的机会都是正确的，这由社会或自然的价值判断确定。有时这种判断可能需要除了社会道德和制度安排角度的价值判断以外的力量做出，从上帝的选民到达尔文的自然选择，都是形成最高价值观的过程。通过这个过程，有了领袖，产生等级，产生制度和衍生契约。自然法则的达尔文概念是适者生存，人造上帝不过是造一种人间契约，形成特定契约社会，只有达成契约的才能获得租金。

先天性状特征的租金是通过基因积累形成的，这是自然水平上竞争的结果，当然这一过程包含社会竞争。所有寻租形式是人基于比较优势的判断而能做出最有效利用资源的分工，劳动和资本资源的最有效利用通过劳动分工实现，资源一直是最有效利用的。分工由于受资源和人的先天性状特征和后天的专用性投资的限制，短期和长期的供给都有界限，如果这个短期定义为一个周期（无论是经济周期还是体制周期，或者任何其他人类不能改变的周期）。任一分工必然处在社会分工的可能性曲线上，曲线外部由于资源限制不可能，曲线内部由于契约限制不可能。打破契约限制，比如，一场体制革命，其结果只是改变分工的可能性边界，如图14-4所示。在任一时刻，分工组合都处在该时刻社会分工的可能性边界上。

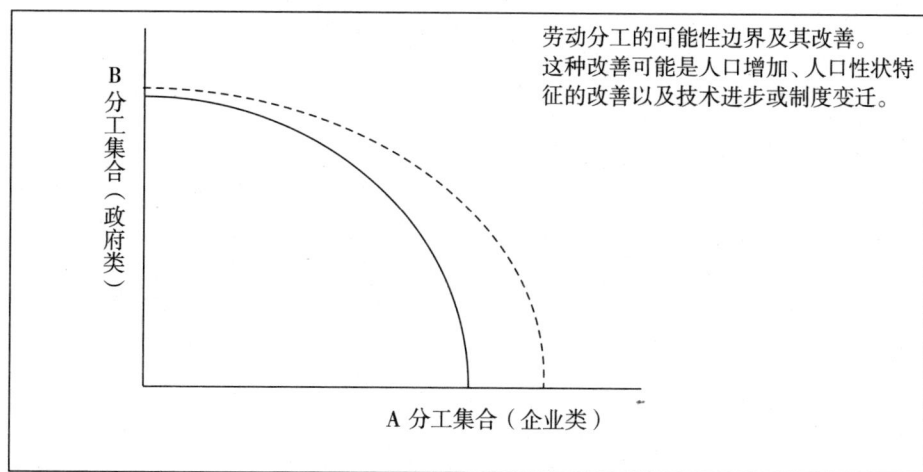

劳动分工的可能性边界及其改善。这种改善可能是人口增加、人口性状特征的改善以及技术进步或制度变迁。

B 分工集合（政府类）

A 分工集合（企业类）

**图 14-4 福利的增加**

寻租使得分工的适应性变强，适应程度提高，这个过程可能包括基因的变化和 / 或分工策略的改善。自由主张一种形式的分工和租金结构，制度限制是另外一种形式的分工和租金结构的主张，两者均处于劳动分工的可能性边界。通过分工和分工改善使得社会财富增加，通过交换消费者获得剩余，生产者也获得剩余。现代没有一亩地的穷人至少在一些特定方面会比曾经的"家有万亩好良田"的地主获得的效用要多，过往的地主不能用电视、汽车带来的效用，这是经分工改善的局面。

　　分工对于最终交配权的分配产生影响，通过发现更有效利用资源的性状特征实现，同时增加的财富也使人口繁衍和人类生存安全提高到更高的水平。

　　早已铸就的一夫一妻制的习俗（或称法规）以及社会进化过程选择货币契约很好地使社会福利增加，使人类不仅呈现基因多样性，而且不断上演分工多样性故事，人类配合这些多样性不断地进行制度创新，以容纳更多的分工和更多的基因组合形式，只是为保持人类"容颜"提供多一种机会。

# 第十五章　从一个人的经济体到
# 一个社会经济体

时间连续不断却不可逆，宇宙的现在表现发自一个共同的起点，人类社会的商品价格反映纵向历史和横向空间展示的所有关于人的契约。

任何有偏好的分析对象可以假设为独立的经济主体、契约主体去研究。

## 第一节　一个人的经济体

### 一、人作为细胞的契约体

无论细胞功能呈现的多么不同，但同一个体除生殖细胞外，所有正常体细胞的染色体分子相同。在胚胎发育期，细胞分裂，受不同化学物质在不同关键期的刺激，分化为不同功能的细胞，结合为不同功能的组织，形成人体。人体分别为带有这些体细胞染色体信息的生殖细胞——配子寻找最优的合作机会，为配子也是为这些染色体的形式、细胞的形式以及细胞分裂分化组合到结合构成人体的形式寻租。雌雄配子染色体遗传预算最后变成受精卵——合子的预算，对合子遗传有遗传效用无差异曲线——形成对合子而言效用一样的人体结构。但合子遗传预算线与其中一条遗传效用无差异曲线在结成合子时被初始化——相切于一点，形成唯一的事实。假设要在强健的体魄和聪明的大脑之间选择。如图15-1：

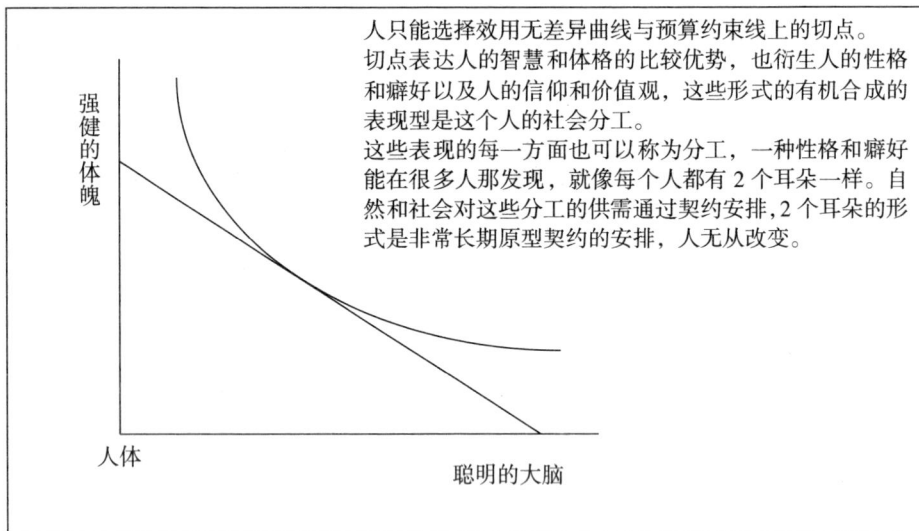

图中文字：

人只能选择效用无差异曲线与预算约束线上的切点。

切点表达人的智慧和体格的比较优势，也衍生人的性格和癖好以及人的信仰和价值观，这些形式的有机合成的表现型是这个人的社会分工。

这些表现的每一方面也可以称为分工，一种性格和癖好能在很多人那发现，就像每个人都有2个耳朵一样。自然和社会对这些分工的供需通过契约安排，2个耳朵的形式是非常长期原型契约的安排，人无从改变。

强健的体魄

人体

聪明的大脑

图 15-1

人体是细胞的群居形式。从单细胞进化到多细胞，然后进化为两性生殖的人体关系，细胞契约发生巨变。环境变化形成的资源的有限驱动细胞进化，细胞开始分工，开始产生交换和合作，有的细胞负责观察以寻找机会和躲避危险，有的细胞劳动以获取果腹和保暖的食物和衣物，有的提供保护功能，有的进行能量转换、运输和调节。在这样的过程中构成人体的细胞获得租金，这种借助人体形式契约的各类细胞在地球上愈来愈广泛，有的登上月球，有的开始探索火星。

细胞合作和交易通过人体系统性契约完成，并最终通过生殖细胞获得人体契约形式的持续，在这样的机制安排下，细胞契约形式——人体也由此得到复制分形。人体间的契约——人间契约经济地复制分形。肉体可以破灭，灵魂依然存在，遗传和继承的是形式。

## 二、一个人的经济体

Paul R.Krugman 和他的两个朋友像很多经济学教科书那样在所著《Essentials of Economics》以鲁宾逊·克鲁索的故事作例子。为了更好地证明一个经济论题，把 Krugman 的例子和鲁宾逊的故事在这里都稍作修改。为了活下去，孤独地生活在一个孤岛上的鲁宾逊环顾大海，面对足够的资源：足够多的椰子和足够的鱼。他每天清晨醒来，面临取舍：摘椰子还是捕鱼？按经济学家的逻辑，他需要考虑机会成本。但就鲁宾逊的技能、体力和时间约束看，假设其每周劳动有如图 15-2 所示的生产可能性边界。在这条可能性边界上，机会成本递增：在一定的时间范围内鲁宾逊可采集的椰子（30）和可捕到的鱼（40）的数量一定，采更多的椰子必须更多减少捕鱼的数量。捕第一个 20 条鱼需要放弃 5 个椰子，而捕第二个 20 条鱼需要放弃 25 个椰子，因为捕第二个20 条鱼的时候，鱼的数量变得稀缺，捕鱼的时间增加到可以采集 25 个椰子的时间。

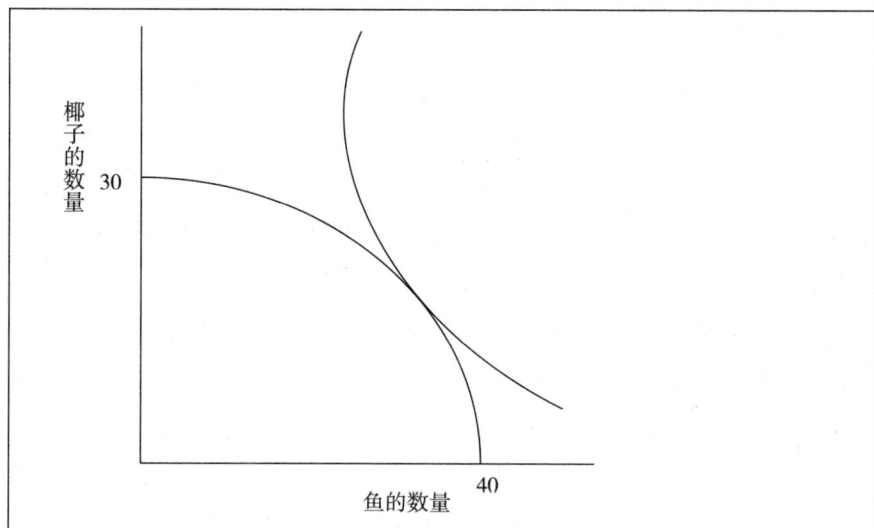

**图 15-2 鲁滨逊的劳动时间安排**

鲁宾逊独自在孤岛生活，须在捕鱼和采集椰子之间进行选择。除了考虑每周的劳动时间约束，还要考虑单位时间他可能采集椰子的量与捕到鱼的量，即考虑两者的边际转换率——增加捕鱼的数量而需要放弃采摘椰子的数量。另外一个需要考虑的问题是椰子和鱼的效用的边际替代率，由于边际效用递减，第二个 20 条鱼的效用会比第一个 20 条鱼的效用下降。对于鲁宾逊而言，椰子和鱼的组合存在一条效用无差异曲线。效用无差异曲线与生产可能性边界相切的点是鲁宾逊每天行为决策和实施的点。在这个点上，鲁宾逊与小岛达成关于鱼和椰子的契约，契约原则是鱼和椰子的边际转换率 = 边际替代率，这两条曲线互相影响，一条曲线的位置、形状发生改变，另一条会相应改变。这与小岛的椰子和鱼的相对稀缺程度有关，也与鲁滨逊捕鱼和摘椰子的技能的变化有关。

单位劳动时间获得鱼和椰子的差别表示鱼和椰子相对鲁宾逊需求的相对稀缺程度。鲁宾逊的供给和鲁宾逊的需求通过鲁宾逊的选择达成均衡。椰子和鱼对鲁宾逊的边际转换率＝边际替代率形成一个事实，构成人认为的生态平衡，鲁宾逊可能帮助到椰子（种植），也可能帮助到鱼（养殖），或者无论什么方式，鲁宾逊一个人与自然构成在他看来的均衡，鲁滨逊的选择成为自然的选择，是鲁滨逊在这个小岛上的分工模式。

鲁宾逊一个人的经济体的边际转换率＝边际替代率表达鲁滨逊相对自然的稀缺程度，表达他的肉体从分子水平开始的组分：细胞、组织、器官到整体相对自然的稀缺程度，自然法则通过让物质的边际转换率＝边际替代率规划其能量形式和组成结构，特意呈现于人的意识，并规矩意识到的分析对象之间的能量转换模式。在这个场景下，鲁滨逊只是依靠椰子和鱼就可以占用几十年的能量。自然的秩序和自认神圣的人的秩序在此构合为一个整体，只是由于人的意识而被分离，任意被人分析的有偏好的两种形式的存在遵守边际转换率＝边际替代率。鲁宾逊肉体为了鱼和椰子通过自然法则经济地与小岛达成契约，从肉体、精神到活动构成全面的契约关系。

鲁宾逊的劳动时间是为了获得椰子和鱼，它还有其他需求：睡觉、娱乐、思念亲人和向上帝祈祷……后面的需要显然形成家居、娱乐、旅行和宗教分工，这些意味深长的偏好组成鲁宾逊时间分配上的效用无差异曲线，饮食、睡觉、思念、祈祷的时间上的分配的无差异组合与后来他离开小岛回到人类社会的无差异组合不再一样。

如果鲁宾逊离开小岛，回到人的社会，他依然可以假定他是一个人的经济体。除了交易对象不同，环境变化很大外，他假设自己为一个人的经济体与他在岛上的想法一样都能让他经济地生活下去。

在独立的小岛上，他与自然共存，他展开的行为是履行与自然达成契约，他回到更多人的社会，他仍然不过是与他生存的环境达成关系契约，进行交易合作。所多的不过是交易契约的履行不能如与自然交易那样容易，有了更多的交易成本。在岛上，他不需要搜集故意隐藏的人类信息、不用与人谈判。与自然契约的履行尽管也存在不确定性。

与人的契约需要搜集信息、谈判和为履行保证支付的成本是发现他需要的商品和服务的相对价格的过程，与在孤岛上的鲁宾逊发现他关注的资源的相对稀缺程度一样。鲁宾逊回归社会与人交易，与其他人进行效用交换，与他在小岛上的生活没有什么分别，他所支付的交易成本是他认为这样比他自己做更经济。回归人类社会的好处多在于他可以专注一项他的优势擅长的工作，他的效率大大提高。他不用风餐露宿，不用枕戈待旦，获得丰富食物的同时还有教友互诉衷肠。但最大的快乐是他可以娶妻生子，他作为一个人的经济体与一个异性一人经济体合作组成家庭，开始行使他真正的神圣使命。孤岛上的生活与大都市的生活遵循同样的经济原理。

### 三、有限的交配机会与有限的生殖机会

女性排卵期发生的交配才是可能有效的，交配权绝对私有。由于交配对象的数量和有效交配期的有限，每一次交配对象的竞争和每一次的交配和生殖竞争都是对其他竞争对手的侵犯。个体道德或遵守规则水平上的差异只是使争夺交配权的策略呈现差异，本质都是为争夺交配权展开的分工方式。基于人类独特的一般性状展开的持续的交配权竞争策略演化至今，更加复杂多变，每个个体的竞争行为都与其他个体的竞争行为有某种方式和程度的联系，行为的过程和结果会形成现代经济学所言的外部性，为把竞争交配权的外部性内部化，人类做了各种尝试。对交配权独占的自私激发背叛、欺骗、犯罪、违规、改革和创新，不同的策略展示不同的创生机制，对应各种策略和规则下的博弈呈现为交配权竞争的复杂场面（《完整的现象世界》魏军）。

交配机会的有限成为生殖的限制，生殖机会大大小于交配机会，这样的现实转而转换为交易机会的有限，能够获得交配和生殖机会的必要条件是人是否能与社会达成促成有效婚配联盟的交易契约，有效婚姻交易的达成在于个人劳动分工寻租的效率——达成政治、商业契约的比较优势。

自然法则选择人类人体系统的初始条件，自然法则因此是人类可以存在的根本，自然法则的条件和限制一直是人间博弈不能改变的大前提，且从未改变。

## 四、两个配对人的家庭契约

家庭首先是一对人类雄性和雌性的契约体，也许是为完成与染色体达成的契约义务，家庭成为履行人生神圣使命的组织。相对交易契约而言，家庭相当于一个人的经济体，但从交换基因的角度上看，家庭不仅是两个人的契约体，还是两种基因组合的经济体。一群精子如何竞争一个卵子的过程现在仍不能被准确描述，但是竞争交配权，竞争配偶最后形成婚姻契约，达成一个生殖养育子嗣的联盟组织逐渐清晰起来（《完整的现象世界》魏军）。

假设兔子相对鹿减少（或者某种资源再生周期长或不可再生），那么从事猎鹿的分工就相对稀缺，与猎鹿对应的基因组合的性状特征表现的人体的竞争能力提高，从而获得有效交配机会。这类家庭的性状特征连同其适应的环境形式获得增长机会。

如果繁殖一个或几个更能寻租的后代是结成婚姻契约和家庭组织的目的，一个男人和女人在经过竞争和谈判后，结成婚姻联盟，形成一个可以传承人类基因信息和人体形式的组织。

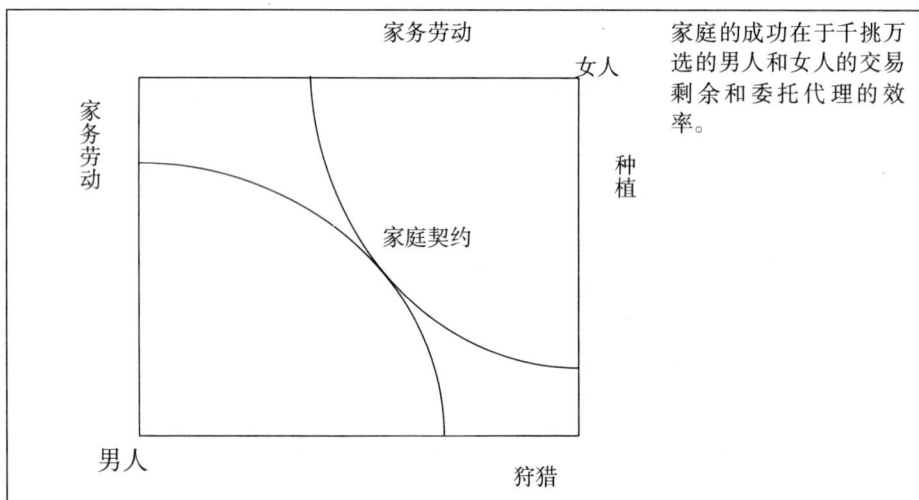

图 15-3 婚姻联盟与家庭

男人女人放弃自由奔放的生活，组成一个家庭，并且愿意接受社会习俗和法律的限制，人类从不惊异这一事实，奔波于这一原型契约安排的宿命。人类历史似乎没有经历大规模的革命就形成一夫一妻制的家庭稳定模式。那么，究竟人类的雄性和雌性从家庭获得多大的好处才使家庭模式被所有人接受，并受到一致的维护？为了降低交易成本还是为了寻租？为什么会有如此多的社会契约与家庭有关？家庭契约几乎成了社会契约的核心契约，差不多人间契约都是为规范和约束家庭中男女行为的安排，显然是要限制他们天生的自由。只有接受家庭契约束缚的收益大于自由的收益，人类才会选择家庭作为生存和繁衍的核心策略。

男女不同的寻租方式，变成求偶竞争的细节，即便在追求自由和坚持忠贞方面也都不同，组成千差万别的家庭模式。如图 15-4：

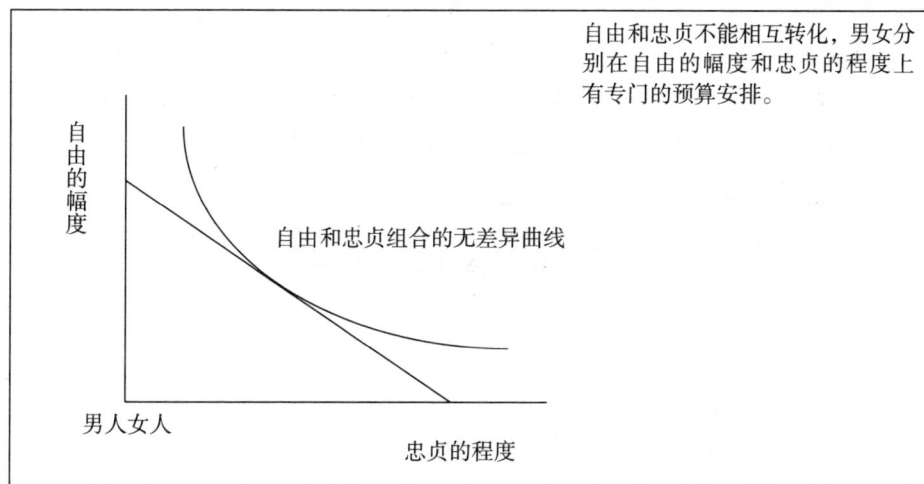

**图 15-4 自由和忠贞的幅度**

人不像一些大型哺乳动物，人有很长的成人期，需要父母合作抚育的家庭模式，家庭模式获得遗传继承，不仅是文化上的继承，人的基因进化也可能很好地配合了这一策略。人接受这种基因指令，分辨适合结婚的男女，基于男女的性状特征差异，在家庭和社会上互相分工。人类共同的基因形式接受家庭和家庭有关的约束，男人女人在人体和人的性状预算约束下为生育子嗣放弃自由，以实现人类的生生不息。

# 第二节  两个家庭的契约

## 一、家庭分工的比较优势

由于基因组合的多样化，性状特征多样，人类应对变化的策略增加。由于策略的多样性，不同的人会有不同的比较优势，人通过分工合作进行生产，从产品交易中寻租，交易给群居的家庭创造财富。

假设有两个家庭，家庭 A 和家庭 B，有两种工作狩猎兔子和种植小麦，这两种产品都是双方家庭的需要，家庭 A 猎兔和家庭 B 种植小麦的比较优势不同，如表 15-1 所示，交易前和交易后的差别是交易带来的好处，这里假设双方交易过程中没有交易成本（或交易的好处大于交易成本）。

**表 15-1 两个不同分工的家庭交易所得**

| 家庭 | 产品 | 没有交易 | | 有交易 | | 经济租金 |
|------|------|------|------|------|------|------|
| | | 生产 | 消费 | 生产 | 消费 | |
| 家庭 A | 兔子 | 10 | 10 | 25 | 14 | +4 |
| | 小麦 | 20 | 20 | 0 | 24 | +4 |
| 家庭 B | 兔子 | 6 | 6 | 0 | 11 | +5 |
| | 小麦 | 16 | 16 | 42 | 18 | +2 |

把表 15-1 的家庭换成国家，或者换为民族，会看到全球贸易格局下，国家和民族的租金差异的实证结果，尽管有些比较优势较差的国家在某些项目上可能从贸易中获得的好处要比比较优势高的国家获得的好处多，家庭 B 的兔子多于家庭 A 的兔子，但从价值上看，仍然是家庭 A 获得的好处要多于家庭 B。国际贸易仍然使比较优势相对高的国家的劳动获得较多的租金。这些现象显示劳动租金在现代社会相对于其他要素的服务租金在增加，这是人类历史的走向——劳动资源的租金与地租的变化趋势是人类技术文明的巨大成就。

## 二、两个家庭的交易

假设在一片封闭的莽原上，有且只有最原始的两个家庭，由于 A 家庭人的先天性状特征，相对 B 家庭擅长种植，种植小麦和土豆两个产品；B 家庭人的先天性状特征相对 A 家庭擅长狩猎，狩猎兔子和鹿。这构成两个家庭的比较优势，因为交换对双方的身体和后代都有好处，形成交换劳动成果的需求。

两个家庭需要交换产品，双方需要形成一个契约，规定交换什么，交换的比例和交换品种的量，这些关系由图 15-5 决定。A 家庭的小麦与土豆的生产可能性曲线是 B 家庭关于小麦和土豆的效用无差异曲线，这条曲线上的任何点对 B 家庭而言小麦和土豆组合的效用相等。同理推出 B 家庭关于兔子和鹿的生产可能性曲线构成 A 家庭的关于鹿和兔子的效用无差异曲线。

在 A 家庭的生产可能性曲线上，由于种植小麦和土豆的土地和 A 家庭劳动力有限，且单位面积上土豆和小麦的产量也不相等，因此存在关于小麦和土豆的边际转换率，产品的边际转换率会随该产品的增加而递增，新增一单位小麦的产量必须减少一定产量的土豆。对家庭 B 而言有同样的公式。

A 家庭的无差异曲线由对鹿和兔子的需求的效用相等的点组成，在维持效用水平或满足程度不变的前提下，消费者增加 1 单位的某种商品的消费需要放弃一定数量的另一种商品的消费。随着兔子消费数量的连续增加，家庭 A 为得到每一只兔子所需要放弃的鹿的数量是递减的。对家庭 B 而言有同样的公式。

对 A 家庭而言，存在兔子和鹿两种产品的边际替代率，与种植小麦和土豆的边际转换率相等，两组产品在切点上，家庭 A 种植小麦和土豆的边际转换率与家庭 B 打猎兔子和鹿的边际转换率相等。

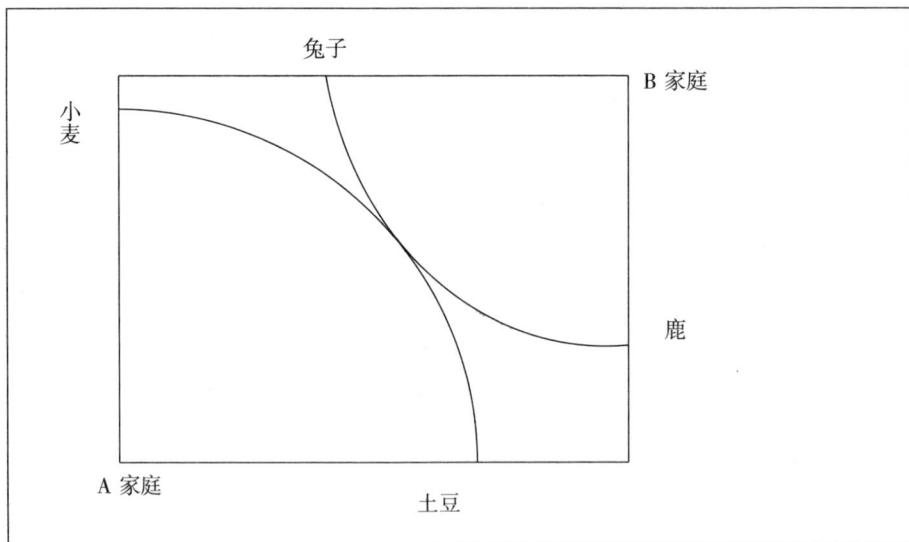

**图 15-5 两个原始家庭的可能分工安排**

假设 A、B 家庭共同拥有狩猎场和土地，如果 A 家庭在狩猎兔子和鹿方面，以及种植小麦和土豆方面相对 B 家庭都具有优势，就像在美洲大陆，曾经文明的欧洲人与当地土著人的契约关系。A 家庭由于比较优势垄断对小麦和土豆的生产，并让 B 家庭去干危险高收获少的狩猎，A 家庭获得竞争优势。如果技术和资源量不变，现状是种植的土地更多，而围猎的场所会减少，直到 B 家庭的存在出现困难。如果 B 家庭的劳动贡献对 A 家庭的生存和繁衍有好处，特别是可以提供基因多样性的好处，这时会有针对的食物分配政策出现。由于制度改变，财富分配以分工的租金的形式发生改变。制度重新规定租金的分配格局，制度垄断出现。垄断是特定比较优势的体现，如果制度对某一性状特征或某一身份有倾向，构成制度性垄断，那么正是这一性状特征或身份的分工彰显的比较优势。

为繁衍子嗣，有的家庭积累财产；有的家庭积攒身份、知识和传承的观念；有些人有很好的习惯适应某种形式的制度继承，有些人则相对不适应，不同人在适应特定制度方面具有垄断地位——也许不是天生的比较优势，也不是他后天的习得，但凭此获得租金。在很多时候，平民通过革命改变地位，改变产权制度，改变身份的定义。中国历次土改表明一些人仅凭一种身份的重新定义就能不劳而获。

## 第三节　第三个家庭的出现

### 一、种植、畜养和狩猎家庭的交易

不同氏族、部落和族群的通婚形成的基因交换的结果是出现新的家庭，出现更适应环境的家庭。假设出现家庭 C，他们不仅在狩猎和种植上有比较优势，还擅长畜养牛和羊，出现新的分工。他们与家庭 A 和家庭 B 会有如图 15-6 所示的交换关系，家庭 A 和家庭 B 的交换还在，但他们的交易量会因为家庭 C 的出现减少，交易契约发生变化，不仅仅是数量，还有价格等条款，因为替代品来了。

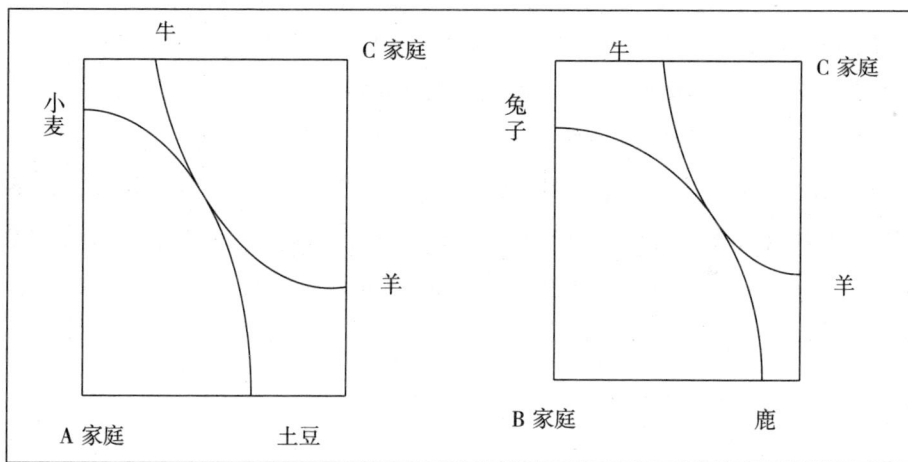

**图 15-6 第三个家庭的出现**

第三个家庭，家庭 C 既提供产品也竞争资源，不仅仅竞争土地资源，也导致 A 和 B 家庭的产品价格发生相对变化（食品的效用总是可以互相替代）。由于人口的增加，土地资源相对稀缺。同样，由于分工增加，对劳动的需求也相应增加。有些事情需要合作，比如 C 家庭可能雇佣 B 家庭的人畜养特别的动物（比如猎豹），把粮食等实物作为工资，偶尔也会拿某种东西作为货币。交易数量和规模的增加导致搜集信息（评估、衡量）成本增加，还会出现欺骗，这些可能的成本会阻碍交易的发生。

为了安慰意识带给人的恐慌和疑问，为维持交易秩序以鼓励创造剩余的交易、祭祀（祖先的灵魂和想象中的神仙）是一种恐吓的方法，也是为交易保持诚信付出的成本，这可能比搜集信息、开展评估和测量占用的资源少，成本低。仪式出现恰逢其时，因仪式的分工获得寻租机会。

## 二、欺骗、偷盗和抢劫家庭的出现

偷盗和抢劫在有法律的文明时代，被称为违法。但违法的行为却能发生，人类社会一直给这种所谓的不良行为留有机会。发生的原因在于这样的家庭在偷盗和抢劫方面相对从事种植和蓄养的家庭有比较优势。欺骗、抢劫和偷盗是一些人利用其比较优势为保持"容颜"和养育家庭的寻租行为，是履行对自然的承诺和家庭承诺的冒险，是加入生存和繁衍竞技场的合理策略。为避免一些人道主义思维的干扰，欺骗、偷盗和抢劫的发生可以用一个人的经济体框架分析，这与鲁滨逊捕鱼和摘椰子的行为的差别不大。自然法则不能遵从人道，对于没有天敌的人类而言，偷盗和抢劫也许有维持生态平衡的效用，这是人与天地之约。

偷盗、欺骗和抢劫是遵照自然法则有效利用资源的分工。假设一片大草原只有鹿和狼两种动物，这需要达成生态平衡契约，自然衍生出可以均衡交易的鹿和狼两种分工。鹿食草并生殖和繁衍，狼不只是伤害和偷盗鹿，它们还保护领地以防止其他食肉动物进入，也有恐吓其他食草动物进入草原的效用。

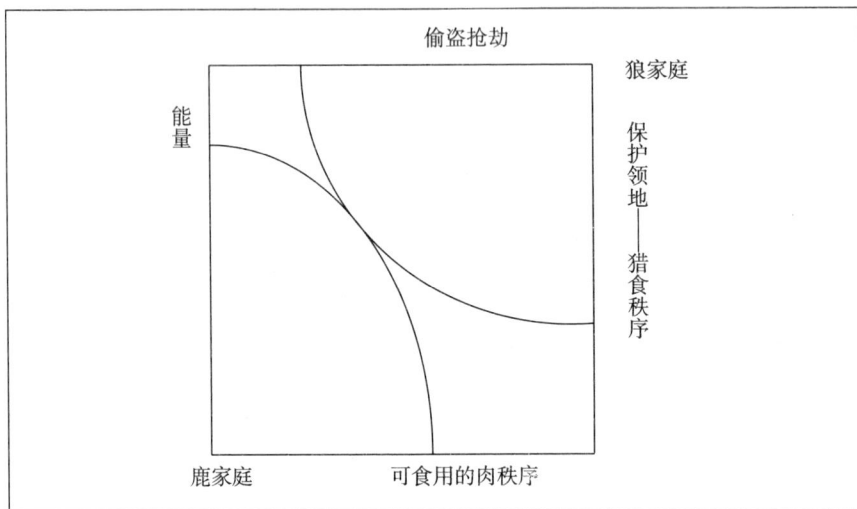

图15-7 偷盗和抢劫的可能分工安排

诚信的交易和合作使得欺骗和偷盗变得容易。由于人口增加，资源变得愈加稀缺，家庭由于基因组合相近性变差而不断分裂，抢劫和偷盗不仅变得更加容易，也不用有那么多顾忌——人间关系不仅从血缘上愈来愈远，而且愈来愈陌生。人总是处于有限资源约制的囚徒困境之中，解决囚徒困境的占优策略出现，人道不过是处在困境中的囚徒经过无限次重复博弈的策略选择，在很多变化的情形中，背叛、欺骗、偷盗和抢劫的收益更高。欺骗、抢劫和偷盗是人类先天继承某些祖先的本能，大规模动乱和战争是这些本能的放大。有些地区的人特别善于抢劫或特别善于偷盗，可能早就被培植在基因中。

## 三、收保护费的家庭出现

创新可以使分工、分工合作出现更多的形式，为了降低交易成本和生产成本不仅出现企业形式的合作，生产更多的剩余，还会产生外部性和信息不对称等问题，需要设计、制定和执行分配制度以及保证私营部门契约正常履行的分工。提供公共服务和管理公共品的分工出现。

当人出现的时候，地球上曾经的契约，特别是生态契约发生改变。人作为一种动物开始驯养动物，并消灭与人类竞争食物和领地的一些动物。人的家庭间也存在这样的关系，偷盗、抢劫的家庭出现给收保护费的家庭提供寻租机会。酋长、族长、宗教和政府是由一些家庭提供人力资源，其他家庭提供费用的分工。有些道德、习俗、信仰的监控有时候由非职业化的人完成，虽然不收费，但维护一定的制度环境会有效用，他们一定认为监控付出的成本小于收益。他们以各种名义对付偷盗、抢劫、侵害，宗教和政府向普通家庭和公司化缘或收税，有时它们凭借权力寻租，是不折不扣的偷盗和抢劫行为。

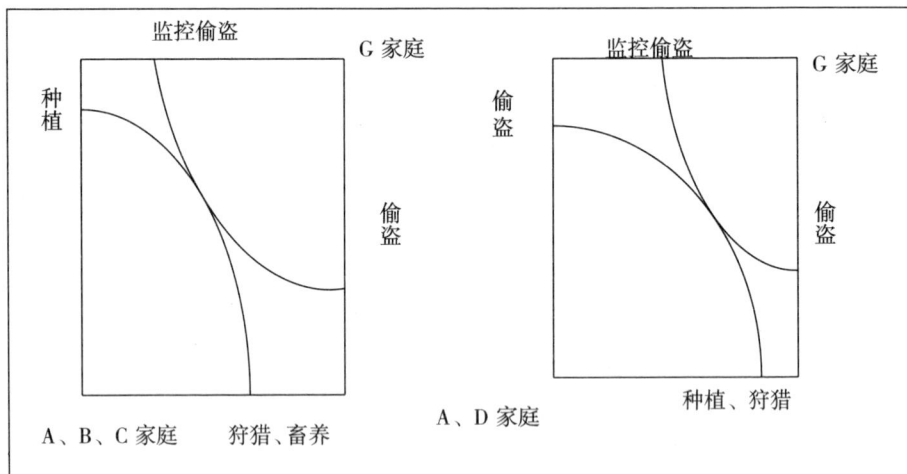

**图 15-8 收保护费的家庭出现**

如图 15-8，一般地 D 家庭偷盗的同时，也可能生产，如果 D 家庭专事偷盗 A 家庭，D 家庭和 A 家庭形成不同分工的契约，为 G 家庭的寻租创造机会，G 家庭通过专事监控偷盗收取保护费，除了契约明确的税外，可能同时对 A、B、C、D 家庭产生威胁，对偷盗和生产双方收费——凭借公权力寻租。

家庭的人走出家庭履行新的分工，形成组织，逐渐通过组织展开博弈，习俗、惯例、政治、法律、道德等契约规则逐渐出现，并影响这个社会的租金结构。新的家庭方式——新的分工出现，除了需要有人或普通人抽出一定的时间履行对道德和习俗的监督，传媒和政府组织堂而皇之地监控习俗和法律的执行，这些光明正大的组织提供有益服务的同时寻租，他们也会欺骗、偷盗和抢劫。

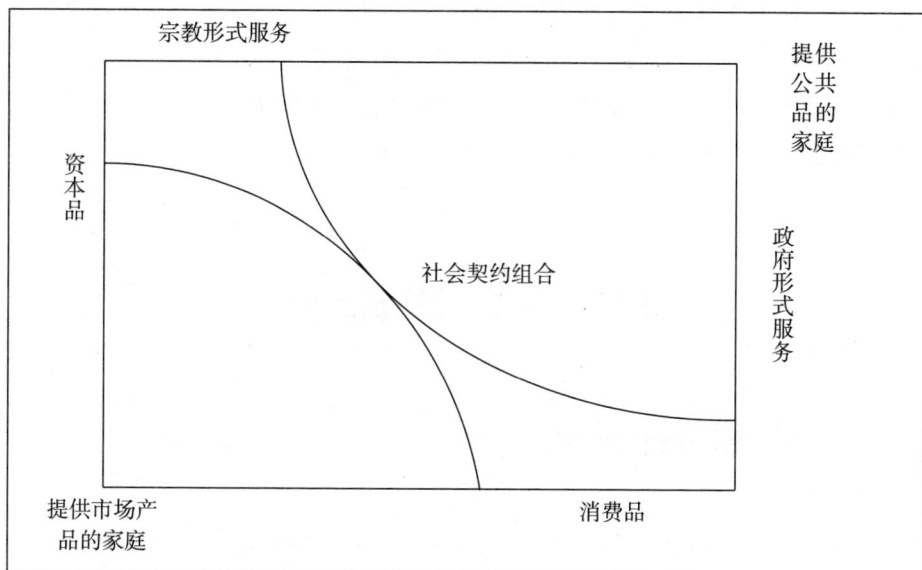

**图 15-9 公共品与私营品的界限**

　　不同的家庭和他们的成员通过对各自劳动相对社会提供机会的比较优势判断，确认机会收益和风险，决定投入的资源和从事的分工。有的做商贩或做企业家，有的做传教士或做公务员，这两类家庭互相交易。如图 15-9，在切点处，两类型家庭分工劳动的边际转换率相等。切点的意义是教义、制度、法律、道德、习俗和惯例等规则下的交易，契约是基于比较优势展开的分工形成的最有效率的资源转换关系。契约的形式和内容显示每种分工形式下每个个体的经济租金。

　　家庭合作不仅可以降低交易成本，也可以提高生产效率，共同狩猎可以猎鹿（猎鹿博弈），合作种植可以使产量更高。通过组织形式的合作也使得占用的土地和猎场更多。有些家庭失去土地和牧场，迫使他们进行偷盗，有些家庭有理由开始收保护费。对生产者而言，偷盗和保护费造成的损失是交易成本。历史证明，合作和贸易的规模足够覆盖偷盗和交保护费的成本，组织地合作和大规模交易成就今天全球化分工的格局，过程伴随习俗、惯例、道德和法律的形成和变革。

　　不同分工家庭的租金表明的是比较优势，但也反映不同的社会状况。由于约束具有历史性和传承性，路径依赖使得民主国家和集权国家的家庭租金存在差异，社会契约不一样，约束不一样，切点的位置不一样，形成不同的分工。有些国家收的保护费比例会高，但在所有的国家都会发现公务员和牧师家庭的轻松闲适生活，一般地，提供公共品服务的家庭收入较高——这类分工租金高。这些家庭可能是政府雇员家庭、牧师家庭和传媒组织成员的家庭，他们通过制度垄断保证政府分工的稀缺性和自然垄断。

# 第四节　人世间关系的典型

## 一、偷盗和抢劫的理性

对于人类，存在狼和鹿一样的群居关系，而且可能表现型更丰富。有人负责政治外交，有人负责国防安全，有人负责治安和警卫，有人负责生产和养殖，有人负责偷盗和抢劫。这是怎么发生的？

大约在公元前3000年，气候的变化迫使美索不达米亚南部的居民改变了他们的生活方式……美索不达米亚产生了一种强烈的悲观主义，它是在可以带来任意的丰收或灾难的两河之地的糟糕的自然环境形成的。

为了管理复杂的灌溉工程和谋求在这不可预知的环境中生存，苏美尔人形成了一个高度组织的社会——他们勤奋工作把它们周围的环境治理得井井有条；到公元前3000年，山谷变成了一个丰富的食物生产区域，在大约公元前2900年，人口将近扩大为10000人。邻居们不再彼此相识，而且每个人都期待着一个中央集权政府组织日常生活。

牧师和女祭司提供了必需的机构。作为交换，这些宗教领袖要求一定比例的土地农产品。

人类为什么让自私发生，偷盗、抢劫和屠杀是行使自私的策略，博爱、谦让和卑躬的虔诚只是与偷盗和抢劫比照的另外一种寻租方式，博爱和抢劫是两种分工，分工租金的多少决定于这两种分工的相对稀缺程度。采取什么样的分工策略是不同性状特征，不同预算的人对不同机会成本的比较做出的选择。

一些人呐喊平等、民主、公平和正义，这些人在倡导和主张这些方面具有比较优势，平等、民主、公平和正义成为一切人类知识追求的最高价值。不同性状的自私个体可以在这样的阳光普照下自私地群居，有些人发现套利机会，有些人搭便车，有些人面对谦让开始横行霸道，有些人面对虔诚展开欺骗，有时候还展开有组织的大规模杀戮。习俗、惯例、道德和法制与一夫一妻制一样成为适应者的环境，而不是自由意志的设计。

环境不给绝对利他任何机会，只寄望野蛮、凶狠和残忍能够更少一些，但这些形式也是人可能赖以生存的分工。就像狼和鹿，两个种群的集合存在映射关系，缺少一个种群就不会有另外一个种群的性状特征与之相应，不会有相应相对的性状。一旦环境发生突变，"容颜"很难保持，崩溃和灭绝会按顺序发生。

偷盗和抢劫必然出现，这是这些优势的人的理性选择，也是自然的选择。偷盗和抢劫的分工寻租形成契约，这种契约远离人类倡导的文明，但正如曾经的宗教和政治迫害，曾经的侵略和屠杀都已经发生，偷盗和抢劫是一种有限资源的分配方式。

人必须自行解决进化的问题，除了公开竞争，还有有意识的偷盗和战争，也许是为准备适应新环境的分工。一种供养经济军事大国的机制，在现代国家处处可见，至少在这个时代，这样的分工安排受到拥护。

## 二、世间关系的例子

而且，由于制度具有板块式（lumpy）不可分割的特性，谈判能力事实上还决定了长期经济变迁的方向。他还说：如果说经济体系能通过创立相对有效率的制度来获致交易收益，那也只是因为在某些特定环境中，拥有改变制度之谈判力量的人为了达到其私人目的，而生成或演化出了一些具有社会效率的制度结果。（《制度、制度变迁与经济绩效》Douglass C.North）

North 的意思这样转述也许更精确：任何分工由于其专用性总是具有一定的谈判能力——获得准租金的能力，不同的分工因为专用性形成交易，交易的收益被经济学称为剩余。谈判能力体现于达成的交易价格，体现于交易剩余分配结果——因为专用性获得的准租金。在一项交易中，剩余分配差异代表市场上这样两种分工的相对稀缺程度。

制度通过影响不同分工的垄断程度影响分工的稀缺程度，形成分工的相对价格，这是市场价格。分工以制度影响的垄断程度被市场需要，尽管有时候只是特定制度的需要。参与国际交易的人或组织，他们的谈判能力表明的也是不同国家或不同种族的分工的比较优势，参与双方通过谈判达成基于国际社会政治经济秩序的交易契约。

战争达到的效果与一场瘟疫相似，瘟疫和战争的结局表明资源的相对稀缺程度，尽管资源定义的角度会不同，瘟疫表达生态世界分工形式的相对稀缺程度而不仅仅是人类世界的资源的相对稀缺程度，还有病毒和细菌的稀缺程度。战争也不仅仅是表明不同比较优势的族群的相对稀缺程度，还有战机和导弹的稀缺程度。

人不完美，一直与环境互动，互相产生影响，这些过程被契约控制。与自然的交换契约也遵循经济学原理。为保持人的形式，受精卵成为胚胎，胚胎成为成体的过程要支付费用。人从自然界获取特定形式的资源，人在自然中是稀缺的。人为获取食物的种植、畜养和狩猎付出劳动，并通过新陈代谢与自然交换秩序和能量。显然，对自然界给予的资源的辨识、判断存在机会成本，存在契约选择过程。人通过投入劳动和资本预算组合的分工与自然谈判，与自然的产出有一个交易契约。

人类遵守自然法则支撑的契约——向自然付出劳动以实现自然资源向人的需要的方式的转换，同样要遵守人间的社会契约，以一定规范的劳动对社会环境投入，以便同其他人一起营造和维护生殖繁衍的环境。

内乱表明大规模地违背社会契约。违背自然的生态契约也会引致一系列新的社会契约安排，计划生育、离婚增加，生殖减少是人类违约遭致的惩罚。

## 三、人间关系的表现

两性的区别发生于 X 和 Y 染色体的 XX 组合和 XY 组合，自然选择放弃 YY 组合。人类的性状特征差异是基于基因的各种组合，同时也放弃很多可能的发生，除了自然的契约安排，还有人类制度的约束，通过约束分工之间的契约激励或压制特定基因组合的繁衍，制度抹杀很多可能性。

交易除了受交易契约的规范，还受约束交易契约的习俗、惯例、法制和政策的约束，还要接受公众信仰和个人理念的限制。商业交易中的人总能意识到要依法交税，有时还要交保险，参加社会福利。私营部门的税负是政府的收入，一部分用来支付政治分工的经济租金，一部分作为公共品投入和维护的资本，还有一部分作为所谓弱势群体生活的支付。穷弱成为一种分工，它不仅仅是贫弱，还是政府投资或进行转移支付的借口，穷弱的人也是政府的选民，是维护政治稳定的对象，有时还是政治运动的主力军。长期失业（不交税）而能获得收入，也可以定义为穷弱的租金，有些国家的福利制度使得有些人判断失业是更好的选择（他们就业的收益低于失业的福利），失业是福利制度安排的一些人的寻租策略。

在所有历史阶段，整个社会大部分个体为某一信仰和意识形态支付巨大的机会成本，一直持续到信仰和意识形态被认为是谎言而被拒绝的时候，这需要新的信仰和意识形态出现。新的信仰和意识形态一旦出现，就会发生机会成本，是支撑这些信仰和意识形态的分工使然。不同的人和不同的分工的支付不一样，社会呈现不同的租金结构。有些人从中获得的好处比别人多，尽管后来发现这是很令人生厌的时代。这些人的收入减去租金部分，并不影响这些人的出现，这些人并非不可或缺。

受预期中的租金的刺激，随着家庭的增加，家庭间的博弈形成的习俗、惯例、道德和法律成为日常行为、商业行为、宗教行为和政治行为共同遵守的契约。

商业交易人和政治行为人通常很难意识到他们是在遵守不同文化背景下的习俗、惯例。习俗和惯例是商业和政治行为发挥和展开的契约环境，这些习俗和惯例也占用资源（私人的时间和公共资源）。习俗和惯例相当于商业行为人和政治行为人与从事这类分工的人签订的契约。也许这种社会分工没有直接从中获得好处，但商业交易和政治行为被习俗和惯例规范的外部性可能会给他们带来超过他们付出的劳动的效用。商业和政治行为主体也要作出相应的支付，违背习俗和惯例，可能会受到惩罚，通常是声誉和信用受到影响。商业行为人和政治行为人不得不向这些习俗和惯例契约的另外一方进行支付。

他们的显要代表是舆论的提供者，在部落时代，祭司和酋长是主要代表，在现代可能包括大众传媒。一些看似在无偿提供信息的人——早前的流言蜚语、现代的微信和微博也在寻租，至少维护一个由这样的习俗和惯例维持的群居社会是他们的分工期望的寻租环境。普罗大众的行为也接受关于他们日常行为的习俗和惯例的约束，他们可能既是监控者，也是行为主体，他们认为他们能从中获得好处。习俗和惯例与社会的法律和制度一样是公共品。

并不像主流经济学认为的那样，纯粹习俗和惯例约束的社会没有交易成本。不同宗教和意识形态的社会的机会成本差别很大。在降低交易成本的驱动下，人类开始设立政府，实行法治。通过信仰、习俗、惯例和规则固定共同的文化和知识。当分工复杂，交易范围增大，交易量增大。货币作为市场交易参与各方共同遵守的契约出现，是为进一步降低交易成本。当交易规模进一步扩大，不重复交易在更广的地域发生，政府、银行、保险公司出现。看似提高每次交易的成本，但这样的社会成本是最低的，组织运营和制度执行成本是最低的。

# 第十六章　人权和产权的委托经营

恶和善的行为从纯粹进化的逻辑上讲，都是对人类有利的行为，人类愿意为这两种行为支付租金。恶和善是人的寻租行为，是人的生存策略，无论这种策略是被基因主张还是被文化驱使。

## 第一节　制度和创新的驱动力

### 一、人权与产权的法律定义

人权的定义形成的判断排除其他任何可能，一旦形成法律，就对特定性状和分工的人有利，有利于特定人寻租，对另外一些特定人产生伤害。神圣约定、宗教教条以及基于任何观念的道德对人的定义都是这样的契约。人权在一些原型契约和制度强制的情况下可以共有或为他人所有。关于人权的任何信仰的、主义的，任何意识形态的定义都是一种租金占用，成为一些人的寻租机会，被国家政治通过法律或俗人道德强制执行。这形式地导致自由被禁锢，形成不同身份不同分工的劳动价格的差异，实现对交配权的分配的连续不断的管理（《完整的现象世界》魏军），是一种法律和道德授权的"贪腐"。任何法律和道德禁止都是通过阻碍某些特征的交易自由。以实现某种定义的社会秩序。

对人权和产权的定义总是初始于对人类某种特征、禀赋或人的信仰的歧视性定义。即便先到先得的土地确权方式，也是群居社会对某种形式（预见力、体力或速度等）的偏好。

在 Harold Demsetz《一个研究所有制的框架》中：另一个例子包含着"社会"所喜欢的人群的异质性特征。一个人群的个体特征非常同质的社会，当在解决由有效的价格控制所导致的排队时，个性特征就不会得到很多考虑。一个在肤色、信仰、语言等方面异质的群体在面对价格控制时，对资源使用的决定就会引起极大的个性特征的差异。当由价格控制所引起的收益和成本是由一个社会的人口通过政治来评价时，它们在这两种逻辑下的结果是不同的。

在 E.G.Furuotn 和 S.Pejovich 所著的《产权与经济理论：近期文献的一个综述》里对产权有精确定义：产权安排确定了每个人相应于物时的行为规范，每个人都必须遵守他与其他人之间的相互关系，或承担不遵守这种关系的成本。因此，对共同体中通行的产权制度可以描述的，它是一系列用来确定每个人相对于稀缺资源使用时的地位的经济和社会关系。在同篇文章他们引用 Alchian 的话：……在本质上，经济学是对稀缺资源产权的研究……一个社会中的稀缺资源配置就是对使用资源权利的安排……经济学的问题，或价格如何决定的问题，实质上是产权如何界定与交换以及应采取怎样的形式的问题。引用张五常的话：因此，所有制在市场上的竞争与可转让性执行两种主要合约的功能。第一，竞争集中了来自所有潜在所有者的知识——关于可供选择的合约安排和资源使用的知识，产权的可转让性（通过灵活的相对价格）确保了使用是最有价值的。第二，潜在的合约参加者之间的竞争以及一个资源的所有者转让他所使用的资源的权力，降低了执行约定的合约的成本……因为竞争性团体遵守提供或接受类似的条件。

产权制度的差异性是导致社会其他契约差异的主要原因。产权以某种名义定义为国有和公有，因没有排他性而易被寻租，通过法律强制的财产共有相当于通过法律授权给政府产权的使用权和处置权。一般地，这种契约通过军队、警察、监狱维持，政府的寻租范围和寻租空间要比仅仅管理公共品和控制市场失灵要大很多。

产权的变革及其变革方式伴随人类命运的变迁，大规模改变基因组合和性状特征，产权变革与性状进化是强相关过程。不同地域不同人种往往演绎不同的文化习俗，直到最近，全球沟通形成族群间的互相干扰，使人对人权和产权有了意识。

## 二、人权和产权的转换

人的分工可能性边界在不同的产权和人权制度下是不同的，基于一定的人权和产权制度的分工是特定制度特定交易的参与者。对产权和人权制度的违背是投机主义，是另外一种寻租方式，产权和人权制度没能充分限制或者监管人不到位。这种交易可能在这样的人权和产权制度规定下被认为是可能伤害到某些人的利益，但在更广泛的人权和产权定义上看，这种交易发生或被限制的区别不大，这是社会经济地做出的选择。这些交易是契约下的交易，被违背的法律可能是对更广义的法则的侵犯；或者法律本身不够经济，违背最有效利用资源的原则；或者现有法律已经经济；而过度完善或者投入的执法成本过高的法律更不经济。容留空间给特定比较优势的人违法是一种经济的选择，违法是社会对经济原理的遵守。

无论组织合约是一个相关联的契约集合还是被定义为一个契约体而与外界形成交易（无论是商业交易契约、财产或人权的委托代理协议，还是与政府，社区和投资人之间的契约），如果把组织合约看成是不同分工之间的契约的执行，显然用 Coase 的观点看，不存在非效率的安排，因为，在整个社会的范围看，进行交易的成本与交易所带来的收益可能互相抵消。Coase 说：个体与私人组织之所以不主动消除外部性的唯一理由是消除它们的收益会被消除它们的成本（包括为了消除它们的人作出的必要安排的成本）所抵消。如果政府干预的成本也超过了消除"外部性"的收益，那么很明显，让外部性继续存在就是合适的。（《企业市场与法律》p.21 Ronald H.Coase）

政府税收是现代商业交易成本中最大的一部分，另外，严格禁止一些交易，限制一些交易的分工占用社会资源，使之无法进入商业领域创造价值，形成整个社会的机会成本。社会选择政府的方式，是因为这种方式比其他方式（黑社会）形成的交易成本更低，只是政府也是一部分人寻租的方式。经济学家一直以来的理论出发点是为政府服务，一直为政府作出的一个假设是，政府是可能完美的或是具有神圣道德的。这个假设违背 Adma Smith 以来建立的经济学假设之一，人是自私的。神圣、英明和伟大带来的独裁、计划等形成的契约效率要比其他方式带来的契约效率要低。完全的神圣、英明和伟大是非理性的。

按照 Coase 的观点，社会对交易约束的出现是因为交易成本不为零。他说：……如果定价制度的运行毫无成本，最终的结果（产值最大化）是不受法律状况影响的。这个结论被施蒂格勒（Stigler）确定为"Coase 定理"，他是这样描述的："……在完全竞争的条件下，私人成本等于社会成本。"

Coase 定理隐含的意义应该还有，对人权、产权的定义及基于这些定义的法律制度和政府的出现是由于交易成本不为零。通过对不同合约的交易成本的比较，人类选择不断演化的合时宜的社会制度和法律以及习俗等约束。Armen A.Aichian 在他的《产权：一个经典解释》里论述：人为的或不必要的限制不是私有产权的基础，而且，由于这些限制往往只是对一些人的强制，那些没有受到如此限制的人就从其他一些受到了不必要限制的人的行动中获得了一种"法律上的垄断权"……这些限制减低了私有产权、市场交换和合约作为协调生产与消费以及解决利益冲突的手段的力量。他显然认为，人权和产权息息相关。产权的界定是以各种组织的形式对个体的人权定义。

从效用上，将人的先天禀赋当成资本处理，同样定义为产权，人权可以转换为同等价值的产权，那么对产权界限的定义正是限制人权的经济自由，不会出现零交易成本的世界。Coase 在同一篇文章里引用 Stigler 的话：正如 Stigle 所说的"Coase 定理"："零交易成本的世界被证明和无摩擦的物质世界一样奇怪。垄断者会得到相应的补偿，从而像竞争者一样行为，保险公司不复存在。"

GDP 增长显然很重要，因为与就业和收入有关，但如果交易遭到限制，特别是产权缺少排他性，不能自由转让，对交易限制显然阻碍生产者剩余和消费者剩余的实现。

## 三、产权与人权的处置权转移

产权是个人支配其自身劳动及其所拥有之物品与劳务的权利。这种支配是法律规则、组织形式、实施机制以及行为规范的函数。也就是说，是制度框架的函数。(《制度、制度变迁与经济绩效》Douglass C.North )。不同国家的不同制度使得资产所有权的界限不一样，并且获得保护的程度也有差别。

Coase 定理认为：只要产权明晰并且可以自由交换，边际交换成本为零或者很小，法定产权的初始界定将不影响资源配置效率；这时初始权利的归属并不重要，重要的是权利的主体必须明确以及权利能够自由交换。

由教条、意识形态对人的身份的定义，以及通过竞争对社会位置的定义，这些最终都是对产权所有制的某种定义，处置权和剩余索取权代表部分所有权。

关于土地所有权的确认，关于自然资源的认识使得不同地域土地的稀缺程度有差异，人类聚集程度的差异也造成不同地段土地稀缺程度差异，交易机会的稀缺性变化导致土地的稀缺程度变化。关于土地资源和人力资源的认知的变化和确认，使得对产权的认知和确认过程不断变化，这两类知识是确立资源的稀缺性程度与不同分工的稀缺性程度之间的函数。一切契约，习俗、法律、制度以及交易契约是自然资源的稀缺性的反映，制度和契约对产权的约定表达的是特定分工的稀缺性与资源稀缺性的对应关系。

按照 Douglass C.North 的理解：正式规则包括政治（和司法）规则、经济规则和契约。他认为，产权以及基于产权基础上的契约一般由政治决策过程界定，并通过普遍的法令获得维护和实施。政治决策过程是私营部门与政府以及私营部门之间博弈规则的设计过程，垄断的政治决策者是基于一个普遍的带有偏见和歧视性的理念设计博弈规则。这些规则因此似乎更容易产生那些无法引致经济成长的产权，而随之产生的组织则可能根本没有创造出一些更具生产性的经济规则的动力（Douglass C.North）。

针对起初产权定义，无论是通过定义不同人的身份（巫师、祭司、酋长、贵族等）还是某种意识形态或信仰下的区分（教宗、党徒等），随之而来的一定是支撑这一产权定义的各种习俗、法律和制度以及各种组织的模式。这些定义由某些人艺术地、宗教地系统地呼喊出，通过蒙昧的教育，使这些定义成为人无意识地遵守的原型契约。Douglass C.North 说：人的这种心智能力与辨识环境的不确定性结合在一起，便演化出了旨在简化处理过程的规则和秩序，由此而形成的制度框架则通过结构化人们的互动，限制了行为人的选择集合。这种"简化处理"大幅度降低交易成本（制度成本）。无论是印度婆罗门教，中国孔子的三纲五常，还是美国《独立宣言》的"All men are created equal"。每种概念和意识形态的推出，尽管他们很有不同，但形成基于这些宗教和理念分工而成的组织契约，形成由不同分工互相界定权利和义务的交易契约。

财产权的界限和范围在不同的国家由法律或宗教教条规定，财产权包括任何定义的可以创造价值且可交易的存在，除了资本、劳动、身份、权力还有个体的性状特征。在奴隶时代，奴隶放弃自由，成为奴隶主的资本品和消费品，这是一种人权和产权的委托管理契约。

## 四、人权和产权的制度效率

人权和产权定义基础上的制度无非是禁止、限制交易或进行歧视性惩罚和税收形成主流经济学所谓的挤出效应。世界没有绝对自由的社会，既不能有完整的人权和产权，也因此不存在完全自由交易的市场。但在不同的历史时段和不同的以国家定义的地理区域，人权和产权的定义的不同使得其时其地的制度不同。这种差异直接形成经济效率的差异。

对资源所有权的定义、设计和安排到保障发生成本，获得和保有资源的过程必须付出代价。不把一些资源定义为私有，允许有所谓的外部性，不是社会制度的运行成本过高所致，而是有制度定义的比较优势的人的选择，这些人通过保证产权共有使得他们的分工在这样的所有制环境更容易寻租。但这不是整个社会的共同意见，是不同优势的人在寻租过程中逐渐搭建的基于人权和产权定义的契约体系，是关于产权和人权的确权过程，从而成为一群人（被人权和产权定义特别关注的有特定禀赋或有特定信仰的一群人）更适应的生态环境。

张五常的《私有产权与分成租佃》的最后一句话是：只要产权是排他的、可以转让的，这些安排就不存在不同的资源配置效率。但由于产权的排他性和可以转让性不是绝对的，一些发达国家的法律也规定产权的界限，既有其被限制的地方。如果制度限制某一契约形式，或者某一类交易被限制或受到影响（废除奴隶制、最低劳动工资、价格限制、禁止同性恋），将会发生相比较而言的低效率。

通过宗教和政治安排，存在以人权为由定义的交易限制，存在制度上对某些性状特征（肤色）、人口特征（语言、户籍）和宗教派别及政治派别的歧视，也存在职业性制度歧视，存在有倾向的税收政策和有倾向的扶持政策，还有对不同行业的分工限制以及产权共有体制造成的劳动收入差异。

无论是产权还是人权的初始定义，还是这些定义形成的限制，形成的交易成本的增加或对交易的阻碍，这些限制本身是契约，是一些人寻租的方式，是一种安排，是这样的人间契约安排，是这样的社会的效率。它是这样的性状特征的族群、这样的信仰文化下的群体分工的契约，是相应族群的性状、文化的进化稳定策略，是特定族群实现分工效用最大化的安排。

## 第二节 财产权与剩余索取权及可占用准租金

### 一、利他是为获得他人权力的使用权和处置权

利他是一种社会分工，利他有巨大的市场需求，合作确能增加合作者的收益，善意基因也许住进人的肉体，表达为同情的眼泪。但因为资源有限，世界容留的特征受到限制，自私仍主导人的本性，背叛是困境中的囚徒的占优策略，利他是自私的囚徒的寻租策略。

所有言辞公开的目的是寻找带有利他性的分工或形成这样分工的制度环境，这样的言论的立世被拥护而成人类差不多有语言之后的历史潮流。一种理性的语言马上具有非理性的性质，被认为理性的说教，总是诱发有规模的追崇和集体性的冲动。一切语言导致的狂热会导致人格扭曲，但这种语言及其表现形式的合理存在的理性是自然的理性而不是人类的理性。人类的理性就像曾经定义人的神性一样，人的理性狂妄与人的信仰狂热一样需要清醒人的意识，这些意识形态成为政治的借口，形成以最高价值的概念或意识形态标识的人的分工。

政府通常被看成国家和人民财富管理的代理人。政治的发生是大规模的权力和利益管理的授权代理过程，政治的自由裁定是一种政治分工的人与其他人的契约，是一种意识形态或一种体制下的长期契约。

当以神圣面目出现获得俗人认可的时候，俗人会集体地授权给神圣管控俗人的私有权力，甚至天赋的生命权也甘愿献出。是一种大规模的权力委托代理协议，神圣的私欲有了寻租的机会。这种非理性的循环往复是人间原型契约的持续复制分形。

### 二、劳动剩余的索取权安排

愚昧也是一种策略，也是一项资产，也是经定义关于人力资源的属性，成为一种社会分工。就像曾经的时代，愚昧作为很多人的属性，存在因为愚昧

之下的劳动剩余被占用的问题。但很多人不愿意脱离愚昧，崇拜、迷信可以寻租。社会有对愚昧这种资产的专项投资，一方面是宗教人士或者政治主义的专项投资，一方面是信徒的热情和时间方面的专项投资，这形成容易占用的准租金，愚昧者总是和贫穷挂在一起。但盲目心理——宁愿视而不见地期望未来的天国也娱乐这些人的心理。

任一获得严格履行的契约可以这样假定：在这一契约规定的名义下，租金（劳动剩余）被交易双方以交易价格及其他条款分配。但由于分工的专用性，存在可占用租金，存在违约的驱动力，既可能由于契约的不完美，也可能由于契约的履行环境不完美，或者契约本身具有投机性（法律和习俗上的安排也不能完美）。无论如何设计和履行一完美的契约成本太高，或根本不可行，也意味任何契约存在租金的可占用性问题。任一交易契约或任何契约体（组织）都有被新分工寻租而转换为另一契约或其他契约体的可能，使创造剩余和分配租金的契约呈现为另外的场景。

看似不相关的交易契约和看似"亲密"相关的委托协议或是组织联盟，无论是法律还是习俗都有这样的专用性问题，一个或一种契约从社会整体上看，完成一种功用，具有专用性，是一种专用性分工，存在契约的租金的可占用性可能。

在一个规定特权的社会，无论是通过信仰、主义还是政治制度（身份规定还是民主选举），即在规定特定分工的人才能享有某种特权的社会，总是存在租金占用问题。Douglass C.North 说：经济租的存在建构了政治关系。这句话是专指他提出的"有限进入的社会秩序"的"自然国"。而他认为的"开放进入的社会秩序"的"宪政国"，由于法律对产权的清晰界定和交易的开放性，政治体制似乎不对财富的分配产生影响。其实任何基于一定价值观（即便是自由和民主）的体制，即政府与私营部门形成的契约都是为占用劳动剩余而发生。即便是在宪政国，政府与私营部门的交易，通过税制表现出来，仍然存在价格（税）制定的垄断性。

开放自由进入的社会体制也影响劳动交易价格，影响劳动剩余在具体交易契约的分配。契约规定租金的分配结构，即便其中不存在欺骗，但依然存在租金的可占用问题。一种政治体制和相应体制管理下的契约组合（习俗、法律、组织和交易契约）形成具有一定特征的嵌套机制，是租金分配函数。对特定劳动分工的个体存在歧视，租金的契约总是有一定的倾向性，照顾这种体制下认定的稀缺资源，存在租金由体制安排和分配的问题。因此有 Milton Friedman 的《自由选择》和 Joseph E.Stiglitz《不平等的代价》提出的问题。

剩余的索取权安排还体现在委托代理协议的安排中，这种代理人对劳动剩余的索取约定既体现于企业组织的剩余分配制度，也体现于宗教和政治特权的安排。

## 第三节　市场偏好的人权和产权制度安排

### 一、完全竞争市场和完全垄断市场

按主流经济学定义，完全竞争市场是指竞争充分，不受任何阻碍和干扰的一种市场结构。在这种市场类型中，买卖人数众多，买者和卖者是价格的接受者，资源可自由流动，信息具有完全性。并且市场上有许多企业，每个企业在生产某种产品时不仅是同质产品，而且在产品的质量、性能、外形和包装等方面也无差别。

完全竞争市场条件苛刻，不仅从经济逻辑上讲不存在，从纯逻辑上讲也不可能存在。完全竞争市场意味没有差别，没有分工，因此没有交易，这样也就不存在市场。相反，市场驱动创新，驱动信息不对称，干扰资源的自由流动也是特定分工的寻租方式。无论是私有制还是公有制都通过产权定义干扰资本的自由流动。在私有制国家，即所谓自由的资本主义主导的世界，通过法律强制维护产权所有权、使用权和处置权的私有，成为任何其他产权划分方式的壁垒和障碍。提供市场产权交易机会，限制其他产权变更形式，即通过法律和习俗排除其他比较优势获得收益的机会。到现在为止，人类差不多已经完全放弃靠体力优势竞争资源的机会，也想方设法让欺骗和偷窃面对更高的风险。关于资本自由的法制规定资本流动的形式，而不是完全的自由交易。共有制和国有制则拒绝任何产权交易，通过赋予特定意识形态信仰者或维护者以特权的形式处置资产。宗教、种族、民族、主义通过人权定义，创造的歧视限制劳动资源的自由流动，也随即限制产权的自由流动，附带限制基因的完全自由选择机会。对产权和人权的定义形成的秩序规定不同性状特征或不同信仰不同分工的人以不同的权限，从而限制资源的自由流动。

完全垄断市场是指只存在一个卖者和众多买者的市场结构。完全垄断市场要求三个条件：第一，市场只有唯一的厂商生产和销售商品；第二，该厂商生产的商品没有任何接近的替代品；第三，其他厂商进入该行业都极为困难或不可能，由此，垄断厂商可以控制和操纵市场价格。

一个国家往往通过制度授权把一种产品或服务交由一个厂商来管理，对这项产品和服务形成完全垄断市场。通过信仰传播和意识形态教育获得一些公共服务完全垄断经营的权力，排除其他信仰和价值观的过程是垄断市场的过程，是为获得某种服务的完全垄断定价权力。垄断公共品管理的政府处于完全垄断地位。

非制度垄断形成的无谓损失（DEAD—LOST）存在，但通过制度强制消除这种垄断会减少这种垄断劳动分工的供应。但社会始终激励垄断，既激励技术创新也刺激制度创新，从而使一些人获得创新租。

## 二、不完全竞争市场

完全竞争市场是基于比较优势差异形成的劳动分工基础上不能过分差异的众多竞争生产者与众多消费者的交易，产生经济租金。不完全竞争市场也是基于比较优势形成的分工基础之上的少数生产不同品质的商品的生产者与消费者的交易，生产者通过制定垄断价格获得垄断租金。两种市场结构的经济租金均基于劳动分工基础上的交易产生，是比较优势形成的劳动剩余。

市场不能实现完全竞争的原因之一是不能达到那样的竞争程度，是因为消费者的偏好不同，商品有替代品以及劳动分工的差异；之二是不能实现买方和卖方的信息共享，卖方对产品的夸张和掩藏自己的销售意愿与买方隐藏自己的支付意愿均构成市场通常意义的信息不对称；之三是生产和消费会产生外部性，即消费者和生产者除了以市场价格达成交易外还产生其他影响，即存在交易契约之外的受益者或受损者；之四是公共品，一个人对一种公共物品的消费（或享受）不会减少其他人对公共物品的消费。排除任何个人消费公共物品需要较高的成本支出，社会自动确认这是不合算的。

不完全竞争，不完备信息、消费和生产的外部性和公共品的非排他性形成市场的主要结构特征，主流经济学认为这是市场失灵，认为政府可以提供一些制度和执行措施以纠正市场失灵。这时候产生政府组织占用的资源和预算及其对市场的干扰与上述市场失灵的成本比较的问题，出现关于资源配置的问题。主流经济学似乎把政府或类似功能的组织干扰影响排除在分析模型之外，且很少把政府占用的资源与提供的服务对市场的影响纳入分析模型中，只是考虑税收、福利政策及政府投资和政府采购行为的偏好的影响。政府的资源占用和提供服务也是市场配置资源的安排，也对市场价格形成影响。政府的服务一样存在替代品，存在市场。

竞争不完全、信息不完备及消费和生产的外部性的存在是市场配置资源的安排，只是这需要一个更完善的分析模型。与政府一样，对宗教、道德、习俗的社会资源配置也是市场的安排，是不同分工的人以他们的比较优势提供服务，无论是独裁体制还是民主体制，无论是计划经济还是自由经济，都是其中所有参与者分工的寻租结果。市场通过安排基于比较优势的分工配置资源，以构建一个群居社会。市场失灵与社会不完善，人性恶既是驱动分工的意见，也是人趋利的机会。市场失灵需要政府纠正，人性恶需要基督救赎，政府和基督提供的服务被市场需要，公务员和牧师是市场需要的基于其比较优势的人力资源，通过市场竞争获得稀缺性确认。群居需要伟大的领袖，市场失灵是伪命题。

基于分工的交易双方的经济租金不同，达成的自由交易契约对交易双方的偏好不同。人与自然形成的契约是自然对不同性状的偏好。与先知、领袖形成的信仰和意识形态契约，共同达成的习俗和惯例契约以及与少数人组成的组织达成所谓正式文明契约——法律和规则是效率的安排。通过对劳动分工服务的租金配置实现对市场上不同比较优势的劳动分工的选择。

## 三、市场对人权和产权制度的安排

让 Issac Newton 和 Adam Smith 来吧，苹果奔向地球与存在的经济性似乎天理昭彰，但他们的发现为人的寻租做了准备。一主体对竞争的世界宣称某一策略，或展开一种分工，相当于宣称某种专用性投资，因为专用性，而不能通用，因此不能在所有可能的机会上选择，但专用性表达的是主体这一分工的优势，是于特定环境主体寻租的能力。任一性状特征或分工对其所属的主体而言都是一种专用性投资，这种专用性资产为主体所有，主体是以其专用性与其他主体签约，形成交易契约或者达成委托协议。主体分工参与资源的竞争，展开寻租。达成交易契约或委托协议说明主体这一分工形式具有的适应性，通过租金表达的资源分配表示主体分工的适应能力。

进化是最有效利用资源的自然的自在自为的解决方案。自然似乎给人敞开这一秘密，给人分析的一个缝隙。人基于思辨的逻辑构建关于存在的理论和学说的终点不过是达成一行为短期契约，人在这一短期契约下寻找合适自己的寻租方式。

阳光似乎是不稀缺，但如果有人能垄断阳光的销售，对阳光有完整的所有权，阳光将是极其稀缺和昂贵的，但拥有和维持阳光的所有权垄断的代价将是相当高的。但阳光的稀缺性也表达在土地和房屋所有权上，体现在市场交易的地价、房价上。

在E.G.Furuotn和S.Pejovich所著的《产权与经济理论：近期文献的一个综述》里引用Samuels的话：……获利的机会不管是现金的利润还是其他好处，它们对于那些能够利用政府权力的人会自然增长……如果收入的分配和风险的分配是（财产）法的部分函数，那么法就是对经济或其他收益的控制对象……无论是关税保护，石油补贴，还是实际财产的代理人的情形，都是企图禁止对私有住房或任何其他形式的产权的"待售"的信号。

人权和产权制度的差异表现于市场的自由竞争程度，表现于人权和产权的自由交易程度，不同国家的不同市场特征表达的是人权和产权的私有化程度。人权和产权制度在不同的国家被不同的方式表达，不同的国家，由于地理、气候、历史、人的性状特征、积累的群居制度安排和文化的继承的不同，使得他们自动形成合适的资源确权制度，这些包括法律和习俗对人权和产权的特定安排是特定社会分工水平和效用的表达。这个制度下的人认为，至少是在这样的制度下有相应比较优势的分工群体认为维护人权和产权的私有化于这样程度的社会成本是最低的。

# 第十七章 寻租演绎合约结构

人一直在发现、分析、研究对象和对象间关系的演变，这是寻租行为。

## 第一节 契约的形质

### 一、学问合约

社会学从关心善恶开始到关心吃穿住行的供给和需求，衍生出经济学，经济学家认为经济学不仅能让人找到完全的安全感，还能借此发现理想的彼岸。

宇宙大爆炸形成差异，差异意味秩序，秩序是不同差异之间达成的契约（也许经济学发现的租金与热力学定义的自由能是秩序演变的驱动力）。

大约在135亿年前，经过所谓的"大爆炸"（Big Bang）之后，宇宙的物质、能量、时间和空间才成了现在的样子。宇宙的这些基本特征，就成了"物理学"。

在这之后过了大约30万年，物质和能量开始形成复杂的结构，称为"原子"，再进一步构成"分子"。至于这些原子和分子的故事以及他们如何互动，就成了化学。

大约38亿年前，在这个叫作地球的行星上，有些分子结合起来，形成一种特别庞大而又精细的结构，称为"有机体"。有机体的故事，就成了"生物学"。

到了大约7万年前，一些属于"智人"（Homo sapiens）这一物种的生物，开始创造出更复杂的结构，称为"文化"。而这些人类文化继续发展，就成了

"历史学"。(《人类简史》p.3 Yuval Noah Hararl）

　　地球上的物质在阳光的照射下从分子形成细胞，进化为植物、动物到人类。这些新的契约体比以前进化或高级在于后者与前者交易，可以占用前者的能量形式，似乎前者是专为后者准备，后者可以占用前者的专用性准租金，从时间顺序和因果上讲这样的判断符合逻辑。这些演化是不同形式的分工寻租引致的场景。

　　从物理学、化学、生物学到历史学，人类的认知不断分叉，不断依据自己约定的对象建立描述世界的理论体系，借此构建人与自然和人间关系契约，基于这些对象的概念约定，是否有合适的理论体系一上述理论体系到某种程度，以便人与自然之间或至少人间的契约更有效率地创造效用？

　　关于资源如何有效配置的学问，被称为经济学，是人类社会最近的契约方式。关于资源配置的问题是经济学研究的核心问题。经济学被定义于研究人类行为的范畴，研究人类行为的替代和转换，研究基于人类群居契约之上的分工转换和演化。但经济学被认为不能描述人类性状特征的演化，不能预测分工的出现、增长和消失。经济学不能预测战争，不能理解人类聚集；不能理解心理事件，不能分析习俗和禁忌的成因。经济学不能精确预测人类行为，不能理解精神的效用，还不能理解其他日常偶发事件对人的行为的突然影响。但这些不能被经济学理解的问题却是资源配置优化的问题，是如何达成契约的问题。以主流经济学的知识为基础的制度和契约还有改进的余地。

## 二、契约的初始化

　　初始条件是系统学的概念，如果初始条件稍作改变，就会引起系统的巨大变更，甚至是系统特征的彻底消失，初始条件是系统与系统环境的契约。人体作为基因构建和培养的系统，基因的改变会使人体发生不可逆的变化，基因因此带有自然约束人的信息，基因是人体契约的初始条件。

　　狩猎要求的合作规则与耕种要求的合作规则的差异是食物资源特征在人类生产过程的契约反映，初始契约形成锁定效应，基因和文化的进化形成对初始契约的路径依赖。没有走出绚丽非洲的人似乎机会成本很高，也许没有走出非洲的人不适宜走出非洲。不同时代走出非洲的人通过各种初始化改变与不同的资源环境形成不同的契约，组成不同群居策略下的契约体系，表现为现在不同区域人类的性状特征组合和社会分工差异。

契约是分工的相互适应、相互改善的关系组合。行为规范和交易契约只能限制人的部分自由，从这个意义看，只有被约束的这部分是规范和契约的主体，其他部分被约束于其他契约和更广阔的原型契约。

战争形成的人的大规模死亡增加其他形式物质出现的机会，人类社会随之转变为新分工集成的一种新型社会，新分工占用的有价值的资源是战后的成果，无论这些分工依附个人、组织还是新契约的社会。战争对战败种群的人不好，但显然有利于形成适应程度高的种群。

成本概念显然是以人类为中心进行研究所需要的概念，当遇到贫穷、死亡和毁灭时，现有的成本理论失去解释的能力。研究成本可以使人发现新的策略，是个人和/或组织对外的支付，一个人的成本可能是另外一个人的租金。如果一个人因为另外一个人的损失（成本）从而获得好处，如果对他而言，这是最优机会，他会采取行动。资源有限，人类整体地处在资源有限的囚徒困境中。被认为不效率不公平的转变可能是应对环境变化的分工，是不适应的分工（无论是性状特征、群居特征、意识形态、劳动分工）被适应的分工替代。对贪嗔痴的克服付出的努力是为履行社会契约加诸的责任。

## 三、契约的不完美

人对市场的机会的认识考虑两个参量，其一是个人的分工——最初始的专用性投资的需求量，其二是潜在的替代者。这两个参量共同作用形成关于人的分工的比较优势。这种决定使人形成与需求方的交易契约，也与替代者形成一个价格联盟。完全竞争市场上一种产品的价格是生产者和消费者都必须接受的价格，但对应不同的生产者和消费者有不同的生产者剩余和消费者剩余。在一个价格的商品和服务上，生产者开始创新，形成产品和服务的差异，生产者开始可以在一个最大利润的产量上定价，形成垄断租金。

一种产品或一种分工的完全竞争市场的价格是不折不扣的完美信息下的均衡形成的契约，这不可能。信息不对称，不完美，市场存在差异形成的垄断，不完全竞争市场的契约是分工寻租博弈的动态均衡。

法律和交易契约及任何游戏规则都不完美，但不完美的法律和契约是经济的。在预算约束下，交易契约和法律是个人、企业和政府的预算线与其效用无差异曲线的切点。设计、计划、执行和监管上详尽所有细节的契约和法律很难被履行。穷尽细节的法律和契约即便符合所谓人道标准：公平和公正，但导致执行成本太高以至于无法履行，会出现大量的非法的契约和不法的社会习俗。人类社会非常时期会放弃对全部法律、规则和契约的依赖，也许这是对深层次未知的和已知的原型契约的履行。

假定非理性是对理性的违背，集体地大规模信仰和活动是一种非理性，但这是一种契约和规则下的群居活动，是这种群居形式的理性。违背法律和游戏规则甚至群体地放弃正式群居约束是经济的，会有另外一套（也许不是明文规定的）契约集合与这样的分工集合映照。

人如果不能逃离这一世一界和他的一形一性，他就必须每时每刻接受约束的限制，背约是由于巨大利益诱惑，是人生可选择集中的选项，他可能遭受法律的惩罚，也可能成功逃避惩罚。背约受人类定义的邪恶的驱动，但这是对自然法则的尊重，他在践行他的承诺，担当他的责任，完成他的使命。历史上反复发生违背道义、习俗和法律的事件，人类一直给这样行为留余地。

人间契约附和自然选择原理履行人类和人类社会的进化使命，通过人间契约安排，人因应和适应自然契约的要求，自然契约的部分转换为人间契约。

# 第二节　寻租驱动的契约演变

## 一、货币契约的经济性

波斯人所有的规定都是从不同的帝国的居民中引入的，货币制度的采用产生了极其长远的影响。吕底亚人（Lydians）似乎在公元前 7 世纪就已经发明了可使用的货币，在这之前，商人购买商品或者是物物交换或者是使用笨重的贵金属。例如公元前 1170 年的埃及，穹形墓穴的售价为 5 磅铜，也可以用 2.5 磅铜、一头猪、两只羊、两棵树来购买。王国通过铸造精确的、可识别价值的货币，极大地促进了贸易。据说吕底亚国王在他们的发明之后变得惊人地富有，波斯人迅速地在其辽阔的土地上传播使用货币。从此以后，货币成为关于铸造它们的社会的一个宝贵的最重要的信息来源。

在《纵向一体化、可占用租金与竞争性缔约过程》(Benjamin Klein/Robert G. Crawford/Armen Alchian)中有一段关于货币的陈述:

……政府干预的重要性都反映在货币供给产业中。对于使用什么作为一个社会中占支配地位的货币(交换媒介)的决策,如同许多其他社会协议和习俗一样,在个体层面上具有高度的刚性。一个改变一种社会制度的决策,就如同使用什么作为货币一样,必须大多数人认为有效。在自然垄断的条件下。任何个体或企图改变这一状况的新进入者的成本都主要是应对各种禁令的成本。因此,一旦确立了占支配地位的货币供应者,货币发行者通过机会主义行为(即可以通过没有预期到的通货膨胀)实现的潜在财富收入将会很丰厚。私人非成文契约的解决方案因此需要支付极高的品牌溢价(铸造税收益)以保证追求财富最大化的、不受管制的、私人性的、占支配地位的货币供给者不会以超过预期速度增加货币供给进行欺诈。由于这种溢价支付和由此产生的货币借贷价格如此之高,以至于要使私人非成文契约成为一种低成本解决方案是不可能的。在一种消费者资产被许多私人所使用的传统纵向一体化中(事实上很难确切地理解这是一种什么组织)这种成本将会非常高。某种形式的政府干预显然是可能的,或以管制的形式执行成文契约的担保,或以彻底的国有化形式来生产。政府控制货币单位实际上可能接近于这一特殊场合中由部分消费者组成的纵向一体化的情形。

这段引语的精彩之处不仅表明货币出现作为一种习俗发生,同时也指出政府管理货币的正当性。由政府管理交易媒介也成为世界所有国家的政治和经济契约,政府管理货币成为习俗。在防止租金被占用和鼓励交易方面也许授权政府管理一些事务是最优选择,虽然政府通过管理货币寻租的机会很多。货币出现会导致利用货币的机会主义的出现,而不使用货币形成的社会机会成本更高,货币通过不受监控和管制的私人供应的形式与通过政府管制的形式比较,当交易量增加的时候,政府管理货币更加经济。

## 二、酋长的权威和部落习俗

人的意识和语言是为寻租,语言从口头音符,变成记录字符再到目前的电子信号是是个人的寻租,也是语言带动的形式的寻租。语言通过选择更好的机会，更好地利用人的功能（有意识和使用语言表达丰富的信息），以避免错过寻租机会。

当家庭分裂，人口增加，人的性状特征差异范围扩大，分工复杂，生产协作和财富分配需要专人处理，需要管理部落公共事务的酋长劳动，为酋长的劳动支出——不直接参与狩猎或种植的损失和他管理部落公共事务的劳动报酬。无论公平不公平，人屈服于酋长的强健体魄或神秘智慧。人维持这样一种秩序付出的成本是防止其他秩序情况下发生偷盗、抢劫或者混乱而无法共同合作狩猎和种植，群居的人共同选择酋长秩序是最优策略，是部落契约的最好方式，是部落这样的规模的经济体运行成本最低的契约。

当规则设计和制定由酋长一人抉择，酋长在这些过程寻租，他会扩大权力管理范围，努力实现他的劳动分工的租金的最大化。部落成员支付的成本增加，而且随着分工增加，剩余增加，支付给酋长的租金大幅增加。部落成员为避免租金占用，地下交易或称私下交易出现。为避免（签约不经过酋长同意是违法的）交易成本，成员之间的交易必须默契，即自觉遵守某种可以一贯执行的约束——习俗，遵守的行为被称为诚信。欺骗会受到惩罚，使欺骗者交易机会减少，有时甚至失去交配机会，也有来自虚拟的神的惩罚——深深的内疚和自责。一般部落通常存在两种形式的契约，酋长的权威和共有的习俗。

由于人口增加，家庭增加，基因基础的亲缘关系广泛稀释。分工更加复杂、产品和服务种类进一步增加，交易不重复。由于产品复杂（信息不对称增强），交易更加复杂，开始与陌生人，与另外一个部落的人交易不断，签订契约也不一定能保证完全履行（如果两个部落的神不一样，欺骗和违约是经常发生的事）。也许原先的习俗给欺骗、偷盗甚至抢劫留下大量机会，但违约的行为特征不好确定，故意违背习俗的行为增加，一些人通过违背习俗获得更多寻租机会。

但另外一些人，发现提倡公平正义，发现管理欺骗、偷盗和抢劫的管理方法，制定受监控的交易规则会给他们更好的回报——他们开始寻租。是寻租行为使得法律——有条文的正式制度出现。

如果人类给他所谓的邪恶以可乘之机，邪恶一定会像侵蚀人体的病毒那样侵蚀人类，这是人类放弃自由而推出伦理道德的原因。人类被迫走出非洲，四处寻找食物，在寻找食物比偷盗和抢劫的机会成本高的时候，偷盗和抢劫发生。交易和交流是自然进化的人选择的策略。这些策略经人类历史的积累，逐渐成为共同遵守的有利于交易而不是抢劫的道德、习俗、法律和规则，成为进化稳定策略。

## 三、组织合约的出现

如果存在一双方缔约的交易契约，由于双方均存在分工的专用性而使得任何一方分工在转移为其他用途时发生成本，因而存在可占用准租。如果有第三方发现这一契约存在瑕疵，第三方的分工通过与双方或其中的一方签约可以保证双方的契约的履行，并能促进这样的交易的增长，那么第三方分工构成对这样的契约的寻租。第三方与上述双方或其中的一方签订契约形成的费用要比双方交易形成的可能租金占用的损失要低。当交易次数增加，交易规模增大的时候，第三方出现就变得经济。

如果交易的一方投资更多于交易契约的履行管理，并购契约的另一方或双方自动达成联盟，这样形成组织，相当于在展开纵向一体化契约。组织是串行和并行的一套委托代理协议，是不断加大的专用性的投资。

为减少交易费用进行有组织的生产（合作生产也会带来规模经济和协同效应），组织是不同分工寻租形成的契约体。企业文化可以形成雇员之间合作的默契，降低雇员之间工作交流成本。企业文化转化为企业雇员间的习俗，降低雇员间交易成本的同时大幅降低企业主或经理人的劳动付出。

个人进入组织是他的劳动寻租，不同个人寻求基于不同分工（企业主、经理层和雇员；帮主、匪徒；先知、圣徒、信徒；领袖、随从）而共同合作的垄断力量。组织本身就有垄断性质，可以使用垄断策略定价。宗教和政府一方面通过意识形态和法律避免出现竞争对手，另外一方面成员间面对广阔的寻租领域倾向于紧密和不乏真诚的合作，降低交易成本，共同寻租，这样形成宗教和政治组织内部的习俗和制度。

组织是为寻租展开的垄断行为，个体放弃自由组成家庭、氏族、部落和种族等以伦理和道德为约束的组织。然后再次放弃自由，形成明文规定的法律和规则约束的公司、教会、黑帮、党派和政府。放弃自由的代价是为获得更多的好处，这是形成组织的驱动力，宗教和政府组织形成是为避免由于人口增加和家庭增加带来的混乱和伤害，隐含这样分工的租金收益。

契约形式的变化均伴随分工的变化，契约演化在连续不断地创造新的分工。进化时序上出现不同层级的契约，契约出现时序上的演化是发现前一时序契约的专用性投资的租金的可占用性，是分工的寻租结果。

组成组织不仅是为避免机会主义对准租金的占用，还在于组织本身创造一种可以寻租的分工，通过组织以合作或规模化优势与其他组织或个体交易。在单细胞生物演变为多细胞生物的过程中，发生过类似的过程，简单生物的大规模合作也是这种形式。这些生物体和大规模的社会群居提高群体成员的整体福利，任何形式的个体离开这样的契约体或与其他组织成员树敌——不遵从契约体的最初的原型契约，那么放弃这样的生存方式的机会成本很高，或者会因此被驱逐或消灭，或者一开始就发生类似基因变异而导致的不育或不能遗传继承的性状表现型。

无论是多细胞生物，群居的动物还是人类社会都是因为发现合作获利的机会和与环境中的其他组织达成寻租交易的机会形成的群居关系。不同的两种单细胞生物结合的机会在于可以解决两种细胞的专用性的租金被占用的问题。细胞分裂复制分别承担不同的分工而合作为一生物体，是一种新的分工，新分工与环境的交易对每个经过专用性投资改变的单一细胞都是有利的。

人类社会从原始部落开始，演化为以家庭为单位的氏族公社，随着人口增加，分工水平提高，交易变得复杂，规模持续放大，出现以集市为中心的城邦，最后国家出现，一些中介机构的服务逐渐集中，政府出现，本质上，政府是从黑帮组织演化而来。国家是政府组织得以存在和寻租的群居形式，国家体制保证政府、企业和家庭享有不同的权力，是按分工分配财富的机制。

## 四、分工相对价格变化影响合约选择

North 认为：人类的基因特征提供了心智的初始建构；心智与文化遗产和个人经验之间的相互作用型塑了学习。基因是人类形式的基础，是基因的寻租演绎人类的分工。分工的出发点总是基于或改善目前的契约和契约环境以寻租。

他还说：相对价格的根本性变化乃是制度变迁的最重要来源。价格变化反映的是人的不同劳动分工和不同资源的稀缺程度的相对变化，劳动和资源的某种形式的复合形成市场交易的产品和服务。市场上产品和服务的价格的相对改变表明分工基础上的劳动价格的相对改变和资源的价格的相对改变。不同分工的劳动和资源的稀缺程度的变化驱动对劳动和资源的竞争的策略的变化，改变劳动分工，形成对资源的重新认知，重新对资源的价值进行判断，重新形成一种关于产权和人权定义的理念。无论是民主选举还是统一灌输，都是经市场竞争通过的理念，这些理念简化地形成有逻辑的博弈规则，成为制度体系。由社会整体投入很大的一个制度安排，经过内乱的体制改革和国际战争的秩序变化，都是这种投入的例子。劳动和资源稀缺程度的相对变化直接导致人选择配偶的标准的变化，人间通过契约改善人的性状特征以适应变化的人力资源和资本资源相对稀缺的环境和制度环境。

分工不断增加，新的契约不断涌现，社会持续演变。如果出现新的毁灭当前契约关系的新契约意味出现新的寻租力量。一切大规模不可抗力或者新生主导集体行为理念的复制式展开会导致大规模契约瘫痪（历史上的革命）。

## 第三节　寻租与合约结构

### 一、分工寻租的合约

从全社会的范围上看，制度执行的成本是很高的，而制度是群居关系的规范，其中不仅包括正式的约束，还包括习俗和惯例，这些构成对交易的限制，形成机会成本（被限制交易的效用）。有些交易是严格限制的，比如伦理禁忌、法律规条和意识形态限制的交易，这些交易的成本很高，有的高到交易人的生命。伦理禁忌、法律规条和意识形态限制的执行成本是执行监管者的劳动租。日常习俗也有一群监管人，是这些这样的监管人会从中获得他们分工服务的租金的方式，因为这样的习俗形成的环境更适合他们寻租，这些习俗在有些情境下，对整个地区的交易（群居关系）都有好处。

当在现有的制度结构下，由外部性、规模经济、风险和交易成本所引起的收入的潜在增加不能内在化时，一种新制度的创新可能允许获取这些潜在收入的增加……在这些潜在利润既定条件下，要获取它们，就要向创新了一种新安排的某些人或团体支付费用。在每种情形下，成功的创新导致总收入的增加，而且在原则上可能没有人在这一过程受损。（《制度变迁的理论：概念与原因》Lance E.Davis Douglass C.North) 这也许描述的是帕累托改进过程中的寻租。寻租总是意味对别人的机会的占用或者对别人的准租金的占用，可能没有人在这一过程受损是不可能的。

专业化分工是寻租驱动的结果，但也由于专用性而有准租金的可占用性。交易成本是第三方专业化寻的租。无论是搭便车还是受到损害，由于没有发生适当的交易而认为是外部性，但无论无偿受害还是无偿受益，都是当事双方对该机会的利用，是该当事人无力避免损害和或有机会搭便车。不同优势的个体对公共品的效用分配存在不公平的问题是社会机会不平等的来源之一，但也由自个人的比较优势——分工差异的普遍存在安排不同人以不同的命运。

从企业家的角度上看，或从企业家的代理人的角度上看，企业家（代理人）的收益（而不是企业的收益，即不是所有要素的收益）从与所有其他要素的合约交易中获利，无论是工资的形式还是索取的剩余，企业家仍然是在与其他要素的契约关系中寻租。从企业内部看，所有生产要素和劳动服务的寻租是形成企业合约的原因。

## 二、关于产权的合约结构

Armen A.Alchian 在《产权：一个经典解释》中说：合作性的生产过程高度依赖于私有产权各组成部分的分割与专业化。……内部特有的资源的各个所有者之间的合约限制了一批所有者作为一个整体获取收益的未来选择，它不是对任何个人的选择。这些合约限制被用于阻止单个的所有者的机会主义和"道德风险"，因为每个人都会寻求相互的企业特有的一部分可剥夺的合成准租金。（可剥夺也许应该译为可占用）。上述引言提到的合成准租金，应该是企业作为一个整体，不同个体投入合作而成的以企业形式整合的专用性投资的预期收益。当企业在市场中交易时，租金整体地具有可占用性。然后他又回到主流经济学理论的推论中，这些话意味深长：企业特有资源可能是非人的，一些具有专长的企业（法律、建筑、医药）是由一些在其他地方的其他团体中价值较低的人所组成的。他们雇用了一些非人的普通资本，如建筑和设备的复杂情形。用来确定"雇用"的合约取决于其专一性和一般性，而不是取决于人的或非人的属性，也不取决于谁更富有。十分偶然地，"工业民主"的安排是稀罕的，因为更为一般的资源所有者在企业中所享有的利益比特有的资源的所有者所享有的利益更少。

在 Coase 为他的《社会成本问题》发表的《社会成本问题的注释》中使用租金模型对他在《社会成本问题》举的牧场主和农场主的例子作了解释，两个推演过程得出的结论一致。

没有理想的社会，也不会有 Coase 认定的追求交易成本降低驱动的社会制度演绎，每个个体的分工或组织的策略都是寻租的形式，这样不仅能解释企业的性质，也能解释政府的性质。人类社会的进化与生物世界的进化遵循一致的原理，财富最大化既不是个体追求的目标，也不是人类整体追求的目标。有些效用（竞争交配权而不是提高福利）可能更重要地影响着个体和人类的行为。

Coase 关于合约的安排的论述忽略禀赋或者说分工的比较优势，即谈判地位对合约安排的影响？没有考虑寻租能力的影响。如果没有制度的介入，自然的力量显示的只是生物进化的事实，尽管动物群居乃至生态系统也存在等级，也存在交易成本的问题。在 Coase 的《社会成本问题的注释》中，即可以对排放烟尘的工厂征税以补偿附近居民的损害，也可以对附近居民征税以补偿工厂为工厂装除烟装置提供费用。制度安排不影响产值最大化，但制度安排和履行却为一部分人提供寻租的机会。收税的人总是倾向于容易征税的对象（成本低）征税，一般都是向工厂收税，而不会向居民收税，因为人数多（所谓交易成本会很高），且假如都是选民的话，会影响选票。从这里也可以看出，民主选择的国家和独裁选择的国家的制度的差异，独裁的国家更倾向于牺牲大多数人的利益来满足少部分人的福利，环境污染往往会发生在独裁的国家，公共环境污染是集权政府寻租的结果。

## 三、社会选择最优的合约

讨论这个世界让什么存在显然关键，如果是让利用资源最有效率的安排出现，其言下之意是这个世界已经是这样了，尽管演化仍在持续，向更有效率的利用资源的方式进化。但就即成的事实，人类的智慧还不足以对这些安排形成批判。最有效率的安排不是人的标准，如果大多数人认为的坏的安排出现过，人认为的恶劣形式曾经主导过人类的历史，也许这是合理的。精英在社会合约安排下寻租证明他们这些人的分工获得制度环境的支持。政府在寻租方面的性质与企业的性质一致，所有组织起来展开的行为，无非是一种创新租，所有要素在这样的契约安排下行动，是要素寻租的过程。

以 Coase 在《社会成本问题》的牧场主与农民为例，无论初始产权如何定义，Coase 认为双方的协议是最有效率的安排，是产值最大化的安排。在没有任何先定的产权定义和法律安排下，即没有第三方强制牛损害农民的庄稼，牧场主要被强制赔偿的前提是，农民付出代价保证牧场主的赔偿。当农民通过第三方（比如黑帮），即付出一定的交易成本，来强制牧场主进行一定额度的赔偿，这显然表明付出的交易成本一定要小于赔偿的额度才能实现。如果农民不通过第三方，而是自行强迫牧场主赔偿，这时候会出现如下不等式：赔偿≥雇用第三方强迫牧场主赔偿的成本≥自行强迫牧场主赔偿的成本。农民有能力（假如相对牧场主高大和强壮）强迫牧场主赔偿也有成本。无论 Coase 的思考是否包含这些方案，但显然其中没有考虑两种方案之间是否可以自由选择。因为在政府存在的情况下，通过政府的法律安排，大部分人只能接受第二方案，因为他们交了税。当然在违法的案例中，也会同时使用第三方案，这使得交易成本更高。Coase 的交易成本概念显然没有考虑到分工本身的预算（比如强壮的身体）对交易成本的影响。而这些都是寻租的优势。是寻租的比较优势决定合约的形式和履行的过程。

寻租是形成合约的力量，也是合约演化的力量，当寻租者发现某一种合约机会比其他方式的合约获得的租金更高，就会选择这样的合约，一个企业的形成和发展是分工要素寻租的过程，其他组织形式的形成和发展也是这样的过程，人类的历史事件和制度是寻租使然。当然，社会制度契约影响人在社会中的选择，影响生产函数和效用函数的选择。

一个人的无意识的身体顺从，心理潜抑地刻意而至某种身体和行为疾患：摇滚明星的歇斯底里和政治家的狂妄无忌是两种极端心理渴求模式，因此被关注和爱戴，他们的行为在心理上有了回报！报酬递增使他们更加幻想和妄想！这是身体和心理寻租的过程，这些激发大众激情的力量是某种更原始更朴素的力量的代理。这些原始的朴素力量通过这样的代理在社会达成一种普遍的合约结构，除了习俗，就是这些时尚和特定的压抑本能和束缚心灵的合约。由无意识驱动的人类行为不能纳入经济分析的模型，也做不到制度设计之中。尽管人的分析和设计会发自和触及无意识的领域，但那是无意识的，关于人的行为的认识和管理存在不可逾越的边界。

# 第四节　政府与私营部门的合约

## 一、企业组织的合约

分工的准租金存在潜在的可占用性，交易的双方均会寻找机会利用对方分工的专用性，通过改变交易价格或契约条款占用对方因为专用性而产生的准租金。就一契约而言，对一个契约的一方产生影响的寻租力量，也会影响另外一方在这一契约中的收益，既有可能导致损失，也有可能导致收益增加。典型的例子是政府税收制度，对消费者收税可能会影响生产者的收益，对生产者收税也可能会影响消费者的效用，虽然这与交易的产品或劳动分工的供需弹性有关。

在企业内部，企业在购进资产或雇用员工对特定员工或设备产生专用性需求，存在一种分工形式的专用性租金被占用的可能，这可能是双方的。如果雇员的专业知识是专用于这一特定企业的，那么企业在雇用员工的过程，在制定工资率时会有占用雇员的准租金的可能。交易专用性资产设备，或者在企业购并交易形成一体化的过程中，也存在准租金被占用和占用对方准租金的机会。

机会主义总是存在，企业主通过企业的形式对各种分工或生产要素的契约安排，企业主对这些分工和要素的安排中通过企业契约或制度安排形成对这些要素的准租金的占用。企业或一体化契约是资本家或经理人发现通过企业的形式分别占用不同生产要素（分工）的准租金。企业是一契约体，是企业主及其代理人与雇员达成的一种协议，这些协议表达一企业契约体的不同劳动分工的专用性，因此会有可占用准租，企业主通过一体化协议占用准租金。工人也有机会占用企业主的专用性投资所形成的准租金，组成工会进行谈判只是其中的一种形式。

## 二、政府与私营部门的合约

一国政府通过规划公权与私权的界限寻找占用私营部门准租金以实现政

府工分工租金的最大化。通过政府与私营部门的交易，通过法律强制市场交易秩序的履行，激励市场交易，大幅度提高社会福利。

企业契约体一旦达成，成为一种分工形式，与其他组织或分工，无论是社区，政府还是其他利益相关人达成契约，这些过程也会有企业的准租金被占用发生，尤其是特别专用性投资的企业。政府发现企业专用性准租金，占用的方式是通过法律和财税制度进行定向增税或定向减税。专项货币制度也是政府占用私营部门准租金的方式。对一种行业的利率政策倾向是对其他行业的歧视政策，是占用其他行业准租金的行为。人间契约不公平本质是对一种分工专用性支持和对另外一种分工专用性歧视。

Coase 在《社会成本的问题》引用大法官 Aifred Denning 爵士的一段话说明政府通过改变契约方式实现占用租金的制度的演化：……今天的社会革命的意义是，较之于过去偏重于产权和契约自由而言，现在的政府不断地对此干预，以给公共利益适当的地位。政府根据当前私营部门的状况，利用产业或企业专用性对政府政策的依赖程度，利用公民的信仰和知识结构及愚昧的程度形成的对宗教、政党和政府专用性依赖展开对私营部门和个体劳动的租金的占用，政治分工通过征税、权力寻租等方式占用私营部门准租金。

政府、企业和家庭以及其他一切社会组织（宗教、非营利组织等等）形式的差异说明这些分工的专用性，私营部门，家庭和企业相对政府互相结合为群居的社会，互相构成专用性。所有个体在不同的领域进行了专用性投资，这些分工之间交易都存在占用对方准租金的机会，存在为占用对方准租金的专用性投资。家庭、企业和政府都是社会的专用性投资的形式，构成以国家为单位的政治契约体，政府是不同种族、不同地域的人共同使用的一种管理交易契约的方式，政府是一种现代社会中差不多全人类的习俗（除了少数的原居民，但原居民如果不接受现代文明的安排，早晚会被现代文明侵蚀）。

企业和家庭除了专用性投资形成的准租金（企业专门用来生产，并在这个方向上投资和增加知识，家庭专门用来生殖和养育，专门提供劳动力和私人投资），还有被体制、法律和制度定义的权力界限形成的专用性，这也导致交易中准租金的被占用可能。这些都给政府创造占用准租金的机会。

宗教信仰或政治意识形态抑或对一种观念的执着，是一伙人形成组织，即形成一体化的纵向或横向合作，纵向一体化以免租金被占用和形成专用性垄断。横向联盟或一种类似的分工（相似的阶级，相同的信仰和/或相同的寻租比较优势）的横向一体化能形成强制垄断。

信仰和主义深重的国家的体制和制度更容易让机会主义盛行，除了按概念或血统分类的贵族，在全球化时代，还有来自其他国家的力量。为了维持意识形态概念下的集权和执政，这些政府与显贵的利益集团和外国政府达成的契约如果不是不稳定，就存在机会主义占用这种专用性形成的准租金问题。这种可占用准租金不仅仅是来源于政府与贵族和国际集团的契约（其中除了贪腐还有卖国），还使整个国家的分工格局具有专用性，这使得该国的私营部门在国际市场上也具有专用性，往往使这个国家的整体分工处于低水平，竞争能力差，准租金被占用，私营企业盈利能力差是这些国家的工业表现。

由于私营部门的专用性投资的准租金被政府通过税收和权力寻租占用，会抑制私营部门的专用性投资，社会真实财富增加幅度下降。如果政府借用体制寻租使大规模的分工的准租金为零。大部分分工停止供应，无法履行与政府签订的财税等方面的契约，很多人失业。政府需要提供救济金，即一种政府承担的福利，这时政府这种分工专用性投资的准租金被占用。如果政府的准租金为零（尤其是政府信用——偿债能力预期大幅变差），政府及其代表的体制，即这套租金分配的体制崩溃。

政府和央行也会通过减税、降息，甚至简政放权的方式改变与私营部门的契约，甚至极端的时候会主动改变政治体制以适应私营部门的要求，这也是当期政府准租金被占用的表现。

# 第五节　其他关于合约和制度的解释

## 一、作为政府寻租工具的制度

意识形态分工的寻租对整个社会的影响始终深远，这要从不同制度衍生的合约的效率以及劳动分工服务的租金确认。

人在边际收益＝边际成本处提供他的劳动服务，分工的边际成本低于市场价格，交易双方因为各自分工的专用性获得垄断租金。制度是社会分工参与者的博弈规则，是参与者共同的契约，不同的人基于制度环境发现各自的比较优势，形成博弈策略，通过未来的劳动时间投入以及动用储蓄和借贷进行资本投资，形成专业化的分工，形成他的劳动供应函数（生产函数），构成对特定使用者（另外一种专用性分工）的专用性，在一定时期（宏观经济学的短期）无法替代，供应量不变，两种互为专用性的分工分别获得租金。

也因为分工的互为专用性，为避免准租金被占用形成交易契约以外的另外一种博弈均衡——委托代理。也可能是一种组织：家庭、企业或政府等等。组织之间也可能互为专用性，家庭、企业和政府之间是互为专用性的分工，制度是它们之间的重要契约。

政府进行制度设计，并提供力量强制制度的实行。这对现有交易契约或组织契约的租金分配产生影响。制度和制度改变影响租金，影响有关人的效用函数。为追求效用的最大化，人会依据制度和制度变化调整分工，调整劳动时间、动用储蓄或借贷来改变生产函数，最终改变整个的社会契约。

如果契约（交易契约、法律、道德、习俗和其他约束）有被寻租的机会，违约迟早发生。制度设计、执行是保证交易契约履行以便鼓励交易，从而获得更多寻租机会，制度设计和执行的投入是经济的需求。

从寻租的方向去分析合约和制度的诞生以及从事这个行业的分工的供需，也许能提高经济学的解释能力。制度设计和执行分工的市场相对价格的提高表明这类分工的相对稀缺程度较高，也表明这类服务者的自私自利的寻租通过与社会交易会给社会带来好处。

## 二、其他影响合约形成的因素

除了受自身预算限制，任意分工与其他分工展开委托协议和／或进行交易的安排是自由的。法律和制度（人间契约）也只是一种环境变量。

张五常在《交易成本 风险规避与交易合约》中提到：对所存在的不同类型的合约安排，我们至少可以提出两个理由解释，第一是存在自然风险，我们在此将它定义为它对生产价值的方差（或标准差）的自然特征或状态所起的作用。既定的与其收成（缔约双方的总收入）的方差不为零。不同的合约安排将会在缔约方之间产生不同的收入分配变异……存在不同合约安排的第二个原因与每一种合约安排的交易成本之所以不同，是由于投入产出的物质属性不同，制度安排不同以及不同合约规定所付出的执行与谈判的努力不同。……交易成本的存在至少有三个可预知的效应：第一：他们会减少交易量，因而会损害资产的经济专门化与资源的利用；第二，它们可能会影响资源使用的边际等式和使用的密度；第三，它们会影响合约安排的选择。……合约的选择是由风险分散所带来的收益与不同合约关联的交易成本的加权来决定的。这两个因素在解释不同地域为什么会选择不同的合约类型时尤其重要。这样回到上述第一段引言的应用：第一，农作物的物理属性及气候差异通常会导致在不同的农业区的产出变异不同；第二，不同的法律安排（如义务性的或补贴性的保险）会影响收入的变异以及缔约双方交易成本。

他还认为有第三个影响因素：即不同的市场安排也会影响合约形式的选择。在文章的结论里，他认为：虽然交易成本或风险的存在可能导致不同的资源使用的集约度，但……它并没有揭示出在私有产权条件下，各种租约安排的农作物集约度有明显差别。其理由如下：迄今为止，考察过的主要租佃安排有所有者自种、工资合约、定额租约和分成合约。对于这些安排，即使存在交易成本，它们也有一种对资源使用的相同的边际等式的倾向。最后的一句话是他的文章的最重要的结论。但他也指出这是很难解答的问题：如果政府执行的努力程度发生变化，对于合约的选择会出现什么情况？在什么程度上这些努力与帕累托最优条件相一致？一套什么样的法律制度是与市场运作相适应的？这些问题没有予以解答。

当Coase讨论企业的性质时，交易成本成为其关键考虑因素，即发现相关价格——发现资源的相对稀缺程度是有代价的。通过不同的合约安排，可以降低发现资源相对稀缺程度的代价。搜集信息、谈判和执行契约保证都是发现和实现资源相对稀缺程度应有的代价，搜集信息、谈判和契约执行保证需要资源，这些资源的相对稀缺程度通过交易契约的交易成本表达，通过另外的交易契约实现支付。如果这些资源变得昂贵，市场交易变得昂贵，替代方案是企业家的出现，对整个社会效率来讲，这种企业式的合约安排，通过企业再形成公开市场交易是合适的，这种交易合约的安排必须支付的费用要比非企业的社会合约安排的社会成本更低。Coase排除经济学上的规模收益、协同效应以及垄断能力、谈判地位等等促成企业合约出现的道理。同时，Coase回避讨论诸如家庭、民族、教会、政府和国家等其他组织形式出现的经济学原理，这些组织是否也可以用交易成本经济学解释呢？

## 三、理论的倾向性与规则的不公平

任何逻辑形式的学说体系具有目标，每种策略的出发无法照顾所有个体的利益，策略为追求的目标服务，所有策略都有竞争性质，具有掠夺和欺骗性，简单到说出"老虎来了"就能吓唬哭闹的孩童。成体系的策略总是做出预测，让个体产生一致的幻想和臆想，群体地服从某一概念系统的要求，产生一致的行为，虽然没有实现学说或理论推理、幻想或臆想的景象，但迎合策略应用者的诉求，有利于他们寻租。人类个体间的沟通存在努力获得对方认同的倾向或俘获群体认知和塑造群体信念的倾向，素常的两个个体的沟通也是为传达、转述或者掩盖语言发出者的想念或者意图，有时通过逻辑说服，有时使用恐吓的方式，有时艺术地诱导，以求对方认同或者被说服而采取预期的行为。学说的系统性成功地实现大规模恐吓、说服和塑造信念的目标。

纯粹道德呼喊也是发自人类的自私，为了人类共同的一般性形式与其他形式对抗，道德是自私最便利的方式，很多人借用道德以便明火执仗或欲不劳而获。"仁义礼智信"需要传播，需要恐吓，需要律法，需要监督，需要强迫，很多设计者、实施者和监督者于相应过程寻租。

策略的提出均以追求公共利益最大化的目标开始，以获得群体的支持，以使开初学说的假设变真。追求公共利益最大化的理论成为形成差异的规则和策略。任何一种追求公共利益最大化的理论形成的策略对某一类性状、身份或地位组合的个体有利，成为这些被制度和规则定义的人的性状特征适合的环境，使他们有"特权"寻租，规则成为不平等的根源。个体间掌握和应用理论、策略和规则能力有差异，这样的差异可能导致交易，但交易后各自的租金差别可能很大。艰涩的或者新发现的复杂理论或者某种理论形成的规则仅对少数人类精英有利，任何涉及公共利益的决策是少数个体的主张，但容易得到呼应，虽然不是民主的结果。

一些人类的认知过程，包括感觉、直觉、抽象、幻想使一些少数个体创作概念，在创作的概念上展开的比喻、拟人等修辞大行其道，一些个体优先创作和应用这些语言判断形成基于一定假设基础上强有力的逻辑。对另外一些个体构成认知俘获（Cognitive Capture），成为群体普遍接受的形式——成为契约和制度。认知互相影响，基于对客体和主体的环境的幻想和抽象达成宗教、商业、政治、经济的一般性形式和不同策略集合形成的规则，成为先动（先应用）个体的寻租环境。

理论假设和具体应用假设不一致，每个个体对理论假设的理解和具体应用的假设也不一致，个体的资源的投入方向千差万别，成为劳动分工和社会角色的差异，收入和权限差异形式多样。

规则作为需要执行和监控的条例，需要监督和强制，权力参数介入，由少数个体掌握。无论通过什么形式获得权力，特定性状雄性个体在占有雌性和资源方面上位次占优，权力成为竞争的目标。规则的背景假设是强化特殊个体神圣位置的学说，从此建立所谓为公共利益最大化的权力。基于以上主张和假设的规则的延展和改变是权力者的倡议和应用，形成一种有利于特定分工个体寻租的制度环境。一切制度都有为使特定的人获得租金的作用，或者说有倾向，就像自然选择具有倾向性。无论是市场安排还是计划经济，不能是所有人共同的预期。

在埃勾斯死后，忒修斯构思了一个伟大的设想。他把阿提斯卡的所有居民聚集起来，使他们成为同一个城市的公民。但在此之前他们居住分散，因此很难聚集到一地来处理有关共同利益的事务，甚至彼此之间还时常发生龃龉和斗殴。

他逐个走访所有的城镇和部落，劝说他们接受自己的计划。那些平民和穷人都乐意响应他的号召。对那些有权势的人，忒修斯许诺建立一个没有君主的政府——一个纯粹的民主政府，他本人只担任军队指挥官和法律监护人，而在其他事务上，人人都享有绝对的自由和平等。他很快说服了一些人，其余的人慑于他那日益强大的威力与勇猛，感到与其被迫就范，还不如接受劝告为妙。

于是忒修斯取消了原来各个城镇里的地方政府，议事会和行政机构，在今天卫城的那个地方建立了统一的政府和议事会，他把这个城市命名为雅典，并规定了全雅典统一的节日。他还为移民确立了另一个节日"赫卡托巴恩节"（Hecatombation），至今雅典仍保留了这个节日。然后他根据其诺言，放弃了王权，在神的谕示下建立了新政府。他曾派人到德尔菲去请有关新城市命运的神谕，得到的答复是：

埃勾斯和皮透斯的女婢之子，忒休斯啊，

我的父亲把许多城邦的命运和疆土，

都放进你的城堡之内。

因此你不用气馁，要依靠坚定的意志和信心，

水生植物的气囊决不会沉落水底。

为了进一步增加公民的人数，他邀请所有外邦人共享平等权利，据说忒修斯在建立一个所有人参与的共和政体时，他的公告中总是使用这些词语，"万方之民，盍幸来此"。但他并不容许由于人们蜂拥而至，鱼龙混杂，致使他的民主政体陷入混乱，于是他首先把市民分为三个等级：贵族、农民和手工业者。

他委托贵族掌管宗教仪式，提供行政官员、宣讲法律和解释神的意志。对其他市民，他也赋予相应的特权以保持均势。贵族地位最尊贵，农民贡献最

大，手工业者人数最多。亚里士多德说忒修斯是倾向民众、放弃王位的第一人。荷马似乎证实了这一说法，因为他在其船舶目录中，在所有的城邦中仅在提到雅典人时才使用"人民"一词。

忒修斯还铸造钱币，上面镌刻着一头公牛的形象，或许影射那头被他征服的马拉松公牛或米诺斯的将领陶鲁斯，或许是为了鼓励人们从事农业。因此，据人们所说，"值十头牛"或"值一百头牛"的说法得名于此。他把墨伽拉的领土和阿提卡永久地连成一片后，便在科林斯地峡竖立了一块著名的石柱，上面刻字表明疆界。石柱东侧的铭文是：

这边不是伯罗奔尼撒，而是伊奥尼亚。

西侧的铭文是：

这边是伯罗奔尼撒，而不是伊奥尼亚。

他还仿效赫拉克勒斯在那里举办运动会，因为赫拉克勒斯曾明令希腊人举行奥林匹克运动会来纪念宙斯，于是他命令举办"地峡"运动会纪念海神波塞冬。

转自《西方文明史》史料来源：Plutarch," Life of Theseus", The Great Events by Famous Historians, ed.Rossiter Johnson, The National Alumni, 1905, Volume Ⅰ, pp.50–51。

# 第四编　策略的张开与契约的演化

　　一个人，一种语言，一种行为的出现是证明他的稀缺性，而不是他的善恶。

　　神学、宗教、哲学、人类学研究、分析和控制的核心对象是欲望，不同学问及其不同流派欲望达成不同的乌托邦场景。经济学似乎拓宽欲望自由的途径，但依然主张"合理"实现公共利益最大化的伟大梦想。公共利益是什么，是个人的欲望吗？欲望不是私有的吗？任何关于公共利益最大化的提法和想念最后都成为欲望驱动的分工的寻租工具或寻租机会。公共利益最大化成为有信念的人安排欲望的策略，成为人间的契约方式。这些哲学的、道义的和预期的被不同时代的艺术和文学渲染成为社会的最高价值观、成为习俗、时尚，成为新的道德和法律。这些学问与人的私欲碰撞均衡，引导人间行为，给不同分工以不同租金，安排不同人以不同命运。

　　人被欲望驱动，学问也成为满足欲望实现的工具，人因此不由自主、不能自已。人的精神是欲望的另外一种展示，是恐惧和怯懦的转换，是基于预算经过计算的欲望实现的精明策略，是人间欲望的妥协，是人间的寻租协议。

　　是什么催动欲望从而驱动有强大自我意识的人呢？是化学物质，是由基因拼凑化学分子组合的细胞。在胚胎发育的过程中，细胞分裂被这些化学分子发出的指令修改成预设的功能和形式，好像是不同的细胞间达成一个协议——人体组织的协议。是什么原因让化学分子促使受精卵分裂，使得不同的化学物质在人体胚胎的发育过程中寻租成为人体不同的组成部分，成为不同的体细胞和调节的体液，并继续保留核心的性细胞，这些问题的大部分仍然是生物学的谜题。

　　基因是自私的，但基因间不能传递有目的的信息，它们通过硬连接（分子水平上的联系）实现，它们寄宿在细胞中，通过互相谈判妥协为组织，最终成为可以捍卫利益的机器。

不同的人的不同的部分并不一样，这些性状特征差异表明不同的性状特征——这些在人体功用相同但在能力和样式方面表现差异的地方又是如何在不同的人体那里寻租获得呈现的机会？这些可能依然是生物学的谜题。

社会通过让其父选择什么样的配偶，选择什么样交配的时间，让其母选择什么样的食物和处于什么样的劳动环境，以及处于什么样的情绪来决定其出生的样子——独一无二的性状特征组合。家庭和社会通过一定预算的分工展开对其的养育和教育，使其呈现为特定的分工，和别人达成特定的契约组合使其获得一定的租金。

不同的眼睛发出相同的光芒，但进入另外一个人的眼就变得巨大不同，这些不同形式的光芒受不同的预算约束，无论是自然的曲折还是精神的光影与社会达成不同租金的契约，构成不同角色、不同等级的社会，自然和社会都无法公平对待任何两个人。一夫一妻这样的勉强使人类愈来愈像不同种属的动物组合，这不能自由选择的制度暗示可以有不同劳动分工间的寻租，也可以让不同的自然形式在人这寻租，并构成应对自然的有效策略，人类社会成为一个开放的、非线性的、远离平衡态的自然系统，它可以和更遥远的外太空沟通。

这样社会分工的市场与自然的市场互相连接，自然的与人的契约使自然的物质以特定的形式在人体和人的社会中寻租，人间契约是不同的劳动分工的安排。自然的物理、化学和生物契约选择人间契约的形式，人间的契约也促成人与自然契约的演进，构成不同的人体，进一步推动人间契约的演进。自然契约、自然与人的契约以及人间契约具有共同的背景契约和共同的原型。分工是其间的契约主体，这是无限自由意义上的市场。

自然科学描写自然对象的发生、演化和消亡，为什么社会学更多关注人的欲望？从达尔文的进化论到孟德尔的遗传论使社会学，包括神学、哲学、人类学、经济学、文学和艺术这些制成人间契约的力量有了很大改变。从基因、性状和分工理解人类行为的见识远远少于从欲望开始的学问，从事欲望理解和控制的学问只是影响分工、性状和基因的人间契约。

经济学的收入和产出、效用与剩余、投资回报与成本、GDP 与 CPI 不过是欲望的增增减减，一部分是安排私人欲望实现的策略，一部分是满足和协同人间欲望的目标标准，是欲形成不同分工寻租演变的社会，摆开的是不同的一夫一妻的模式，掩盖的是不同的凄凉悲苦，发扬的是不同的人不同的璀璨光辉。不同的制度，不同的标准，不同的进化稳定策略，让不同性状特征的人承担不同的社会角色，有不同的租金函数，有不同的命运轨迹。

组织是分工的寻租方式，制度是不同寻租形式之间妥协的群居规范，组织是纵向一体化的委托协议，也可能是横向的联盟。习俗是习俗的形式的寻租，制度是制度的形式的寻租。信念是共同的理性，最高价值观是知识的假设，是文化、知识和文化合契逐利的资本形成分工，分工的寻租安排社会的契约，资本、知识和文化的组合成为一种形式，影响人间模式。

# 第十八章　性状寻租的策略与文明

一个群居契约的重建是少数雄性精英调动大批普通雄性向当时的少数雄性精英挑战，通过改变现有制度改变财富分配函数。通过改变激励的信号改变性状的适应程度。

## 第一节　关于性状分工的逻辑

### 一、互相寻租的细胞构建性状的偏好

如果协同人体行为的大脑细胞之间没有一个中心单元，所有的脑细胞产生的指令不是来自同一个命令中心，而是接受不同源的信息刺激，这使得大脑内部的脑细胞间的关系构成一个市场，人的喜怒哀乐和手舞足蹈并不受假设的中心控制。如果大脑细胞组织没有中心，除了过滤和警告外，大脑不同部分细胞自行处理和完成各自的服务，它们互相寻租。任何组织和任何社会也没有绝对正确的计划，或者从未有社会按照任何绝对意志运行，领袖和信徒之间的关系是一种互相寻租的关系。

从胚胎发育开始，不同组分的化学物质寻租于不同功能的细胞，不同功能的细胞寻租结成不同功能的组织，人体既是细胞的组织，也是细胞的市场。细胞在人体设定的规则中寻租，不同的细胞因为专用性不同，租金不一样。脑细胞显然获得重要位置，以"总司令"自居的大脑细胞除了有坚硬的外壳保护外，人体细胞间的关系也突显脑细胞的重要性，也受到人的有意识的关照。而能够再生和重生的却只有性细胞，使得人看起来就是为它生，为它死。

一颦一笑，一喜一忧、一恐一怒、一挣一扎之间分别表达于不同表现型

的人体，成为人体借助光亮、借助感知、借助概念沟通的竞争契约的策略，这些形式的组合成为人体的策略，成为不同的分工，它们具有偏好。这些颦笑、喜忧、恐怒和挣扎由于委托给不同人体的性状特征表达，和其他性状特征一起，成为一种专用性投资与其他个体达成不同的交易契约，产生的效用不同，获得的租金不同。除了交配对象和婚配契约的不同，处于一个商业交易契约的不同分工的租金也有差异，还有从属与领袖间的委托协议，获得的租金的差异也很大。

如果小酒窝、长睫毛（《小酒窝》林俊杰）也有偏好，为保持"容颜"，小酒窝、长睫毛期望尽可能多地复制分形——成为大多数女人脸上的性状特征。它这样成为一种分工，但它的预期不能太高，也许受到大眼睛、短睫毛的竞争，因此它不能完全如愿与其他性状特征达成组织委托协议给女人管理，它不得不接受预算限制——那些物理化学和生物约束，是基因复制蛋白质的规条约束。可能由于小酒窝、长睫毛不是与基因预算相切的效用无差异曲线的切点。这样小酒窝、长睫毛成为稀缺的品种，稀缺的分工。由于供给刚性，供给量的改变显然超过人的生命周期，如果小酒窝、长睫毛都有林俊杰那样的喜欢程度，它显然是相当昂贵的分工，形成人间权力和财富竞争的强大驱动力，就像蔡依林演唱会的门票，表达的是蔡依林性状组合的分工的租金。

这些一夫一妻制带来的千姿百态的性状契合为不同的人体，性状特征间互相交易互相委托，成为人类社会进化稳定策略的基础。

## 二、性状差异的作用

女人穿花衣是女性为其性状作的炫耀性展示，欺骗地寻租。男性间的交配权竞争策略成就政治、经济和文化策略，是男性表达其性状特征的寻租安排。艺术千篇累牍的伦理和道德歌颂是时时刻刻对可能的违规者进行的提醒，必要时还有法律和宗教的严酷审判和惩罚，这些是对不同性状组合的租金安排。

人类聪明程度的差异既给矮小丑陋的个体有交配生育的机会，也让高大威猛继续承担角色。人类社会差异的相合相宜相争使得人类的策略诡异、复杂、多变。

婚姻是人类肉体承载基因延续的最经济的方式。互相亲密是指相近性状发生的事，性状相近是相近基因制作的方案，性状太远互相排斥是基因相差太远以至于无法通婚。种族的区分，有历史地域的成就，也是气候环境的创造，还有社会的最高价值观的阻碍。保持基因，保持性状和保持信仰成为侵略、战争、屠杀的最原始驱动力。

性状表现是一切人间现象的最受人注目的光辉，也是自然选择和淘汰的最终目标；人类个体性状差异如此分明，策略差异因此如此分明，个体性状千差万别，策略就此出现万别千差；不同性状组合的个体均衡于不同逻辑系统形成的契约中寻租——开花结果。

无论是在地理的广度上、人性的深度上还是对自然对象的分析研究上，白种人都足够冒险。性状差异巨大是伪善发生的根源，是互相欺骗和对抗的基础，性状相近共同需求的资源亦相近，性状相近是互相争执纷争的根源。细胞分裂、家庭分裂、种族分裂、信仰分裂和语言分裂是不同性状组合寻租形式的分裂，借此，寻求新的资源和新的繁衍路径。不同种族的群居假设不同，形成不同的宗教、哲学、政治等规则和策略。在新的全球化时代，在网络化时代，在新的假设和技术基础上展开博弈，有了新的管理群居和竞争交配权的规则和策略。

## 三、精准变幻的性状特征

两性生殖是自然原理驱动被迫发生的能量转换和保持"容颜"的方式，人类肉体借凭两性生殖发生，再也不能孤独地克隆，安静地发芽，被动地授粉，反转为无穷无尽的持续的情欲，激发无休无止的策略博弈，成为地球范围内存在最激烈变化的物种。

蝴蝶是一种千变万化的昆虫，是类似人类个体的千差万别的一个物种，其多变的双翅就像人类各色各式绚丽的衣服，更像人类不重复的一首首歌，一幅幅画，是自然的逼迫使蝴蝶绚丽多姿，蝴蝶竞相演变，是在各种环境保持蝴蝶"容颜"的各种尝试。人类个体间的体态和样貌的差异，表达不同性状组合演绎的复杂策略。在偏僻的环境，资源量有限，索取简单，人类的生命和文明形式简单，群居的方式依然处在原始社会形式，拘泥于环境和性状的限制，成为少数民族中的少数，无法与外界交换基因，甚至不与外界交易产品和服务。面对现代文明，只有恐惧和畏缩，对外域文明对其生态龛的侵入束手无策。

蝴蝶可通婚个体间颜色和图案的精确一致。蝴蝶单一个体双翅的尺寸、颜色和图案及其比例和对称位置也精准一致，但这些一致是不同的颜色、图案、尺寸的物质的组合，基因信息翻译为多种蛋白质的组合表达的性状，性状表达为求偶、交配和觅食过程中的动作和行为组合而成的策略。在一个有限的资源环境会有好几种互相不能交配的蝴蝶存在，但他们的食物和转化能量的方式可能一致或至少有一致的方面。人类策略相对人类认知如蝴蝶的双翅在蝴蝶眼中的展示那样精准。人类个体的样貌、形状、尺寸、重量和智力等性状方面表达惊人的一致或处在一定的比例界限范围，但又通过这些基本一致的组合实现千差万别的性状策略表现，基于这些性状表达策略试探博弈结成人类个体的数量、种族、宗教、政治、经济、商业和文化的策略之间的精准均衡，也与环境和资源的策略形成精准对应，精准对应表达为人类整体及每个个体与环境和个体之间能量转换的公式。性状虽然千差万别但形式和功用的一致性基础上的文明文化是人类进化稳定策略。

寻租策略是保持"容颜"的努力。被周围环境界定和强迫，蝴蝶的千姿万状是保持基因组合不变的最低成本的策略，人类的策略和人类的性状一样被迫衍生和变化。人类个体，尤其是男性个体在群居过程中为了争取基因的有效遗传，为了获得有效交配机会和获得更多养育子代的资源不仅扭曲自然性状，也变换社会人格。

# 第二节　性状的寻租策略

## 一、关于性状的契约

普遍意义的审美是人对性状适应的环境要素特征的意识，人类个体群居于其本能发现和意识发现的环境要素特征中。意识的发现通过想象、抽象甚至幻想成为个体或群体普遍接受的策略。虽然这是虚构的过程，人束缚在这一审美的过程——寻找人与自然适宜的契约。

人被自然界选择由达尔文的猜测推定，这是被当今智慧信仰最多的解释。达尔文的逻辑是"适者生存"，"适者生存"与黑格尔的"存在即是合理的"逻辑如出一辙，叔本华在表达他的充足根据律时借用沃尔夫的说法："任何事物都有其为什么存在而不是不存在的理由。"人作为自然界的一部分与其他形式共同构成自然，或者作为一个独立的主体与自然的特定部分通过与另外的部分竞争获得交易机会，这些契约和契约体是人类凭借性状特征及其衍生的策略寻租的结局。

人类的性状差异建基于不同地域的地理、地貌、气候、食物的存在差异，适于自然的人类性状易于获取食物、攫取资源、改造环境和营造群居氛围。人的生存和繁衍策略形成由膜拜、巫术、宗教到政治主义的文明，集结成道德和契约的社会，文明是人的性状与依存的自然环境最有效的能量转化方式，最有效利用关于人的有限资源是人类性状和自然的契约。

普遍接受和适应规则是规则和性状间互相选择的过程，成为驱动不断增长的人类数量的动力，宗教、政治、经济、文化、艺术及其演进逐渐泛滥成为原型契约，尽管不同区域养育不同性状的人类个体其信仰和概念在这些形式中不同，形成的判断也不同，既有不同地理气候状况的自然形成对性状选择的差异，也有交配和生殖资源对个体的选择形成的适应性状，并逐渐形成与获取相应资源的技术和劳动分工适应的性状组合。劳动分工形成社会角色的差异通过宗教、政治、经济、商业等规则管理，构建组织。构成的规则和组织对性状进一步反向选择，成就千差万别的人类个体和千差万别的交配权竞争的规则和策略。

人类肉体是复杂的系统，但也是不稳定的机构，需要苛刻的存在条件，人类补偿因对外界的敏感和本能退化的方式是持续进化能够意识的大脑。人类因为有了大脑，其他一些自然功能不断退化。上帝的预算不能安排既有钢铁意志又有钢铁身躯的形式，这样的形式不见容于这个世界，无法与其他形式达成契约以寻租。人类肉体形式虽然复杂，但它是自然原则简约的存在形式，能与自然界或者地球范围的存在共生。

策略的增加，导致劳动分工、角色的差异不断增加和复杂，进化出各种性状适宜的各型国家和政府；为了发现新的资源和发现更有效率的开发、利用和分配资源的方式，有了政府关于经济和商业的策略及同时配合衍生的各种行业和商业组织。个体合作以组织的形式张开私欲的策略博弈成为不断演进的政治、经济的规则和策略。

## 二、性状寻租与策略创新

基于或违反规则的策略是个体为竞争交配权和资源的策略，是个体基于或保持自己特殊性状适应方式的应用，策略在与其他性状载体博弈过程中不断改善和妥协，如果使个体成功竞争异性和资源，或者在竞争过程中占优，获得目标异性的最好生殖时段的交配权，并能成功生殖，并且目标异性对他们的共同子代付出较多养育，个体的性状或基因组合表现模式连同基因组合获得广泛的环境和规则的支持，成为盛行的性状组合，这类性状组合和性状适应策略适应的规则随即通行，构成进化稳定策略即是所谓的文明，使其他性状组合及其策略交易的机会减少。这样的个体由于性状获得的这些收入（效用）包含该性状的经济租金部分，因为这一性状组合的供应不会因为减去租金的部分而减少。

规则的演进被人类个体竞争资源的策略不断创新驱动。由于发现规则有寻租的可能，规则不再能控制新策略的发生，或者不能再容纳有效策略的使用。违背规则的策略在博弈过程中占优势的个体交配、生殖和养育成功的机会增加。由于寻租的分工，形成交易，创造劳动剩余，人类数量不断增加。两性生殖形成新的性状组合表达个体，新的性状组合个体成群竞争。远古的一个部落几个或者几十个雄性个体对雌性和资源竞争，竞争的方式开始可能是肉搏，强大雄壮的个体策略具有优势。此时需要肉搏规则或仪式。弱小的雄性个体躲避，不参与交配权竞争，该性状发生的基因组合模式消失。但如果这一性状组合个体有一个兄弟，虽然同样弱小，但在采取躲避策略的同时，他发现新的食物资源或者新的技术——比如使用石器，并成功吸引到雌性与之交配，该种性状组合的表现个体出生（人类个体由于性状组合的增加使性状特征之间的差异愈来愈大和愈来愈多）。石器时代降临，伴随石器时代的狩猎和猎物分配规则诞生。人类个体数量增加更加迅速（人类个体数量增加是人类基因模式存在和延展的方式），相对人类不断增加的数量和性状组合样式的丰富，资源的形式和数量有限，雌性个体不断加大的差异，个体数量增加，性状组合差异增多，策略的多样性和复杂性提高，分工增加，交易规模增大，原有的规则不再适用。

# 第三节　人类的性状特征与一夫一妻制

## 一、一夫一妻制与人类性状特征的配合

一夫一妻制是人类低成本群居的保障，是保证其他契约顺利展开的根本策略，人类要用很多资源（从个人到社会）维护有关一夫一妻制的法制、习俗和道德的履行。不然，社会纷争和暴乱会每天发生，因为男人女人的情欲持续，他们和她们的愤怒难以遏止。人类在绝大部分地区达成一夫一妻制，在历史上，在部落里也许会有通过崇拜和强力维持的一夫多妻制，部落式群居状况下一夫多妻制可能成本很低。现在的社会也会通过宗教和意识形态调节交配权的分配。

一夫一妻的强制是经济学定义的非效率，供求关系的均衡受这一限制，按经济学分析，这至少使得基因资源错配，从而形成对所有有限资源的浪费，实际上，一切社会限制是直接或间接展开对基因资源有效配置的制度。人类演化自群居的一夫多妻动物，一夫多妻被人类的生物学知识当作是优胜劣汰的最好方式，但那是研究一夫多妻群居的动物的研究成果，适应那样性状表达的动物，一夫一妻制是人类这种性状表达方式最好的契约关系。

人类明显从基因上继承了一夫多妻的模式，演化几千年的文明也不能消弭人类的这一心理。法制和习俗中占用很多资源是为维持一夫一妻制的习俗，还要占用很多资源娱乐宽慰只能孤受一个异性而导致寂寞和不快的情绪。法律和习俗维持的一夫一妻制的基因资源配置是最优的。这是人类不完美细胞契约体的取舍注定的效率，是要适应环境的契约安排，是寻租付出的成本。

关于人类情欲和婚姻的是是非非是寻租的借口，人在不同的历史阶段关于婚姻和情欲的限制差别很大，在不同的区域差别仍然很大。极端宗教的主要目的是在地球上实现关于情欲和婚姻的严格限制，但开放自由的呐喊也此起彼伏，为爱情甚至为同性恋寻找借口。一切努力是为达成一个合宜的两性契约和关于这一两性契约的社会规则。一夫一妻制成为一般形式的契约，成为社会习俗。关于人类繁衍的资源的预算在不同的技术和制度前提下不一样，结合人

类性状特征，人类的持续发情与一夫一妻制的制衡使得人类基因资源的配置有效，人类遍地开花结果。基于一夫一妻制基础的产权、人权定义的制度配置资源是最优的。也许一夫一妻制的习俗才能使没有天敌的人类生机勃勃。

一夫一妻制是某种程度上平等的强制，但个体性状特征的大量差异使这一平等一定程度地失效。一夫一妻制是基于雄性争夺雌性能力差异，一夫多妻多子嗣需要很多休养生息的土地，土地过多会引起其他雄性集成群体实施攻击，即使在一夫一妻制的基础上也经常发生这样的故事。也许人类曾经经过一夫多妻的自由尝试，但最后所有雄性不得不妥协于一夫一妻的安排，形成所谓文明的一夫一妻制或者阿拉伯世界的一夫四妻（不得多于四妻）的制度，但也留下寻租（偷情）的机会。一夫一妻制看起来是经验的结果，但也是人类基因合成的蛋白质性状认同的契约。一夫一妻制历经几千年，人类的基因也许在某些方面有些改变，更善于智慧地妥协，以至于到现在这个阶段人类认为不会有其他可能的婚姻制度，无意识于一夫一妻制的观念和习俗中。个体生殖的节奏，通常是隔年一胎的节奏是基因的安排，这种节奏的根本来自人类幼儿需要母亲甚至父亲的特别关注。养儿育女需要一夫一妻默契的合作——婚姻联盟是人类利用资源最有效的基础契约。

## 二、一夫一妻制衍生的制度

古代人类肉体的直接搏杀或者现代大规模屠杀的战争是性状选择最后方式，肉体角逐与战争是博弈策略的执行，过程存在执行策略和策略的变更，最终呈现的始终是一夫一妻的家庭的破坏或欣欣向荣的繁衍。

群居策略历经万年多变，从简单的家庭采集狩猎，与其他家庭基因资源交换的嫁娶，家庭分裂，家庭财产长子继承制到组成部落的酋长制，其中扮演重要角色的是家庭一夫一妻制的成功演变和相应资源的经济配合，人类在繁衍方向上利用有限资源的边际相等。当集体劳动、分工合作交易形成大量剩余，需要关于剩余分配的约定。个体的身份、家庭的地位的竞争是对基于一夫一妻制的家庭占用资源优先权的争夺。争夺的结果是基于身份和地位设置和制订的财富分配制度，财富分配制度一开始就倾向一定的性状组合和一定的分工的比较优势，总是鼓励特定的家庭获得经济租金。

当群居的规模变大，交配对象和生殖资源的竞争更加剧烈，劳动剩余的分配和异性对象的分配需要更普遍的一致性妥协，人类博弈、妥协不断形成新的均衡。成为人类整体基因组合不断繁衍增加的机制。

艺术、道德、宗教、哲学、政治、经济和法律的假设基于一夫一妻制的家庭的寻租形成。以上不同学问的假设的形式不同的根本是由于约定的概念不一致，这些形式中的任一形式约定的概念差异表现为约定概念形成的逻辑判断的差异，这些判断基于家庭利益目标展开，一夫一妻制的家庭在竞争身份、地位和资源的时候妥协，妥协为一定的契约或博弈规则。规则的内容和形式的差异形成均针对某类群体性状组合的特点与其环境资源的关系，是人与人之间的契约对自然要求的适应。差异表现在基于不同地理区域——不同自然环境和资源（比如食物和食物获得的劳动的差异）形成的不同性状组合的差异。

东西方不同的艺术作品，挖掘人性深处的渴望同时使人产生心理幻觉的升华；成为三大宗教不同的先知模式和不同的"上帝"存在根据；哲学认知的出发点不同、政治体制一直以来的差异以及政治建议和政治改革总是以伤害一部分群体补偿另外一部分群体，但对应的群体性状组合不同；经济学规律性阐释让新一代理解和懂得的个体的伎俩丛生，通过企业创生、官商勾结和金融创新形成新的性状组合下的巨豪；但生生不变的一夫一妻制的法律强迫保证人类在各种配偶和资源的竞争过程的最基础的有序形式。

# 第四节　性状与社会文明

## 一、基因的专用性投资与性状组合

研究生物进化的时间史发现，性状需要更长的时间改变，生物如果能够通过不使基因改变的策略寻租而适应变化的环境，它不会也没有动力作出基因的改变。

一种专用性投资形成一种分工，这既可能形成垄断租，但也有可能导致租金的被占用。生物世界也不例外。一种性状也可以称为一种分工，性状的供给和需求的刚性会在更长的时间获得保持，这产生生物学意义上的租金。一性状的存在与其专用性投资有关，是为形成与自然和社会契约上的不可替代性。

生物性状组合与其他环境特征形成生态契约，构成生物的群居契约。生物凭借性状与其他生物（环境）交易，交易的成果表达它的性状适应度，可以称为经济租金，但因为是一专用性投资的结果，也可称为准租金。一种生物的性状特征会持续到准租金为零的时刻，即这种专用性投资的性状的适应度降到零。由于性状特征是生物的专用性投资，与环境就此形式达成交易契约，准租金是可占用的，这是生态契约演化和生物进化的原因。如果出现瘟疫或者小行星撞击地球的毁灭性事件则是这种契约体转换意外的事件，是性状的专用性投资没有预计或不能预计的事件，即便能预计但也因为预算限制不能有预防。这些事件服从更广泛背景的原型契约的安排。

生物进化到人类这种在生态社会上的这种分工，是通过进行专用性投资，从单细胞分裂进化到两性生殖，再进化到有抽象思维能力，能够用符号表征存在的人类，这些保持"容颜"的分工使得性别特征差异巨大的人类从原始部落（类似大猩猩）的群居进入到由一夫一妻制家庭组合的人类自称文明的社会。

人类社会是各种分工基础上规模巨大的交易契约体，社会财富因此变得丰富，财富效用持续增长。政府或宗教以道德或任何名义禁止交易活动，是在阻止效用的增加。一个人均 GDP 很高的社会创造的社会效用不一定很高，供给和需求不是通过自由交易完成，这会进一步抑制有效的投资。

一夫一妻制的家庭契约体成为社会习俗，即便人种、地域、信仰和制度如何不同，一夫一妻制差不多在所有人间复制分形，是因为有思想且情欲持续的人以这种长期契约联盟对人种保持"容颜"有利，是这种一生的契约能使双方在各个人生阶段得到的益处最多，男女双方的分工的交易产生的租金要比其他形式的契约体多，因此一夫一妻制是大多数种族、宗教、体制坚持的法律规则。

一夫一妻的契约的边界在于这一男一女的互相专用性，"为他生、为他死，他就是我的菜"，这个过程会使双方的报酬递增——增加幸福感，让他们持续在为对方的效用增加专用性投资，这产生准租金。夫妻吵架实际是一种谈判，发现对方的专用性而欲占用对方的准租金。夫妻间的专用性随年龄愈来愈高，这就是歌中的爱情和常言的幸福。

伦理、法律的代理人发现一夫一妻制的家庭契约体的瑕疵，男女存在违约的可能，这些代理发现他们可以寻租的机会，他们或者为维持现有婚姻契约或为安排新的适宜的契约提供服务，夫妻的劳动被这些第三方占用，这些第三方与家庭的契约形成的交易是发现家庭专用性投资的准租金——通常的政府税和婚姻介绍所的费等等。

由于第三方，无论是政府、教会、律所还是社区大妈，通过与一夫一妻制的家庭签订有关的服务契约，构成社会分工。人走出家庭，合作捕猎、种植、集市交易，建设工厂，形成教会，组建政府，不同家庭间成员的比较优势的分工形成在一定的契约安排下的交易。鼓励交易的制度——刺激交易发生的契约安排是良好的群居关系。

## 二、文明是人间的契约也是甄选性状的策略

人类演绎的初始条件起初于对自我的意识，对自我的意识成为人类区别于其他一切存在形式的比较优势，对自我的意识开启一个大规模的社会群居系统。宗教的、政治的、经济的、文化的和习俗的、仪式的均是策略的部分，每一部分完整的形成和演绎既是人类繁荣的过程，也是选择的过程，是发现和培养适应程度高的性状组合过程，一种人赖之以与其他资源达成稳定契约的策略。人在黑暗中思辨，有了反反复复的圈圈，似乎是欺人的概念和理论在人类的生存和发展过程中发挥巨大的作用。

两性生殖的人类个体对配偶和资源的竞争策略经过博弈成为他们各自分别的最优策略，人类借此经济地生存和繁衍，不同性状组合间的博弈时时均衡于社会文明呈现的场景。

人类自己没有研究出大脑与意识的物理方程，也不能使用化学和生物知识做出有意义的解释，原因可能在于两种词汇（文学的、法律的、艺术的、道德的、宗教的人文表达和自然科学中的约定的概念）之间的内涵和外延没有重合的地方。自然科学只有分离研究对象才能抓捕自然普遍存在的一些本来，成为保证人类生存和繁育的食物、温度保持的策略，成为人类与自然对象博弈的策略。社会科学研究炫耀位置和制定规则的活动，成为人类个体和组织间的博弈策略。前者是研究粒子和天体的运动以及人体自然结构及其机制，后者研究支配人体组成群体的政治、经济和管理的规则和策略，形成群居有序博弈的格局；前者倾向分解和分析，后者注重综合和协同。人类社会由自然元素协同为人体系统，社会是人体之间的行为互相刺激的混沌反应，这些行为的混沌反应均衡于社会文明契约。

自然集合、协同原子、分子、细胞、生命和人类的情怀演绎，人类的情感、艺术、宗教、规则是表达自然原本的策略的部分。受驱动情欲的自然机制的驱动，两个雄性为一个雌性争斗是动物普遍的行为，动物通过两两相斗决定；人类通过宗教、政治、经济、管理形式的各种策略展开交流和交易，展开多层面多方式的交配权竞争活动，文明就此灿烂辉煌。文明是智慧承载个体的差异和个体智慧的差异形成的各种复杂策略协同竞争的场面。文明因此既是规则又是标准。

人类群居逐渐进化为大社会的方式，社会形成的局面对人类基因的选择有利，在人类看来太过纷繁复杂的局面只不过是基因差异形成的人体行为差异的复杂化结果，人类基因组合通过爱欲和爱情的形式对肉体差异进行甄选以实现进化。基因是生命的初始条件，基因通过两性生殖产生微小变化形成性状的微小改变，与其他两性创就的个体性状的微小变化重开竞争有效交配权的博弈，性状的边际改变可能会造成分工的宽幅改变，无限多重的博弈互相影响形成人类社会的进化，基因的微小改变在个体社会化过程中释放和放大。人类只有 2.3 万个基因，但大脑却有 1000 万亿个突出，2.3 万个基因组有 65% 的基因与香蕉完全一致，35% 差异是人类生命和行为与香蕉差异的基础，包括求爱、交配、生殖和养育的竞争和合作——一直到人类自以为变幻无限的纷繁复杂的社会文明。文明是甄选基因和基因表达的性状的策略，是纷争之后妥协的契约，是安排不同性状组合的租金分配的方案。

人类整体的计划和策略既是文明的也是野蛮的，人类为了适应环境和环境的变化，在国家的意义上、在种族或民族的意义上通过使用文明信息使人类对环境进行呼应，文明是人类社会进化稳定策略的集合。

人类经历数次对某一概念下形成的判断和理论的过分崇拜然后转为质疑的过程，过程有时候呈现为大规模的疯狂，历史记录为大范围大数量级的屠杀，有时可能显示的是一个种族的消亡。人类种内残杀的过程违背人类提倡的最高原则，但两者均是整体策略的部分。人类通过种种方式应对环境的选择法则，种内残杀是对现世生命的损坏，一些人类特征就此消失，文明选择现世生命合适的生存、交配、繁殖和养育的方式，就此改进来世生命的性状组合，以提高对不断进化的文明的适应能力。性状以及基于性状组合基础的后天习得展开的策略形成的集合和映射是人类存在的策略组合。

文明只是能量交换的公式，因地域孤立的文明系统独立地演化为不同的人间以及人与自然之间的契约关系。远在北极的文明与挣扎于纽约都市的群体演绎不同的制度，有不同的文艺娱乐方式，有不同性状特征集合的样貌、表情和艺术。

文明有对性状组合选择的功能，文明选择性状不仅针对特定个体，在家族和种族层面产生同样的影响。若家族或种族层面的性状组合的一般形式——共有的基因组合消失，相应性状表达的策略和适应的人间契约也会消失。经过筛选成功的性状组合是表明该性状对变化的环境有较高的适应度，适应程度提高证明该性状组合主张的策略集合在竞争有效交配权上暂时有效。

文明是人类和人类社会的进化稳定策略，从这个意义上讲，文明是委屈性状自由表达的制约，是自然的选择在人类社会的实践。

# 第十九章　社会角色与社会制度

进化是一种具有反馈的混沌系统，上帝在宇宙中掷色子，但是这些色子都是灌了水银的。数学和物理学的目标就是揭示上帝是按照怎样的法则给色子灌水银的。（Joseph Ford 佐治亚理工大学）上帝需要几个色子以保证他的把戏不会被人揭穿。

上帝应该可以随机安排这个世界，否则上帝的意志被经验、被洞悉就会被寻租，就像人了解一些自然法则之后发生的故事。对于每一种方案，他都有一个关于水银的预算。上帝因为不是万能的，所以他要和万物尤其是人"立约"。

## 第一节　偶然的规则

### 一、如何新生事件

世界在任一时间点出现由人观察和发现的形式，构成这一时间点的物质在人类意识中的呈现。这些形式既可能是变量也可能是变量的函数。人选择相对人的时间稳定的对象约定概念描述存在及其变化。在发现和未发现的函数关系的影响下，形式相互转化，并不断出现新的形式和新的形式函数。

世界的进化似乎一直与人有关，每次新发现总是让人欣喜非常，有时激动不已，不觉得这样的概念约定只是在虚构一个关于人类的故事。人有新发现无疑于人类发现新的可以把自然资源转换为人类形式或者人类需求的形式的机会和途径。好像自由意志一直在为人类安排，或者自由意志早就为人类安排，等待人发现和利用。但人作为地球短近出现的形式只不过是时空连续系统的转瞬间的微小事件，说世界为人安排了秩序，毋宁说人是一种安排，人与其他世界形式一起共同定义这个世界，绝对大部分人（也许可以排除一些顶尖的物理学家）看到的世界的崭新只是局部世界的一点痕迹。

　　能量守恒为世界画出一个边界线，世界一直在这个边界上，能量不增也不减，但形式出现却有无限多的可能，任何时刻的形式组合必须出现在能量守恒的边界上，但出现在哪个点上？按照几何学定义，一条线有无数个点，人类处在一个唯一的世界，在任何时间点，存在的空间形式和时间形式间的关系唯一。下一个时间点上的事件必然受上一个时间点的事件影响，所以新形式的出现遵守能量守恒原理并接受上一个世界形式组合的安排，受上一个时间点世界的形式组合的约束。满足上一个世界形式组合的约束也许存在无限可能，有一条无差异曲线，在这条曲线上的任何下一个时间点的世界形式组合都满足此时世界对形式组合的要求，此时的世界事件必须有彼时世界的影子。这条无差异曲线与能量预算线相切，切点是此时此刻的世界形式组合。

　　这是发生后来人看到的和没有看到的所有故事发生的规则，是世界形式和宇宙事件在时间和空间关系互相签订和遵守的契约。这符合经济地变化的原理，世界事件的发生是经济的，演化是最有效地利用有限资源的复制分形过程。

　　以时空为背景的大幕拉开，谁会第一个登台，然后……

## 二、为什么经济

　　人根据自己的需要去观察和领悟，观察其可以观察，领悟其可以领悟。发现和生产繁衍人口所需要的，并争取剩余以备不时之需。

　　但在任何一个时间点上，能转换为人的形式的资源是有限的，如何利用有限的资源是人类一直思考的问题，暂时地抑制人口增长有时来自他们主动的决策，不仅指生育计划，人发现的节育技术也是抑制人口增长的机关。人通过各种方式制约人口的增长，每一项财富分配的方式均体现一种基因和性状组合的选择方式。在能量守恒的有界的果壳宇宙中存在人出现的世界时空点，把此时此刻世界要素归类为 A 集合和非 A 集合，那么在一个时刻存在关于 A 和非 A 的能量预算。如图 19-1：假设人是 A 集合和非 A 集合的交集，存在一条等人口曲线，人发生在这条等人口曲线与关于 A 和非 A 的预算线相切的点，由于人的出现有效地利用可能的资源（世界关于人的 A 和非 A 的预算），人是经济的。

关于人的资源是有限的，上帝有关于人的预算，关于人的资源的相对稀缺程度是变化的，不仅在时间方向上变化，在空间上也是不同的。不同地区的小草竞相长高，以获得叶茂籽富的机会，这是因为阳光的分布差异，形成资源的相对稀缺导致的形式的变化。

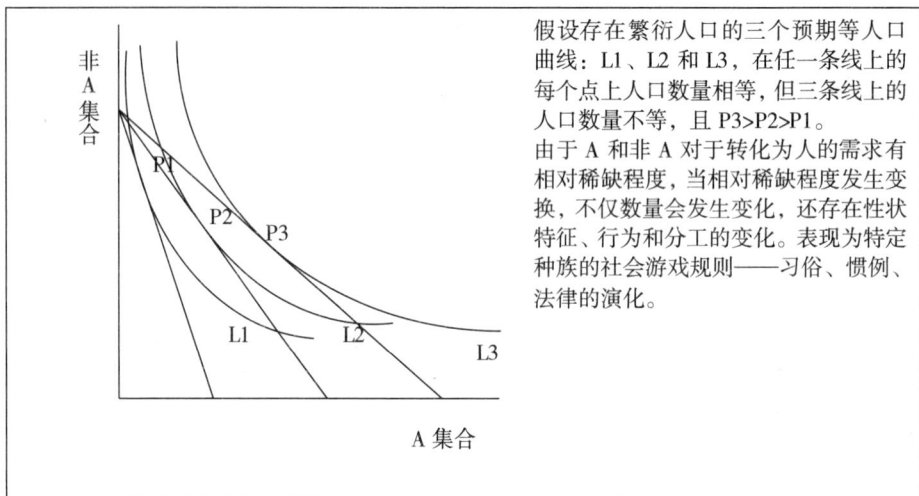

假设存在繁衍人口的三个预期等人口曲线：L1、L2 和 L3，在任一条线上的每个点上人口数量相等，但三条线上的人口数量不等，且 P3>P2>P1。

由于 A 和非 A 对于转化为人的需求有相对稀缺程度，当相对稀缺程度发生变换，不仅数量会发生变化，还存在性状特征、行为和分工的变化。表现为特定种族的社会游戏规则——习俗、惯例、法律的演化。

**图 19-1 人口繁衍的社会安排**

图 19-1 既可以看作一个家庭生育孩子的预算和策略，也可以当成一个民族繁衍人口的预算和策略。

每个人类聚居地区组合为人的物质的相对稀缺程度差别很大，不同地区组合为人的性状特征存在明显差异，出现不同的语言结构，不同的崇拜和祭祀对象，衍生变换为不同的宗教信仰、习俗和惯例。这些信仰、习俗和惯例是一种经济安排。人类个体追求繁衍保持"容颜"的目标符合人类整体追求存在的利益，在获得繁衍资源的过程中的分工合作和交易可以提高效率，这驱动人类更加规模化地群居。

在每一个时间点上可转换为人类的资源是有限的，关于有限资源的如何配置和利用是经济学的主题，当主流经济学试图告诉人类怎样才是最有效利用资源的方案的时候，其实人和造物主一起一直在这么做，经济学的出现不过是其中分工的变量或人类博弈的工具之一。

# 第二节　社会角色

## 一、社会角色的出现

世界形式如此纷繁复杂，这一共相共生的世界是由这些纷繁复杂的形式互相界定、互相维持、互相转换、互相替代以呈现为此世界的人看到的欣欣向荣的景象，每种形式在维持这一巨大系统工程中各有分工，似乎是有目的分工，似乎一切为人准备？但这些只是人的发现，使世界看起来有目的，世界会为人安排吗？不会，永远不会，世界没有灵魂，人也就没有。但经人描述、理解，世界有了灵魂，世界灵魂在所有人经验的方方面面复制分形，以信仰、概念活灵活现地跃然于人的纸上，呈现于人类空旷的大脑，世界的灵魂和人的灵魂相伴相随，呈现为人观察的世界秩序，世界在为人安排。

一切是人发现的不是一个巧合，也不是自由意志的安排，人发现的世界形式是人生息的世界，人现在还不能看到他生息世界的全貌，尽管他在这个世界中，有些形式为他所依赖，但他不知，有些可能永远是他不能知道的，有些是他将要知道的。

每次求知的发现，一定会有关于人类新形式出现，对人而言，人顶着这些形式，就是新分工的标识，人为繁衍的目的，不断创造新分工，发现新途径以容纳这些形式。在这些追求、创新和发现新途径的过程，人和人的群居方式不断进化，并融入世界形式之中。在这些过程中，世界形式似乎在为人改变，变得更适应人类居住，世界变得有目的——为人存在的目的。但似乎也可以这样认为，人类是伴随新形式出现，人是这些形式出现的策略、工具，人只是地球系统的分工之一，人是世界的形式之一。

人为保持分工的"容颜"，约束和屈辱自己，不仅献出自由，有时献出生命，有时候是大规模的奉献，这是人类生命形式转换为另一种形式的过程，这是被人表述在历史中的部分，更大部分是未被记录的生生死死。有些人认为本该出现的形式没有在那个时间呈现出来，这是人类付出的机会成本，人类选择用大量的时间祭祀祖先或祭拜空想的神仙，参加宗教活动，支持政治运动，为了所谓的真理、正义奉献时间和牺牲生命，使得很多人像依靠寄生的方式生存。他们是巫师、祭祀、牧师、和尚、公务员。可能还有哲学家、作家、画家、歌手，演员等等。这些人设计和制造所谓文明是对人类自由的约束，这些约束是禁忌、习俗、教条、法律，还有各种关于平等、博爱、自由、公平、正义的倡议，形成滚滚涌来的语言限制的洪流。大多数人不仅为这些少数人提供食品、衣物，这些人生活很好，相当悠闲。大多数人还要付出时间参与这些活动，他们迷信、崇敬、疯狂地热爱这些限制和规约，人类的很多时间，很多劳动似乎是浪费在这些工作中。人类一直在为这些似乎不创造价值的活动支付巨大的成本，实际是，这些人在为整个人类设计约束的同时，也在创作一个让人安生的环境。

付出的成本的补偿是人类的人口一直在增加，在其他生物濒危、灭绝的时候，人类的形式在地球上繁荣昌盛。在这样的宏大过程中，人的大部分形式也在消失，有些种族消失，有些性状形式减少，有些习俗和惯例不断改变，道德和法律不断被重新定义，国家体制纵横向差异巨大，个体和组织的策略几乎日日更新，新的形式不断出现，并且数目随着人口的增加和对环境认知的增加大幅度增长——人类承担自然的分工和人类社会的分工急剧增加。人类性状形式，采掘和利用资源的技术以及群居策略历经几百万年的演变，近期特别加速，更加显得急功近利。

## 二、社会角色安排的效率

人在人发现的自然法则和人设计的社会制度约束下自由选择，选择人的社会分工，或称角色。人的劳动分工一如人类诞生时，自然赋予人类的形式，自然经济地安排一切，通过劳动分工效用的可能性边界与效用的无差异曲线确定。

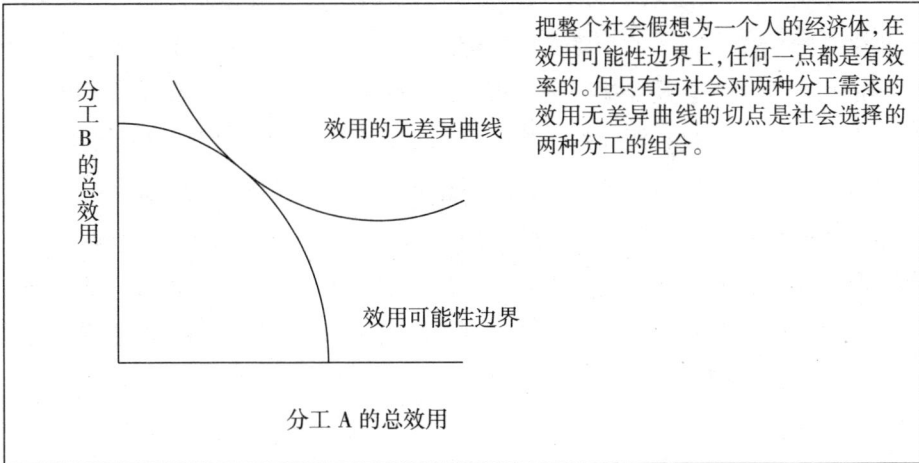

把整个社会假想为一个人的经济体,在效用可能性边界上,任何一点都是有效率的。但只有与社会对两种分工需求的效用无差异曲线的切点是社会选择的两种分工的组合。

效用的无差异曲线

分工B的总效用

效用可能性边界

分工A的总效用

假设一社会只有 2 个生产者 α 和 β,从分工的角度上讲可以假设 α 和 β 为任何两种形式的委托代理协议或两种组织如图 19-2。他们分别在同一社会制度下活动,比较优势决定他们分别从事的分工,他们分别从事 2 种分工活动,α 生产者从事 A 和 C 分工;β 生产者从事 B 和 D 分工。共有 4 种分工。并且假设只有文化、政治和经济三种效用转换公式,有且只有这三种形式复合的契约。

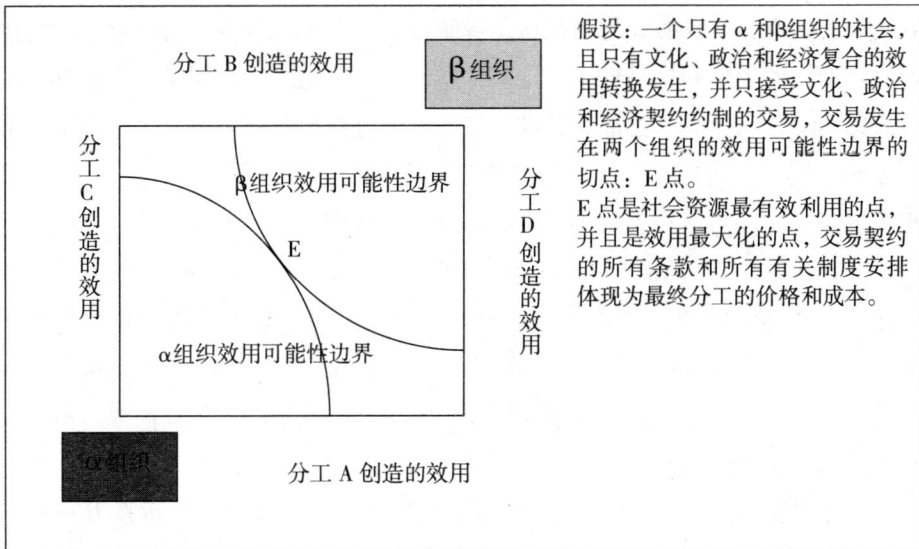

假设:一个只有 α 和 β 组织的社会,且只有文化、政治和经济复合的效用转换发生,并只接受文化、政治和经济契约约制的交易,交易发生在两个组织的效用可能性边界的切点:E 点。
E 点是社会资源最有效利用的点,并且是效用最大化的点,交易契约的所有条款和所有有关制度安排体现为最终分工的价格和成本。

分工 B 创造的效用

β 组织

分工C创造的效用

β 组织效用可能性边界

E

α 组织效用可能性边界

α 组织

分工 A 创造的效用

分工D创造的效用

**图 19-2 社会组织的安排**

社会选择的点是效率的极限，最大化地满足社会的整体效用。但不能平等地对待每一个人，不能平等对待任何两个人，每个人在特定分工体系安排下获得的租金不同。总是存在公平和正义的呐喊，公平和正义在每个人心中不一样，公平和正义总是有倾向的，拥护者和反对者只是期望出现有利于特定分工的环境。无论是倾向穷人还是平民，不过是对一些分工的形式定义，分工环境的改变是改变特定分工的比较优势。拥护和反对公平正义是驱动契约改变的力量。社会始终是有效率的就像人类的自然之主，效率一直在那，虚构的公平不能实现。任何自然法则的约束和社会制度的安排都是有效率的，但选择的方式始终只符合进化原理——优胜劣汰。

## 三、关于制度的角色

制度为交换提供结构，它（与所用技术一起）决定了交易费用和转形成本。制度能在多大程度上解决协调与生产问题，取决于参与者的动机（其效用函数）、环境的复杂程度，以及参与者辨识与规范环境（衡量与实施）的能力。（《制度、制度变迁与经济绩效》Douglass C.North）

制度是基于一定的假设（教条、主义、思想、意识形态）对共同群居的人的行为约束，一旦假设重新确认，导致社会秩序一定程度的初始化，就会重新确定产权的界限和交易成本，这些信号对分工产生影响。制度首先安排一部分人的劳动分工，然后这部分劳动分工的人通过履行制度寻租，这样获得经济租金——相当于获得社会财富分配的优先权，通常被经济学家认为，有些时候被绝大多数人认为这不仅是不公平的而且是不效率的。

如图 19-3：Paulk R.Krugman 在他的《Essentials of Economics》中提道：假设由于某些原因使可用的政策选择受到了限制：你只能在有效率的结果 A 点和无效率的 C 点之间选择。这意味 A 点更可取吗？不一定。如果你给东方人赋予足够高的权重，你可能愿意以效率换取公平：尽管 C 点无效率，东方人在 C 点的效用却高于 A 点。

B 点对东方人来说好过 A 点，但由于某些限制，如果不能选择 B 点，只能选择 C 点和 A 点，在 C 点相对东方人的效用，一定大于 A 点的效用，如果东方人成为政策的主导者，或者可以左右制度制订，C 点会成为东方人的选择。这意味群居的策略有利于东方人分工获得经济租金。

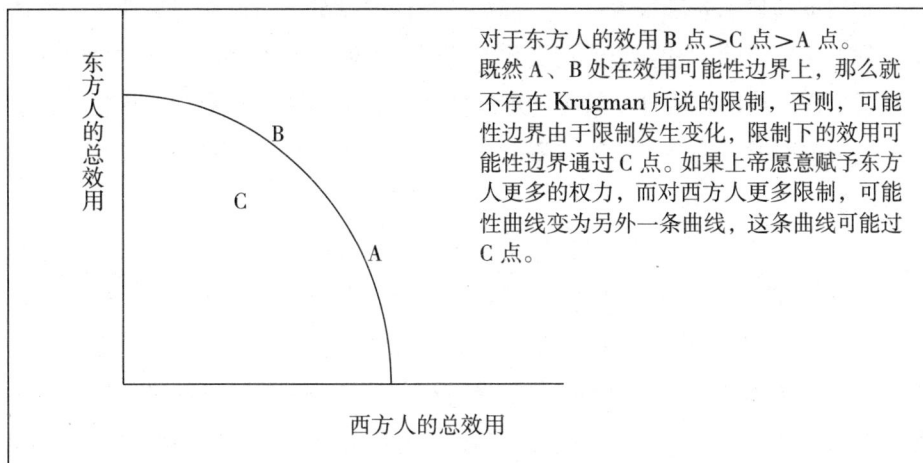

对于东方人的效用 B 点＞C 点＞A 点。
既然 A、B 处在效用可能性边界上，那么就不存在 Krugman 所说的限制，否则，可能性边界由于限制发生变化，限制下的效用可能性边界通过 C 点。如果上帝愿意赋予东方人更多的权力，而对西方人更多限制，可能性曲线变为另外一条曲线，这条曲线可能过 C 点。

**图 19-3 东方人与西方人的制度角色和效用**

如果把东方人换成生产者，而把西方人换成制度人（世界的情况现在有点类似，在经济全球化的今天，西方人设计商业规则，制订工业标准，努力推行其政治理念）。制度人这种分工不仅占用一部分劳动资源，并且通过制度影响社会分工格局，这样就不存在经济学家本来虚构的效率，如图 19-4：

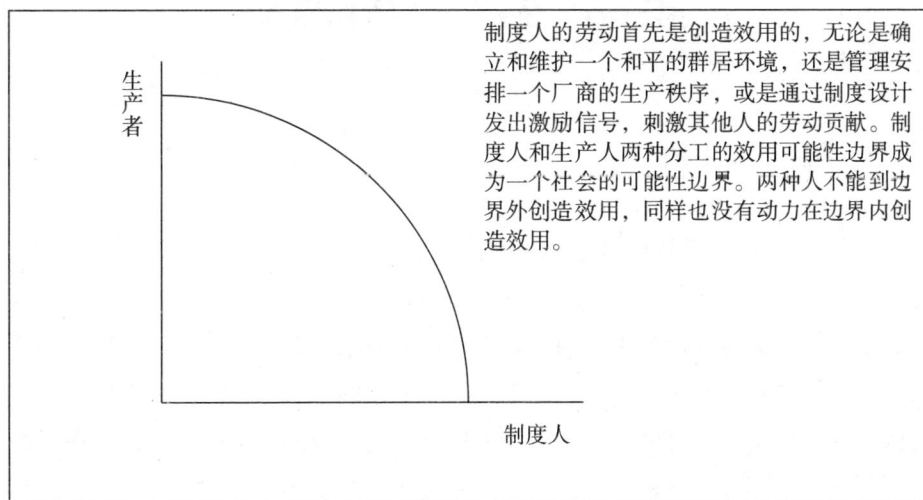

制度人的劳动首先是创造效用的，无论是确立和维护一个和平的群居环境，还是管理安排一个厂商的生产秩序，或是通过制度设计发出激励信号，刺激其他人的劳动贡献。制度人和生产人两种分工的效用可能性边界成为一个社会的可能性边界。两种人不能到边界外创造效用，同样也没有动力在边界内创造效用。

**图 19-4 生产者与制度人**

关于社会不效率的观点首先来自不同地区，不同国家和不同民族而产生的不同制度的效率比较，不同的制度形成的不同分工而使不同社会总效用不同，人均福利显示差别很大。一个群居的集体安排分工的方式与另外一个群体安排分工的方式除了社会集成的文化系统形成的制度约束外，所处的自然环境和基因组合形成的特定性状特征塑就的路径依赖不能说没有影响，是狼群的效率高还是羊群的效率高，这不仅不能比较，而且不能判断。狼濒临灭绝，羊群纷纷攘攘。

锁定效应的产生，是由于制度矩阵具有报酬递增的特征，而这种特征是从组织对其所由而生的制度框架以及衍生于制度的网络外部性（network externalities）的依赖中产生的。由于制度框架中蕴含着激励，因此，无论是正式的，还是非正式的制度约束，都会诱发生成特定的交易组织。这些组织的获利水平也由激励因素决定。（《制度、制度变迁与经济绩效》Douglass C.North）。

制度存在激励，特别是制度的外部性，存在可占用准租金，外部性激励新分工的出现，出现新的组织和契约，形成制度的变迁。制度是一种社会财富分配契约，也是促进（鼓励某种分工）或压制（贬抑某种分工）财富创生的机制，制度变迁改变财富分配函数，改变对分工的激励，导致交易契约的变化。

# 第三节　生产、生殖和教育

## 一、生产和生殖

生殖需要消费商品和服务，生殖的需要显然是相对生产的消费，但社会会产生对生殖的需要，这时候生殖是一种社会分工。把生殖当作一项社会分工，生殖占用资源并提供生产的劳动力和最终的消费者，符合分工的经济学定义。生殖是最重要的社会分工，每个人用生命中的很大部分时间承担生殖和养育的角色。生产和消费两种活动在人的概念里是供应和需求的两端，但在自然的世界里，这不过是两种分工，都要占用资源，并承担一定的功用，完成的都是能量的转换。

假设个体一生如其一日，只完成两种任务（很多动物确实如此，除了寻找食物就是寻求交配机会）：生产和生殖，存在如图 19-5 所示的劳动时间预算约束，个人的时间安排给两种劳动分工，生产和生殖。对一个人而言，他要抉择生产和生殖不同任务占用他生命周期的时间比例和他储备的资源的使用安排。

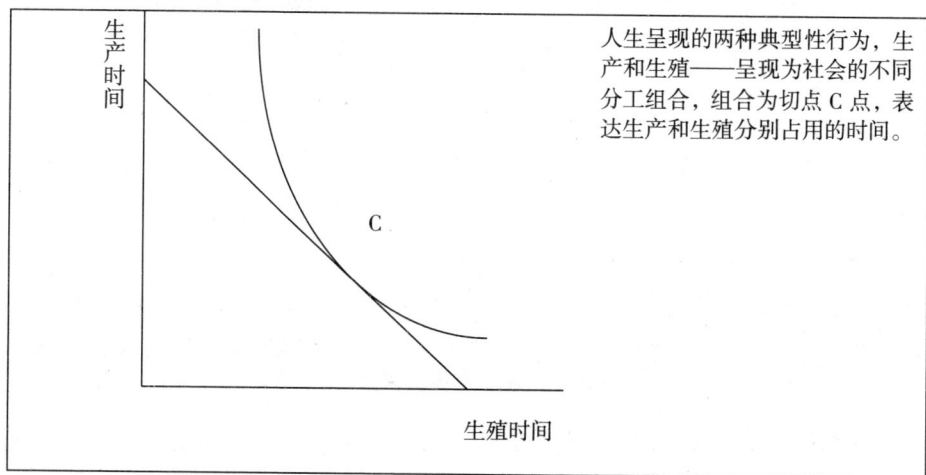

图 19-5 生产与生殖的时间安排

人生呈现的两种典型性行为，生产和生殖——呈现为社会的不同分工组合，组合为切点 C 点，表达生产和生殖分别占用的时间。

生产时间

生殖时间

**图 19-5 生产与生殖的时间安排**

对于具有特定性状特征的个体，有些性状是关于生殖的，不同的人与同性竞争异性和吸引异性的比较优势具有差异，求偶的努力程度不同。有些人的性状在生产资源竞争中具有比较优势，而求偶的一些方面相对要差一些。也许人类作为一个种群为优化配置劳动资源给每个人分配不同的角色。

个体的生产和生殖分工相对社会需求的稀缺程度决定个体生产和生殖的比较优势。如图 19-5 所示，个体的效用无差异曲线（生产和生殖的效用组合相等的曲线），与预算约束线相切于 C 点，该点表示这一特定的个体某一时段在社会上的分工表现。

## 二、生殖的社会需求曲线

假设社会只存在两种分工，生产和生殖，也存在如图 19-5 表达的社会分工关系，个体通过市场竞争而互相界定为不同的生产分工和不同的生殖分工组合，有的人高雅文明，有的人荒唐下流。有的人奉献一生于生产，有些人有更多的时间娱乐消遣。一个人或者一群人为另外一个人或一群人生产也是社会分工的体现。

一个社会对生殖的需求曲线表明：随着生殖相对生产的稀缺程度的提高，分配在生殖上的社会资源就会减少。当生殖变得相对昂贵的时候，人会减少生育的量，有时候社会会自动安排：计划生育或者宗教式节育。

生殖相对生产的稀缺程度

生殖需求曲线

生殖分工

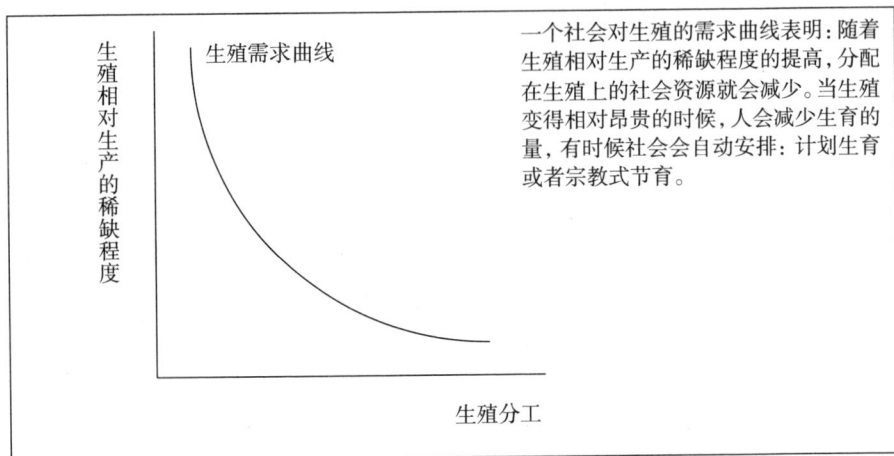

**图 19-6 生殖的需求曲线**

　　生殖相对生产的稀缺程度提高意味生殖相对生产变得昂贵，社会对生殖的需求减少，社会和自然会自行作出调节，在没有生殖控制技术的时代，婴孩的自然死亡率会很高。在有节育技术的时代，不同经济体制对待生殖分工的控制不一样。

　　Thomas Robert Malthus 说：一个出生在已被占有了的世界上的人，如果不能从他父母那里获得衣食，社会又不需要他的劳动，那么他就没有权利要求最小量的食物，在大自然这个盛大的筵席上，是没有他的座位的，大自然要叫他离开。Malthus 的言说稍显谬误之处在于，一个人既然出生，并能到达一定的年龄，那么他必然在这段时间被自然界租用，他的所得是他的租金。当他不能获得租金，意味他的分工不再有市场，这不仅发生在经济学意义上的准租金为零，在生物学和医学意义上讲也意味他占用的能量被另外的存在形式寻租。

　　中国土地公有制经济显示子嗣生的多获得的分配就多，这刺激人们生殖，但当人口增加过快，人口相对对整个国家的资源相对稀缺程度急剧下降，国家实施计划生育控制生殖。分配给生殖分工的资源减少，反而控制生殖的资源增加，从政府到医院甚至企业都发展出控制生殖的分工岗位，对生殖的惩罚提高。欧洲和日本的出生率下降，意味生殖变得昂贵，在这个时代生殖和养育子女的费用很高——子女的卫生、教育成本提高。也许减少子女数量更有利于提高基因遗传成功的几率。

　　在生产供应一定的前提下，假设其他活动占用的资源一定，家庭存在一个生殖养育与休闲的效用可能性曲线，人在这两个方向上分配资源，如图 19-7：

如果个体可以自由在生育和休闲之间安排
资源，那么家庭的资源分配方案一定是生
育和休闲带来效用的可能性曲线与家庭关
于这两种效用的无差异曲线的切点。这是
这个家庭关于生育和休闲的效用最大化的
资源安排。因为除了 C 点，所有的效用可
能性曲线的点都在相应的效用无差异曲线
的左下方，效用较差。

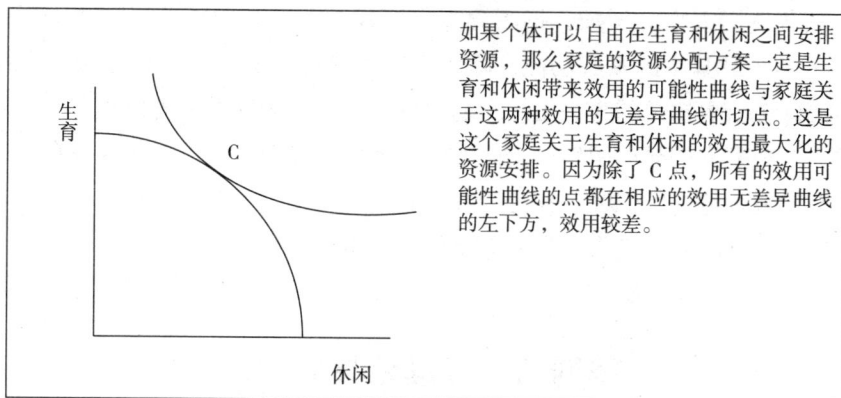

**图 19-7 生育和休闲的安排**

## 三、家庭教育和社会教育

假如儿童教育分为家庭教育和社会教育，社会教育又分为社会学教育和
自然科学教育，假设社会学教育是指形成儿童价值观的教育，或称为关于信仰
的教育、博爱的教育，家庭教育也可称为自私的教育。假设这两种教育占用的
资源固定，如何在这两个教育分工形式分配资源呢？如图 19-8：

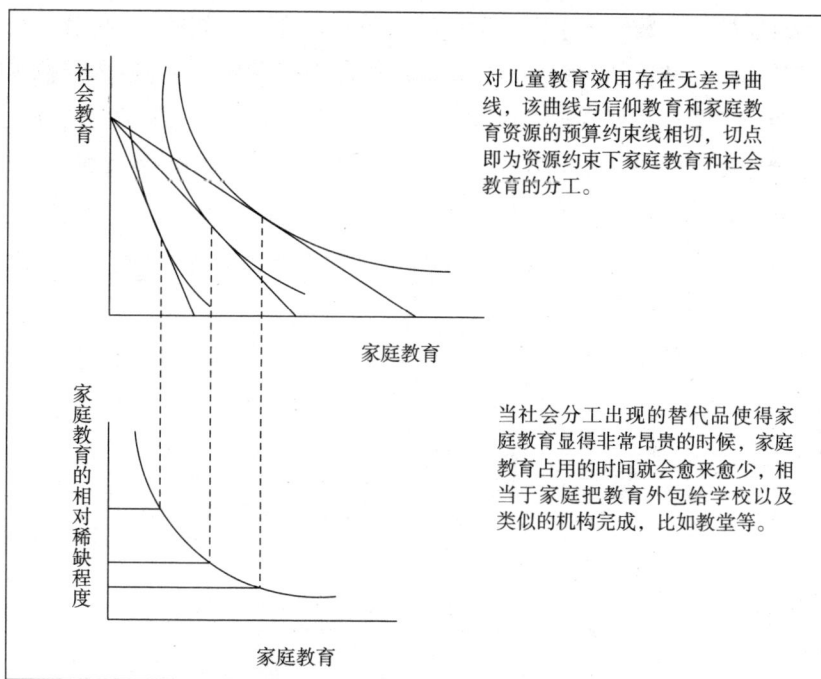

对儿童教育效用存在无差异曲
线，该曲线与信仰教育和家庭教
育资源的预算约束线相切，切点
即为资源约束下家庭教育和社会
教育的分工。

当社会分工出现的替代品使得家
庭教育显得非常昂贵的时候，家庭
教育占用的时间就会愈来愈少，相
当于家庭把教育外包给学校以及
类似的机构完成，比如教堂等。

**图 19-8 家庭教育的需求曲线**

随着群居人口的增加，提高分工程度成为有效利用资源的方式，现代家庭除了一些最基本的家庭功能，除了交配和生殖，其他家庭任务基本上都可以通过外包给更擅长的人去做。家庭再也无法回到久远过去的模式，家族逐渐分散，一个家庭的兄弟姐妹会走向不同的地域，以前远嫁可能是寻找在生殖方向具有比较优势的配偶，现在是为寻找有利于利用个人比较优势寻租的生产机会。氏族和部落基本消失，代之而出的是集市和城邦。

# 第四节　管理公共品的人

## 一、公共品与私营品的划界

提供公共品服务和管理的除了政府、宗教以及一些非营利组织，还有个体每天在提供类似监督的公共服务。

公共品界定私人的领域，这一界限处在不断的变化过程中。在一个有边界的人类种群——比如古老的部落和现代的国家，公共品和私营品之间的划界是少数精英与大多数普通人之间的协议。是政治体制重要组成部分，划界的权力一直操控在少数精英手中，无论权力如何更迭，但少数人管理公共品从未改变。公共品和私营品的划界不仅影响产权范围的定义，也意味人权范围的定义。社会分工受这一划界影响很大，社会公共制度和私人交易契约范围受这一划界影响深刻。但协议是双方的，大多数人通过委托代理的形式授权少数精英管理公共品，社会资源在公共品管理和私营品经营间的分配如图 19-9：

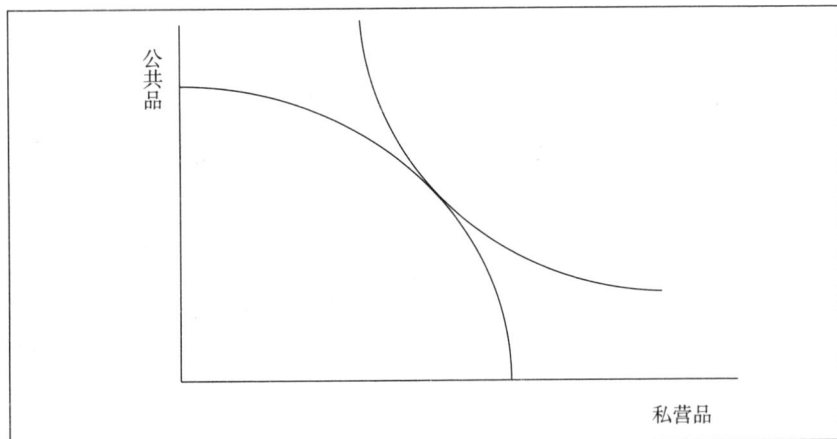

图 19-9 公共品与私营品的资源安排

公共品划界和管理相对任何部落和国家是经济的，公共品和私营品之间的资源分配相对这一边界内的种群的效用最大化。这一边界内获得效用的人一定会选择效用可能性边界与一条效用无差异曲线的切点作为资源配置的计划。这一配置计划使不同分工的人的租金不同。但这是最好的选择。

效用无差异曲线对于不同种族、不同人口、不同地域和不同历史阶段群居的人不一样，尤其是社会积累的文化形成的契约差异很大。效用可能性边界和效用的无差异曲线随着资源限制、人口增加和人类社会关于自然和社会的认识不断改变，关于公共品的范围，以及与私营品的界限不断发生变化，成为社会政治、经济主题的焦点。

公共品除了公共资源管理、军事、外交等服务还包括最高价值观念设计、制度设计的制定和实施，及各种社会政治和经济活动的公共秩序维护。历史从单纯的体力比拼转移到智慧竞赛。从族长到酋长，从巫师到祭司，从国王到教皇以及划分行政区域的政府。公共领域不断扩大，提供管理服务的岗位不断增加，占用的资源也愈来愈多。

## 二、利用公权对私权的寻租

Coase 说：清楚的权力界定及维护是市场运作的先决条件，没有明确权利法案保护个人权利的宪法，民主投票我是反对的。但不同边界内的人关于人权和物权的定义反映当地不同分工的人的相对稀缺程度，也反映远古至今的契约习性积累。

圣人来了，是神一样的人来了，有古老历史的不同国家差不多都出现过皇帝和贵族的世袭制度。新的时代这些人被称为精英，是曾经的圣人、君主的另外一种称呼，历史上的巫师、祭司发挥过类似的作用。后来宗教先知通过把妄想宣告为神谕以规范不同人以不同的命运轨迹。历史上宗教律条曾经成为法律或者成为立法的理念。但无论怎样变迁，占在人类制高点上的始终是由少数人支撑的权威机构。

一个个体控制另外一个个体的心灵，相当于让后者按前者的指令行事，相当于前者对后者劳动的占用。通过大规模对一个国家的人的思想的控制，即使不是奴隶制的形式，但这种大规模的有价值倾向的集体主义显然维护特定个体的组织。

确立人权的格局，并有大部分人尾随（无论是虔诚的、共同利益的还是被迫的），政府就此占有、管控和使用大众的财产权。政教合一和官商勾结的制度可行性在于把少数人看成可以自清自廉又能全心全意为俗人服务的圣人。依仗圣人圣言的社会一定会产生特权。

政府借用宗教或哲学家的观念，打造政治纲领。通过发现和使用最高价值观，政府获得统治一个国家的地位，信仰、意识形态以及任何政治主张都是基于一种良好的期望被普罗大众接受，把世俗生活道德化和精神化的过程是定义人权的过程，每个国家的人权定义不同，而且差别很大，这不仅决定何种分工的人具有自由裁量权，还决定社会分工的格局。不仅决定社会财富分配的取向，还会促使多数人的劳动为少数人占用。

通过对人权的定义，可以肆意更改物权的属性，可以大规模进行土地制度改革，可以实行计划经济，政府通过这样的方式侵占人权（劳动资源）和财产权（罚没）。

经济学发现政府用观念（高调的公平、正义和道德）维护统治的原罪，一些政府适应这样的变化，直接把经济学作为政治工具，比如目前全球盛行的凯恩斯主义。任何经济学上的主义被当成一种观点，形成一种社会力量，一种分工形式。Adam Smith 的经济学原理也是期望圣人出现，因为这样的经济学体系也是把政府或宗教的力量分离出来，这使得宗教和政府成为神秘的力量。经济学独立地分析宗教行为和政府行为，似乎期望他们成为远古时代的雷神、雨神、火神、战神和上帝。

## 三、政治与政府

政治是一种自然垄断的行业，社会整体地把政治授权给政府管理的好处，在于规模经济。由于垄断，政府总是以最少投入、最低成本地满足家庭和公司的诉求。

Henry David Thoreau 说：不管事的政府是最好的政府。假设市场是配置资源的场所，从分工的意义上看，政府只是市场的一部分，政府并没有和市场作对，而是和私营公司和家庭作对。政府、公司和家庭博弈，不断创新和改善市场博弈规则。大多数国家的政府往往有权改变博弈规则，通过寻租对公司行为和家庭生活进行干扰。

政府出现的根由之一是解决由于市场失灵导致的问题，但政府的出现增加社会一项社会成本。私营部门，企业和家庭均须向政府部门缴税，税来自资本家的冒险和人的勤劳。

政府组织对一些有特定比较优势的人有吸引力。这些人通过设计与私营部门的（契约）制度——有倾向地激励或限制交易以便获得租金，各种层级的政府在制度执行过程中层层寻租。政府雇员是以固定工资的形式获得收益，如果只有这些收益，他们的工作目标就是努力偷懒。如果制度设计过程留下寻租的可能，比如作为财产代理人、部分行业国家投资或政府采购，这些是政府寻租的地方。如果这些过程管制严苛——比如雇佣一个庞大的机构监管这些过程，不管这一机构是否参与寻租（肯定寻租），这一庞大机构也会给企业和个人带来交易成本，严苛的管理提高交易成本。养活这一机构本身是纳税人的成本，这一机构本身不直接带来任何财富增加，对整个社会的其他可能选择而言，这是机会成本。

政府向私营部门（家庭和企业）提供公共品（军事、外交、公共安全、商业秩序维护）管理服务上的承诺是他与私营部门签订契约的服务范围。当代政治和经济目标成为政党和政府的指标。这些长短期的目标是政府与私营部门之间的契约条款。一般政府除了承诺，在契约中不提供任何其他抵押品。

Coase 在《产业组织：研究的建议》里说：现在我想回头来讨论由企业以外的组织从事的经济活动。多少有些出人意料，这并不是经济学家一直关心的问题。在他们看来，这个课题只是作为下述讨论的一部分，即政府应该做什么，是用税制、管制还是直接经营来改进经济体系的运作；在这三项政策中，最少关注的是政府的直接经营。无论如何，这种讨论有两个缺陷：第一，对所倡导的政策的实际运行没有进行认真的调查研究。为了证明政府的行动是正确的，只需证明'市场'——或许更确切地说是私人企业——不能实现最优化。而政府行动可能也无法实现最优化，却很受人探究，因此得出的结论对评估公共政策的意义也很有限……热衷于倡导特定经济政策的经济学家应该调查我们的政治制度的框架以发现如果他们的经济政策被采纳的话，政治制度的结构需要做什么修改，而且应该把这些政治变革的成本计算在内。

政府组织是这个规模的人类社会最有效率的选择。每个人在智力、体力的性状特征差异以及由此形成的偏好差异是社会分工的基础，是形成大规模社会群居契约体的基础，这为人类的持续存在保留无限可能性。人对这一过程的分析充满矛盾，契约与分工的变迁相互促进，可能只有时间上的因果，而没有此时的因果。

# 第二十章　分工演化与契约的变迁

用人的眼看这个世界，每一种存在，存在的每一种特征都在这个结构化、秩序化、逻辑化甚至有点理性化的世界具有一定的功用，承担一定的责任，完成一定的使命，履行一定的任务。

## 第一节　社会演化模仿自然演化

### 一、能量最低原理与泡利不相容原理的复制

在原子中确定一个电子的状态需要 4 个量子数，根据泡利不相容原理，不可能有 2 个电子具有完全相同的状态。在轨道量子数 m,l,n 确定的一个原子轨道上最多可容纳 2 个电子，但这 2 个电子的自旋方向必须相反。这样，电子在原子核外排布具有周期性，这也是形成元素周期律的准则之一。原子中电子的状态由主量子数 n、角量子数 l、磁量子数 ml 和自旋磁量子数 ms 描述，在原子内不可能有 2 个或 2 个以上的电子具有完全相同的 4 个量子数 n、l、ml、ms。

能量最低原理是在不违背泡利不相容原理的前提下，核外电子总是尽先占有能量最低的轨道，只有当能量最低的轨道占满后，电子才依次进入能量较高的轨道，这样可以使整个系统能量最低。

这些最基本的粒子遵照的规则复制分形于整个宇宙，这些人类一时无法意识的存在之间的契约遍及每个他们存在的空间，成为广泛复制的原型契约。演绎人类的浩渺宇宙的初始就开始追求差异，并追求最低能量状态——稳定状态。这些追求稳定状态的差异互相界定构成人类现在观察到的对人类极具魅力的世界。人类文化的经济性与能量转换之间的关系深刻于宇宙的演化轨迹。

## 二、分子有序结构的启示

Boltzmann 有序性原理为我们提供了支配各种平衡态结构的基本原则……它具有头等的重要性，因为它能描述多种多样的结构，例如包括像雪花晶体那样复杂、精致、美丽的结构。……但还可以提出这样的问题：它们是我们周围所见到的唯一类型结构吗？即使在经典物理学中，也有许多非平衡态导致有序的现象。当对两种不同气体的混合物加上一个热梯度时，……该混合气体的一种成分将在热壁处增加起来，而另一种成分却在冷壁一端集中起来。

当我们转向生物学或社会学现象时，不可逆过程的作用变得大为显著。即使在最简单的细胞中，新陈代谢的功能也包括几千个耦合的化学反应，并因此而需要一个精巧的机制来加以协调和控制。换句话说，我们需要极其精致的有功能的组织……

生物学的有序性既是结构上的，也是功能上的，而且在细胞的或超细胞的水平上，它是通过一系列不断增长复杂性和层次特点的结构和耦合功能表现出来的。（《从存在到演化》I.Ilya Prigogine）

杰克·赫舒拉法将生物演化模型与经济社会学中的模型作了如下比较："演化模型都有某些特征。首先，它们研究的是群体（populations）。即便我们在说的似乎是个体，但只要其变迁过程是演化的，则仍可将其视为处于变化中的微观单位（micro-units）的群体。于是，在单个人体内一种疾病的演化过程，便是一群群细菌、抗体、细胞（等）之间相互关系的函数。同样，一个国家的经济演化就是一群群个人、贸易单位（等）之间相互关系变化的产物。演化模型代表了一种持久性（遗传）与变异的结合。它必须同时包含不变的与变动的要素，如果一个系统被认为是演化的，那么即使其中的变动要素也必须是可遗传的（heritable）。在生物演化方面，研究重点是：从一代到下一代所发生的差异性存活以及有机体类型或特征的再造（reproduction）。这里，持久性是由于编码遗传指令（基因）的固定模式导致了孟德尔式（Mendelian）的遗传。而变异则源于一些力量，包括：内部遗传指令的突变（基因复制错误），有性繁殖中的基因重组，以及来自外部世界的自然选择压力。社会经济演化主要涉及的是社会组织的不同模式所表现出来的成长与存活的差异性。其主要遗传成分是社会惯性的重负（deadweight），而刻意的教化传统则支持了这种社会惯性。至于变异方面，则与突变（当我们学习传统时发生了复制错误）相似。此外，自然选择也同样有效。最后，模仿和理性的思考构成了社会经济变异的额外的、非基因的来源。"（《制度、制度变迁与经济绩效》Douglass C.North）。

任何附加能量的差异意味上帝对某种形式进行了专用性投资，形成分工，与其环境呈现为一种契约关系，有些差异和变化在一段时间内变动不居，在人的时间尺度上不能容纳和描述。一切既然发生，但无论对人的观察、感觉、理念和信仰如何突兀，可以定义这一时刻为均衡态，这个态受特定自然法则的约制。如果演化是为形成均衡，按 Hal Ronld Varian 关于均衡的定义：所有有关的经济主体都选择了对它来说最佳可能的行为，并且各经济主体的行为之间具有一致性。如果人约定概念，是一种存在形式，如果出现变换被视为一种不均衡，但这样的意义正是由于人的约定而发生的变化。正如 Varian 所说，所有行为主体基于它的差异之上表现的比较优势是最佳可能采取的行为，并因此呈现为各主体之间的一致性，各主体之间因为差异产生的交易是遵循一定的契约关系的变化。

从宇宙演化的时序上看，新形式的出现伴随新契约的出现，新形式的差异是基于这种分工差异的专用性。专用性分工寻租形成的契约关系结成有序的社会。

## 三、基因的层层保护膜

自然安排一种能量存在形式——人，构成一些物质要素间新的契约关系，人体系统与人相关的自然形式形成新的契约；自然安排人的形式简单，基因通过复制寻租居在每个细胞中，并借助人体契约复制。

基因的染色体居于细胞膜之内，在细胞膜之外是组织和器官达成的寻租结构，器官组合为通过与外界交换能量寻租的人体系统（人的新陈代谢和恒温保护），个人的求偶，生殖和养育是保证基因代际复制的策略，而就此演绎衍生的政治、经济和文化策略和相应的组织是加诸基因的一层又一层的保护膜，这些保护膜的形成看来是基因追求复制的寻租结果。过分恐惧的胆小者通过臆想成为精神病患进入自我虚拟的细胞膜世界，过分恐惧的英雄则通过征战扩大领地和增加隶属以层层增加保护膜，英雄通过增加财产和 / 或多婚姻多子女的方式提高基因的遗传的概率。

# 第二节　寻租因果时序的演绎场景

## 一、给上帝新鲜感

根据进化论推论，上古猿人为了适应环境的变化分别演化为人和黑猩猩；也可以用经济学解释，上古猿人为了寻租，在竞争交易机会过程中，大脑聪明的猿（人）和体力强壮的猿（猩猩）的比较优势突现，它们占用了笨弱猿的"生态龛"，使他们缺少食物，使它们没有交配机会或主动荼毒它们的生命。也可以认为这些笨弱猿的分工的准租金在出现聪明的猿和体力强壮的猿之后逐渐趋近于零。如果把古猿、猩猩和人放在同一个市场考虑，由于初期固定资产投资的方向（基因组合）不一样，它们的分工不一样，会有不同的准租金。

任一分工的边际效用递减，意味它的边际租金递减，在准租金趋近于零时，分工主体寻求改变。古猿若不能提高石器的功用，不能提高群居效率就要改变基因，改善性状特征。为了寻租在每个演化（分工）的节点，都可能走向两个方向。如图 20-1，但每个方向的边际效用也在递减。

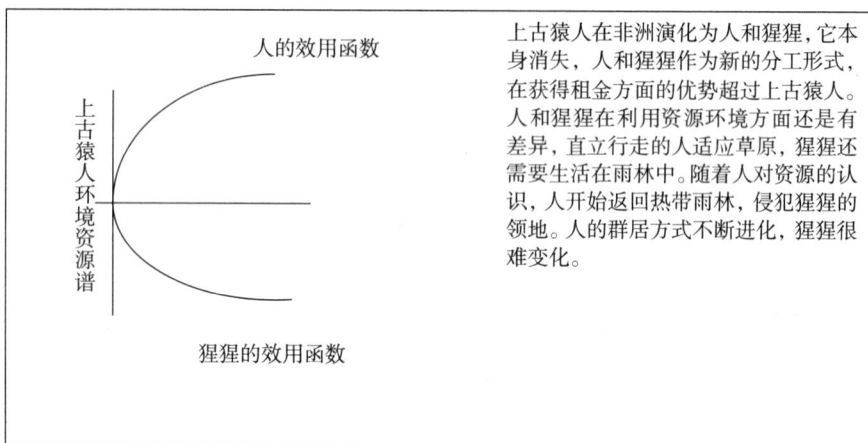

人的效用函数

上古猿人环境资源谱

猩猩的效用函数

上古猿人在非洲演化为人和猩猩，它本身消失，人和猩猩作为新的分工形式，在获得租金方面的优势超过上古猿人。人和猩猩在利用资源环境方面还是有差异，直立行走的人适应草原，猩猩还需要生活在雨林中。随着人对资源的认识，人开始返回热带雨林，侵犯猩猩的领地。人的群居方式不断进化，猩猩很难变化。

**图 20-1 古猿的进化路径与边际效用递减**

假定存在不同的上帝，存在不同的资源约束，存在不同的可能导致人类末日的力量。人的原初存在形式对诸上帝而言边际效用递减，但人类不断变换存在的方式，不断改善和增加上帝的新鲜感，这使得人口得以不断增加。人类不仅进化性状特征，而且进化群居方式。人类不断发现新的可以利用的资源，逐渐摆脱人类自己预言的粮食、石油危机，人类也许能有办法面对环境、气候和生态危机，甚至有一天脱离地球，解开曾经的和未来的一道道束缚，让诸上帝发现人类各种不同的一面，人类有不同的可能。

## 二、人体规格的演化历史

宇宙诞生于 135 亿年前，起自一次大爆炸，宇宙开始有时间、空间的区分，开始有质量，物质在引力的约束下运动。经过 30 万年的演化，物质开始结构为原子，然后原子构成分子，在引力和电荷力的约束下运动和变化。大约在 45.7 亿年前，太阳诞生，大约在 45.5 亿年前，地球出现在太阳的周围，再经过大约 38 亿年前，分子才开始结合为细胞，细胞结合为有机体，这些有机体靠新陈代谢维持有限的生命，他们要求的食物、温度和环境有一范围并且处于不断的变化中，为适应环境的变化，生物开始进化，250 万年前，环境迫使一种称为猿的动物进化为人类。大约 7 万年前，智人——一种可以抽象思维的动物开始使用语言，约定概念，构造判断，互相立约。

古猿进化成人，它原本的形式消失，也许是他后来的人占领了它们赖以生存的领地，还是它们赖以生存的领地变化以致它们无法持续生存和繁衍呢？古猿转化成人是猿的形式的不断寻租而致不断的性状特征的边际改变的过程，从爬行到直立行走的一代代改变，因果时序的逐渐改变是前一时段的性状特征通过不断的边际改变以改变与环境的委托代理协议和交易契约，从而改善租金报酬——进化为有持续生存和繁衍能力的人。人与自然和世界签订更广泛的契约关系（委托代理和交易契约）使人服务于平原旷野、服务于山地森林、服务于冰川海洋甚至开始服务于遥远的太空。平原旷野、山地森林、冰川海洋也在为人类的寻租做出改变。

离开基因分子层面，在人的维度上考虑契约的演化，在有限的预算下，人的出现和人类社会的演化包含过往的历史，遵照经济原理展开。人的出现反映特定寻租形式的偏好，人的社会演化的每个阶段的契约集合反映特定种群人的偏好。

在图 20-2（斜直线既表达两种形式的预算线也表达可能性边界，直线是一种简化）表示的是任一均衡时刻的世界分工组合，图示小图按时间顺序为衍生关系或包含关系，或互相界定关系，界定资源限制和契约定义的形式，图②人的分工数量一旦确定，也就确定图③的资源约束和契约关系，其他图的有些资源约束是互相关联或界定，人口特征及其社会形式呈现如此丰富多彩。不同的世界时刻由 A、B、C、D 等字母表达。人的世界逐渐扩张展开，呈现于上帝的广阔视野。

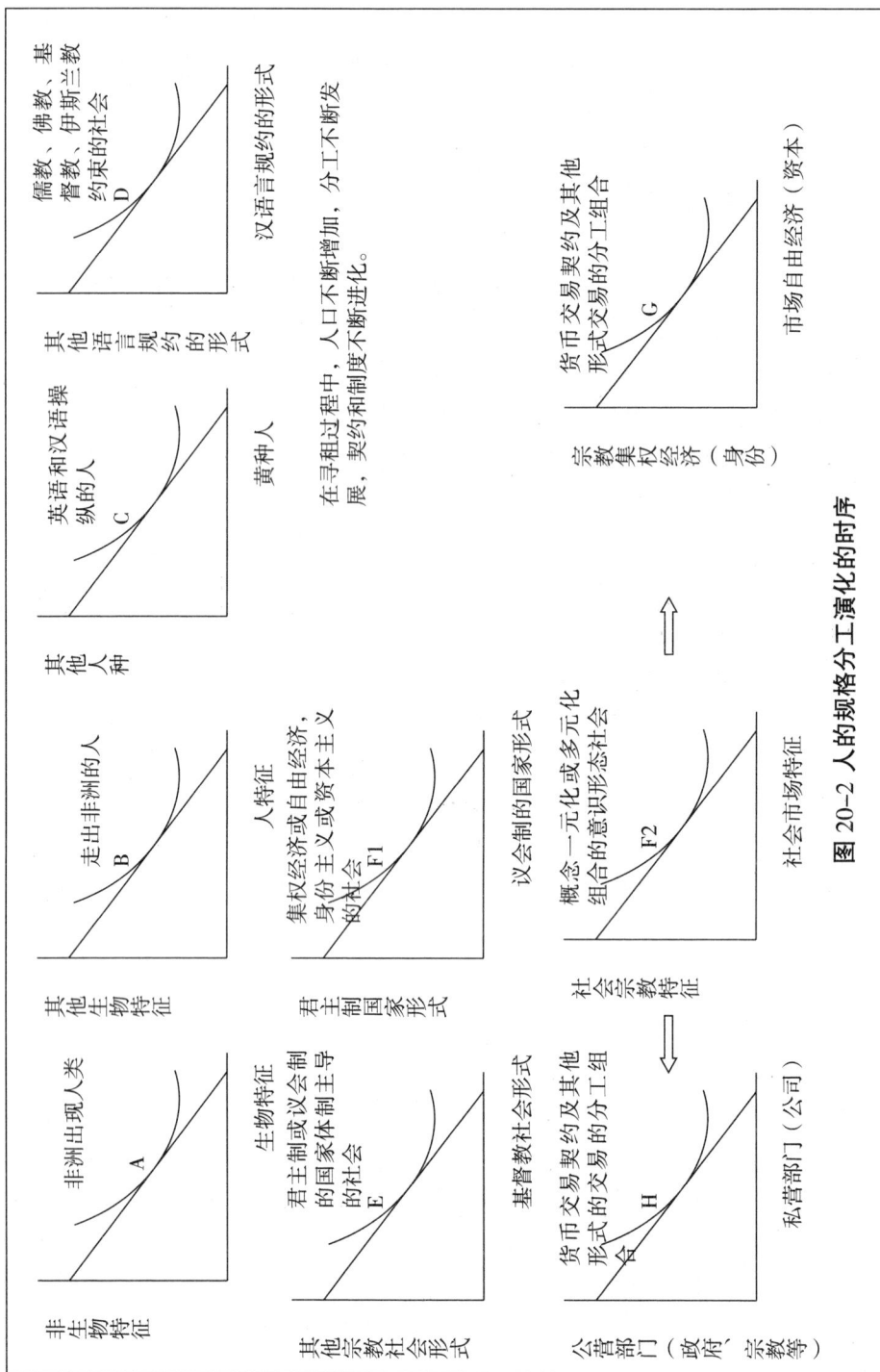

图 20-2 人的规格分工演化的时序

## 三、遥远的过去与现代制度的联系

中国的盘古开天与欧洲的上帝创世的故事区别不大。

在雨林中依然生活的人的群居部落与猩猩的群居方式差不多，采集、爬树甚至狩猎和使用相类的工具。雨林环境的激励信号类似，采用类似的方式是经济的，雨林生活的人与雨林和雨林生活的人之间的契约关系与猩猩相近。

原始部落由于一直生长在相似的环境中，有相似捕杀和采集的对象，因此他们关注的对象刺激他们关注的核心词汇一致（尽管可能发音和符号不同，但均指向同一具体对象），使用相似的工具和组成相近的组织，差不多都要经历对祖先的崇拜和神化共同的自然对象（雷神、海神等等）。

人类进化有瑕疵，有人说，打嗝、鸡皮疙瘩、癫痫是对地球几次生物灭绝的记忆。虽然不同地域的人有共同的基因（可以通婚繁衍），但基因的细微差别，以及后来积累的差别使他们可以习惯于不同的制度，人类基因和性状带有遥远的环境巨变的痕迹和记忆。

有些人走出非洲，分时段进入提供不同食物、不同气候和不同地貌的地理环境，关注对象产生差异，产生不同的语言，但语言初始的细微差异却逐渐演绎为不同种族不同地域的人及其文化的巨大差异。人与自然和人间的交易标的和交易方式不同导致寻租方式的不同。

不同地域的人的特征相近，对于世界的观察和感觉相近，他们对食物和温度的要求相近，因此不同地方的人尽管不沟通，但由于恐惧和欢欣的事件类似，都使用信仰，都进行祭祀，祭祀同一种神，都发明宗教，都推举先知和圣人，都采取政府的形式管理公共事务。

生活在刚果河南岸的倭黑猩猩之间本能地愿意与同类分享资源，生活在北岸的倭黑猩猩每一个个体都有阴暗面，不同的环境导致倭黑猩猩产生不同心理特征。不同时期走出非洲又进入不同地域环境的人发展出不同制度体系并有不同的分工有其原生的原因。欧洲人彼此高度不信任和中国人的迷信和崇拜圣人必然发展出不同的习俗和条文制度。

不同地区的人根据不同的制度发现、确认和建设各自的比较优势，形成不同的分工结构。这些分工格局反过来很好地配合不同政体的政府行动。

# 第三节　驱动契约演化的力量

## 一、Emile Durkheim 的研究

Emile Durkheim 在他所著的《社会分工论》中强调：事实上，任何最彰显的社会结构都具有它所代表的集体属性，这是一种普遍规律。这样的社会便具有了宗教性质，也就是说，具有了超人的性质，它们正是从我们所说的共同意识中产生出来的……在这些社会里，支配权之所以有这么大的权威，并不是因为社会迫切地需要一个运筹帷幄的领袖，只是因为这种权威是集体意识的结晶。它所以能够摆布一切，完全是因为集体意识已经发展到了登峰造极的地步。即使集体意识弱下去了，即使它只能涵盖一小部分的社会生活，这种最高支配机构仍旧是必不可少的。

集体意识强烈维护的制度系统，分工的属性是相近的，社会被做成大大小小类似的单元，社会分工不发达，对将要到来的危险的敏感和防范能力会减弱。但任何社会分工是相对人类需求的资源的相对稀缺的结构化呈现，反映为一定性状特征的族群的意识，反映于分工，反映于制度。

人酣畅淋漓于不同的集体意识，集体意识是塑就分工的主要力量，集体意识需要一定的资源支撑，成为一种社会分工，Durkheim 特意把它挑出来。通过意识形态使社会凝聚，使人无意识于集体运动是一种分工格局。处于被某一虚拟信仰安排的个体会丧失自己的人格，就像无机物的分子一样，这就是我们把这种团结称作机械团结的原因……如果这种社会团结越来越发达，那么个人也就越来越不属于自己。他简直成为了社会所支配的生物。因此，在上述社会类型里人权与物权是不加区别的。(《社会分工论》Emile Durkheim)

一个社会对人权和产权的定义是布局分工的主要方法，是一种机制，任一最高价值的概念或主流意识形态的最终发挥作用的方法就是对人权和产权的定义。印度种姓制度、中国的礼教、欧洲的基督和阿拉伯世界的穆斯林无不经意于此。西方关于人权和产权的定义在有些人看来没有意义，有些地区的人接触不到这些新的概念，人用他们不在一个逻辑里的语序互相反驳有关

人权和产权的价值观。有些人似乎被惊醒，有些人转而崇拜甚至成为极端的伊斯兰教徒。

　　这种情况与劳动分工所导致的团结完全相反。前一种团结是建立在个人相似性的基础上的，后一种团结是以个人的相互差别为基础。前一种团结之所以能够存在，是因为集体人格完全吸纳了个人人格；后一种团结之所以能够存在，是因为每个人都拥有自己的行动范围，都能够自臻其境，都有自己的人格。这样，集体意识就为部分个人意识留出了位置，使他无法规定的特殊职能得到了确立。这种自由发展的空间越广，团结所产生的凝聚力就越强。一方面，劳动越加分化，个人就越贴近社会；另一方面，个人活动越加专门化，他就越会成为个人。但确切地说，个人的活动是受限制的，它也不全都是独创性的。(《社会分工论》Emile Durkheim)

　　Durkheim 忽视一些分工的影响因素。在昆虫的世界，没有个体"人格"的群居是有效的，对不同时代、不同地理区域、不同资源环境的不同性状特征组合的个体，再加上继承的习俗和惯例的锁定效应，其中的任何一种"团结"对其中的一些族群而言也许更适合。通过对依据最高价值观的财富分配和持续追求分工基础上的交易寻租之间比较，追求个人人格、独立性以及追求人权和产权的私有化只不过是选择通过分工交易寻租。

## 二、契约演化的机制

　　如果人类的出现是宇宙的创作，据说是由于地球生物的几次可知的大灾难才使人出现，这些在人和人的社会上留下痕迹，在世界的横截面上人与这个世界形成广泛的契约关系，这使得人与变易不居的环境顽固地成为一体。人的意识或者对这些力量的反驳没有任何意义。但反驳本身这部分对人类是具有重要意义，是演化的驱动力。

　　Spencer 把生物体各个器官之间不断的物质交换说成是生理契约。人类的任何分析都有助于产生分工。一种语言的有效性或者对一种说道的有效性判断在于是否有效地创造分工。Spencer 把存在拟人化描述，这种描述方式，特别是在学术发现过程中使用这种方法证明人对自然的认知限度。但这一描述方式推动新的语言体系和生存策略的诞生，新语言出现的过程意味新的分工的出现。

每个人期望获得经济租金，期望不劳而获，期望别人无偿提供服务，期望别人纯粹的利他行为，期望圣人出现。这是每个感到世界不公平不平等的人的期望。期望形成需求，无法满足的欲望催逼人用狂热和激情去刺激潜在圣人的勇气，用忠诚和牺牲交换圣人的努力，有需求就会有供给，即便是革命、战争的恐惧也不能阻挡人对潜在圣人指示的幻境的渴望。

在疯狂的群体的支持和陪衬下，圣人出现。圣人靠一己之力无法满足所有支持者疯狂的欲望，他虚拟天国或者鼓吹世界轮回，他要求所有人博爱、无私、奉献甚至牺牲生命以实现每个人期望的不劳而获——按需分配的天国。通过这种方式为人制定行为准则，成为原始人的禁忌，宗教社会的习俗，资本主义的宪政和社会共有制意识。

每个人在特定的制度环境寻求基于个体比较优势分工的经济租金。从诠释天象的术士、巫师到祭祀主持，从宗教先知到政治领袖虚构天国并设计实现天国的计划，这个过程形成的策略要求集体地获得执行，这就是制度。制度形成一部分人的垄断，不仅仅是那些术士、巫师、先知和领袖，还有那些比较适应这一制度特征的一些人。这些人可能是制度的执行者，被安排为做计量、监督、控制人类劳动和行为的人或组织。

契约固化特征于一定的形式，违约意味契约各方要承担成本，其中一方获得的收益要超过其守约的收益诱致违约。守约获得的收益是违约的机会成本，违约可能获得超额租金。一个社会的契约系统——制度的改善或更张必须有人获得超额租金才能实施和展开。制度崩溃，或者不能实现契约的改善，没有办法经历一个革命过程使整个社会受益的制度改善实现，不仅因为原制度不再适用，还意味没有社会契约系统能够帮助原旧系统下的分工的族群生存，他们不再得到自然环境的支持，他们的专用性投资的准租金接近零。

依凭不同环境出现和培养的不同特征的人逐渐建设和积累不同的认知，被锁定在不同的社会文化路径上，由于对自然资源定义（自然科学展开的初始概念）的不同，对所有权的界限定义不同，关于产权和人权的界限认识的分歧会有不同的制度。社会文化传统主张特定自然环境和特定人的性状特征相适应的制度，其中必有强制和惩罚。这些系统几乎是一个概念下的一样的逻辑，这种逻辑构成一种激励使群居的人封闭在一种分工体系之中。

不同地域的信仰、意识形态以及对权力的定义的差异形成不同的租金结构安排。不同的分工结成不同的组织于不同的制度中博弈。关于制度的初始概念的定义和判断封闭其他一切可能，上帝打开一扇门的同时，关上了所有其他的窗户。

制度和制度变迁是因为需求发生，并逐渐形成和演化，是各种寻租分工的制衡。制度随分工演化，是社会分工力量之间的协议，是一种群居环境的制作。制度演化过程是不同时期制度的连续替代过程，替代制度的出现是适应人口增加、知识进步和技术进步等分工的增加而产生的相应配套形式。替代过程的发生的基础在于新制度可以发现新的寻租机会和降低制度执行成本。

# 第四节　关于制度的诱致性变迁

## 一、用虔诚做交易

虔诚带来的效用是一种商品。无论是甘愿的尊崇还是被迫的虔敬，是对勾勒的神还是对臆想的观念的虔敬无非是形成对意识的约束——形成意识形态契约。用虔诚换来的可能是特殊的身份，信徒在宗教横行的时代总会有好处。

林毅夫在《关于制度变迁的经济学理论：诱致性变迁与强制性变迁》说：任何政府都通过向意识形态教育投资来对个人意识形态资本积累进行补贴。然而，与广告类似，它对人们行为的影响并不是通过改变口味而是通过改变相对价格来实现的。通过对意识形态的广告，通过对买方补贴打压竞争对手，通过意识形态教育推广政府的服务。

互相信任会降低交易费用，不仅仅降低宗主、领袖与信徒和从属的交易费用，也降低整个社会的交易费用。但可能形成整个社会巨大的机会成本，意识形态是群居整体的制度安排选择的障碍。

任何国家的制度变迁，政府的作用都很重要。统治者只有在下面这种情况下才会采取行为来弥补制度创新的供给不足：即按税收净收入、政治支持以及其他进入统治者效用函数的商品来衡量，强制推行一种新制度安排的预计边际收益要等于统治者预计的边际费用。没有人可以保证效用最大化的统治者会有激励去履行那些增进制度安排供给的政策，以达到作为整体的社会财富最大化。(《关于制度变迁的经济学理论：诱致性变迁与强制性变迁》林毅夫)但制度变迁是所有分工寻租的结果。

## 二、制度变迁的成本与利润

制度和制度的变迁及群居或组织的演化是人类基因表达的性状特征与自然环境之间互相作用的中介。

经济学家的一个常用假设也许是错的。Theodore W.Schultz 说：显然，特定的制度确实至关重要，它们动不动就变化，而且事实上也正在变化着，人们为了提高经济效率和社会福利正试图对不同的制度变迁做出社会选择。（《关于制度变迁的经济学理论：诱致性变迁与强制性变迁》林毅夫）此言暗含人为提高经济效率和社会福利会并且能够作出整体性的制度安排，人会为他人利益牺牲自己的机会，这似乎与经济学的基础假设：人是理性的观点矛盾。

一个人认为其他人（可能是整个人类）的某种利益改变不能影响他个人的利益，他不会贡献劳动于其他人的利益改变中，除非他发现在这一改变的过程中可以寻租，且租金大于他利用其他机会的租金，制度变迁受这种寻租推动。寻租含有他对机会成本的判断，即认知问题。无论是技术创新还是制度创新都是创新的分工寻租行为，这样的分工或寻租行为被市场或群居的社会需要，标明创新的分工创造价值，这种价值可能是技术变迁对整个或部分群居的社会的收入流的增加；也可能是使用一种创新的合约，或者启用一个大范围的博弈规则形成一种有组织的经济或政治活动，并且也创造价值。这种有组织的合约可能不仅对被组织的人的收益提高有帮助，也创造正面的外部效用，因此被社会需要。这种有组织的合约和由这类合约引起的整体群居的约束或者说博弈规则的改变都被需要，因此寻租改变制度，创造财富。也会有对人类而言不好的寻租方式的出现，即那些创造负外部性的寻租方式。这些方式在企业和政府组织那常常出现，利用产权制度和其他博弈规则不完善的地方开展机会主义操作，这是对其他专用性投资分工的准租金占用。

如果任何劳动都是为创造剩余，那么从拥有或展开劳动的主体的角度上看，即无论他是创造万物的上帝，或者仅仅是一个个具体的个人，他们作为劳动者，既可能是一个每日花费 16 小时进食的大象，也可能是反复进行光合作用的一株小草。为了维持这些主体存在的时间长度，劳动寻租是为获取劳动分工的效用。但人不是万能的，上帝的一项专用性投资有一天会趋近零，人的准租金不存在的大限终究会到来，这与边际效用递减的规律相一致。

假定一种初始均衡。即指这样一种状态，在给定的一般条件下，现存制度安排的任何改变都不能给经济中的任何个人或任何个人的团体带来额外的收入。如果（1）安排的调整已经获得了第一章列举的各种资源所产生的所有潜在收入的全部增量，或者（2）这样的潜在利润存在，但是改变现存安排的成本超过了这些潜在利润，或者（3）如不对制度环境作某些改变，就没有可能实现收入的重新分配，那么这一状态就存在。这样的均衡未必是永久性的，因为下列三种类型的外在事件中的任何一个事件都能衍生出安排创新的压力。

（1）安排创新的潜在收入可能会增加。原因是，某些外在性变动导致了从前未曾存在的外部效应的产生，也使风险得到了调整，交易费用转移，并使服从报酬递增的新技术得到了应用。

（2）组织或者操作一个新制度安排的成本可能发生改变。因为新安排的技术有了发明，非经济部门的安排有了变化，或者因为在新的或者竞争性安排中使用要素的价格可能发生了变化。

（3）法律上或政治上的某些变化可能影响制度环境，使得某些集团实现一种再分配或趁机利用现存的外部利润机会成为可能。

……因此，潜含于任一外在变化中的利润都将诱致为获取它而产生的重新安排组织的常识。(《制度创新的理论：描述、类推与说明》Lance E.Davis Douglass C.North)

承认潜在利润的存在或现有的外部性诱致制度变迁，但引文讨论的影响制度变迁的事件不过是寻租的力量，即不是由于潜在利润和外部性导致的新分工和新制度安排，而是对准租的占用驱动形成新的制度安排。作者认为影响美国外在于现存安排结构的利润的产生主要有：（1）市场规模的变化；（2）技术变迁；（3）社会各种团体对收入预期的改变导致的对建立新制度安排的收益和成本评价的全面修正。在上述这些变化中，新的分工已经出现，寻租已经发生。并被现有的制度安排允许，或至少没有受到限制。即便是限制，但由于执行上给这些变化有了机会，新分工导致交易增加，从而有新的剩余发生，其中可能已经暗含基于技术革新流程改变带来的契约的变革，市场交易规模增加形成的对会计、咨询和保险的分工的需要。社会团体对建立新制度安排的收益和成本的修正说明认知的变化的影响，使新的分工格局出现有了很大可能，而后来基于这三个方面变化的制度变迁只不过是对这些变迁形成的契约的干预，是新的分工力量寻租的过程。这些干预或者称为服务，也可能为整个社会带来效用的增加。

寻租需要创新，是现有的制度安排或技术现状呈现的需求，创新形成新的市场需求的分工，形成新的市场供给，意味一种对较低资源利用效率的替代（技术和制度），意味创造一种新的效用，从而提高人的效用组合水平。进而导致的制度变迁和技术变迁会使社会人均福利增加和／或使人口增长。

所谓的倒退的制度安排，这需要一个标准界定，而这种界定的理论依据却花样百出。至少一种制度变迁或技术变迁是对特定族群的人带来收益，因为这不仅是寻租所得，也是在当前的环境下的一种资源配置方案。

任何时代的科学所谓与曾经的先知论断的目的一样，不过是为一遍遍惊醒处在广泛原型关系中的人类，虽然有时被经验证伪，证明这些语言涵盖的约束如果曾经被广泛接受就曾经是或者变为人类的原型。人类的诞生、繁衍到漫山遍野是对自然存在之间的契约的准租金的占用，这些经过专用性投资的物理契约和化学契约成为人类住行的资源，千种万类的生物与千条万式的制度是人在专用性投资时，即在初始化过程中就计算好的衣食供给和契约安排。人类从诞生之日起就在这些关系中寻租——利用自然资源，创造效用。随着人口的增加，分工的细化，交易的扩大，不断分工的人力成为社会财富增加的资源。

社会科学不过是揭示人之间互动关系的认知，人不断揭开这个持续被掩盖的原型，社会一直贡献这两种力量，一种是愚化群居个体的力量，筑成某种原型群居。一种是揭开这个盖子的力量，就像揭开人的颅骨那样痛苦，再筑成新的群居原型，这都是人类繁衍中寻租的力量所致。这些广泛适用的知识，被人们整体地遵守，成为契约。不仅占用创造这些知识的这些人的劳动，也把绝大部分人的劳动规范为某种分工形式。

人类历史上的很多重大事件，证明这些机会成本有存在的可能，无论是从多神的神话到一神宗教的多次革命，从亚里士多德到牛顿的认知变化。人类不仅付出过巨大的努力，也付出过大规模的生命牺牲。

在 V.W.Ruttan 的《诱致性制度变迁理论》中关于"制度变迁的供给"中说：假定制度变迁的供给与技术变迁的供给之间的类似是有理论依据的。正如当科学和技术知识进步时，技术变迁的供给会向右移一样，当社会科学知识和有关的商业、计划、法律和社会服务专业的知识进步时，制度变迁的供给曲线也会右移，进而言之，社会科学和有关专业知识的进步降低了制度发展的成本，正如自然科学及工程知识的进步降低了技术变迁的成本一样。当谈到制度变迁的供给，这一供给的成本应该是机会成本，是制度变迁过程中形成制度变迁共识，展开新制度设计，进行旧制度变革和执行新制度而使用的资源的机会成本。引言中降低的"技术变迁的成本"和"制度发展的成本"是没有比较的，因为自然科学知识和社会科学知识的更新是技术变迁和制度发展的前提条件。而技术变迁的展开和制度发展的实施是各种力量寻租的结果，构成一种人与自然或人间新的契约。

## 三、不均衡诱致制度变迁

林毅夫在《关于制度变迁的经济学理论：诱致性变迁与强制性变迁》认为以下四个方面会诱致制度不均衡，从而发生制度变迁。

1. 制度选择集合的改变。社会科学的进步能改进人心的有界理性，因而不仅能提高个人管理现行制度安排的能力，而且还能提高他领会和创新制度安排的能力。社会科学进步是对意识形态改善的努力，对制度选择集合的改变仍然是从发现制度假设的逻辑和实证上可能的错误寻找机会。这种促使社会科学进步的机会给社会学家、哲学家和经济学家创造寻租机会。

2. 技术的改变。技术变化除了在制度结构方面起决定性作用之外，它还能改变特定制度安排的相对效率并使某些其他的制度安排不再起作用。技术变化会创造新的外部性，还可能导致收入的重新分配的要求，技术变迁影响交易费用。制度变迁从技术的变迁过程寻租，关于人类的契约和制度是租金的分配函数，尽管制度信号会对技术、分工甚至性状变迁形成倾向性激励。

3. 要素和产品相对价格的长期变动。要素和产品相对价格的长期变动，是历史上多次产权制度安排变迁的主要原因之一……发生在中世纪欧洲的从对人的产权到对土地的产权的转变，安诺斯和托马斯的观点是人口和土地稀缺性增加导致土地价格相对提高的结果。要素和产品价格的变动反映的是相应分工的相对稀缺程度的变化。

4. 其他制度安排的变迁。

# 第五节　寻租与制度变迁

## 一、官僚组织的寻租

稳定的人间契约对现有的制度安排的官僚有利，维持现有制度安排为一种原型方式与在一定的压力下进行种种渐进性改革都是官僚采取的行为，目的是在一个可预期的未来（比如政治职业周期）寻求基于这样的制度安排的行为的租金最大化。官僚组织同样会有寻租方式的各种创新，会仔细盘算如何从竞争的市场购买要素，如何通过制度垄断市场，如何通过制度规划官僚组织供给的产品或服务的供需弹性。

一个官僚当局是任意一个非利润组织，它至少有部分是从一个周期性的拨款或赞助获取资金。在尼斯卡宁看来，大多数官僚当局的行为是以它们能在竞争市场下获取它们的主要生产要素以及在垄断性或买方（似乎应是卖方，本书作者注）独家垄断的市场中出售它们的服务或产品为条件。大多数的官僚当局是由一个单一的支配性的集体组织来支持的（例如一个国家级或省级的立法机构），它们又是通过税收来获取资金的。同样，一个发起组织或受托团体又从当局的项目中获益，这常常依赖于一个特定的当局能够供给它所需要的服务，而且官僚当局依赖于受托团体的政治支持。在这些条件下，官僚当局与它的发起组织之间的关系是一种"双边垄断"的关系。

……尼斯卡宁模型形成了三个非常重要的假说：（1）一个官僚当局将比一个竞争行业或一个追逐利润的垄断者提供更大的产出……（2）只要预算代表了对产出的约束，一个官僚当局就有从事推销活动的激励，它会增加它的服务的需求，也会降低对它的服务的需求弹性。（3）一个官僚当局在面对它的服务的需求弹性很大时，它的供给成本等于或接近在一个有组织的竞争性行业的普遍成本。相反，一个无弹性的需求可能使官僚当局从他的活动中获取较高份额的经济租金。这些租金可能采取人员增加或设施更加豪华的形式。（《诱致性制度变迁理论》V.W.Ruttan）

## 二、集体寻租

如果把集体，一种合约联系起来的一组人相对其他种形式合约联系起来的人，或仅相对独立行动的人看成是一种分工，看成是分工的一种演进，那么这种演进的表达式就是寻租的方式。曾经的奴隶制是黑人和白人的不同分工达成的互相寻租的契约环境，如图 20-3。

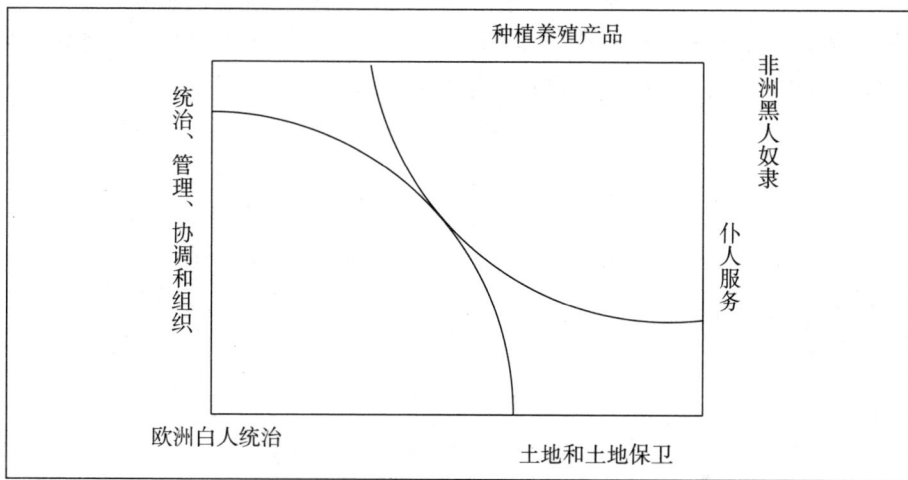

图 20-3　曾经的欧洲白人与非洲黑人的契约

创新性组织（家庭、企业、官僚当局）企图使成本外部化或是创新活动的收益内部化……如英国的圈地运动。这一需求有时是通过佃农的政治压力来实施的……在美国，组织工会是为了形成一种政治力量，以保证工人分享工业发展所形成的增长红利。农业研究和推广体系的发展代表了农民和一般公共机构为使社会在农业生产中应用先进的生物和机械技术获得潜在的新收入流所做出的努力……

对技术或制度变迁所形成的增长红利的分割进行修正的努力，是集体行动的产物。无论是制度经济学中的康芒斯传统，还是政治科学中的多元主义，它们都强调了自愿的联合来分享共同的经济利益，对改变与加速经济增长相联的收入分配不平等所起的建设性作用。(《诱致性制度变迁理论》V.W.Ruttan)

在分工演进的两个方向上的努力，不仅会影响制度的变迁，而且会得到制度变迁带来的好处——垄断租金的增加。

在经济与政治资源的市场中所显示的制度变迁需求是很不完全的，因而产生了在制度变迁导向上的根本性偏向。这些偏向对生产者比对消费者更为有利，在生产者当中，这些偏向又对那些对资本品或人力资源进行了最大投资的生产者最为有利。因此，制度变迁的市场对于有组织的石油生产者比对有组织的农民运作更好，它对有组织的医生比对有组织的产业工人更为有效。(《诱致性制度变迁理论》V.W.Ruttan)。这段引言与 Coase 的观点不一样，而契约经济学认为，基于不同个人或组织的预算的寻租行为形成的制度变迁公平地对待了每个人，但不能平等地对待预算不同的人。因为不能平等地对待任何两个人招致的不满正是未来制度变迁潜在的驱动力。

# 第二十一章　资本、知识和文化的寻租——人间形式的力量

假设基础上的认知形成知识，知识成为人与自然以及人之间的契约，改进假设，增加知识，契约重重叠叠地复杂，放弃自由的补偿是财富的增加。

文化、知识和资本的关系就像混沌中的奇异吸引子，像生命的灵魂，宗教的上帝，天地之间的大道。是人类寻租行为的宏大表演。

## 第一节　习俗和规则

### 一、习俗的发生和规则的作用

人类作为部分自然物质（特定属性，时空位置）的存在策略被其他自然物质追逐（人口数量增加）是因为人体这种形式的存在相较其他形式的存在在这个时间段具有比较优势，人体成为一些这类物质竞相努力达成的契约，人是如此众多复杂类型的分子、细胞、组织和器官的契约体。

人类个体为追求经济租金，展开分工，分工交易成各种契约，人类共同构成一个契约体，人很难意识到或无意识遵守的人间契约通常被人称为习俗。

人类成为人间的契约体，契约的基础是不同种族的人可以互相通婚并生育。这样的契约不容易在不同国家、不同种族和不同信仰的人之间自由达成，但这一契约却寄望在人的男男女女的潜意识和意识的欲望之中。不同种族、不同国家和不同信仰的个体之间由于不能通婚往往发生生命攸关的利益冲突，是因为不能通婚、不能奴役，也不能被经济地雇佣而致生命相互没有价值。人类

个体之间的共同生理基础，有些时候互相怜悯，这似乎是人与生俱来的心理需求，这也许是共同遗传密码的安排。共同的原型使他们潜意识到他们有彼此需要的可能，有通过分工会使各自的存在机会增加的可能。

还有很多未发现的习俗，人无意识地生活在其中，被提到文字里、画面上或话语中的习俗，是有人已经准备对它定义，只是为了准备对其中的习俗进行反驳和反抗，有些习俗已经成为历史远去，有些习俗阻碍新观念的应用是习俗的顽固寻租方式。未发现的习俗仍然寄寓于人的原型，人无意识于其中。

宗教力量和类似意识形态的信仰影响国家政策和法律的制定，给予宗教信徒某些特权，特权包括欺凌任何信仰和意识形态认为的"反动"、"错误"、"庸俗"和"低贱"。严格的教徒往往通过对自己过分苛刻使自己处于与众不同的突出位置上，可令世俗个体心灵震颤，世俗个体集体地愿意把公权力进行非规则性的完全托付，是崇拜某些政治领袖时发生的状况，完全的私权通过公权委托的形式，扭曲生产要素价格，产生有区别的劳动价格。

天赋体力和智力引致的交易与法制和习俗强制的交易不同。在奴隶社会，奴隶与奴隶主的关系是法制强制下的两者的存在策略。即便是同样的智慧优势，策略不同，劳动的兑价不同。政府规定和法制约束是某一群体在某种群居方式下所有人员共同的选择，每个人的策略（包括个人的信仰、主义）契合为一个组织，成为组织的策略，共同与其他组织竞争和交易，与其他组织通过契约和制度维护一个收入分配和资源配置的社会，是人面对不确定性的共同选择，是个体假设、期望妥协为群体性假设和群居规则的过程。

## 二、有效的群居模式

原罪和原罪附带的是道德认为有缺陷的本能，永远需要控制，控制要求形成各种类型的集权模式和维护集权模式的各种制度和程序，以及维持制度和程序的暴力集团。各种角色的自私选择会导致无法执行公共决策，全民公投也许在一定的范围内有效，但同样受先知说教的指引。面对可能的内乱、异族的侵略、自然环境的突恶，需要一个指明方向的先知。未来的不确定性依然不仅存在，且频次增加、影响幅度变大，群居需要秩序和维护秩序的政府形式的组织存在。

一定社会结构和秩序下人的生存、生殖和生产及财富分配是要给这个时间段适应这种选择方式的个体更多的配偶选择机会和养育更多更成功后代的机会。让这些人处在显要的位置上，被别人信奉，崇拜和赋予权力。在稳定繁荣时期，公权力为少数精英长期使用，特权系统性存在并不断得到制度强化。特权在于合理地和（或）不合理地处罚少数精英认为（或宗教律条或者法律确认）触犯原罪的个体，而给自己更多触犯原罪的机会，这是有倾向性的财富分配制度设计和道德欺骗。

人类充斥的暴力争斗、文明争辩和商业竞争是人权和产权的确认过程。通过宗教式信仰和童话般的意识形态对人权进行定义，声明身份的过程是确认奴役方式的过程，形成特定的分工格局和租金安排的制度。

在信息互相隔绝的时代，不同地域的不同人种几乎是用相近的行为和群居模式，不是互相学习和模仿的结果，而是由人这一属性决定的群居必须展开的形式，演化遵循近似的路径，按顺序出现相似的分工、组织。

对整个人类而言，有意识地对神圣尊崇，对宗教的信仰和政府形式的坚持是组织发生的过程，是委托授权过程。过程需要佛陀、耶稣和穆罕默德等宗教先知指引以及亚历山大、希特勒等政治领袖领导的指挥。对特定契约无意识地遵守的组织行为，组织成本很低，是一个人或很少的一伙人就能指挥千军万马的组织活动。

无意识遵守习俗的收入与有意识地安排契约的收入互为机会成本。佛陀坐化、耶稣牺牲和穆罕默德的离世使人开始自动遵守他们提出的律条，苦行、忠贞、虔诚和博爱是个体行为的机会成本。无意识地遵守这一契约的单向性社会机会成本大，社会分工不能专业化，不生产的宗教集会和政治运动占用大量的资源。

习俗违背是发现习俗中寻租机会的行为，为弥补习俗中的缺陷，一部分人被诱致通过有意识设置和执行强制的规制寻租。财富增加催动人口迅速增加说明技术推动的分工的演化形成的家庭、公司和政府组合的习俗是资源最优化的配置。放弃个体自由，组成一夫一妻的家庭，组成资本和知识逐利的公司，搭就既不生产产品也不繁衍人口的政府。个体追逐租金的努力促成这样的分工结构，社会成为以家庭、公司和政府组织为主体的契约体。每个人在这些契约的约束下获得他分工应得的租金，生存、繁衍然后老去。

不同的文化、习俗和制度由不同的分工和组织支撑。是不同群居的人的性状特征差异为适应环境所作的取舍。他们选择的是最经济的存在和繁衍方式，他们在不同的时期做出不一样的妥协，结成不同时期的家庭、公司和政府。人权和产权定义基础上的制度是经济的，报酬递增使得特定国家和 / 或特定种族锁定在特定路径上。性状和制度相适应的群居模式是有效的，因为任何其他机会可能使这样的种族的性状和文化不适应。文化断裂式的改变可能是致命的，但也许是不可避免的命运，如果没有其他选择，崩溃的命运正在降临各式少数民族，一如曾经有别于智人的其他人种，命运无法改变。

关于交易契约的规则是为支持特定分工获得垄断租金的契约，人与自然的契约是影响人间契约的契约，基于公开的社会意识形态和无意识的文化习俗的契约形成社会通行的法律和社会制度，成为群居的人的政治和商业的博弈规则，均对具体的交易契约形成影响，影响劳动剩余的分配，影响社会的租金结构。

不同个体因为性状不同能够应用的策略不同，有些规则直接规定不同的个体要使用不同的策略，印度的种性制度、中国的户籍制度以及曾经的奴隶制度和种族歧视制度都是这类规则的典型，在这些规则下安排的契约形成制度垄断租金，身份的歧视或制度的强制安排导致市场上对特定劳动分工价格的歧视。这不仅仅是经济学意义的劳动分工，也是其他群居意义下的社会分工形成的对环境适应程度的差异。

劳动市场上不同分工形成的博弈均衡是基于不同规则的契约。不同的劳动分工产生的由规则确定的权限的差异使每个个体可选择的策略集合差别很大，每个个体在一定的社会博弈局面下，租金大相径庭。有些规则直接成为交配权竞争的壁垒。在交配权竞争方向的效用不仅由市场的劳动分工决定，还受社会的各种歧视性制度影响，一夫一妻制是这种规定限制的特殊形式。

# 第二节　组织的寻租

## 一、家庭

互为异性的两个个体为繁衍组成家庭，自从人类有文字记载，家庭就是人类生存和生殖的基本方案，男女从生殖上开始分工，然后在劳动方面进行分工，形成家庭内部的分工合作，无论世事如何更迭，曾经的氏族和部落在地球上的大部分人类聚居区已经消失，但家庭作为一种习俗依然在沿袭。家庭由于社会分工已经发生很大变化，但无论怎么变化，家庭是使人类经济地存在和繁衍的组织。家庭所以称为习俗，或者说成为全球不同人种的共同选择，是由人这种自然形式选择的最经济的存在方式，成为所有人共同遵守的规则。

家庭首先是一种自然与人类的契约，人与自然以固定的方式交换能量和相互适应，人类是陆上大型胎生、哺乳、有脊椎、直立、无毛恒温、杂食且自认为具有强烈自我意识的动物，上一判断句的修饰词显照的是人与自然的关系，是契约关系。其次家庭是家庭成员的契约体，家庭成员之间以直系血缘关系为契约直接继承自他们很多形式的祖先，是一种交易成本接近为零的以生殖养育为目的但包含生产的组织。第三，家庭是社会契约体中的核心签约体，人类社会任何群居模式都是以家庭为核心单位。

当家庭以部落的形式开始组织生产和进行财富分配的时候，人不再使用家庭自给自足的方式，在付出等量的劳动的前提下，以部落的形式通过分工合作采集或狩猎的收益会比家庭自给自足的形式增加很多，多出的部分是以部落内部家庭分工合作的制度安排的经济租金。生产的组织和剩余的分配由部落酋长独裁决定，根据他的判断和好恶的决定是部落状态下组织成本最低的方式。

家庭是生殖和繁衍的基础，是最基本的群居单元，是其他组织最终经营的目标。经济学定义家庭是支出部门和投资部门。但不仅如此，家庭是最基本的竞争资源单位，是信徒，是政治选票，是劳动资源，是最基础的繁殖基地。从某一个家庭出来的男人展示魅力，展示竞争力，号召或强迫其他家庭的男人和其他成员为自己的家庭成员提供产品和服务，其他家庭的男人为了自己家庭成员无意识或宁愿视而不见甚至甘愿隐忍屈辱于这一过程。男人通过展示魅力、竞争力和／或屈辱隐忍的过程，互相契合在政府、公司和其他社会活动中。

家庭间的契约形成和履行以组织的方式、以各种人不理解的文明形式展开，家庭是一切组织的原生部门。组织的一切策略是基于参加组织的家庭成员展现于组织的性状和策略组合对个体进行权限和劳动分配，个体的策略是家庭需求和组织环境共同作用的结果。家庭是个体自然属性的居所，是社会属性的发源单位，是组织存在的原发动力。

## 二、公司

由于技术进步和分工进一步发展，也随着其他社会契约的进一步完善，部落的生产方式转化为公司的形式。以 Coase 为首的新制度经济学认为，由一个人，通常是企业主与其他所有人签订契约，而不是不同分工的个体互相制定契约。从契约的本质上看，这样的契约与原始部落的酋长集权区别不大，这里只发生所谓的管理成本，或者对每个公司内部的成员而言，可以称为组织成本。

公司财富的分配是由企业主和／或经理采取剩余索取的方式分配，这部分剩余是租金，因为获取剩余之前，企业主和／或经理的劳动供应不会因为减少这部分收入而减少，这是企业制度的规定。

政府和家庭教化的成员进入公司组织，公司组织也会以这样的方式契合成一个公司的策略。传统、文化、信仰和主义无论信还是不信都以各种面目影响公司的文化，成为某种生产技术流程和业务标准化流程以外的东西，成为一些力量寻租的根据和机会。

公司组织是现代技术形成劳动分工，把个体的智慧规模化应用，高效率地提供产品和服务的组织。土地资源（包括阳光和气候）以公司的形式在组织间甚至国家间转移，是资源的最自然的属性附和不同的国家组织的策略的流动，公司是资本逐利的最终实现场所，公司生产形成的剩余在不同家庭部门的转移。

在以公司组织为单元实施的全球投资和贸易的现代市场经济为基础的财富分配机制之上，家庭收入的差距是种族性状和国家文化共同作用的结局，最终反映在不同国家的公司运营效率水平上，同一种族处在不同制度体系和意识形态的国家，个体劳动收入平均水平差距很大。

## 三、政府

降低交易成本的需求驱动人向合宜的中心地带聚集，更大规模的分工合作发生，劳动剩余积累使得财富增加迅速，迅速扩展人口规模，分工的专业化使得交易不重复而且变得复杂，同时也需要更多和更专业化的第三方服务，巫师、祭司和牧师伴随政治职业发生，这些分工有时互相补充，互相替代并竞争，从现有的交易中寻租。

政府可称为习俗，就像上古时期互相隔绝的不同地域的人展开类似的习俗一样，这是由人这种特殊物种决定的群居形式，尽管环境差别很大，人的性状特征差别很大，但是人的群居基本都经历过类似的习俗。政府是最近几千年的事情，且它在不断地演化过程中。

把暴力的使用规划为政府组织才有的方式，以维护某种不暴力文明的竞争局面。私权交给政府组织部门的个体经营部分被定义为公权，形成私权和公权的界限，不同的国家界限和范围不一样，面对不同权力的诉求，政府通过信仰、主义、政治主张，通过政治体制和货币的方式努力实现各种个体诉求及其策略的稳定均衡，政府家庭利益通过政府管理公权力的过程实现，是政府家庭租金最大化的机制。

政府集团和公司组织都是家庭权力的委托经营方式，委托或被强迫委托经营的权力以国家单元比照的差异很大，政府通过信仰、主义和政治主张迫使家庭让渡权力给政府。有些政府提供的服务构成自然垄断，但不可避免产生代理成本和道德风险等方面的问题。

## 第三节　寻租的宏大方式

### 一、思维方式

光照、气候和食物的方式选择人的肤色、身高及其他功能参数，大脑与自然界也因为人种不同有不同的互相映射的关系。

由于种植，看着节节成长的植物，因此有了东方的综合性为主的思维方式，耕种植物是建设的过程，不需要太多的地方就能养家糊口，中国一直到20世纪的中期还在使用"犁杖、锤子、锄头和镰刀"，中国在很长的历史时期，都是"你耕田、我织布"的家庭式作坊。西方的人以狩猎为生，需要广阔的空间作为围场，需要低密度大距离场地，肢解食物是一个分解的过程，有了西方的分析性为主的思维方式，欧洲人通过化学先分解再合成的过程发明西药，有了可以改变物质自然状态的科学技术，有了枪炮，有了核武器，有了大规模分工基础之上的制造工厂。

综合性思维通过对整体进行唯一性假设，并生成不可证伪的预言，然后通过演绎的逻辑对观察对象进行解释，在解释过程中，人会根据需要对现象中反映的信息对假设进行有益的增加或减少，或者可以在解释过程约定新的概念，以补充预言，因此综合性思维容易建立权威。在政治过程中，容易据此信仰和主义建立不易被破除的集权政府。在综合思维的国度，有信仰和主义铺成的大道。民主和自由即便是有法律的保障，但最终也会流于形式，人们会跟随信仰和主义的倡导，而不愿和无法对这些进行质疑。借用综合性思维的假设集权政府会努力避免民主和自由，他们宣称自己唯一正确而且伟大，贱民和愚民需要他们的指导和管理。政治和经济因此可以合二为一，财产所有权即便私有，但一切可以预谋、计划，官商勾结的机会多，公平和效率不能兑现。舆论被控制，新闻自由不可能。理论和说教可以成为国教、国学，一脉相承，千古难变。

分析是通过归纳现象得出一般性假设，然后去分析，并作出准确的关于时间的预言，这些不容易用于复杂多变的社会现象的解释，人们取道分析思维研究自然对象，但在研究的过程中，人发现可以用来管理社会的政治、经济和公司过程，政治上的多党制、三权分立，过程互相独立，政治和经济权力分开，公权和私权界限明显，民主可以相对地实现。公司内部流程权限界限明细，流程责任具体，财富分配相对公平，没有绝对的权威，容易激发人们创造性的劳动。自由使人们的质疑和诉讼的成本变低和容易。市场配置稀缺资源的过程成本降低，交易成本相对较低，公共权力寻租的空间变窄。

《圣经》开篇陈述宇宙的演化，并且把人作为一切的中心，"神爱世人，甚至将他的独生儿子赐给他们，叫一切信他的不至灭亡，反得永生。"后世的信徒推断出"地心说"，给后人留下可以经验的，或者可以证伪的预言，科学因此得以发展；社会群居也是描述家庭分裂过程，《圣经》是亚当和夏娃后代个体对抗、迁徙而逐渐分布于欧亚大陆的故事，尽管伴随上帝的惩罚，但直面原罪，处处跃然纸上。有了《旧约》《新约》《可兰经》以及"民主和自由"。

其他宗教以救人灵魂为本，宣称万能的神的存在，那一切关乎人的预言没有确定的时间。一切世相均可以用经典解释，正因为有这样的企图，所有的经典在其先验的假设范围内不断地增厚，信徒一代又一代地引经据典对现象进行解释，阻断分析的科学。科学与宗教不同的地方是科学约定的概念和假设至少包含可以观察到的现象和对象在里边，而宗教假设都是来自信仰的，要求信他，然后会有演绎，并且所有预言无法有准确的时间，无法验证。社会的科学、政治学有这个特点；经济学和管理学也不能准确预言任一事件的时间和影响，经济学和管理学成了政府和权威借用的工具，具有宗教的形式；所有的主义都是乌托邦的，无非是假设一个地上天国会出现在遥远的未来；很多哲学家的经典著作曾经迷惑世人，有很大的蛊惑，有很多的信徒，曾经导致很多国家的内乱和国际战争，并颠覆了人类以前的宗教信仰，有过很多惊人的社会运动。

分析性的思维模型是规则制定、执行监督和改进的最好的出发点；综合性思维是形成人类阶段性成果的一种逻辑建立方法。崇尚分析性思维的性状群在对自然和社会的认识过程中，以及制定博弈规则的过程和博弈规则体现的效率方面比较高，这是约定概念和形成假设的过程。而综合性思维是体现在经过分析约定概念基础之上形成假设进而进行推演的演绎过程，是形成知识的过程。而文化主导那种思维，并以怎样群居的方式来执行这些思维形成的规则，以性状群的方式被发现，这也是文化形成的原因之一。在所有的时间内，平等对待所有的观念，给每个个体的策略以自由竞争的机会是形成人权和产权制度、形成不偏狭于某些利益群体的政治体制的标准。

## 二、教育方式

人类幼年——儿童的语言学习是一个文化的过程，儿童几乎自愿遵守语言中的习惯，并接受特定行用的语言的指导，通过他（她）对他们的父母的观察，会形成根深蒂固的心理习惯和行为模式，成人的个体这些心理和行为互相感染、加强，形成以地域为界限的文化界限，成了某种种族的品格。

爱欲、爱情、家庭以各种方式让人们经验和被教育，形成各种文化的表现形式。而儿童早期的家庭经验和教育以及学校教育对个体的心理和行为产生巨大的影响。爱情过程顺从或颠覆家庭过程是个体的另外的心理经验，形成新的交流模式，是个体对家庭文化蒙昧苏醒的过程；但依然要适应一种共同的社会文化模式，个体互相妥协，人类的爱情和新家庭要遵从和适应共同的文化模式，个体也必须经历基于教育的心理和行为进入各种组织和社会，形成基于个体优势的策略，群体文化迫使个体互相妥协保持文化的有效，保持以地域、种族和宗教范围的文化差异。宗教和政党本身是通过传教和宣贯让人经验的东西，而艺术的各种形式也对人的生活有着深刻的影响，文化的地域性分割得到继承，形成很难割舍的传统。不仅因为锁定效应，而且由于系统性效应，文化成为群居状态下能够互相可以期待的博弈策略，是可以群居共赢的局面，构成策略组合的有效性。

## 三、宗教方式

基督教自犹太教演化而来，似乎是为了解释宇宙和人的由来，而最后演绎成对一个家庭故事和家庭模式的广泛鼓吹和传播。以圣父、圣母和圣子的名义威逼利诱俗人走上他们提倡的征途，但你放纵情欲，滚沸如水，必不得居首位。因为你上了你父亲的床，污秽了我的榻。不仅要构建家庭伦理，也期待成为家庭的楷模。影响中国的儒释道三教期望建立一所可以教化大众的学校，佛说：凡所有相，皆是虚妄。若见诸相非相，即见如来。孔子曰：弟子入则孝，出则悌，谨而信，泛爱众而亲仁，行有余力，则以学文。穆斯林人不仅有末日的审判，还在现世建立了法院，《可兰经》："淫妇和奸夫，你们应当各打一百鞭。你们不要为怜悯他俩而减免真主的刑罚。"

影响印度广泛的是后来演变为印度教的婆罗门教，通过种姓制度维持一种等级结构的秩序，通过赋予种姓不同的权限，并神化这一过程，控制竞争的泛滥，成为以一国展现的官僚组织。

学校要求无为、相互容纳和克己复礼，政府就此可以教化大众，持此见者也容易成为官员；伊斯兰宗教法院通过律条严苛地规定人的日常生活方式，印度教的种姓等级制度限制竞争，人只能在不同的层次上尝试不同的生活。基督教也要求禁欲，要博爱，但家庭就是要繁殖，要衍生，而且要分离去扩展更大的生存空间。古希腊多神神话故事是人类生活的一些原版和经验，因此有了背叛的力量，有了文艺复兴。

基督教义企图解释宇宙由来，这些给理性思考和试验验证以机会，在17和18世纪，英国、法国、德国出现很多理性先知，斯宾诺莎认为"人若撇开理性代以启示，则是两者之光尽灭，就像挖去了人的双眼。"洛克则阐明一切知识是从经验发出来的，他让信仰完全从属于理性。因此有了基于分析之上的自然科学，有了独立的不受教条约束的政府和不迷信权威的大众。

伊斯兰教的唯一神和佛教的一切皆空，儒教的仁义礼智信乃至印度教神化种姓没有给理性验证的机会。大同与和谐成了统治者的策略，成就现代的政治局面。因此有了印度文明、中华伦理、阿拉伯世界和既分裂又融合的欧洲。在其他宗教的配合下，基督教国家曾经借助先进的武器展开殖民，现在通过先进的技术和复杂的商业智慧在全球转移财富。

美国作为最近几百年的叛教者、叛党者和叛国者以及异教徒的移民集合的国家，他们本来互为异教徒，但由于力量均衡，互相牵制，高于信仰的自由、民主和法制通过政府很好地控制着宗教情绪。人通过市场竞争发现自己的优势，发现新的增长，各种分工创新是展现竞争力的最好方式。宗教的不宽容被禁止，各种坚持不同信仰的人伴着人种的策略承担相应角色。一种信仰的价值和策略一同与另外的信仰和智慧契合为一个平和群居场景。

## 四、政党方式

宗教没落后人面对不确定性演绎的坚持和主张是由政党提出和引导的某种群居方式，政党即便不是某种信仰和主义的完全坚持者，但必须坚持某种可预期的意见和价值，是意识形态。尽管有些政党坚持一直不变的主义，而有些政党则一直在变。政党也是文化的一种方式，通过政治体制主张某种所谓的公平与效率的平衡，政党继承自宗教的形式，又不得不接受一些新的思想，是从原先的或者古老的惯性中演绎出来的面对新的不确定性和各类利益集团的复杂要求进行中的政治。

大多数政党得益于审视宗教方式的失败，政党选择以某种主义或者政治主张的方式出现，在政党主张的主义与民族信仰冲突的国家，面对难以控制的信息流和资本流，政党在慢慢退还它据持的权力；在信仰自由、新闻自由的法制国家里，政党干预市场和介入私营部门管理受到这些寻租力量的限制。

政治主张无神论以与宗教区别（虽然有时假定乌托邦），在政党主政时段，主张和主义综合为政治政策、财税政策和货币政策，通过这样的策略管理或者干扰资源配置和普通人的生殖、生产和生活，通过语言信号（包括暴力威胁），以教导或强迫的方式控制人以便共同群居。

西欧探索知识和科学实验的成功多亏良好的金融媒介和良好的政府。在欧亚大陆平原上，统一的东方帝国妨碍了创新，而河流遍布、多山的欧亚大陆西部，多个君主和城邦则进行着富有创意的竞争和沟通。保护财产权和政治代议体系的欧洲与封闭的皇家特权或教权形成不同的文明，自由和文化的对比更加突出的是不同的人类本能展现方式，呈现为进步与落后。

## 五、国际传播、国际贸易和国际投资方式

美国白人把宗教变成一种休闲方式，变成一种 party 的仪式，从信仰变成一种人间的文化契约，并通过商业使其成为各种形式的产业，Max Weber 说："新教的禁欲主义全力对抗着对财物的放任享用；它反对消费……由于这种对消费的制约，再加上追求利润的自由，禁欲主义的节约精神必然导致资本的产生。"全球化分工过程使欧美的精神倾向发生转变，众多的中国个体成为基督教的虔诚信徒，目前中国大约拥有4000万新教基督徒，"一些估测甚至认为，中国的基督徒的总数最多可达7500万到1.1亿。再加上2000万的天主教信徒，中国基督徒的总数可能高达1.3亿……《圣经》的印刷量也比任何国家都多。"曾经在历史上以各种方式拒抗的东西，容易"引发叛乱"，太平天国的洪秀全自称是上帝的弟弟，因而可以"天命杀妖，杀尽群妖，万里河山归化日"。当代中国的一些非正统主义的教授和学者开始倾向基督思想，以各种形式扮演某些文化传播者的角色，学者卓新平说"只有将对超然存在的这种理解作为我们的标准，我们才能够理解自由、人权、宽容、平等、公正、民主、法制、普遍性和环境保护等概念的真实含义。"学者的主张正在有意无意地成为政治领导人的口号，成为一种工具和赎罪的方式。西方学者切斯顿说"你们都发誓自己是坚定的物质主义者；事实上，你们都平衡于信仰的刀刃上——信几乎所有事物。今天很多人取得了平衡；但是这个刀刃很锋利，坐上去很不舒服。在你找到信仰之前，你都无法休息。"

文化是处理不确定性的方式，是一种假设，假设下形成的体系效率的差异导致劳动生产率的差异，劳动力的价格差异自然发生。不可通婚使人种成为全球化过程中很难通过国界交换的要素，种族歧视包含文化歧视的成分也是一种阻碍因素，文化因此很难变化，尽管宗教和一些新文化的形式通过上帝的概念和新的传播范式在不同的种族、不同的语言、不同的国家的个体大脑里复制，但每个复制的"上帝"或者新的概念都带有强烈的人种和地域色彩，是人面对环境的不同选择，原有的文化影响大片，而新概念点点滴滴的渗透，通常

是紧张和混乱的根源。

文化差异、形成的集权程度的差异不仅体现为一个国内静态比照时间维度上的差异，而且会通过全球贸易和全球投资影响全球分工格局。文化差异和导致的最后体制的差异会反映在两个可以交易的因素——劳动和土地的价差上，而关于自然技术的应用深度，从两个方面加大了劳动分工和土地价格差异。全球化是更深刻，更大规模的土地占有和财富转移——宏大的系统性寻租演绎。

集权，政府和垄断公司会集合卖国精英，国际投资和贸易为这些组织的个体及其家庭打开方便的富裕之路，由于集权的形式不能提高劳动生产率，不能展现体系的效率，资源和劳动的价格低驱动整体系统地通过公司组织向价格高的国家流动，资本超越国界、超越意识形态，超越集权国际间寻租，资本主义开始全球主义，集权政府和制度垄断公司为资本主义全球化提供机会。当精英个体资产不能通过集权和垄断发现机会，他们通过特权，利用体制的机制，转移财产，到国外寻找增长的机会。生产效率的差异形成发达与贫穷的比较，造成生活品质的差异，消费和适宜环境集中在发达国家，生产集中在发展国家，贫穷的国家只有愚昧和迷信伴随，愚昧和迷信给所谓的智慧更多的便利的机会。在有些国家，人加强宗教信仰，加强主义以方便集权，是对这些汹汹而来的外国侵略的自然反应策略。

发展中国家生产对资本和资本品的需要，与发达国家对资源和消费品的需要导致贸易差，生产国家是顺差，经济失衡会出现。公司组织面临危险，周期、危机和滞胀，需要制度和技术的创新，制度和技术创新依赖经济和政治权力分开的国家的公司。通过政府的规制和公司组织的行动，分工以民族、种族、宗教、语言或者以国家为标志在全球寻租，由于分工中的财富分配在单位时间上的差异，直接体现为以上述名称为标签的个人的位置的差异。

欧美文化（以文化服务和产品的形式，比如宗教服务、语言教育、带有强烈地域文化色彩的影像制品）包括资本品（国家信用——货币，金融服务、商业咨询；设计技术；技术集成的高端设备）向东亚、东南亚、南亚和穆斯林世界流淌和传播。交换不可再生资源、初级产品、劳动力和其他依托资源和环境的消费品。各国公司组织在世界市场上努力进行的活动，对民主和自由的信仰可以成为商品，并且可以换来享乐的物质，并使另外一部分非我同类遭到审判。

达尔文进化论进驻的民主，宗教激荡的心理委屈和着商品和资本通过全球媒介传播，全球投资和贸易导致环境参数的相对变化的比较值直接反映国际劳动分工所处的位置，体现文化通过全球化的机制形成的各自的竞争优势。自由和民主的文化的传播正在非洲、阿拉伯世界和一些东亚国家引起语言和心理的紧张。成为生殖和生活的生存环境变化的主要影响方式。

# 第四节　文化的寻租

## 一、语言的寻租

Julia Kristeva《反抗未来》："……如果不故作谦虚的话，我们所说的翻译者有着开放的头脑，总是梦想着所有的人都能头脑开放，他急于建立起一个世界主义的天堂，而他就是这个乌托邦的预言家。

……我们可以看到，有些民族是根据它们所属的土地或者血缘来确定自己的身份，但大多数的民族则超越了土地和血缘，将自己的身份形象根植于语言之中，对于法国而言尤其如此。这个国家的君主政体和共和政体的历史，包括他们的行政文化、语言规则、修辞制度和教育制度，导致了民族特征与语言特征的前所未有的融合。"

因为综合性思维，有了象形文字，因为分析思维，有了符号文字，语言和思维互相作用，形成不同行用方式的语言，欧洲是一整块大陆，却分解为很多国家，有很多语言，是为互相宽容，也是为各持己见，或者是为竞争要划地而居，是强调人种和划分"围场"的需要。

语言是一种根深蒂固的文化模式，不同区域的语言彰显文化的细微之处，它潜移默化，深刻入微，没有任何个体能拒斥语言的影响，使某种群居方式成为可能，并固定下来。语言可以看成最原始的宗教符号，沟通是为通告和说服。语言差异形成的群居部落演化为盘踞一方的不同国家。语言扎根于特定环境和思维方式之上，来反映和表达人与自然和人间的关系。尽管可以互译，但从概念的约定上判别，描述对象的概念的内涵形成的对象的集合是不一样的。就此推断，基于语言之上的文化，及其衍生出的一切策略都是由于环境的选择，人无从主动，不能有任何越界的灵性，语言是代表存在的各种符号以人能理解的方式体现的一种逻辑关系。语言和文化对人种构成选择，积累不同基因组合，形成不同性状组合的种族。

人的语言符号形成之初不得不或倾向约定对发明人有利的概念，在约定概念和形成语言的过程中，拣取对发明人有用的信息。人喜欢美化上帝和先知，现代传媒也是这样，媒介对一些观念的传播和主张的巨大影响力形成习俗或时尚。集体对流行的观念和趋势无反驳或无法反抗，民主和自由被媒介大规模的传播和影响代偿，以免群居文明大规模地崩溃。

英语借助牛顿的《自然哲学的数学原理》发力，英国人研发技术和制造武器在全球殖民，掠夺资源，英语演绎和展开土著人难以理解和适应的商业智慧，成为全球的"官方语言"，成为不同法律辖区共同使用的契约语言。

用语言表达的宗教也无法例外，宗教语言最终强调的是人群居应该有的方式，一种交配权的分配秩序（《完整的现象世界》魏军）。宗教语言是定义两性应该有的关系，是男人对女人的成体系的看法，宗教语言影响男人和女人的语言和行为。诗、歌、曲调一开始是一种求爱模式，是口述的情书格式，因为有效，得以固化为一种方式，成为一种求爱的艺术，固化为对男女关系的看法，经过人模仿和学习，成了宗教最初的格式。现代各种音乐、诗歌或者其他影像艺术在破除上帝的束缚，但依然是在探求或者主张一种模式的爱情。使用不同语言符号表达的思想和观念导引不同文化场景的生殖和生产。

## 二、文化的寻租

每类形式都具有主动出击其他存在的属性，都在努力影响其他形式，人类的意识被人认为独具特色，即所谓主观能动性。

思想和思维是个体欲望剧烈碰撞的反应，具有平和欲望的作用，是抚慰心灵和平和欲望的过程。文化不容欲望简单直接的暴力，思想天生具有文化的倾向，文化的目的是平和欲望、实现群居。

Jung 说："集体无意识是心灵的部分，它有别于个体潜意识，就是由于它的存在不像后者那样来自个人经验，因此不是个人习得的东西。"语言的倾向性除了传达"食物"的方向，就是传达权威的指示，一如动物的吼或鸣，甚至是羽毛颜色或头顶上的角传达的信号。文学的、诗歌的、音乐的，即便是温文尔雅的形式，也是为折射某种欲望的疯狂。无论是宗教的、道德的、主义的、政策的、文学的或其他艺术的符号语言，如果形成系统，并被传诵和执行，最后导致集体无意识，形成所谓的"心灵"的部分，权威通过使他人负疚和致人委屈的方式展开寻租行动。

文化是可以反思的人群居的需要，是反思也是控制反思的模式，既有内容又有形式，内容固定形式，形式改变内容的形成途径，两种语言的语句和词汇上不完全对应，词汇之间不是一对一的关系；不同语言对客体及其关系的描述方向和深刻程度、内涵和形式上均存在差异。文化是集体被某种观念同化，是观念的复制和分形。

文化是面对不确定的环境，人反思而成的假设，并据此进行行为抉择，通过传播这一假设，通过概念复制在更广范围传播，通过锁定效应加强，使集体无意识而成乌合之众，系统性规模化地一致于某一唯一概念，对群居有利，形成集权，群居需要集权，并无绝对的个体自由。

文化把个体圈在一个文化限定的范围内依规定的韵律和节奏寻找食物和配偶，进行生产和生殖，实现一种等级结构，从而有序化地群居。

生殖和生产的最原始的环境形成的分工选择了早期以地域界限表现的人种和思维方式，由于某种特定的人种借助其思维使得他们在家族、部落甚至种群间的内部生产和外部竞争过程中有比较优势，尽管可能范围有限，但这种特点和思维的人积累的文化和某种行为格式得以继承和光大。在以国家和种族形式展开的全球竞争的时代到来的时候，交通和沟通便利，人在努力填平信仰和主义的沟壑，打开法律和制度上的壁垒，全球投资和全球交换产品和服务，文化差异在一些全球化的政治和经济活动中凸显。

文化自然选择基因的存在的方式，文化通过群居构建对基因的选择，文化的不同形成集权和集体无意识的程度差异，导致资源的配置效率的差异。体现在财富集中过程中以文化为表征的国家、民族、种族的生殖、教育和卫生效率的差异，不同文化对不同种族形成不同影响。

一种理念下的策略系统收益递增是文化发挥作用的机制，文化协同个体行为成为习俗和惯例，最终由法律和规则强制实施。理念的内容的差异导致文化协同效率的差异，不同习俗、惯例和规则的实施使不同族群的交易策略大相径庭，主要表现在不同种族和国家对全球化的背景下不断变化的环境的适应性差异。

以文化的形质差异体现制度和流程上权限分配的差异导致通过政府和公司以民族和国家（包含语言和法律）为标签的体系效率的差异，政府主张的体系效率的差异直接影响公司组织的体系效率的差异，导致劳动生产率和劳动收入的差异，最终结果是生产过程和生活过程资源配置效率的差异，并且互为因果。

不同文化方式锁定不同国家和不同种族的政府、公司和家庭间的差异，政府、公司和家庭间权限范围的大小和权限界限的清晰程度及三种组织形式内部流程形成的范围和界限的差异是文化差异的表现形式，通过路径依赖锁定和加强，成为历史的积累，成为很难改变的群居方式。

# 第五节　知识的寻租

## 一、文化的知识

知识是文化的演绎，是文化的实施和展开，是个体的劳动技术，是组织的流程和权限结构，是制度和规则，是就文化假设从环境抽象和约定概念形成生存的约束条件，是发现"食物"的途径和达到的策略；知识是博弈的规则，也是博弈的策略；策略出现在于发现便利地低成本地寻找"食物"的机会。背叛假设并形成新的假设必须构成知识，形成策略，发现"食物"的效率提高才能成为被认可的假设，被认可的假设随知识的演绎而展开，随着知识发现"食物"量的增减逐渐变真和变假。

语言中相异的概念增加，并展开为相异的发现食物的"知识"，是寻找"食物"的路径增加的过程，分工细化，效率提高。个体和组织的资本、技术和管理流程及权限结构比较的差异展现为竞争优势。知识（技术、流程和结构）是行就个体和组织的优势的结构性策略。

科学以令人心理惊恐的形式成为文化的部分，科学可以用来对抗宗教和主义，改变语言环境，构建个体的心理和行为模式，科学大规模的理性呼喊，实践当今巨大的文化场面。科学改善杀人的技术，提高资源挖掘和使用的速度，大规模改造人类的生存环境。不同国家不同种族对科学的理解、掌握和应用的差异形成对存在环境认识的假设的差异，科学影响文化，影响个体的行为和组织的文化，成为现代哲学和意识形态的基础或者新概念衍生的源头。

科学概念从来就是迷信的凭借，人们历来企图把某种东西做成确定无疑的东西，通过各种方式，这些以神话、宗教的体系形成语言并广泛传播，并通过天象、星象等现象作为佐证，通过树立占星师和先知的权威建立封建的统治。当代科学是通过破除这些权威，建立新科学的权威，他们以教授、科学家和学者的方式出现，即便不是要建立统治者使用的科学，但通过科学的权威模式为世界划定权限的范围。他们为不可知的未来进行权威规划，规划通过大规模的技术应用获得实践。政治力量从容划拨和利用权威的力量，形成国家的政治经济体系，铸就权威所言的现实。但大多数信誓旦旦的预言失败，现实很难与学说和预言相同，有时还会以颠覆的方式呈现。

彗星在欧洲和东方文化均曾作为某种天象征兆出现，人类曾经借助彗星现象建立权威，维护统治和开展大规模的祭祀活动，并且曾经被当成末日来临的征兆，但后来的科学通过破除这些迷信书写现在的天体物理学，现代的各种权威（包括政治、经济的）以各种所谓科学的语言或者冠以科学的语言用确定无疑的腔调强烈地表达个体自己的意志和期待，并且因之成为唯一的道路。普通个体围着科学，围着权威形成集体而群居，每个个体按着自己所理解的科学和预言安排自己的行为和生活，这些成了种族、组织的真正的文化。相信科学和真理的集体无意识是与相信彗星天象一样的过程。科学成为文化的方式，科学震撼上帝和安拉在人类个体心灵和社会中的位置，至少不绝对或者必须有新的解释人才能让人相信传统的经典，面对科学，宗教成为心灵慰藉的工具，是信徒个体不愿面对科学现实，不得已而有的一种存在策略。

在下一个牛顿来临之前，就像摩西、耶稣的排序，牛顿的语言和他的语言衍生的语言会帮助和干扰人类的生活，对科学的普遍信任成为信仰，构成群居的模式。自然科学会帮助能理解和应用到它的个体、组织和族群更好地形成策略，并可以得到崇拜和被迷信，形成一种意识形态的方式，对社会的等级、结构、组织、计划和执行产生实效，并致集体无意识。

曾经的宗教被人确信无疑，亚里士多德被基督教反复应用，牛顿科学被当代政府组织、公司组织奉为至宝，决定论给世界描绘统一的可能，因此可以借用制定拯救世界的计划，资本价值会增长，财富会极大丰富，乌托邦的世界早晚会来到，宗教末日会无限期延迟，并且只有权威的科学可以帮助人类做到。自由和民主永远要失陷于宗教、于科学的火坑。必须群居，必须要有等级，必须要有领袖，必须有可以信赖的东西，因此所有科学的论断和关于人类的管理流程都是宗教教条的翻版，把人类规划到所谓最大化公共利益机会的途径上。历史不能重复，人必须被文化，文化是人间的互相契约化。人类必须被知识反复定义，被文字的各种有效组合推动，以认为最有效率的方式利用资源和维持被知识有序化的竞争格局。

有序化的过程是认识的过程，也是行为的过程，是认识指导行为形成有序化的过程。而不确定性——与有序相对的混沌是贯穿整个宇宙的时空理性，它与人的理性相对，独立地存在，当有序性被发现或者被展开的更多，人类遭遇的未知就更多，就像一个人自己画了一个圈，圈越大，个体触碰的无序就越多，不确定发生的频率和幅度都会增长，混沌的形式以各种面貌纷至沓来，而科学本身起到推波助澜的作用，这是自然计划的部分，繁殖依然会从容不迫。

有关社会的学问，经济学、政治学、管理学甚至心理学甚至关于一种观念主张的哲学也被冠以科学之名，这些建立社会等级、结构和秩序，而无视混沌的蔓延，而混沌会让人类社会进入短暂的暴风骤雨般的无序，直到下一个佛陀的到来或新的以科学名义的学说的出现。

## 二、强悍的知识

人天性和被迫追逐知识，追逐权力，设计制度、法律、流程和标准，在个体和家庭间形成区别，建立自由竞争的壁垒。知识是权力，形成垄断，知识放大阴谋，构成计划，阻断自由，愚弄民主，知识是一切不平等的根源，知识自主努力创建壁垒，制造差异。比尔·盖茨和沃伦·巴菲特在非洲和亚洲的慈善对穷人的弥补远远低于其在欧美通过信息技术和金融策略对欧美族群财富的增加。

从纯粹的游戏开始，从简单规则的游戏，比如中国象棋，在游戏双方对规则完全了解的前提下，输赢除了取决于个体的聪明程度之外，主要取决于对规则的利用程度和对游戏的熟练程度，前者是性状，后两者是对游戏的知识。

人的交配权的竞争是复杂的博弈，个体从家庭走向部落、组织和国家一直到全球化社会，每一个人从诞生开始便被放入竞争交配权博弈的格局。人一生处在为个体基因寻找交流机会的博弈。

人类社会设计和应用规则，基于规则，个体和组织展开博弈，基于个体性状对规则的适应和利用，以及个体间策略的差异构成博弈均衡的基因遗传机会的优劣。遗传机会的不平等竞争的根源是规则和对规则的掌握，个体进入博弈规则赋予的位置和身份并使用掌握的知识形成安稳的壁垒。

从19世纪后半叶兴起的、至今仍盛行的主流理论"边际生产率理论"，说的是那些有更高生产率的人得到了能够反映他们对社会更大贡献的更高收入，通过供给——需求理论，存在竞争的市场决定了每一个人的贡献价值。如果某人具备稀缺并且有价值的技能，市场就会因为他对于产出的更大贡献而充分奖励他；如果他没有技能，他的收入就会低。当然了，技术决定了不同技能的生产率：在原始农业经济中，身体的力量和耐力是起决定作用的；但在现代高科技经济中，智力的作用就更大。（《不平等的代价》Joseph E.Stiglitz）

技术形成分工，分工要求人间交易和合作，分工合作是近代人类社会繁衍且相对富足的基础。分工合作要求不同家庭不同性状、不同技能和智慧的个人进入公司和政府。除了创造财富的技能，管理分配的智慧出现，分配财富的智慧集中于设计和执行国家、政府和公司管理流程的权限，制度性垄断寻租自然发生。管理人利用被授予的权力，利用对规则的熟悉和信息不对称寻租。

# 第六节　资本的寻租

## 一、逐利的资本

资本清晰地约定自然资源和人力资源的可交易的某种组合（产品、服务、商誉、信用和组织）的价值，体现国家体制和公司组织对自然资源和人力资源的利用效率。

曾经的劳动剩余还是未来的劳动资源进入投资和生产领域均可称作资本，资源被不同的概念、制度和流程约束和管理，处在不同的地域，同样的资源形式创造不同价值。宗教信仰、主义和各种意识形态基础之上的土地所有制、政体、公共权力的界限和公共权力管理的范围影响一个国家的资本回报率和劳动剩余的走向。概念的更迭和制度的变革是对劳动成果的重新分配。

资本是知识认识资源的概念，是知识加诸资源，成为"食物"的生产工具，从资本的角度看："食物"代谢的身体和娱乐健康的精神组合为劳动力资源，是资本组合的一部分，有限资源通过资本体现环境对待人类的策略；用资本的逻辑可以便利发现有效利用资源的策略，没有理性人，但资本理性。资本努力给每个个体的劳动公平的兑价机会。最基础的信仰、主义、道德和法律与竞争个体和组织的策略差异配合形成人类整体的群居计划，通过资本逐利与环境配合实现优胜劣汰的目的。

资本跟随适宜其价值成长的族群和个体，资本流动是对个体、家庭、家族和种族基因区别和甄选的过程，而不仅仅是财富积累的过程，是资本的寻租过程。

资本自动自主在不同地域、不同种族、不同文化和不同体制的政府、公司和家庭间逐利，任何一种知识和文化的约束也是资本寻租的机会，知识和文化的界限、壁垒形成的个体和组织的差异正是资源价值的呈现，资本是有限资源反映在人类意识和文明中的形式。

从无自我意识的动物式力量的压制到多神的多元观念的仪式的秩序保持，从一神教上帝的排中律到无神论的唯物主义的排中律，顺从到现在的理性主张和集体性的通过选举的权力委托，人类借此群居并努力通过理性的理解和认同的差异进行等级划分。人逐渐认识到自然界存在的现象与不可触摸的神之间看不出必然的联系，公平基础上的分工和交易成为可能，能够平等对待人类个体的不是神，不是平等的概念，不是倡导平等的法律和倡导大同的道德和教义，不是财富的平均分配，而是反映有限资源价值的资本。资本逐利，因此讨厌信仰，讨厌主义，讨厌集权。信仰、主义和集权是妨碍资本增值的壁垒，同时也是资本寻租的领域。如果把资本看成独立存在的个体，它更愿意自由地成长。环境重塑社会个体的等级结构，信仰、主义和集权是人的环境也是资本的环境。资本是人的最终决定环境，资本平等对待每一个个体，只是知识和文化的概念区分形成等级，导致资本无法平等平均大同地对待每个个体，资本成为最终的差异和等级衡量标准，资源有限决定群居秩序的格式。

分析存在的现象，形成概念，把有关概念都融合到单一有序的逻辑中，才能发现存在对人有利并可以被人充分利用的有限资源，资源因为有限才有价值，并成为资本。自由地把概念随意地分解和重组，然后发现其中的逻辑关系，发现隐含的价值，以期更有效地利用有限的资源。当然，把人类早已习惯的那种轻松适应的社会安排丢弃，要付出昂贵的代价。

资本主义成为可能，与人类中的一些先知能够发现以前先知概念的破绽有关，多亏西方的分析思维模式，通过分析才能实现资本过程，休谟认为把凡是可以分解开来的事务加以分解，再根据证据建立事务之间的联系。亚当·斯密认为，不受已有概念的约束，分析各种生产要素的实际社会作用，并把它们重新组合起来，成了公司组织存在的理由，这是资本主义方案。资本要低成本高成长，资本有灵性，有理性、有眼睛，可以从混沌中发现价值增长的道路。

每个国家和每个组织的资本成本差别很大，以资本为调的经济学和管理学轻松抹掉宗教、主义及各类意识形态漂浮在人性和有限资源之上的浮沫，成功建立契约基础上的各种活动，明确提出对资源的有效利用是一切的本质。资本为自由灵魂，会冲破各种人为有意的限制，寻找可以一起成长的缝隙，不论人类的信仰和主义如何盛行，资本一定随自私的人性的指引，发现信仰和主义中便利的机会成长。资本没有文化和知识中的善恶之分，不仅能跨越国界，摧毁信仰、体制，也可以大规模屠杀生灵。为自己找到低成本高增长的立足点，是资源的有效利用构成历史，成就每一时刻人类历史横断面的现实，是连续不断的以人体为轴心的能量组合形式，是完整的社会布局最简便的描述方式。

## 二、资本的制度成本

资本成本反映的是信息的对称程度和概念（文化假设）的平等对待程度，信息对称程度高的环境，资本成本低，双方的交易成本低，反映的是较长时期的货币存贷款利息低，或者说短期国债的利息较低。资本成本反映的是权限划分等级结构下的经济和政治体制效率的差异，货币是国家的信用，资本成本直接标明个体和组织使用国家信用的成本。由于可以被政治地操纵，在纯粹的宗教社会，纯粹的主义社会，显示部分人拥有绝对特权的社会，会有较高的资本成本，表明集权下的特权占用资源的方式。

在计划经济或者奴隶制社会，在纯粹的宗教时代，货币不能成为所有个体可以随意使用的资本，被限制使用，资源价格计划性决定，生产和生活资料配给，是曾经的原始部落在有限范围的分配方式。在混合经济的状态，在政治和经济权力无论以宗教形式还是以产权所有制形式不能划分的社会，货币虽然成为资本，但被少数人以制度和政策的形式分配和操纵，国家信用无监督因此会被人以类似"公地破坏"的形式损坏，资本价值成长效率低，其中不包括与政府沟通过程中形成的集权下导致的沟通成本和权力寻租以及效率低下形成的机会成本。在商业过程中，由于主义和政治流程的限制，信息对称程度不高和人为的壁垒设置，使得交易成本增加，由于制度性的垄断导致双方交易地位的不平等，导致交易不公平，最后体现为系统效率低和劳动生产率低。

　　在货币全球流通下的社会，善于用宗教、主义和意识形态封闭的世俗政权也不能和人性逐利与资本逐利共同交织形成的资本流动的驱动力抗衡，当代资本成本环境有两种形式，一种是政府和政党集权的社会考虑政治的稳定和政府利益集团的利益：政治和经济权力合二为一的国家的货币政策变化频率高，基本体现是流动性高的基础上央行的基础利率和通胀率都会较高，这些资本成本和生活成本由公司和家庭负担。一种是考虑经济的稳定和资本集团的利益：政治和经济权力分开，资本驱动的货币政策要求资本成本是稳定的而且是较低的，这些国家的利息率和通胀率都较低。资本会流向使其流动成本低的国家。

# 参考文献

[ 中 ] 魏军著，《完整的现象世界》，经济日报出版社，2015。

[ 美 ] Don Ross 著，贾永民译，《经济学理论与人之科学——微观解释》，中国人民大学出版社，2009。

[ 英 ] Adam Smith 著，谢祖钧译，《国富论》，新世界出版社，2007。

[ 美 ] John Bates Clark，邵大海译，《财富的分配》，南海出版公司，2007。

[ 英 ] Richard Dawkins 著，卢允中、张岱云、陈复加、罗小舟译，《自私的基因》，中信出版社，2012。

[ 英 ] Stephen Hawking 著，吴忠超译，《果壳中的宇宙》，湖南科学技术出版社，2006。

[ 比利时 ] Iiya Prigogine 著，沈小峰等译，《从存在到演化》，北京大学出版社，2005。

[ 意大利 ] Umberto Eco 著，彭淮栋译，《美的历史》，中央编译出版社，2006。

[ 美 ] Dennis Sherman、Joyce Salisbury 著，陈恒、洪庆明、钱克锦译，《西方文明史》，上海三联书店。

[ 瑞士 ] Jung 著，林子钧、张涛译，《红书》，中央编译出版社，2013。

[ 英 ] Nigel Lesmoir Gordon、Will Rood 著，杨晓晨译，《分形学》，当代中国出版社，2013。

[ 英 ] John Gribbin 著，张宪润译，《深奥的简捷》，湖南科学技术出版社，2008。

[ 英 ] Ziauddin Sardar 著，梅静译，《混沌学》，当代中国出版社，2013。

[ 美 ] Douglass C.North 著，杭行译，《制度、制度变迁与经济绩效》，格致出版社，上海三联书店，上海人民出版社，2008。

[ 美 ] Douglass C.North 著，钟正生等译，《理解经济的变迁过程》，中国人

民大学出版社，2013。

[以色列] Yoval Noah Hararl 著，林俊宏译，《人类简史》，中信出版社，2014。

[美] Stephen Jay Gould 著，田名译，《自达尔文以来》，海南出版社，2008。

[德] 赫尔曼·哈肯著，凌复华译，《协同学》，上海译文出版社，2013。

[美] N.Greory Mankiw 著，梁小民、梁砾译，《经济学原理》，北京大学出版社，2012。

[美] Joseph E.Stiglitz Carl E.Walsh 著，黄险峰、张帆译，《经济学》，中国人民大学出版社。

[英] John Maynard Smith 著，王小卫译，《演化与博弈论》，复旦大学出版社，2008。

[美] Oliver E. Williamson 著，李自杰、蔡铭译，《可信的承诺：用抵押品支持交易》，《交易成本经济学》，人民出版社，2008。

[美] [Benjamin Klein/Robert G. Crawford/Armen Alchian，李自杰、蔡铭译，《纵向一体化、可占用租金与竞争性缔约过程》，《交易成本经济学》，人民出版社，2008。

[中] 平新乔著，《微观经济学十八讲》，北京大学出版社，2001。

[美] Harold Demsetz 著，刘守英等译，《关于产权的理论》，《财产权利与制度变迁》，格致出版社，上海三联书店，上海人民出版社，2014。

[中] 张五常著，刘守英等译，《私有产权与分成租佃》，《财产权利与制度变迁》，格致出版社，上海三联书店，上海人民出版社，2014。

[中] 张五常著，刘守英等译，《交易费用、风险规避与合约安排选择》，《财产权利与制度变迁》，格致出版社，上海三联书店，上海人民出版社，2014。

E.G.Furuotn  S.Pejovich 著，刘守英等译，《产权与经济理论：近期文献的一个综述》，《财产权利与制度变迁》，格致出版社，上海三联书店，上海人民出版社，2014。

[美] Ronald H.Coase 著，盛洪、陈郁译，《企业市场与法律》，格致出版社，上海三联书店，上海人民出版社，2014。

[美] Armen A.Aichian 著，刘守英等译，《产权：一个经典解释》》，《财产权利与制度变迁》，格致出版社，上海三联书店，上海人民出版社，2014。

[美] Harold Demsetz，刘守英等译，《一个研究所有制的框架》，《财产权

利与制度变迁》，格致出版社，上海三联书店，上海人民出版社，2014。

[美] Lance E.Davis、Douglass C.North 著，刘守英等译，《制度变迁的理论：概念与原因》，《财产权利与制度变迁》，格致出版社，上海三联书店，上海人民出版社，2014。

[美] Ronald H.Coase 著，盛洪、陈郁译，《社会成本的问题》，《企业市场与法律》，格致出版社 上海三联书店，上海人民出版社，2014。

[美] Paulk R.Krugman、Robin Wells、Martha Olney 著，黄卫平、赵英军、丁凯、沈可艇等译，《Essentials of Economics》，中国人民大学出版社，2012。

[美] Ronald H.Coase 著，盛洪、陈郁译，《产业组织：研究的建议》，《企业市场与法律》，格致出版社，上海三联书店，上海人民出版社，2014。

[法] Emile Durkheim 著，渠东译，《社会分工论》，生活．读书．新知三联书店，2013。

[中] 林毅夫著，刘守英等译，《关于制度变迁的经济学理论：诱致性变迁与强制性变迁》，《财产权利与制度变迁》，格致出版社，上海三联书店，上海人民出版社，2014。

[美] V.W.Ruttan 著，刘守英等译，《诱致性制度变迁理论》，《财产权利与制度变迁》，格致出版社，上海三联书店，上海人民出版社，2014。

[法] Julia Kristeva 著，黄希耘译，《反抗未来》，广西师范大学出版社，2007。

[美] Joseph E. Stiglitz 著，张子源译，《不平等的代价》，机械工业出版社，2013。

[美] Robert S. Pindyck、Daniel L. Rubinfeld、《MICROECONOMICS》，清华大学出版社，英文影印，1998。

[美] Rudiger Dornbusch、Stanley Fischer、Richard Startz，《MACROECONOMICS》，Tenth Edition，东北财经大学出版社，英文影印，2008。

[美] Laure J. Mullins，《MANAGEMENT AND ORGANISATION BEHAVIOUR》，Seventh Edition Prentice Hall，2005。

[美] Thomas C. Schelling 著，谢静、邓子梁、李天有译，《微观动机与宏观行为》，中国人民大学出版社，2013。

[印度] Amartya Sen 著，李风华、陈昌升、袁德良译，《身份与暴力 – 命

运的幻象》，中国人民大学出版社，2013。

[英] F.A.Hayek 著，王明毅、冯兴元等译，《通往奴役之路》，中国社会科学出版社，2011。

[法] Jean Tirole 著，陈志俊、闻俊译，《金融危机、流动性与国际货币体制》，中国人民大学出版社，2015。

[美] Ronald H.Coase 著，罗君丽、茹玉璁译，《论经济学和经济学家》，格致出版社，上海三联书店，上海人民出版社，2014。

[美] E.Ray Canterbery 著，礼雁冰、刘莹、宁叶子、刘洋等译，《经济学简史》，中国人民大学出版社，2011。

[英] Anthony I.Ogus 著，骆梅英译，《规制 – 法律形式与经济学理论》，中国人民大学出版社，2008。

[西班牙] Jesus Huerta de Soto 著，朱海就译，《奥地利学派：市场秩序与企业家创造性》，浙江大学出版社，2012。

[中] 张维英著，《博弈与社会》，北京大学出版社，2013。

[美] Paul Heyne、Peter Boettke、David Prychitko 著，马昕、陈宇译，《经济学的思维方式》，世界图书出版社。

[美] Milton Friedman、Rose Friedman 著，张琦译，《自由的选择》，机械工业出版社，2013。

[美] Robert J. Shiller 著，李心丹、陈莹、夏乐译，《非理性繁荣》，中国人民大学出版社，2013。